Antonio Bolívar y Amador Guarro
(Coordinadores)

Proyecto Atlántida

EDUCACIÓN Y CULTURA DEMOCRÁTICAS

Colección: EDUCACIÓN EMOCIONAL Y EN VALORES
Primera edición: Octubre 2007

ISBN: 978-84-7197-893-6
Depósito Legal: BI – 3337 – 07
Printed in Spain
Impreso en España por: RGM
                        Padre Larramendi, 4
                        48012 Bilbao (Vizcaya)

Índice

Presentación
Educación para la democracia y escuelas democráticas

Juan M. Escudero y Ramón Flecha

No es fácil encontrar libros que relacionen la teoría y la práctica. Aún son más escasas las obras que vinculan unos desarrollos teóricos de gran nivel y rigurosidad con unas prácticas en centros y aulas que están ya transformando la educación. A lo largo de varios años, el proyecto Atlántida ha ido reuniendo a algunos y algunas de los y las docentes que apuestan con claridad por la educación pública en España y ha ido desarrollando algunas de las experiencias prácticas más renovadoras. Esta red educativa ejemplar ha sabido lograr, además, la actuación conjunta de otras redes en iniciativas de gran trascendencia actuando en la práctica como una red de redes abierta y pluralista. Actuando y pensando en este contexto se pueden escribir elaboraciones teóricas muy rigurosas, que se confrontan cotidianamente con prácticas concretas.

Muchas educadoras y educadores afirman que las niñas y niños aprenden más de lo que hacemos que de lo que decimos. Si hay algo de verdad en ese dicho, la educación para la democracia tiene que ser democrática. Este libro es consecuente con ese principio. En la primera parte encontramos las perspectivas teóricas que dan solidez a las bases de la educación democrática en la actual sociedad de la información. La segunda parte nos orienta en las actuaciones a realizar para lograr que sean democráticos los centros desde los que vamos a hacer educación para la democracia, no sólo como algo de lo que se habla sino como un conjunto de valores, principios y experiencias vividas.

Los diferentes capítulos están firmados por personas también distintas. Sin embargo, no estamos aquí ante el clásico libro de colaboraciones realizadas por autores diversos sin ninguna coordinación entre sí. Las autoras y autores tienen vinculación con un proyecto teórico-práctico que da coherencia y unidad al conjunto de sus aportaciones. Las lectoras y lectores encontramos en su contenido un conjunto diverso de reflexiones, sobre diferentes aspectos de la educación democrática y de las escuelas democráticas, que ayudan a impulsar y replantear nuestra práctica diaria. A veces, tenemos la suerte de compartir nuestro afán transformador, otras veces nos encontramos un poco solos o solas en el claustro; en ambos casos, esta obra abre vías para la actuación en nuestra aula o en el conjunto de un barrio.

La educación democrática no es una competencia y responsabilidad exclusiva de los docentes, sino que implica a toda la ciudadanía en distintos niveles y con acciones complementarias. Profesionales de la educación, familias, municipios, asociaciones cívicas, sindicatos, movimientos feministas, ecologistas, etc. tienen un papel relevante en la educación y las escuelas democráticas. Éste es un libro que sirve a todas esas personas y colectivos y que puede ser leído y debatido conjuntamente en los contextos donde confluyen sus actuaciones.

Es una muy buena noticia comprobar que cada vez queda más claro el consenso en el imperativo y la urgencia de abordar una formación para la ciudadanía a través de todo el currículo escolar. Poco a poco se van quedando solos algunos adversarios de lo que es una parte pequeña de la educación democrática que se debe hacer en todos los centros educativos de cualquier democracia. Sin embargo, algunos de los textos destinados a impartir esa materia limitan considerablemente el pluralismo propio de una sociedad democrática en cuanto a opciones religiosas, ideológicas, familiares, sexuales, etc. Se corre además el peligro de que muchas niñas y niños reciban educación para la democracia en centros con prácticas pedagógicas autoritarias. La educación para una ciudadanía democrática requiere centros y docentes que piensen su trabajo en claves democráticas, sean congruentes con ello en su trabajo y hagan posible así que todas las escuelas sean espacios sociales donde aprender a vivir en democracia

Esas dinámicas sociales dan la razón al lema que guió la actuación del proyecto Atlántida en todo ese debate: «Educación para la ciudadanía, algo más que una asignatura». Quienes somos partidarios de la democracia y damos por tanto una importancia vital a la educación democrática tenemos que tomarnos muy en serio la asignatura de la «educación para la ciudadanía y los derechos humanos», pero en un contexto de planteamientos y transformaciones democráticas del conjunto del centro y del barrio o pueblo que constituye su contexto territorial.

Las mejores experiencias democráticas van siempre acompañadas de importantes debates intelectuales sobre el tema. Los centros de la Institución Libre de Enseñanza, la escuela moderna, las misiones pedagógicas, los ateneos y otras experiencias similares estuvieron vinculadas a debates públicos sobre lecturas de alto nivel en los que frecuentemente intervenían ciudadanos y ciudadanas sin estudios académicos, pero muy implicadas e implicados en la acción social. En la transición a la democracia, también la implicación de amplios sectores del profesorado en los movimientos educativos de los barrios y pueblos fue acompañada de un intenso debate intelectual. Quizá la crisis posterior sea debida en parte al abandono de la lectura de ensayos de calidad y su substitución por *bestsellers* o, quizás, simplemente, por la falta de lectura, de reflexiones contrastadas y públicas, de persistencia en los ideales esenciales de una educación pública y democrática. La lectura y comentario de este libro puede ayudar a pensar y conseguir educación democrática y escuelas democráticas desde un debate intelectual de calidad que es imprescindible para ello.

1. CIUDADANÍA DEMOCRÁTICA Y COMUNITARIA

Antonio Bolívar

La propuesta del **Proyecto Atlántida** de una educación democrática quiere representar una alternativa renovadora a las tareas a las que debe responder actualmente la escuela. Una educación democrática, que pretende el ejercicio de una ciudadanía activa, tiene que promover la participación democrática para vivir el propio ejercicio de la democracia en la escuela. Por eso, entendemos la democracia, en sentido fuerte, como un modo de vida, que reclamaba Dewey, definido por un ideal no del todo realizado y con unos valores que deben informar todos los ámbitos (sociales, escolares y personales); en lugar de cómo un mero procedimiento para elegir representantes que tomen decisiones en la gestión política, de acuerdo con la caracterización liberal.

Una educación democrática toma como valor de primer orden, educativo en sí mismo, la **participación** en todos los niveles: gestión del centro y del aula, de la convivencia, etc., y tiene que afectar, más radicalmente, a las decisiones básicas que determinan la naturaleza misma de la escuela y del currículum. En este sentido, además de las familias, la participación del alumnado puede significar un **aliado** para mejorar la propia educación (Rudduck y Flutter, 2007).

Pero, en segundo lugar y vinculado al anterior, como la otra cara del asunto, es una **educación equitativa,** que se propone como tarea clave realizar y asegurar *«el derecho esencial de **todos** los estudiantes a una buena educación»* (Escudero, 2006a: 14). En este sentido, la participación se pone al servicio de la construcción de un currículo y una escuela democráticos que incluyen, como valor y tarea esencial, proveer y garantizar con eficacia una buena educación a todo el alumnado, de modo que puedan ejercer una ciudadanía activa o proseguir, sin graves carencias, su desarrollo profesional, académico o inserción sociolaboral posterior.

Al final de la modernidad, ante esa «nueva cuestión social» de creciente riesgo de exclusión social (y escolar), una educación democrática debe tener como prioridad que todo alumno o alumna adquiera los conocimientos, aprendizajes básicos o competencias que posibilitan la integración y participación activa en la vida pública. De ahí la vinculación que Atlántida establece entre ciudadanía y aprendizajes básicos.

La democracia es –entonces– un proceso, un modo de interacción entre los ciudadanos, una vida comunitaria en todos los ámbitos. Esto implica que debe darse una cierta congruencia entre el aprendizaje experiencial que el alumno/a tiene fuera de la escuela y la creación de comunidades democráticas en el centro escolar. Además, la educación para una ciudadanía democrática no se puede reducir a la educación (e incluso vivencia en el centro escolar) de un conjunto de valores democráticos, también la propia educación ha de ser democrática en el sentido fuerte de **garantizar a toda la población la adquisición de un currículum común o básico,** sin el cual corre graves riesgos de ver negada su ciudadanía en determinadas formas de exclusión social. Así, en una zona en que los porcentajes de no obtención del Graduado en Educación Secundaria son elevados, el sistema educativo no practica una **educación democrática de la ciudadanía.** En este sentido Escudero (2006b) ha defendido:

«La Educación para una Ciudadanía Democrática no debiera caer, por lo tanto, ni siquiera por omisión, en una especie de paliativo escolar a las injusticias sociales que condenan a muchos de nuestros ciudadanos de derecho a ser, de hecho, sujetos excluidos, privados hasta de los bienes más primarios para la supervivencia. [...]. Las posibilidades de llevar una vida digna y de contar con una buena educación son, si me apuran, previas o, para ser más precisos, inexcusables y simultáneas a las preocupaciones e inquietudes que solemos aducir en defensa de la educación en valores democráticos de la ciudadanía (p. 25)».

En tercer lugar, la propuesta del Proyecto Atlántida, como ha sido propio de todo movimiento de renovación pedagógica, se inscribe en un **paradigma ampliado u holístico de la cultura escolar,** donde –como educación global– la dimensión cognitiva debe conjugarse con la afectiva y con otras dimensiones o ejes que configuran la educación por la que apostamos. Por eso, frente a la tradicional división parcelada o compartimentada de la cultura escolar, hemos reclamado otras dimensiones que habitualmente se han excluido del currículum formal; al tiempo que una integración curricular y la apuesta por la interdisciplinariedad en la educación obligatoria. La nueva apuesta de **ciudadanía,** entendida ahora como el conjunto de saberes básicos y competencias que un ciudadano debe poseer al término de la escolaridad obligatoria, debe permitir **integrar las distintas materias y áreas en torno a los aprendizajes o competencias básicas.** En este sentido, se puede configurar como un *Área de Áreas* (los «aprendizajes básicos de la ciudadanía»), que posibilite la coordinación y el trabajo en torno al currículum común. Como defiende López Ruiz en el capítulo de este libro, un proyecto curricular global agrupa los contenidos de las distintas áreas y puede materializarse en unidades didácticas globales a partir de núcleos integrados de conocimiento.

En cuarto lugar, una de las señas de identidad del Proyecto Atlántida, desde sus inicios, ha sido la voluntad de no limitarse a transferir responsabilidades educativas a los centros escolares, de forma que se incremente la vulnerabilidad de los profesores al entorno social, al no poderlas asumir en exclusividad. Enseñar y aprender a ejercer la ciudadanía requiere la construcción de una comunidad educativa que pueda inducir un proceso de socialización congruente. De ahí la apuesta por recuperar la **comunidad educativa,** en un proyecto educativo ampliado, por lo que hablamos de una ciudadanía a educar **comunitariamente.** Es evidente que la educación democrática de la ciudadanía es resultado de la acción de muchos agentes e instituciones. Para funcionar de modo congruente precisa ser compartida cooperativamente por las restantes instancias sociales, pues –de otro modo– las posibilidades educativas se verán mermadas, por la propia debilidad estratégica de la sola acción escolar. Pero es el ámbito educativo, que está en nuestro primer ámbito de acción, por el que hay comenzar a trabajar, eso sí intentando conjuntar de modo coherente la acción de la escuela, la familia, la comunidad y el entorno en que está inserta.

Dentro de la actual perspectiva de **revitalizar el tejido asociativo de la sociedad civil,** la educación de la ciudadanía aspira –en un nuevo *pacto* educativo– a ampliarse y conjuntarse en el ámbito de la familia (Escuelas de padres y madres, AMPAs), el barrio (Asociaciones), organizaciones no gubernamentales (acciones educativas conjuntas), y la ciudad («ciudades educadoras», «Proyecto educativo de ciudad», «pacto cívico» de Ayuntamiento). Sólo reconstruyendo una comunidad (en el centro escolar en primer lugar, y –más ampliamente– en la comunidad educativa y social) cabe –con sentido– promover unas virtudes cívicas, en prácticas del bien socialmente reconocidas. Se requiere, como ha reclamado Juan Carlos Tedesco, un «nuevo pacto educativo», que sea articulado por los centros y la comunidad local. De ahí la propuesta de Atlántida de crear «Comités de Ciudadanía» u otros órganos que permitan conjuntar el eje Escuela-Familia y Agentes locales-municipales.

1.1. Ámbitos que articulan el Proyecto Atlántida

Una educación democrática supone –en primer lugar– un conjunto de dimensiones que configuran un currículum *democrático;* por otro y de modo paralelo, unas escuelas organizadas democráticamente. Una educación democrática tiene que afectar a las decisiones básicas que determinan la naturaleza misma de la escuela y del currículum, por lo que los centros educativos deben plantearse cuál es la cultura relevante que debe ser enseñada y vivenciada.

Como marco de acción, sujeto a reformulación, desde su inicio nuestro proyecto curricular precisaba delinear unas claves o *mapa* de dimensiones educativas, que posibiliten categorizar el diagnóstico realizado de modo compartido, orientar el currículum y dar una coherencia a las diversas experiencias e innovaciones educativas. Esta propuesta pretende, por un lado, identificar lo que podríamos denominar valores necesarios en una educación actual para la ciudadanía; por otro, la agrupación en cuatro ejes o ámbitos característicos de la educación integral del ser humano, con suficiente poder globalizador como para facilitar la integración del currículum y favorecer su aprendizaje por todo el alumnado (Figura 1).

Renunciando a cualquier nuevo listado que, de modo aditivo, señale aspectos, dimensiones o valores; se trata de estructurar el Proyecto en unos ámbitos (sociopolítico, socioeconómico, sociocultural y sociopersonal) que, a modo de ejes, pudieran configurar los núcleos globalizadores de una educación y cultura democrática actual. Su concreción se realiza en la organización de contenidos, de los centros y el trabajo en el aula. Presentamos brevemente dicho marco concretado en cada uno de los ejes o ámbitos, al tiempo que avanzamos de manera integral los distintos capítulos que componen la primera parte del presente texto.

A. Sociopolítico. Convivencia democrática, educación para la ciudadanía

Este ámbito se dirige a todas aquellas dimensiones sociopolíticas que constituyen el núcleo de la educación democrática. Educar para la ciudadanía es potenciar la formación de personas **autónomas,** al tiempo que con aquellas **virtudes cívicas** necesarias para asumir y profundizar la vida en común. Lograr una autonomía, como la otra cara de la libertad, con su correlato de comportamientos responsables, son las líneas motrices de la acción educativa. La educación para el ejercicio del oficio de ciudadano se proyecta, entonces, a través de una amplia agenda entre cuyos objetivos destacan el filtrar reflexivamente los valores que constituyen el currículum, las actividades, la convivencia escolar y la propia organización del centro. En particular, dicha agenda promueve procesos dialógicos de deliberación compartida, toma de decisiones y formación autónoma de juicio. El libro de Bolívar (2007), así como los trabajos de José Moya sobre las competencias como poderes básicos de la ciudadanía y de Juan Ignacio López sobre el currículo global, recogidos en este libro, orientan sobre esta dimensión.

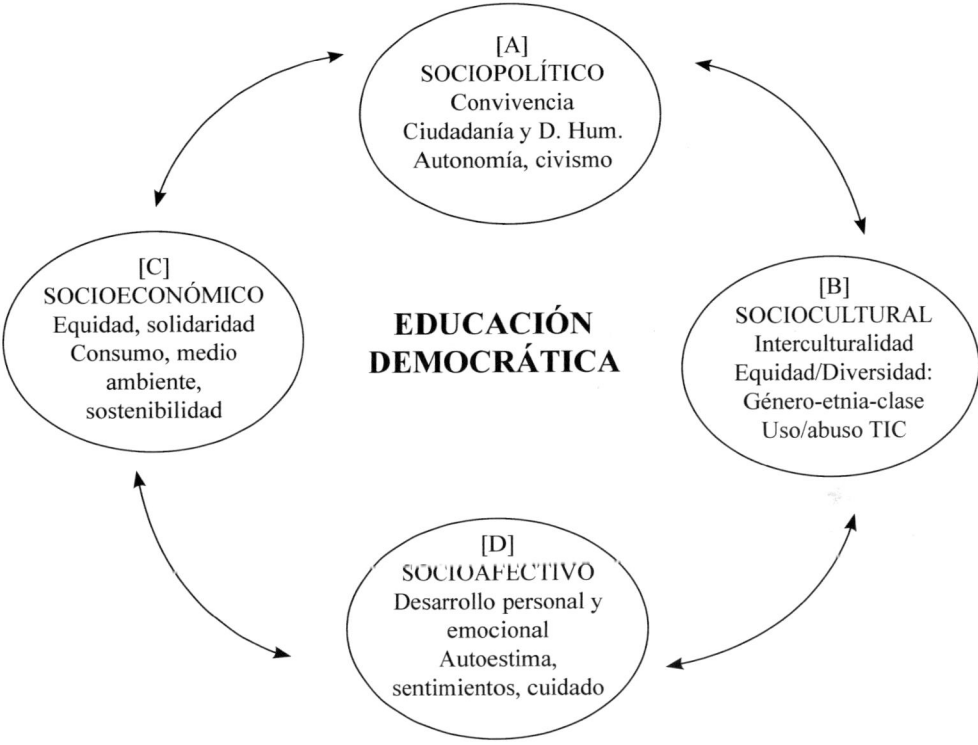

Figura 1. Ámbitos que articulan el Proyecto Atlántida[1].

B. Sociocultural. Igualdad, equidad, solidaridad

Educar **en** la igualdad, reconociendo las diferencias, es también un eje-meta de una educación democrática. En los últimos tiempos hemos aprendido –como han puesto de manifiesto el feminismo o multiculturalismo– que bajo la educación **para** la igualdad se han anulado las diferencias. Por eso es preciso clarificar los conceptos de igualdad, equidad y solidaridad, como hacen –en sus aportaciones para el desarrollo de este ámbito– Mariano Fernández Enguita por un lado, y Manuel Area

---

1.   Los diversos problemas que a la comunidad local o al centro preocupan en la educación de la ciudadanía pueden, en un diagnóstico inicial, ser categorizados en algunos de estos ámbitos de valores democráticos. Cada comunidad educativa priorizará, tras un análisis y debate sobre las necesidades de sus contextos respectivos, unos valores o ámbitos en su Proyecto Educativo, sin suponer por ello abandonar los otros que, conjuntamente, configuran –como señalábamos– una educación democrática.

en relación con el papel, acceso y uso de las Tecnologías de la Información y la Comunicación. En esta dimensión **intercultural** entra, pues, el tratamiento de las desigualdades de clase, género y etnia o cultura, como analiza Francisco Herrera en su colaboración. El eje de esta línea de innovación son experiencias y proyectos que puedan contribuir a contrarrestar los procesos de exclusión social y cultural.

C. Socioeconómico. Equidad y solidaridad

Entre los valores más generales que es preciso vivir en el centro escolar están, sin duda, también el sentido de justicia como equidad y, como contrapunto, la solidaridad. La equidad obliga a luchar frente a las situaciones de desventaja. Por su parte, la *solidaridad* es la cara personal de la justicia. La solidaridad viene a compensar las insuficiencias de la justicia, pero no puede sustituirla. Valores como un *consumo responsable*, el compromiso con el *desarrollo humano* y el *medioambiente sostenible*, la solidaridad y la justicia redistributiva, el compromiso con el pleno empleo o el derecho a una vivienda digna, formarían parte también de esta dimensión. Los trabajos, recogidos posteriormente, de Mariano Fernández Enguita sobre la equidad y, en otra dimensión, de Dolores Limón sobre ecociudadanía y desarrollo humano sostenible, desarrollan este ámbito en dichas dimensiones.

D. Socioafectivo. Cuidado y emociones

El ámbito interpersonal o socioafectivo comprende, el cuidado y preocupación por el otro, reivindicado inicialmente por la ética feminista, junto con toda la dimensión emocional, reivindicada en paralelo en las últimas décadas. En él entran cuestiones necesarias en una educación integral como autoestima, cuidado y salud, educación afectivo-sexual, etc. La educación emocional y sociafectiva ocupa un papel estratégico en la configuración de las subjetividades de las nuevas ciudadanías. En el *Capítulo VII* de este libro («La arqueología de los sentimientos en la educación democrática»), M.A. Santos Guerra reivindica esta dimensión en la educación para la ciudadanía.

Un mapa de ámbitos –con sus correspondientes valores– presenta la virtud de orientarnos sobre las líneas de acción, pero no resuelve todos los problemas, porque –por una parte– se tienen que concretar en los distintos contenidos instrumentales y de experiencia, según el nivel y curso en que trabajamos. Unido a lo anterior, la educación democrática –como forma de vida– se juega en los ***cómos***. Por esa razón, no cabe una vía exclusivamente curricular en la educación para la ciudadanía, también la organizativa o institucional tiene que adquirir toda su relevancia. En cualquier caso, ambas (curricular e institucional) están relacionadas, como se verá en algunos de los trabajos recogidos en la Segunda Parte; lo que queremos resaltar es que de poco vale una presencia curricular explícita **en** la escuela, cuando los valores **de** la escuela, vividos implícitamente, y –más allá– los valores de la propia comunidad social y política, no vayan en paralelo. En fin, por todo ello, es la cultura democrática la expresión de los posibles valores que la constituyen.

1.2. *Una ciudadanía capacitada*

En el Proyecto Atlántida hemos defendido, desde el principio, que la Educación para la Ciudadanía no debiera reducirse a un área o materia, porque ser un ciudadano activo y libre, sin riesgo de exclusión, al menos, supone también tener las competencias (de comprensión lectora, matemática, científica o nuevas alfabetizaciones), sin las cuales no será ciudadano de pleno derecho en la vida social o en su integración en el mundo del trabajo. Este bagaje imprescindible ha de ser garantizado a toda la población, ya sea con programas personalizados de éxito escolar, como en Francia; o con compromisos con las familias y otros apoyos complementarios, como se propone en la última Ley Educativa en España. Entendida en **sentido amplio,** como algo más que una asignatura (Bolívar, 2007), la Educación para Ciudadanía comprende todo aquel conjunto de saberes y competencias que posibilitan la integración y participación activa en la vida pública, que todos los ciudadanos deben poseer al término de la escolaridad obligatoria. Por eso, como defiende Escudero:

> «En términos curriculares, el primer cometido y contribución de la educación de la ciudadanía es desarrollar con relevancia y eficacia los aprendizajes esenciales que son imprescindibles para conocer, tener capacidades, ser libres y actuar responsablemente» (2006b: 36).

En otros términos, se queda a medio camino educar para comportarse cívicamente y, al tiempo, no posibilitar alcanzar las otras competencias básicas que permitan participar activamente en el mundo social y laboral. En este sentido, como ha hecho observar Escudero (2006b), la educación de una **ciudadanía democrática** requiere, previamente o al tiempo, la **educación democrática** de la ciudadanía, es decir recibir y adquirir una educación en condiciones formalmente equitativas. De ahí que poner las condiciones para que el **currículum básico, común o indispensable** sea adquirido por toda la ciudadanía se convierta en una línea directriz del establecimiento de una Educación para la Ciudadanía, al tiempo que en una exigencia democrática. Desde esta perspectiva, la educación para la ciudadanía se identifica con el currículum común o aprendizajes básicos, al que podemos llamar también «currículum democrático» (Guarro, 2002), dado que todos los ciudadanos lo deben poseer al término de la escolaridad obligatoria.

Un currículum democrático debe sustentarse en promover la equidad, lo que supone vincularlo al «imperativo social y ético de proveer a todas las personas el bien esencial de una buena educación y, segundo, a asumir en la sociedad, la escuela y los docentes aquellos compromisos que son precisos para garantizarlo con eficacia» (Escudero, 2006a: 13). Una escuela democrática, pues, tiene como tarea y responsabilidad primera desarrollar en todo alumno aquellas capacidades que le capacitan para el ejercicio de la ciudadanía activa, situando una buena enseñanza y aprendizaje en el núcleo del trabajo cotidiano. Este compromiso se realiza, además, a través de un proceso de colaboración entre el profesorado, así como de implicación de la comunidad.

No basta, como hasta ahora, establecer un currículum formalmente comprehensivo, pues –como vemos en el caso español– un porcentaje en torno al 25-30 % acaban la escolaridad obligatoria sin poseer, al menos oficialmente, aquellas competencias que posibilitan proseguir su desarrollo académico o profesional. La igualdad formal de todos en la escuela no es suficiente para hacer de la escuela una escuela justa (Dubet, 2005). Es, pues, en la perspectiva de lucha contra la exclusión escolar (y social), ante la «nueva cuestión social», y no tanto en línea anglosajona de estándares de evaluación (y clasificación) de centros, donde el planteamiento de las competencias básicas adquiere su mejor sentido, como una exigencia de equidad con los más vulnerables socialmente; que no es contradictoria con la aspiración de la máxima formación y calidad.

Se trata, pues, de conjugar la máxima formación con la ambición de justicia social. La propuesta de «competencias básicas», tal como la entiende Atlántida, no se dirige a minimizar los contenidos escolares, sino a asegurar aquello que, juzgado como imprescindible en nuestra sociedad, todos los alumnos y alumnas deban poseer al término de la escolaridad obligatoria, dado que condicionará su desarrollo personal y social, poniendo a la persona que no lo posee en situación de riesgo de vulnerabilidad social. Como señala en un planteamiento similar al que estamos haciendo el sociólogo francés François Dubet (2005), que participó en la Comisión francesa que estableció la base común de indispensables:

«Se debe definir aquello a lo que cada uno tiene derecho, sobreentendiéndose que, una vez alcanzado ese umbral, nada impide ir más lejos e incluso mucho más lejos. [...] Así pues, es bueno y justo que los que puedan y quieran estudien más latín, matemáticas... Pero no se les puede ofrecer más, sin que nos aseguremos *primero* de que cada uno ha adquirido lo que le corresponde en términos de conocimientos y de competencias que se consideran indispensables para todos.» (pp. 60 y 68).

De ahí que haya que evitar la palabra «currículum mínimo», porque lo básico no es un mínimo sino aquello que nadie puede ignorar. Es decir, si todo alumno debe dominar dicho currículum básico, éste no se identifica con todos los objetivos finales de la escolaridad obligatoria, que deben ser más amplios, culturalmente exigentes. Se puede hablar de «renta básica» de la ciudadanía o, como dicen los franceses, «salario mínimo cultural». En analogía con el movimiento de «renta básica», cabe reivindicar una formación cultural básica, que todo ciudadano debe tener garantizada, para asegurar su participación e integración social con unos niveles básicos para ejercicio de la autonomía y la ciudadanía activa. A diferencia de «salario mínimo» no es un *subsidio* (compensación paliativa), como si fuera una «ciudadanía asistida», sino un derecho inherente a su condición de ciudadano.

Los ciudadanos, en la perspectiva habermasiana que José Moya reivindica en su capítulo, deben tener capacidad para intervenir, en discusiones públicas, en todos los asuntos que les conciernen o afectan. Los principios de equidad (Bolívar, 2005) obligan a que todo individuo (muy especialmente, los alumnos y alumnas en mayor grado de dificultad) tenga derecho a esa base cultural común, suprimiendo la selección en este nivel, lo que no impide que posteriormente pueda ir más lejos en los diversas posibilidades de desarrollo. El derecho a la educación no puede quedar limitado a la mera escolarización, es preciso garantizar a cada uno el máximo de formación de que sea capaz y, en los casos más problemáticos, los aprendizajes básicos. Por tanto, todo ciudadano tiene que adquirir y poseer dicha cultura común, justamente porque es la que le permite ejercer de ciudadano.

Este currículo imprescindible, que bien pudiera ser recogido en las **competencias básicas,** es expresión del principio de equidad que el sistema educativo debe proponerse para todos, independientemente de las inevitables lógicas selectivas, que la sociología de la educación se ha encargado de documentar. Si todos los alumnos no pueden alcanzar el mismo nivel, equitativamente todos deben adquirir dicho núcleo básico. Además, dado que asegurar la consecución de estas competencias sociales no depende sólo del sistema escolar sino de todo el sistema social y que acontece a lo largo de la vida, en un sistema económico y social desigual y altamente diferenciado, se requerirán políticas amplias acerca de un entorno material, institucional y social favorable y formalmente equitativo.

1.3. La ciudadanía como una práctica: aprendizaje y vivencia cotidiana de la democracia

Una educación democrática, en el doble sentido de educar *para* la democracia *en* la democracia, es –a la vez– un fin y medio de la educación. En una sociedad democrática es una obligación de las escuelas públicas capacitar a alumnos y alumnas para el ejercicio activo de la ciudadanía, lo que implica cultivar aquellas virtudes, conocimientos y habilidades necesarias para la participación y convivencia, precisamente porque queremos recrear y profundizar colectivamente la sociedad que compartimos. De ahí que cultivar los valores, el conocimiento y habilidades para el ejercicio ciudadano tenga prioridad moral sobre otros propósitos de la educación pública, como bien ha defendido Amy Gutmann (2001).

La educación democrática y su expresión en las virtudes cívicas se juega, como forma de vida, en la cultura vivida en el centro (y fuera de él); de ahí la relevancia de la organización del centro y del aula. Los valores cívicos, recordaba Freinet, no son contenidos, sino algo que se tiene que vivenciar en los distintos modos de hacer y proceder y en la trama organizativa de la vida escolar. La democracia, como expuso magistralmente Dewey (1995) en su *Democracia y Educación*, además de una forma de gobierno, es un estilo moral y un modo de vida comunitario: «Una democracia es más que una forma de gobierno, es primariamente un modo de vivir asociado, de experiencia comunicada compartida».

Desde la herencia ilustrada se ha tendido a pensar la educación democrática como la «creación» de personas democráticas, es decir como un medio instrumental y, al tiempo, individualista (la persona democrática es concebida como un individuo con un conjunto de conocimientos, competencias o actitudes). De modo alternativo, cabe entender que la educación democrática consiste en una práctica, es decir en un aprendizaje en acción. Educar para la Ciudadanía es una **práctica,** aprendida en los contextos en que se mueven los jóvenes, más que un **resultado,** que puede dar lugar al aprendizaje conjunto de derechos y deberes, conocimiento de las democracias o teorías éticas. Como defienden Biesta y Lawy (2006):

«Se precisa un cambio de modelo en que se pase de la enseñanza de la ciudadanía a los diferentes modos en que los jóvenes aprenden la ciudadanía democrática. En lugar de enseñar ciudadanía es preciso entrar en las formas y modos de aprender la democracia en los contextos en que viven» (p. 65).

En este enfoque se pone en primer plano el aprendizaje de la democracia, que no se limita a la acción escolar sino que acontece en todos los espacios y lugares de las vidas cotidianas de los estudiantes, así como en los procesos y prácticas sociales mediante los que aprenden los valores de la ciudadanía democrática. Señalan Lawy y Biesta (2006):

«En lugar de ver la ciudadanía como el resultado de una trayectoria de aprendizaje, la ciudadanía-como-práctica sugiere que los jóvenes aprenden a ser ciudadanos como consecuencia de su participación en las prácticas cotidianas que marcan sus vidas, [por lo que] la dinámica del aprendizaje de la ciudadanía está relacionada con las vidas reales de los jóvenes. [...]. El aprendizaje de la ciudadanía no puede ser entendido como un proceso unidimensional, sino que está basado en una compleja miríada de experiencias que son practicadas en las vidas cotidianas de la juventud.» (pp. 45-46).

Si bien la acción escolar, sea por una asignatura, por la acción conjunta o por la propia vida escolar es relevante, no se puede olvidar que –en último extremo– se juega en las experiencias cotidianas. Las prácticas democráticas han de tomarse como oportunidades de aprendizaje de los valores democráticos. Frente a la tendencia de confinar la Educación para la Ciudadanía a una asignatura escolar, conviene resaltar que el aprendizaje de la democracia está siempre **situado** y son estos ámbitos sociales, en que se desenvuelve la vida de los jóvenes, los lugares relevantes de aprendizaje de la democracia (compañeros, medios de comunicación, instituciones).

Por eso, formar ciudadanos, significa –entonces– no sólo enseñar un conjunto de valores propios de una comunidad democrática, sino estructurar el centro y la vida en el aula con procesos (diálogo, debate, toma de decisiones colegiada) en los que la participación activa, en la resolución de los problemas de la vida en común, contribuya a crear los correspondientes hábitos y virtudes cívicas. Es la configuración del centro escolar como un grupo que comparte normas y valores la que provoca una genuina educación cívica. Toda una larga generación de literatura (estudios e investigaciones) han subrayado que la educación cívica, como la educación moral, no puede consistir sólo en contenidos a aprender en una materia (es decir, en un aprendizaje conceptual), sino en un conjunto de prácticas pedagógicas y educativas que comprenden, al menos, tres componentes: conocimientos, habilidades y actitudes y valores. Como tales, exigen procesos de vivencia en el centro escolar y en la comunidad, que además precisan un cierto grado de consistencia entre ellos.

Educar a la ciudadanía (incluidas las propias familias) supone primar la participación en todos los ámbitos escolares, como una comunidad que comparte por igual un conjunto de derechos democráticos de participación y comunicación. Además de la representación y participación de los distintos sectores en los Consejos Escolares, el aprendizaje de la cultura democrática no acontece si no se dan otros procesos paralelos a generar desde el centro y la comunidad. Para nosotros hay dos vías privilegiadas para la educación de una ciudadanía democrática:

▶ Enseñar, con la metodología y contenidos propios de cada nivel, los valores propios de una cultura democrática. Esto exige, además del empleo de **procesos deliberativos** (reflexión crítica, aprendizaje cooperativo, etc.), una determinada reconstrucción del **currículum** por el centro.

▶ La escuela debe estar **organizada democráticamente** de modo que permita la participación, toma de decisiones, compromiso y puesta en acción de los valores democráticos. No basta, como a veces se ha creído, que el centro tenga organizada formalmente la participación por representantes, es preciso vivir cotidianamente tales valores en la trama organizativa del centro.

Entre los diversos niveles de participación, compartimos la tesis defendida por Puig Rovira (2000: 61) de que la mejor educación moral «es aquella que permite reflexionar y actuar sobre la misma convivencia del grupo-clase». Las **asambleas de clase** son el primer y mejor ámbito de educación en valores democráticos en la medida en que permiten, de modo directo, la deliberación y decisión en asuntos comunes. Esto permite conectarla con uno de los más potentes modelos de educación moral: la «comunidad escolar justa» de Kohlberg, que podemos ahora llamar «comunidad democrática de aprendizaje», recogiendo ideas de Dewey.

Kohlberg postula que la participación activa y democrática de los alumnos en los asuntos de la escuela de índole moral estimula el desarrollo moral, al construir colegiadamente un ambiente justo y permitir la toma de decisiones y oportunidades reales de ponerse en lugar del otro (*role-taking opportunities*). Todos tienen voz para promulgar los principios/normas por los que se va a regir la vida escolar y, al tiempo, se va a juzgar imparcialmente por todos su validez e incumplimiento. Los objetivos de los centros educativos, organizados como «comunidad democrática de aprendizaje», se cifraban en: 1) el centro se llevará democráticamente, teniendo profesores y alumnos cada uno un voto en la toma de decisiones escolares; 2) la comunidad escolar debe ser pequeña para permitir las reuniones y debates conjuntos; 3) profesores y alumnos trabajarán juntos para construir un espíritu de comunidad dentro del centro; y 4) todos los miembros definen y aceptan los derechos y responsabilidades.

Una educación democrática, que pretende el ejercicio de una ciudadanía activa, tiene que promover la participación democrática para vivir el propio ejercicio de la democracia en la escuela. Pero también para mejorar la propia educación. En ese sentido el alumnado puede ser un aliado para la mejora. Un equipo dirigido por Jean Rudduck ha analizado al relevancia de dar la voz al alumnado sobre la enseñanza y el aprendizaje (Rudduck y Flutter, 2007). Lo interesante del proyecto de Rudduck es mostrar que la participación del alumnado puede mejorar la enseñanza y el aprendizaje del centro escolar y del aula, al incrementar –por un lado– su implicación y compromiso; por otro, al posibilitar una enseñanza más cercana a sus demandas y perspectivas. Al respecto, los alumnos tienen buenas ideas sobre cómo mejorar la enseñanza y el aprendizaje en el aula: sobre cómo ellos y sus compañeros prefieren aprender y cómo motivarlos, sobre las perspectivas que abren la práctica de los profesores o por qué encuentran poco atractivas las tareas. Por su parte, el movimiento español de Comunidades de Aprendizaje sitúa la participación en el aula y centro de todos los recursos de la comunidad en el núcleo de la mejora y aceleración de los aprendizajes del alumnado (Ferrer, 2005).

1.4. Una apuesta comunitaria en una ciudadanía democrática

En lugar de entender la escuela como un *contenedor*, según una analogía de Joan Subirats, en el que se vierta o deposite todo aquello que no sabemos resolver, como sucedió en gran medida en la propuesta de la educación en valores y temas transversales de la LOGSE; cabe abogar por una escuela que *albergue* y sea punto de encuentro de acciones comunes, mediante lazos con la comunidad circundante. El Proyecto Atlántida abogó, desde el primer momento, como nota distintiva de su propuesta, por implicar a las comunidades locales en la tarea educativa con una **nueva articulación de la escuela y sociedad.** Por eso, hablamos de **corresponsabilidad** y denominados al proceso **ciudadanía comunitaria.**

Al convertir un problema social en un problema educativo se delega o deposita en la escuela, eximiendo de actuar decididamente en el contexto social de origen, al tiempo que se generan expectativas sociales infundadas de que puedan ser resueltos con la sola acción educativa, dejando a los docentes con una grave responsabilidad. Como es obvio, ni la escuela es el único contexto de educación ni sus profesores y profesoras los exclusivos agentes de educación. Asumir aisladamente la tarea educativa, ante la falta de vínculos de articulación entre familia, escuela y medios de comunicación, es una fuente de tensiones, malestar docente y nuevos desafíos. A riesgo de hacer de la educación una parcela aislada de la vida no es posible ignorar el protagonismo de los otros agentes formativos que actúan –incluso– de *antiescuela*, en la medida que hacen de competidores de la acción educativa de la escuela: medios de comunicación, (des)educación cívica dominante, (contra) valores hegemónicos en sociedad actual. Esto hace a la escuela especialmente **vulnerable,** viéndose seriamente mermado su potencial educativo. De ahí la necesidad de actuar paralelamente en estos otros campos, para no hacer recaer en ella responsabilidades que también están fuera.

Educar para el ejercicio activo de la ciudadanía no concierne, pues, sólo a los educadores y profesorado, porque el objetivo de una ciudadanía educada es una meta de todos los agentes e instancias sociales. Siendo ya imposible, en el «espacio educativo ampliado» actual, mantener la acción educativa de los centros escolares recluida como una isla, se precisa conexionar las acciones educativas escolares con las que tienen lugar fuera del centro escolar y, muy especialmente, con las familias y el municipio. Una inhibición implícita de estas otras instancias sociales no puede servir de excusa para cargar a la escuela con obligaciones que también están fuera de ella. Recuperar un sentido comunitario de la educación supone apelar, como hacía Juan Carlos Tedesco (1995), a un «nuevo pacto educativo», para asumir una **responsabilidad compartida.**

En esta línea coincidimos con las propuestas y experiencias de **comunidades de aprendizaje,** que habla de la necesidad de establecer sociedades «dialógicas» para hacer frente a los retos de las sociedades de la información, donde la educación «da importancia al diálogo igualitario e integra las voces de toda la comunidad con el objetivo de desarrollar un proyecto plural y participativo en función del contexto social, histórico y cultural del alumnado» (Elboj et alt., 2002: 27). Así, pues, se trata de establecer consensos, acuerdos y alianzas entre todos los agentes, especialmente con las familias, mediante un diálogo igualitario, para llevar a cabo la tarea educativa con posibilidades de éxito, máxime si se trata de contextos desfavorecidos.

Si la capacidad educadora y socializadora de la familia, progresivamente, se está eclipsando (Bolívar, 2006), en lugar de delegar la responsabilidad al centro educativo, se precisa más que nunca la colaboración de las familias y de la «comunidad educativa» (barrios, municipios) con el centro educativo. Establecer redes intercentros, con las familias y otros actores de la comunidad incrementa el **capital social** y facilita que la escuela pueda mejorar la educación de los alumnos, al tiempo que todos se hacen cargo conjuntamente de la responsabilidad de educar a la ciudadanía. Comunidades locales y los barrios de las grandes ciudades, las escuelas y el profesorado están llamados a establecer acuerdos y lazos para recorrer un camino compartido, buscando fórmulas mancomunadas para educar a la ciudadanía. Como dicen los teóricos del *capital social,* a los que nos referimos posteriormente, si no hay redes de participación, las posibilidades de la acción colectiva son escasas (Putnam, 2002). Familia, escuela y comunidad son tres esferas que, según el grado en que interseccionen y solapen, tendrán sus efectos en la educación y aprendizaje de los alumnos y alumnas. Pero el grado de conexión entre estos tres mundos depende de las actitudes, prácticas e interacciones, en muchos casos sobredeterminadas por la historia anterior.

Nuestra propuesta comunitaria conecta con el sentido originario de ciudadanía. Como es sabido, en su origen latino, la agrupación de ciudadanos (*civis, cives*) forma la ciudad. La ciudadanía (*civitas*), además de un estatus civil de acuerdo con el derecho, es un nombre colectivo que significar convocar, agrupar, poner en marcha o movimiento (verbo *cieo, civi, citum*). A su vez conecta con la teoría moral y política del «republicanismo cívico», inspirado en la libertad de los antiguos como participación activa en los asuntos de las ciudades-estado (polis griega o repúblicas italianas del Renacimiento), que se ha constituido en una alternativa al liberalismo y al comunitarismo (Francisco, 2007), al tiempo que aporta una noción más robusta de ciudadanía (Velasco, 2006). Desde el republicanismo, la ciudadanía se vincula a la ciudad (no en vano su origen está en las ciudades república, griegas o renacentistas) y en el compromiso con sus instituciones y con los deberes para con dicha comunidad.

El movimiento comunitarista ha atribuido la creciente pérdida de compromiso cívico de la ciudadanía en las democracias occidentales al individualismo promovido por la tradición liberal. La corriente actual del **republicanismo cívico** puede proporcionar una buena base para fundamentar una ciudadanía comunitaria. El ideal republicano de libertad como no dominación (en lugar del liberal de no interferencia), plasmado en un ordenamiento jurídico, requiere de la normas y virtudes cívicas, ejercidas por su ciudadanía. Esta incluye participación en lo público y responsabilidad ante el interés común. Como señala Salvador Giner (2007):

> «De igual modo, el republicanismo no se ciñe a la vida política sino que suele preocuparse de que la actitud participativa penetre todos los niveles de la vida social: la empresa, la convivencia del barrio, la cultura cívica en el espacio público, en las instituciones privadas y públicas y en el seno de los movimientos sociales.» (p. 10).

1.5. Un nuevo localismo en la educación de la ciudadanía

Educar comunitariamente a la ciudadanía en un contexto de globalización ha de plantearse de nuevos modos. No se trata sólo, aunque sea un primer paso, de lograr mayores cotas de colaboración de las familias o de la comunidad, sino de constituir comunidades locales como redes cívicas que puedan ser una alternativa a los procesos de globalización. Se trata de hacer una globalización desde la base, solidaria o dialógica, constituida por redes estratégicas entre actores e instituciones en cada comunidad local (Subirats, 2002). Se ha empleado el constructo híbrido de «g-local» para indicar la necesidad de constituir comunidades locales de redes solidarias que construyan una globalización desde abajo. En cierta medida, la antigua conciencia de clase, propias de la sociedad industrial, se reemplazan por la «conciencia del lugar», como el nuevo espacio público de construcción de la ciudadanía.

La ciudadanía, pues, ha de construirse, en primer lugar, localmente, ampliando espacios de participación y lugares donde trabajar conjuntamente. La ciudad, en lugar de un escenario, ha de pasar a ser un agente que incide positivamente en la educación de los ciudadanos. Una perspectiva radical de la democracia, en el contexto actual, supone basarla en los contextos inmediatos. De ahí el auge actual del movimiento de nuevo *localismo,* como base privilegiada para desarrollar las políticas de bienestar, la educación y los servicios comunitarios. Como señalaba Joan Subirats (2003):

> «La escuela, por su parte, ha de encontrar en la ciudad el marco esencial en el que integrar su trabajo, proyectar toda su potencia formativa, aprovechando las grandes potencialidades educadoras del entorno local y comunitario; de esta manera se puede afirmar que no podemos entender el futuro de la ciudad sin tener en cuenta sus centros educativos, ni tampoco podrá trabajarse en el futuro de la escuela separándolo del futuro de las comunidades locales en la que se inserta.» (p. 231).

En España tenemos escasa tradición de territorialización de la educación, frente a la municipalización de los países anglosajones aquí el papel de los municipios ha sido residual y periférico. Pero también estamos, en la mayoría de países occidentales, dentro de una tendencia general a la descentralización y la transferencia de competencias a nivel local. Los padres y madres deben intervenir en este ámbito a través de la participación en los Consejos Escolares Municipales o, en las grandes ciudades, Consejos Escolares de Distrito, así como en otros órganos de planificación estratégica de la comunidad, que ahora mismo están *aletargados*. La reclamada *segunda descentralización,* debidamente situada para no abocar a una simple municipalización de la educación, con efectos discutibles, debiera incluir a la educación para la ciudadanía en su agenda.

Al respecto, desde el Primer Congreso Internacional de Ciudades Educadoras celebrado en 1990 en Barcelona y la Declaración de la *Carta de Ciudades Educadoras* (AICE, 2004), son cada vez más comunes las iniciativas de *Ciudades Educadoras* por parte de los Municipios, entendidas como ciudades que, siendo conscientes de su función educativa, planifican estratégicamente y modo participativo actividades para potenciar sus recursos culturales en beneficio de la educación de todos sus ciudadanos (Bertran, 2006). Como declara la referida *Carta de las Ciudades Educadoras*, promovida por la Asociación Internacional de Ciudades Educadoras (AICE, 2004), «debe producirse una verdadera fusión, en la etapa educativa formal y en la vida adulta, de los recursos y la potencia formativa de la ciudad con el desarrollo ordinario del sistema educativo, laboral y social».

Así, por ejemplo, se están estableciendo *Proyectos Educativos de Ciudad*, como un conjunto de objetivos y líneas de acción que van a guiar colectivamente la acción educativa en el ámbito de la ciudad, en el marco actual de sociedad de la información y el aprendizaje a lo largo de la vida Estos proyectos son un compromiso para extender la educación más allá de las aulas, estableciendo nuevas relaciones entre escuela y comunidad. A partir del principio de corresponsabilidad social en la educación, se establece un compromiso consensuado entre la administración local, las entidades y los diversos colectivos de la ciudad, en tanto que agentes educativos, para avanzar de la mano hacia un proyecto común. Desde esta perspectiva se parte de:

«Una visión de los municipios como marco territorial matriz y como espacio favorecedor de prácticas educativas formadoras y socializadoras mediante acciones continuadas dirigidas a proveer de medios que faciliten la acción cultural articulada de los diversos agentes sociales que lo configuran, así como para crear escenarios que también sean socioeducativos» (Pose, 2006: 56).

En fin, es dentro de todo este amplio movimiento de *nuevo localismo* donde se inscriben las acciones promovidas por el Proyecto Atlántida. Los problemas educativos y, en sentido amplio, la educación de la ciudadanía, desbordan el ámbito escolar, requiriendo establecer acciones conjuntas con el entorno comunitario del centro. Por eso, en congruencia con algunas de las líneas más prometedoras para el cambio educativo, estamos proponiendo establecer *redes*, acuerdos o consorcios entre centros escolares, familias y municipios. Dependiendo de cada lugar, nuestras experiencias aportan un potencial inexplorado para la mejora de la educación. Las redes generan unas obligaciones y expectativas recíprocas de apoyo mutuo, al tiempo que un potencial de información y recursos, derivadas de la relación de confianza establecida. La acción educativa, de este modo, mejorará al tender puentes entre los diversos agentes e instituciones de la zona, contribuyendo a la incrementar el *stock* de capital social en sus respectivos contextos. Establecer confianza entre familias, centros y ciudadanos en general, promover el intercambio de información y consolidar dichos lazos en redes sociales, son formas de potenciar el tejido social y la sociedad civil. Conseguir una mejora de la educación para todos, en los tiempos actuales, es imposible si no se movilizan las capacidades sociales de la escuela.

Enseñar y aprender el oficio de ciudadano requiere, más allá de la acción del centro escolar, la construcción de una comunidad educativa que pueda inducir un proceso de socialización congruente. Atlántida está invitando a crear **Comités de Ciudadanía,** en aquellos lugares donde tiene la oportunidad de compartir su discurso y su preocupación. Escuela-Familia y servicios sociales y municipales del ámbito local, están llamados a recorrer un camino compartido en el que ya estamos integrando a los responsables del control y seguimiento de conductas (policía municipal, en medios locales, guardia civil...) y a quienes tienen en su mano el desarrollo de iniciativas sociolaborales (empresariado, cooperativas...) corresponsables de ofertas, horarios y modos de consumo que inciden en los valores de ciudadanía que es preciso reeducar.

Epstein y Sanders (2000), basándose en la **teoría de solapamiento entre esferas de influencia,** mantienen que familia, escuela y comunidad son tres esferas que, según el grado en que interseccionen y solapen, tendrán sus efectos en la educación de los alumnos. La colaboración entre estos agentes educativos es un factor clave en la mejora de la educación. Esta superposición de esferas explica también cómo se adquiere el capital cultural y social. Este último se acumula por las interacciones de la familia, escuela y los miembros de la comunidad y se incrementa, por tanto, cuando hay establecido un plan para que aumenten las interacciones entre la familia, los alumnos y otros miembros de la comunidad de manera efectiva.

Una profundización de la democracia requiere pasar de una concepción de la democracia meramente representativa a una democracia deliberativa. Pero ello también supone, más ampliamente, la reconstrucción del espacio público para la participación ciudadana en una deliberación de los asuntos que le conciernen (Gutmann, 2001). Cuando en lugar de una ciudadanía activa se incrementa el número de clientes que exigen mejores servicios educativos para sus hijos, el modelo participativo entra en grave crisis. Su revitalización pasa, entonces, por formas de **participación auténtica** que, en la formulación de Anderson (2002, 154), « debe ser resultado tanto del fortalecimiento de los hábitos de participación en formas de democracia directa y en el logro de mejores resultados de aprendizaje y justicia social para todos los participantes». Educar para una ciudadanía activa y participativa requiere pasar de una concepción de democracia formalista, procedente del ámbito político, a una concepción distinta de comunidad democrática de aprendizaje, en modos deliberativos, apropiada a una organización que se define como «educativa».

1.6. Otras formas de construir ciudadanía: participación y democracia

Sucesivos informes e investigaciones sobre la participación de la comunidad escolar en los Consejos Escolares han ido poniendo de manifiesto, de modo reiterado, además de la **baja participación de los padres y madres,** el papel más bien formal de estos órganos, tanto en lo que respecta a los contenidos como a los procedimientos de participación. Rafael Feito (2007), en un análisis retrospectivo sobre por qué no ha funcionado la participación democrática en los Consejos Escolares establecidos en la LODE, señala como condiciones previas que –por un lado– «no pueden funcionar adecuadamente si no hay una ciudadanía participativa en el ámbito educativo. Y, por otro lado, no puede haber Consejos Escolares participativos si al mismo tiempo la vida del centro, sus aulas, no son también democráticos» (p. 12). Por otra, revitalizar la democracia en la escuela es ir más allá de los Consejos Escolares, estableciendo –al menos– otros «mecanismos intermedios de participación entre el Consejo y los estamentos que constituyen la comunidad educativa» (p. 13).

Más allá de una democracia limitada a la representación («definición mínima de la democracia» la llama Norberto Bobbio), que provoca por sí misma apatía y desinterés, en lugar de atribuirla al déficit de cultura participativa, otro tipo de **democracia deliberativa** en la que trabajar juntos es posible, abriendo nuevos espacios de interacción y experiencias compartidas. Desde una apuesta por una ciudadanía republicana, esta desafección a la participación actual, en lugar de expresar apatía, expresa la necesidad de otras formas de participación cívica, más comunitaria. Haber limitado, en ocasiones, la democracia en los centros a los Consejos Escolares, ha dado lugar a olvidar estas otras dimensiones más fundamentales. Así, la implantación legislativa de una gestión democrática de los centros escolares en España no ha alterado sustancialmente la cultura organizativa de los centros, ni ha supuesto un mayor control de las condiciones laborales y curriculares por parte de los agentes educativos.

La participación no puede entenderse encerrada en las paredes de la escuela y a la espera de si los padres entran (participan) o no. Sus limitaciones son evidentes dentro de un círculo vicioso, que no permiten superar la llamada «crisis» de participación. Por eso, más que dejarla limitada a los Consejos Escolares, donde nos movemos en una participación verticalista en unos casos, fragmentada en otros; si realmente se desea potenciar la participación ciudadana, conviene vincularla al proceso por el que las comunidades y/o diferentes sectores sociales se implican en la toma de decisiones de la educación para la ciudadanía, influyendo en los proyectos, programas y en las medidas que se tomen. Además, de hecho, la educación no se juega actualmente entre familias y escuela, el espacio educativo se ha ampliado. Actualmente, como comenta Subirats (2005):

> «(Conviene) reivindicar una concepción de la educación más vinculada al servicio público, conectando educación con el conjunto de servicios y políticas que buscan la mejora de las condiciones de vida de la ciudadanía y el reforzamiento de su papel activo en la renovación democrática y participativa de las políticas de bienestar tradicionales y, por tanto, con una visión del trabajo educativo más vinculada al trabajo en red, a la colaboración entre profesionales de diversos servicios, ante problemas de carácter integral que necesitan también respuestas integrales.» (p. 187).

Desde una perspectiva de **integración de servicios comunitarios,** particularmente relevante en contextos de desventaja, las escuelas públicas proveen un amplio conjunto de servicios a los alumnos y a las familias, en relación con otras organizaciones de su comunidad. Todos los miembros de la comunidad son considerados agentes de cambio, su conjunción de las escuelas con la comunidad pretenden el desarrollo de las mismas. El centro escolar no es la unidad de integración de servicios sino que forma parte de una red de otros servicios de la comunidad, y los individuos no se consideran clientes de los servicios sino agentes del desarrollo comunitario (Keith, 1999).

La comunidad educativa es un concepto algo más amplio que familias y centros escolares, comprendiendo todo el ámbito de la esfera pública de una ciudadanía preocupada por la educación cívica. La participación no es dependiente de la escuela, sino de la propia base comunitaria en un plano horizontal. El papel de los profesionales es redefinido, para ponerse al servicio del desarrollo de la comunidad local en torno a un proyecto de desarrollo común. Al tiempo que se contribuye al fortalecimiento democrático, capacitando a la propia comunidad, también se logra mayor implicación y eficacia en la educación. De este modo, como defiende el movimiento de «investigación-acción participativa», la participación presenta una dimensión instrumental de toma de decisiones para lograr determinados objetivos, pero supone también una dimensión básica de profundización de la democracia.

Por lo demás, el movimiento de Investigación-Acción Participativa proporciona un metodología para analizar y comprender mejor la realidad de la población (sus problemas, necesidades, capacidades, recursos), posibilitando a los implicados planificar acciones y medidas para transformarla y mejorarla. La ciudadanía ha de «tomar la palabra», interviniendo en los asuntos públicos que le conciernen. Es un proceso que combina la teoría y la praxis, y que posibilita el aprendizaje, la toma de conciencia crítica de la población sobre su realidad, su empoderamiento, el refuerzo y ampliación de sus redes sociales, su movilización colectiva y su acción transformadora.

El **capital social** que existe en los entornos de los centros educativos no se limita a las asociaciones de padres ni otros grupos oficialmente reconocidos, es preciso ampliarlo e incorporar a todas aquellas redes sociales y personas que pueden potencialmente movilizarse tanto en la planificación como en las acciones acordadas. Todos los sectores y actores de la ciudadanía (institucionales, asociativos y base social) han de participar y tener voz en la realización de planes educativos para una ciudadanía democrática. Una participación ciudadana más activa supone ampliarla más allá de los cauces institucionalizados. Se trata de articular las potencialidades educativas de una acción conjunta e integrada entre todos agentes e instituciones de la educación formal y los espacios de la educación no formal: planes comunitarios con presencia educativa, proyectos educativos de ciudad, planes de medio ambiente, articulación de servicios educativos y comunitarios, etc.

Metodologías como la «investigación-acción participativa» (Rodríguez Villasante et alt., 2000) pueden servir para hacer un diagnóstico compartido para detectar los problemas y necesidades y, posteriormente, elaborar propuestas y soluciones en Planes de Acción Integrales. Todos aquellos interesados en la educación y convivencia ciudadana (colectivos, asociaciones, grupos de vecinos/as y otros actores del municipio con sensibilidades o intereses comunes) deben participar, lo que favorece su movilización e implicación.

En un libro reciente (Bolívar, 2007), de acuerdo con los principios y experiencias del Proyecto Atlántida, hemos defendido que, en el contexto de cambios actuales, no es sólo en el currículum donde hay que centrar los esfuerzos de mejora, paralelamente hay que actuar en la comunidad, si queremos resituar la enseñanza en la sociedad actual. En una sociedad de la información que divide, con contextos familiares desestructurados y con capitales culturales diferenciados del alumnado que accede a los centros escolares, es en la **comunidad** donde hay que situar los esfuerzos de mejora. Incrementar el **capital social** al servicio de la educación de los ciudadanos supone, en primer lugar, conexionarla con la acción familiar, pero también extender sus escenarios y campos de actuación al municipio o ciudad, como modo de hacer frente a los nuevos retos sociales.

Las teorías actuales sobre el capital social (James S. Coleman, Robert Putnam, Pierre Bourdieu) permiten revalorizan la influencia que las redes sociales del entorno comunitario cercano tienen en las oportunidades educativas y sociales de los individuos. Dicho capital social se define como la capacidad que tienen los actores de disponer de ciertos recursos gracias a su acceso a conexiones y redes sociales. Por tanto, por analogía con otras formas de capital (físico o humano), el capital social consiste en un sistema de redes, normas o confianza, que facilita la coordinación y cooperación para el beneficio mutuo.

Establecer redes intercentros, con las familias y otros actores de la comunidad fortalece el tejido social y facilita que la escuela pueda mejorar la educación de los alumnos, al tiempo que todos se hacen cargo conjuntamente de la responsabilidad de educar a la ciudadanía. Comunidades locales y los barrios de las grandes ciudades, las escuelas y el profesorado están llamados a establecer acuerdos y lazos para recorrer un camino compartido, buscando fórmulas mancomunadas para educar a la ciudadanía. Como dicen los teóricos del capital social, si no hay redes de participación, las posibilidades de la acción colectiva son escasas (Putnam, 2002). Familia, escuela y comunidad son tres esferas que, según el grado en que interseccionen y solapen, tendrán sus efectos en la educación de los alumnos. Pero el grado de conexión entre estos tres mundos depende de las actitudes, prácticas e interacciones, en muchos casos sobredeterminadas por la historia anterior.

El *stock* de capital social viene dado por el sistema de redes, basadas en la confianza mutua, que facilitan la coordinación y cooperación para el beneficio mutuo. Las redes generan unas obligaciones y expectativas recíprocas de apoyo, al tiempo que un potencial de información y recursos, derivadas de la relación de confianza establecida. La acción educativa, de este modo, mejorará al tender puentes entre los diversos agentes e instituciones de la zona, contribuyendo a la incrementar el *stock* de capital social en sus respectivos contextos. Establecer lazos de confianza entre familias, centros y ciudadanos en general, promover el intercambio de información y consolidar dichos lazos en redes sociales, son formas de potenciar el tejido social y la sociedad civil. Conseguir una mejora de la educación para todos, en los tiempos actuales, es imposible si no se movilizan las capacidades sociales de la escuela. Como afirmaba el propio Putnam en un libro anterior «construir capital social no es fácil, pero es la llave para hacer funcionar la democracia».

2. COMPETENCIAS BÁSICAS: LOS PODERES DE LA CIUDADANÍA

José Moya Otero (Universidad de Las Palmas de Gran Canaria)

> *«Definir las competencias básicas, por tanto, no es un juego intelectual si puede, incluso de manera mínima, afectar a la política educativa y al objetivo de los sistemas educativos»* (Perrenoud, 2004: 217).

La incorporación del término «competencias básicas» a la definición que se hace del currículo en la Ley Orgánica de Educación y su posterior utilización en los Decretos de enseñanzas mínimas correspondientes a la Etapa Primaria y Secundaria Obligatoria suponen un cambio importante en las condiciones para el aprendizaje generadas por el anterior sistema educativo. Sin embargo, la valoración de ese cambio y la posibilidad de que pueda ser considerado como una mejora han abierto un amplio debate entre los educadores, al que me gustaría contribuir. En todo caso, la posición estratégica que el concepto de «competencias básicas» ha adquirido en el discurso educativo lo convierte en un terreno propicio para el debate científico y social.

Las ideas que me gustaría defender en este trabajo y con las que querría contribuir a ese debate son las siguientes: a) la contribución que la idea de competencias básicas puede realizar a la mejora de la educación depende, en gran medida, de la conceptualización que se haga del término y ésta, a su vez, depende del contexto teórico desde el que se realice; b) la conceptualización de un término, sea el que sea, no es sólo el resultado de un trabajo académico sino que es, sobre todo, el resultado del modo en que se resuelva un conflicto ideológico (Perrenoud, 2004; Barnett, 2001); y c) la conceptualización que voy a proponer del término me permitirá considerarlo como la base cultural imprescindible para el desarrollo de una ciudadanía activa o, escrito con otros términos, las competencias básicas constituyen los **poderes de la ciudadanía.**

2.1. Las competencias básicas: entre el cambio y la mejora

Son muchas las aproximaciones que se hacen a los cambios educativos tratando de poner de manifiesto que un determinado cambio, precisamente ese cambio y no otro, es necesario dados los cambios acaecidos en otro sistema del que es dependiente, en este caso, el sistema social o socioeconómico. Esta forma de aproximación, se apoya en un modelo explicativo muy sencillo y bien conocido, de aquí su amplia utilización, es un **modelo homeostático.** Según este modelo explicativo, un sistema (en nuestro caso, el sistema educativo) responde a los cambios exteriores mediante una transformación de su estructura interna para poder recuperar el equilibrio anterior. En consonancia con este modelo los cambios en el sistema dependiente son una consecuencia lógica de los cambios exteriores que actúan como antecedentes.

La reforma del sistema educativo impulsada por la Ley Orgánica de Educación (LOE, 2006) nos proporciona una excelente oportunidad para comprobar las posibilidades pero también las limitaciones de esta forma de aproximación y de su correspondiente modelo explicativo. Según leemos en el Preámbulo de dicha ley los cambios en el sistema educativo responde, entre otras razones, a la siguiente:

«La pretensión de convertirse en la próxima década en la economía basada en el conocimiento más competitiva y dinámica, capaz de lograr un crecimiento económico sostenido, acompañado de una mejora cuantitativa y cualitativa del empleo y de una mayor cohesión social, se ha plasmado en la formulación de unos objetivos educativos comunes. A la vista de la evolución acelerada de la ciencia y la tecnología y el impacto que dicha evolución tiene en el desarrollo social, es más necesario que nunca que la educación prepare adecuadamente para vivir en la nueva sociedad del conocimiento y poder afrontar los retos que de ello se derivan» (LOE, Preámbulo).

Todas las reformas educativas, y la LOE no es una excepción, se justifican como la única respuesta posible a los cambios exteriores, pero dejan poco lugar al debate sobre una cuestión de gran interés: ¿qué otras alternativas eran posibles?

Evidentemente la sencillez del modelo homeostático y su capacidad para explicar múltiples cambios en distintos tipos de sistemas le otorgan posibilidades indudables. Sin embargo, a mi juicio, presenta una debilidad importante: **sustituye cualquier valoración sobre los cambios por la justificación de su necesidad.** Esto significa que los cambios propuestos no se enmarcan en un conjunto de opciones posibles y deseables, sino en un marco de cambios necesarios. Por esa razón, la mayor limitación de este enfoque, desde el punto de vista de la práctica educativa, es que sólo requiere de los agentes educativos que actúen en consonancia con el cambio, pero sin que éste tenga que ser comprendido, ni valorado.

Frente a esta forma de proceder, la aproximación que me propongo realizar al cambio que supone la incorporación de las competencias básicas al sistema educativo definido por la LOE se orienta en una dirección marcada por una idea: los cambios alcanzan su máximo valor educativo cuando contribuyen a la mejora de las condiciones que los centros ofrecen a sus alumnos. En consonancia, para poder desarrollar con éxito las consecuencias positivas que las competencias básicas pueden tener en el currículo de los centros educativos se hace necesario comprender esta idea y determinar su valor educativo.

2.2. Antecedentes de las competencias básicas en Europa

Un reciente estudio realizado por la Unidad Europea de Eurydice (2002) ha tratado de radiografiar la situación en la que se encuentran las denominadas competencias clave o competencias básicas en Europa (Figura 2). La visión resultante se podría resumir de este modo:

«Este estudio confirma que la enseñanza de las competencias clave era tradicionalmente patrimonio de la formación profesional. Sin embargo, también ha revelado que durante la década pasada alrededor de la mitad de los países de la UE han reconocido la importancia de que todos los alumnos desarrollen las competencias clave, independientemente del tipo de educación que reciban. Por este motivo, este concepto se ha extendido a la educación general» (Eurydice, 2002: 32).

Así pues, la incorporación de la idea de competencias básicas en el concepto de currículo que define la Ley Orgánica de Educación (LOE, 2006) forma parte de un movimiento mucho más general de incorporación de este concepto a la enseñanza obligatoria. El movimiento, en cuestión, se define como un movimiento que va desde el conocimiento a la competencia:

«En un mundo en el que el conocimiento factual se crea, se distribuye y se puede acceder a él de forma rápida, la necesidad de que las personas memoricen es cada vez menor. En su lugar, necesitan los instrumentos apropiados para seleccionar, procesar y aplicar el conocimiento requerido con el fin de hacer frente a los modelos cambiantes de empleo, ocio y familia. Esto explica la tendencia creciente en la enseñanza a desarrollar competencias en vez de enseñar conocimiento de hechos» (Ídem, 12).

Teniendo en cuenta este razonamiento, el desplazamiento desde el conocimiento factual a la competencia es la respuesta necesaria a los cambios surgidos en las sociedades cuya actividad económica aparece vinculada al conocimiento como principal fuerza productiva. Esta posible justificación del cambio, que para muchas personas es la más creíble, es matizada en el estudio con una argumentación que no debe ser obviada:

«La segunda gran preocupación es el impacto que las competencias clave ejercen sobre la justicia social y económica. El hecho de que su adquisición no se realice de forma equilibrada se considera como la fractura social y la disparidad en los ingresos que conducen a la marginalización y, en último término, a la exclusión social. Si los países europeos desean desarrollar todo el potencial de sus recursos humanos, no se puede permitir dividir la población entre ricos y pobres con respecto a las competencias» (Ídem, 11).

Teniendo en cuenta las razones expuestas, se hace evidente que la incorporación de las competencias básicas se convierte en una necesidad para los nuevos sistemas educativos europeos tanto para aumentar la competitividad de las sociedades en las que se insertan como para reducir la desigualdad en el aumento de la riqueza que esa mejora de la competitividad puede provocar.

El problema es que esa doble contribución supone un enfrentamiento entre intereses diferentes cuya dilucidación hace de la interpretación final del concepto una cuestión esencial, de modo que, lejos de ser una cuestión exclusivamente académica el concepto de competencia y de competencia básica que finalmente se adopte puede inclinar la balanza de los intereses en conflicto en una u otra dirección.

Lo cierto es que la idea de competencia y, desde luego la de competencias básicas, se ha constituido en el centro de un gran debate social que, en ningún caso, puede ser resuelto mediante una apelación al significado que el concepto tiene en un determinado diccionario o glosario, como se hace en la investigación realizada por Eurydice.

GRÁFICO 4: El concepto de las competencias clave en la terminología de la educación general obligatoria en la UE, año de referencia 2002		
País/Sistema Educativo	Términos utilizados	Definición
Sistemas educativos que han integrado las competencias clave en sus currículos		
B fr (1997)	*Socles de compétences* (umbrales de competencias) *Compétences terminales et savoirs requis* (competencias finales y saberes requeridos)	Competencias transversales y específicas de las materias cuyo dominio se considera necesario para integración social y la continuación de los estudios.
P (2001)	*Conpetências essencias* (Competencias esenciales)	El conjunto de conocimientos y destrezas generales y específicas de las materias consideradas esenciales para todos los ciudadanos en la sociedad de hoy.
UK (E/W) (2000)	*Key skills* (competencias clave	Las competencias genéricas que los individuos necesitan para participar en un mercado de trabajo flexible, con capacidad de adaptación y competitivo, y para el aprendizaje a lo largo de la vida.
UK (SC) (2000)	*Core Skills* (competencias esenciales)	Competencias amplias y transferibles que necesitan las personas para participar de manera plena, activa y responsable en la sociedad.

Sistemas educativos que debaten públicamente la posible integración de las competencias clave en los currículos		
B de	*Schlüsselkompetenzen* (competencias clave)	Las competencias específicas de las materias que los alumnos han de adquirir.
B nl	*Sleutelcompetenties* (competencias clave)	Competencias transferibles (que se pueden aplicar en muchas situación y contextos) y *multifuncionales* (que se pueden emplear para lograr varios objetivos, resolver problemas diferentes y realizar distintas tareas.
D	*Schlüsselkompetenzen* (competencias clave); *Basiskompetenzen* (competencias básicas); *Schlüsselqualifikationen* (cualificaciones clave)	Competencias transversales y específicas de las materias que representan un conjunto lógico y coherente de actitudes, valores, conocimientos y destrezas indispensables para funcionar eficazmente en el ámbito personal y profesional.
L	*Compétences de base* (competencias básicas)	Los conocimientos y destrezas que permiten a los niños aprender a estudiar.
A	*Grundkompetenzen* (competencias básicas)	Término aún sin definir.
UK (NI)	*Key transferable skills* (competencias básicas)	Las competencias genéricas que los individuos necesitan para participar en un mercado de trabajo flexible, con capacidad de adaptación y competitivo y para el aprendizaje a lo largo de la vida

Fuente: Eurydice
N.B.: El cuadro incluye sólo los países en los que se acepta «competencia clave» o un término equivalente como parte de la terminología general obligatoria

Figura 2. Las competencias básicas en la Unión Europea.

2.3. *Antecedentes de la idea de competencia en España*

En nuestro país, el término **competencias** se incorpora al sistema educativo con la LOGSE (1990) y se mantiene con la reciente Ley Orgánica de Cualificaciones y

Formación Profesional (2003). Así pues, el concepto de competencias, más allá del campo semántico que delimita su significación gramatical, se ha forjado, epistemológicamente, en el universo de la formación profesional y del mercado laboral.

El concepto de competencias juega un papel esencial es la configuración de las diferentes titulaciones profesionales, así como en las configuración de los diseños curriculares correspondientes (Figura 3). La Ley Orgánica 5/2002, de 19 de junio, de las Cualificaciones y de la Formación Profesional, define las competencias como «*el conjunto de conocimientos y capacidades que permitan el ejercicio de la actividad profesional conforme a las exigencias de la producción y el empleo*» (artículo 7.3).

A su vez, el conjunto de competencias adquiridas por una persona le otorgarían una determinada cualificación profesional «*el conjunto de competencias profesionales con significación para el empleo que pueden ser adquiridas mediante formación modular u otros tipos de formación y a través de la experiencia laboral*» (artículo 7.3).

La adquisición de una cualificación y sus correspondientes competencias, podrá ser reconocida, valorada y acredita siempre y cuando esa cualificación esté incluida en el **Catálogo de Cualificaciones:**

«Las competencias profesionales ofertadas y adquiridas mediante las acciones formativas indicadas en el apartado anterior, podrán ser acreditadas cuando sean incorporadas al Catálogo de Cualificaciones, de acuerdo con lo previsto en el artículo 8 de la presente Ley» (artículo 13.2).

Esta breve secuencia de encadenamientos conceptuales pone en evidencia que, dentro del marco de la formación profesional, ya existe un entramado conceptual muy bien trenzado que facilita la utilización del concepto de competencias. Pero, no sólo está bien delimitado el marco conceptual, sino que está muy bien delimitado el marco procedimental por el que se reconoce y acredita una cualificación profesional y sus correspondientes competencias. Esta breve revisión nos permite plantearnos algunas cuestiones de interés.

La legislación española incluye el concepto de «competencia» dentro del marco de la Formación Profesional desde la Ley Orgánica de Ordenamiento General del Sistema Educativo (1990). Sin embargo, en ese momento se optó por utilizar este concepto sólo para este tipo de enseñanzas, mientras que para la educación obligatoria se opto por el término «capacidades». Una cuestión que no podemos dejar de plantear, a la vista de los acontecimientos, es la siguiente: ¿qué razones justificaron entonces la separación entre los conceptos de competencia y de capacidad y qué razones justifican ahora su posible desaparición?

Título de Formación Profesional. Explotación de Sistemas Informáticos R.D. 497/2003, de 2 de mayo por el que se establece el título y las enseñanzas mínimas Currículo RD 939-03	
Competencias Profesionales	Instalar y mantener servicios de redes. ▪ Instalar y mantener equipos y sistemas informáticos en entornos monousuario y multiusuario. ▪ Instalar y mantener servicios de Internet. ▪ Realizar la administración, gestión y comercialización en una pequeña empresa o taller.
Módulos formativos	▪ Instalación y mantenimiento de servicios de redes locales. ▪ Instalación y mantenimiento de equipos y sistemas informáticos. ▪ Implantación y mantenimiento de aplicaciones ofimáticas y corporativas. ▪ Operaciones con bases de datos ofimáticas y corporativas. ▪ Instalación y mantenimiento de servicios de Internet. ▪ Mantenimiento de portales de información. ▪ Administración, gestión y comercialización en la pequeña empresa. ▪ Sistemas operativos en entornos monousuario y multiusuario. ▪ Relaciones en el equipo de trabajo. ▪ Formación y orientación laboral.
Puestos de trabajo	▪ Técnico en mantenimiento de sistemas informáticos en entornos monousuario y multiusuario. ▪ Técnico en mantenimiento de servicios de Internet. ▪ Técnico en mantenimiento de redes de área local. ▪ Técnico de ventas de TIC para sectores industriales.

Figura 3. Competencias profesionales y titulaciones.

Otra cuestión de gran interés es la función que cumplen las capacidades y las competencias en la configuración de los diseños curriculares correspondientes a cada una de las enseñanzas. Las unidades de competencia, no son sólo una forma de definir los objetivos didácticos, sino que son la base sobre la que se configuran las titulaciones. En ningún caso, los contenidos preceden a las unidades de competencia, ni tienen ningún valor educativo, más allá de su contribución a la consecución de esas competencias. Por eso conviene plantearse, si la incorporación de esta idea a la educación obligatoria va a suponer una modificación sustancial del modo en que se configuran y ordenan los diseños curriculares.

2.4. Las competencias básicas en la enseñanza obligatoria

Las competencias básicas o competencias clave son definidas como un conjunto de competencias que permiten a las personas participar activamente en múltiples campos y contextos sociales, y contribuyen tanto a que éstos tengan éxito en su vida como al buen funcionamiento de la sociedad. Las competencias clave son necesarias tanto para las personas como para la sociedad.

Los Decretos de enseñanza mínimas elaborados por el Ministerio de Educación y Ciencia suponen una decisión muy importante en la configuración de los futuros diseños curriculares dado que estos decretos definen más de la mitad de los elementos que serán de obligado cumplimiento en todo el Estado. La selección de competencias básicas que se realiza en el Anexo 1 es la siguiente:

1. Competencia en comunicación lingüística.

2. Competencia matemática.

3. Competencia en el conocimiento y la interacción con el mundo físico.

4. Tratamiento de la información y competencia digital.

5. Competencia social y ciudadana.

6. Competencia cultural y artística.

7. Competencia para aprender a aprender.

8. Autonomía e iniciativa personal.

Los decretos, correspondientes tanto a la Etapa Primaria como a la Etapa Secundaria Obligatoria incluyen un Anexo (Anexo 1), identifican las competencias básicas y definen la función que van a cumplir en el desarrollo del currículo.

«En este Anexo se recogen la descripción, finalidad y aspectos distintivos de estas competencias y se pone de manifiesto, en cada una de ellas, el nivel considerado básico que debe alcanzar todo el alumnado. Si bien están referidas al final de la etapa de Educación obligatoria, es preciso que su desarrollo se inicie desde el comienzo de la escolarización, de manera que su adquisición se realice de forma progresiva y coherente. Por ello, la Educación primaria tomará como referente las competencias que aquí se establecen y que hacen explícitas las metas que todo el alumnado debe alcanzar. Aunque hay aspectos en la caracterización de las competencias cuya adquisición no es específica de esta etapa, conviene conocerlos para sentar las bases que permitan que ese desarrollo posterior pueda producirse con éxito.»

El Anexo 1 comienza por definir una de las primeras funciones que van a cumplir las competencias básicas: definir los aprendizajes imprescindibles.

«La incorporación de competencias básicas al currículo permite poner el acento en aquellos aprendizajes que se consideran imprescindibles, desde un planteamiento integrador y orientado a la aplicación de los saberes adquiridos. De ahí su carácter básico. Son aquellas competencias que debe haber desarrollado un joven o una joven al finalizar la enseñanza obligatoria para poder lograr su realización personal, ejercer la ciudadanía activa, incorporarse a la vida adulta de manera satisfactoria y ser capaz de desarrollar un aprendizaje permanente a lo largo de la vida.»

Junto a esta función de selección de los imprescindible, que podríamos definir como aquello que permitirá continuar el aprendizaje permanente a lo largo de toda la vida. La incorporación de las competencias básicas a los diseños curriculares cumple tres finalidades: a) integrar los diferentes aprendizajes; b) integrar, personalmente, lo aprendido; y c) orientar la enseñanza.

«La inclusión de las competencias básicas en el currículo tiene varias finalidades. En primer lugar, integrar los diferentes aprendizajes, tanto los formales, incorporados a las diferentes áreas o materias, como los informales y no formales. En segundo lugar, permitir a los estudiantes integrar sus aprendizajes, ponerlos en relación con distintos tipos de contenidos y utilizarlos de manera efectiva cuando les resulten necesarios en diferentes situaciones y contextos. Y, por último, orientar la enseñanza, al permitir identificar los contenidos y los criterios de evaluación que tienen carácter imprescindible y, en general, inspirar las distintas decisiones relativas al proceso de enseñanza y de aprendizaje.»

La relación entre las competencias básicas y el resto de los elementos prescritos en los diseños curriculares queda dibujada, pero no desarrollada, en los decretos de enseñanzas mínimas. Se trata de una relación **no unívoca** por la que las diferentes áreas curriculares pueden contribuir a la consecución de las competencias básicas conformándolas con sus diferentes elementos (objetivos, contenidos y criterios de evaluación):

«Con las áreas y materias del currículo se pretende que los alumnos y las alumnas alcancen los objetivos educativos y, consecuentemente, también que adquieran las competencias básicas. Sin embargo, no existe una relación unívoca entre la enseñanza de determinadas áreas o materias y el desarrollo de ciertas competencias. Cada una de las áreas contribuye al desarrollo de diferentes competencias y, a su vez, cada una de las competencias básicas se alcanzará como consecuencia del trabajo en varias áreas o materias (…). El currículo se estructura en torno a áreas de conocimiento, es en ellas en las que han de buscarse los referentes que permitirán el desarrollo de las competencias en esta etapa. Así pues, en cada área se incluyen referencias explícitas acerca de su contribución a aquellas competencias básicas a las se orienta en mayor medida. Por otro lado, tanto los objetivos como la propia selección de los contenidos buscan asegurar el desarrollo de todas ellas. Los criterios de evaluación, sirven de referencia para valorar el progreso en su adquisición.»

Ahora bien, las competencias básicas no se adquieren sólo en el marco del currículo formal, sino también en lo que podríamos llamar el **currículo no formal** e **infomal.** En consonancia con esta idea (que modifica la concepción anterior del currículo, reduciéndola al currículo formal), será necesario adoptar medidas que faciliten la integración de todas las experiencias educativas y el posterior reconocimiento de los aprendizajes adquiridos:

«El trabajo en las áreas y materias del currículo para contribuir al desarrollo de las competencias básicas debe complementarse con diversas medidas organizativas y funcionales, imprescindibles para su desarrollo. Así, la organización y el funcionamiento de los centros y las aulas, la participación del alumnado, las normas de régimen interno, el uso de determinadas metodologías y recursos didácticos, o la concepción, organización y funcionamiento de la biblioteca escolar, entre otros aspectos, pueden favorecer o dificultar el desarrollo de competencias asociadas a la comunicación, el análisis del entorno físico, la creación, la convivencia y la ciudadanía, o la alfabetización digital. Igualmente, la acción tutorial permanente puede contribuir de modo determinante a la adquisición de competencias relacionadas con la regulación de los aprendizajes, el desarrollo emocional o las habilidades sociales. Por último, la planificación de las actividades complementarias y extraescolares puede reforzar el desarrollo del conjunto de las competencias básicas.»

2.5. La conceptualización de la competencia en diferentes marcos teóricos

Las dudas e incertidumbres generadas por los términos competencia y competencias básicas pretenden ser resueltas mediante el recurso a algún tipo de definición ya sea obtenida de un diccionario o de un libro de autor, pero esta estrategia no parece que puede conducirnos muy lejos, ya que, como reconoce Perrenoud (2004), las competencias sólo pueden ser comprendidas, valoradas y desarrolladas desde un determinado marco teórico:

«Las competencias clave no existen en lo abstracto. Se construyen sobre la base de un punto de vista teórico, pero también ideológico. Por lo tanto, esto da lugar a discusiones, incluso a conflictos» (Perrenoud, 2004: 219).

En la definición del término competencias se pueden identificar tres enfoques teóricos diferentes: a) un enfoque conductista, b) un enfoque funcionalista y c) un enfoque constructivista (Benavides, 2002: 36-39).

A continuación, trataré de expresar las singularidades propias de cada uno de los marcos teóricos.

2.5.1. El enfoque conductual

Desde sus orígenes el enfoque conductual ha insistido en las conductas o comportamientos observables como único y exclusivo referente de los estudios psicológicos, de modo que cuando se adopta este enfoque para definir el concepto de competencia se perciben ante todo las diferencias entre los comportamientos que son propias de las personas eficientes y los que no lo son. Un ejemplo claro del concepto de competencia definido desde este enfoque es el siguiente:

«Las competencias son conductas que distinguen ejecutores efectivos de ejecutores inefectivos. Ciertos motivos, rasgos, habilidades y capacidades son atribuidas a personas que manifiestan una constancia en determinadas vías» (Dalton, 1997, citado en Navío, 2005: 30)

Este enfoque de las competencias se ha desarrollado en EEUU y se pone de manifiesto en la preocupación por lograr un entrenamiento adecuado del trabajador en el puesto de trabajo. La estrecha relación entre este enfoque conductual y las habilidades hace que, en ocasiones, a ese proceso de entrenamiento también se le denomine «habilitación». La transferencia de este enfoque al ámbito educativo favoreció la aparición de la **pedagogía por objetivos**.

2.5.2. El enfoque funcional

Este enfoque tiene su origen en Inglaterra y sirvió de fundamento para la elaboración del Catalogo de Ocupacionales Nacionales (CON). En el marco de este enfoque las competencias se relacionan con la resolución satisfactoria de las tareas y las condiciones que han hecho posible esta resolución. La competencia no será sólo aquello que una persona hace, sino aquello que debería o podría hacer en unas condiciones dadas. La competencia define el grado de realización de las tareas propias de una determinada función laboral.

Un ejemplo de definición de competencia propio de este enfoque podría ser el siguiente:

«(…) posee competencia profesional quien dispone de los conocimientos, destrezas y aptitudes necesarios para ejercer una profesión, puede resolver los problemas profesionales de forma autónoma y flexible, y está capacitado para colaborar en su entorno profesional y en la organización del trabajo (Punk, 1994 citado en Navío» (2005: 28).

Este enfoque ha tenido una gran influencia en la configuración de la formación profesional en Inglaterra, Alemania y España, hasta el mundo de que las competencias que se recogen en sus diseños curriculares se han definido desde este enfoque.

2.5.3. El enfoque constructivo

El enfoque constructivo, heredero directo de la tradición cognitiva en Psicología, ha puesto el énfasis en los componentes cognitivos de la competencia. Este enfoque tiene sus orígenes en Francia (Bertrand Schwarst). Benavides define la originalidad de este enfoque de un modo muy claro:

«Esta tendencia facilita la construcción de competencias ocupacionales no sólo a partir de la función que nace del contexto, de la razón de ser y la capacidad de respuesta de la organización –parámetros de corte funcionalista– sino que concede igual importancia a la persona, a sus objetivos y sus posibilidades, ofreciendo escenarios de construcción grupal» (Benavides, 2002: 39).

El enfoque constructivista otorga una gran importancia al modo en que se adquieren las competencias en el contexto de resolución de las tareas y, especialmente, al dominio que las personas adquieren para movilizar adecuadamente todos los integrantes de la competencia. Este enfoque rechaza la separación entre construcción de la competencia y de la norma, por una parte, y la implementación de una estrategia de capacitación, por la otra. Desde este enfoque se enfatiza mucho los **elementos cognitivos** presentes en toda competencia y se ha subrayado la necesidad de incorporar el concepto de **metacompetencia.**

Una definición del término competencia que podría encajar perfectamente dentro de este enfoque sería la siguiente:

«(…) las competencias pueden ser consideradas como el resultado de tres factores: el saber proceder, que supone saber combinar y movilizar los recursos pertinentes (conocimientos, saber hacer, redes…); el querer proceder, que se refiere a la motivación y a la implicación personal del individuo; el poder proceder, que remite a la existencia de un contexto, de una organización del trabajo, de condiciones sociales que otorgan posibilidad y legitimidad en la toma de responsabilidad y riesgo del individuo» (Le Boterf, 1998: 150).

Este enfoque de las competencias es, probablemente, el que más ha influido para que las competencias se incorporen a los diseños curriculares de la enseñanza obligatoria en la forma de competencias básicas (volveremos sobre esta cuestión en el próximo bloque).

2.6. Las competencias básicas como poderes para la ciudadanía

Para concluir quisiera asumir como propias las palabras de Robert Kegan, un psicólogo del desarrollo humano al que se invitó a resumir las aportaciones que distintos expertos hicieron al proyecto DeSeCo. Según Kegan, la incorporación del término competencias al universo conceptual de la educación y la formación presenta algunas ventajas indudables.

«Una gran ventaja de un concepto como "competencia" es que lleva nuestra atención hacia el nivel más profundo de la superficie de la conducta observable de las "habilidades" con el fin de cuestionar la capacidad mental que crea la conducta. También dirige nuestra atención más allá de la adquisición del "conocimiento" como contenidos almacenables (lo que ya sabemos) para cuestionar los procesos mediante los cuales creamos conocimiento (cómo sabemos). Esto no significa que nuestras habilidades y nuestro acervo de conocimientos no sean importantes. Más bien nos recuerda lo que todo maestro o guía sabe: *los resultados de enseñar habilidades y contenidos de conocimiento sin desarrollar las capacidades mentales que crean esa habilidad o conocimiento son muy endebles* [el subrayado es nuestro]» (Kegan, 2004: 328).

En consonancia con esa conclusión me gustaría proponer una conceptualización del término competencia que podría resultar de gran ayuda para el diseño y el desarrollo de las competencias básicas en el currículo de la enseñanza obligatoria.

Las competencias no son una *cosa*, esto es no hay ningún objeto al que podamos identificar como tal, sino que son una *forma*. Atendiendo a esta idea, las competencias vendrían dadas por la *forma* en que una persona logra *configurar* su mentalidad (estructura mental) para superar con éxito una determinada situación.

Para aclarar esta propuesta de conceptualización voy a utilizar un ejemplo. Una competencia sería algo más parecido a una «constelación» que a un «conglomerado». Lo característico de una constelación es el modo en que se ordenan y relacionan los diversos objetos estelares que la conforman, pero no cada uno de ellos.

El hecho de que la capacidad de pensamiento actúe como factor dinamizador de las competencias, nos lleva a otra idea escasamente desarrollada: la relación entre **capacidades, conocimientos** y **competencias.** A mi juicio, las capacidades, los conocimientos y las competencias mantienen entre sí una relación compleja, no lineal. El modelo de relación que mejor describiría el modo en que ambas se condicionan mutuamente hasta configurar una competencia es el modelo de «sobredeterminación». Las capacidades condicionan la adquisición de conocimiento que, a su vez, condiciona el desarrollo de competencias que, a su vez, condicionan el desarrollo de las capacidades. Las capacidades son las que *sostienen* la consecución de las competencias. Las competencias ponen de manifiesto un nivel de desarrollo en diferentes capacidades, pero también contribuyen a mejorar ese nivel de desarrollo.

Entendidas de este modo, las competencias básicas se pueden considerar como los **poderes básicos** de la ciudadanía siguiendo la formulación originalmente propuesta por Perrenoud (2004). *Las competencias básicas representan las condiciones de posibilidad para una ciudadanía activa y responsable.* Las competencias requieren saberes, pero sólo se expresan como poderes, esto es como capacidad de acción. Una persona es competente cuando puede hacer algo con lo que sabe. Siguiendo el modelo definido por Habermas (1987) de «condiciones ideales de habla» como garantía de una comunicación auténtica, podríamos afirmar que las competencias básicas representan las condiciones para que el sujeto participante en el intercambio comunicativo *pueda* (tenga poder) hacer o decir algo racional:

«(…) la racionalidad tiene menos que ver con el conocimiento o con la adquisición de conocimiento que con *la forma en que los sujetos capaces de lenguaje y de acción hacen uso del conocimiento*» [el subrayado es nuestro] (Habermas, 1987: 24).

Llegamos así a un punto que me parece crucial: la construcción social de la realidad como expresión del ejercicio activo y responsable de la ciudadanía podría estar basado (a) en las condiciones que caracterizan el «entendimiento lingüístico», según Habermas, verdad proposicional, rectitud normativa y veracidad expresiva, pero también en (b) las competencias básicas de los actores que son las que les permiten hacer un uso adecuado del conocimiento para satisfacer las condiciones anteriores:

«Los actores buscan *entenderse sobre una situación de acción para poder* así coordinar de común acuerdo sus planes de acción y con ello sus acciones [el subrayado es nuestro]» (Habermas, 1987: 124) [la cursiva es mía]

Las competencias básicas, entendidas de este modo, son la expresión de los poderes que necesita cualquier persona para ejercer una ciudadanía activa que le permita asumir responsablemente un proyecto de vida personal y un proyecto de sociedad (Figura 4). La **construcción social de la realidad** requiere pues dos condiciones: (a) unas condiciones de entendimiento y (b) unos actores competentes.

Competencias básicas (MEC)	Competencias básicas como poderes (Perrenoud, 2004)
1. Competencia en comunicación lingüística. 2. Competencia matemática. 3. Competencia en el conocimiento y la interacción con el mundo físico. 4. Tratamiento de la información y competencia digital. 5. Competencia social y ciudadana. 6. Competencia cultural y artística. 7. Competencia para aprender a aprender. 8. Autonomía e iniciativa personal.	1. Poder identificar, evaluar y defender los recursos, los derechos, los límites y las necesidades del individuo. 2. Poder, de manera individual o grupal, formar y llevar a cabo proyectos, así como desarrollar estrategias. 3. Poder analizar situaciones, relaciones y campos de fuerza de manera integral. 4. Poder cooperar, actuar en sinergia y participar de un liderazgo colectivo y compartido. 5. Poder construir y operar organizaciones democráticas y sistemas de acción colectiva. 6. Poder manejar y resolver conflictos. 7. Poder jugar siguiendo las reglas, usarlas y funcionar con base en ellas. 8. Poder construir órdenes negociados por encima de las diferencias culturales.

Figura 4. Las competencias básicas como poderes para la ciudadanía.

Las competencias básicas pueden conformarse a través de saberes disciplinares, pero su utilización aparece vinculada a las prácticas sociales y son la condición necesaria para alcanzar el éxito en esas prácticas. Las competencias necesarias para participar activamente en los diferentes «campos» y «prácticas sociales» se adquieren, habitualmente, a través de la socialización. Sin embargo, incorporar las competencias básicas a la enseñanza obligatoria supone la sustitución de los procesos de socialización por procesos de educación. La diferencia entre uno y otro proceso no es menor: la finalidad última del proceso de educación es promover la autonomía, mientras que la finalidad del proceso de socialización es promover la acomodación al campo social:

«La identidad y las competencias tienen una relación dialéctica y se alimentan entre sí. Por esto sólo se pueden desarrollar las competencias analizadas a continuación si se basan en la aspiración a la autonomía que va de la mano con la identidad. Al mismo tiempo, tal desarrollo va a transformar esta aspiración y la identidad sobre la que se basa, formando un circulo "virtuoso", la contraparte del circulo vicioso del aislamiento» (Perrenoud, 2004: 234).

3. EL CURRÍCULUM GLOBAL DE LA CIUDADANÍA EN LA SOCIEDAD DE LA INFORMACIÓN

Juan Ignacio López Ruiz (Universidad de Sevilla)

3.1. Introducción

Todos vivimos en una aldea planetaria que se encuentra en permanente, acelerado y profundo proceso de transformación. Estos múltiples y multidimensionales cambios están afectando de modo cada vez más significativo todos los aspectos y esferas que configuran nuestro interconectado y postmoderno mundo. En este marco holístico existe un estrecho, constante e interactivo nexo entre lo local y lo global, de manera que nuestra vida comunitaria –en algún lugar más o menos desarrollado del planeta– no puede escapar e interfiere irremediablemente a través de conexiones invisibles con los acontecimientos o fenómenos que están sucediendo en cualquier otra parte. Nuestra peculiar existencia cotidiana se encuentra así inexorablemente ligada a lo global.

Si el lector es docente de cualquier nivel educativo le animamos a realizar una breve indagación en su propia clase. Concédales a sus alumnos varios minutos para que averigüen el país de procedencia de algún objeto concreto que lleven consigo –ropa, reloj, bolígrafo, carpeta, bolso, cartera, etc.–, y a continuación lleve a cabo una puesta en común para conocer en conjunto todas las naciones que están presentes en el aula. Evidentemente, el resultado previsible es que una gran parte del planeta se encuentre representado ese día en ese particular espacio didáctico.

Al hilo de esta experiencia le planteamos las siguientes cuestiones: ¿responde el currículum que está trabajando en clase con sus alumnos a esa realidad global?, ¿las temáticas y contenidos que se abordan reflejan verdaderamente la interconexión y globalización del mundo actual?, ¿se estudian en el currículum cuestiones sociales o ambientales que preocupen a toda la humanidad?, ¿está ciertamente el currículum de su centro o aula conectado a la vida cotidiana y al complejo mundo que habitamos?, ¿la programación de su clase prepara a sus estudiantes para desenvolverse de modo apropiado en la sociedad del conocimiento global? Si las respuestas a estas preguntas son negativas le invitamos a que continúe la lectura de este capítulo.

El interrogante crucial que permanece latente a lo largo de todo el trabajo es el siguiente: si la sociedad –como observamos a nuestro alrededor– está en veloz e incesante transformación en todos sus ámbitos constitutivos, ¿el currículum ha mutado igualmente y se ha adaptado a este naciente mundo? Pregunta auténticamente relevante si tenemos en cuenta la siguiente consideración. Si en la era de la información el centro de gravedad es el conocimiento –su creación, difusión y aplicación–, esto implica que los procesos educativos, formativos e investigativos conforman los actuales pilares de nuestra civilización. Entendida esta última como cultura planetaria en rápido progreso. Si tenemos, entonces, en cuenta que los procesos de enseñanza-aprendizaje institucionalizados configuran la base necesaria para construir la sociedad del conocimiento, eso quiere decir que el currículum tiene que responder y adecuarse imperiosa y sustancialmente a esta nueva etapa histórica.

En esta fundamental dirección se avanza en el presente trabajo. La tesis radical que aquí defendemos es que resulta urgente dar un giro copernicano a la educación actual a escala global. Por un lado, consideramos que el epicentro de esta significativa y profunda revolución educativa se sitúa en el currículum, puesto que el mismo configura la columna vertebral de la escolarización universal. Por otro lado, destacamos que el currículum tradicional escindido en materias académicas es algo completamente obsoleto y fuera de contexto en la era de la información. Este tipo de estructuración del conocimiento escolar ha permanecido prácticamente inalterada desde la Revolución industrial, por lo que ya va siendo hora de que reconstruyamos la educación en el siglo XXI.

El currículum que se imparte en la mayoría de los centros pertenecientes a diferentes sistemas educativos nacionales fue creado para un momento histórico que ya ha sido superado; ahora el reto es inventar un nuevo currículum en y para la sociedad del conocimiento.

3.2. De la era industrial a la sociedad de la información

Hoy en día, después de haberse extendido esta moderna manera de organizar y asegurar la educación para todos a casi todos los rincones de nuestro planeta, los pilares que hasta ahora han sustentado la sociedad tanto en Occidente como en Oriente se tambalean. Esto está provocando un progresivo desmoronamiento del edificio colectivo de la modernidad en aquellas zonas del globo donde se ha logrado instalar, al mismo tiempo que parece que va emergiendo un nuevo tipo de configuración de la sociedad.

Inevitablemente, esta intensa crisis y transformación de las raíces de la modernidad van a afectar a los cimientos y al propio sentido de la institución escolar. Si hasta aquí las críticas hacia el funcionamiento y el rol de las escuelas o de los sistemas educativos imperantes no habían sido precisamente escasas, en la actualidad se han multiplicado claramente las voces que claman por una profunda renovación de las escuelas y por una reforma total del sistema educativo. La mayoría de los países de Europa, a los que se han unido las diferentes naciones de Iberoamérica y de otras regiones del mundo, se encuentran inmersas hoy día en un proceso generalizado de reforma educativa.

Una posible manera de participar en la construcción de esa nueva escuela basada en un currículum alternativo, es tratar de comprender la compleja realidad en la que vivimos para descubrir en consecuencia el lugar que ha de ocupar la educación en el siglo que comienza. Una vez delimitadas estas grandes líneas de reestructuración del conjunto del sistema social, estaremos en mejor situación de entender la reconstrucción del currículum en esta realidad emergente. Una nueva configuración de la sociedad requiere un modo más integrador, menos parcial y fragmentado, de comprender el currículum; y por ende, de diseñarlo, evaluarlo y ponerlo en práctica. Desde nuestra perspectiva, resulta imprescindible situar y ubicar los procesos de construcción del currículum en el mutante contexto social actual.

Creemos que es prioritario que el currículum se adecue a las inminentes mutaciones que se avecinan en la era de la información. Por tal motivo, vamos a exponer de forma resumida las principales transformaciones económicas, políticas y culturales que afectan a este histórico período de transición. Tomando como base estos puntos de referencia trataremos de situar al currículum en relación con el marco social en el que se inserta. La renovación que ha de tener lugar en los procesos de enseñanza-aprendizaje institucionalizados supone cambios significativos que deben reconducir la educación en el siglo XXI y situarla a la altura de los tiempos que corren. En este sentido, Vonk (1997: 989) sostiene que el sistema social: «afecta a los desarrollos del sistema educativo, co-define las condiciones y la naturaleza de la enseñanza y plantea demandas sociales al sistema educativo como un todo, lo que puede llevar a cambios o innovaciones en educación».

En conjunto, consideramos que el **cubo de la sociedad del conocimiento** está configurado por ocho vértices que con más o menos intensidad formulan diversos tipos de demandas que se procesan dentro del sistema educativo y que, más tarde o más temprano, van a incidir en cambios en la cultura o estructura de la escuela, en la reformulación del currículum o en la mejora de los procesos de enseñanza-aprendizaje. Estos «focos de presión» hacia el cambio son, a nuestro juicio, los siguientes:

a) **Globalización económica.** La globalización es un gigante, un *bulldozer* arrasador que ha interconectado el planeta mediante redes que posibilitan el instantáneo intercambio financiero y la libre circulación de mercancías a nivel mundial. Este intercambio económico global se sustenta en la liberalización y expansión de los mercados. Los sistemas educativos también se ven afectados por esta avalancha neoliberal que tiende a la privatización de los servicios públicos.

b) **Democratización política.** Parece que el mundo camina hacia la concentración del poder en un gobierno mundial al que Zolo (2000) denomina «cosmópolis». Por otra parte, Touraine (1997) afirma que «ha llegado el momento de redefinir una política de lo posible, más allá de las fuerzas desplegadas por el mercado y los comunitarismos radicales». La democracia como forma política se extiende por distintos países que anteriormente tenían regímenes autocráticos.

c) **Ciencia compleja.** La explosión de las continuas teorías que se generan dentro de cada área y la incesante aparición de nuevas disciplinas tiene que empezar a modificar las tradicionales relaciones que se han establecido entre ciencia, educación y currículum. Sería conveniente, como plantea Morin (1999), trazar una redefinición de las asignaturas convencionales al enseñar los conocimientos de modo más integrado.

d) **Nuevas aplicaciones tecnológicas.** El extraordinario progreso que está diversificando cada vez más las ciencias básicas está ocasionando un avance similar de las ciencias aplicadas. El desarrollo tecnológico es hoy, más que nunca, uno de los factores más importantes que se ha ido introduciendo e instalando en las últimas décadas en todos los ámbitos de nuestra vida cotidiana. Esto demanda la integración de las TIC en la educación.

e) **Mutación del mundo laboral.** Las transformaciones de los diversos sectores productivos promovidas fundamentalmente por el fuerte desarrollo de los sistemas científico-tecnológicos están afectando igualmente al ámbito del trabajo. Por un lado, aparecen recientes yacimientos de empleo en diversos campos. Por otro, las empresas plantean nuevas demandas que buscan el dominio de destrezas generales relativas a la resolución de problemas, el trabajo en equipo, la responsabilidad, la iniciativa y la creatividad, el aprendizaje de idiomas, etc.

f) **Entorno social intercultural.** El desequilibrado flujo de movimientos migratorios desde los países pobres o en vías de desarrollo a los países más industrializados está ocasionando y propiciando una mezcla que conforma un crisol de diferentes culturas. La educación debe funcionar en este contexto multicultural como un mecanismo básico que persigue la integración social, lo que no es equivalente a la fagocitación de las subculturas por parte de la cultura dominante.

g) **Encuadre filosófico postmoderno.** Frente a una ideología basada en el neoliberalismo, la competitividad y las leyes del mercado global ha prosperado una nueva filosofía que ha puesto en evidencia el tambaleamiento de las magnas columnas de la cultura occidental: los «grandes relatos» –ideología, narrativa y mitos– como los llama Lyotard (1989). Esta incisiva y deconstructiva corriente ha subrayado la pérdida de firmeza de los cánones de verdad, belleza y justicia que hasta ahora habían sido válidos en las sociedades modernas.

h) **Identidades emergentes.** La subjetividad se construye siempre por interacción entre el sujeto y los demás. La globalización de los sistemas económicos, políticos y culturales hace que mediante la progresiva disolución de las fronteras de los estados nacionales y la creación de redes mercantiles, de transporte múltiple, de información y de comunicación que configuran un entramado mundial comience a surgir el sentido de pertenencia a una ciudadanía planetaria. La educación tiene que favorecer tanto el desarrollo de un autoconcepto positivo en los ciudadanos del mundo como una visión no discriminatoria de los otros.

La simultaneidad del cambio en cada uno de los vértices del cubo de las sociedades postmodernas hace que actúen de forma conjunta como fuerzas centrípetas que convergen en el núcleo donde se sitúa la educación y las escuelas. La suma vectorial de estos focos de cambio determina un efecto de «olla de presión» en el centro del cubo donde se encuentra la enseñanza institucionalizada y el currículum, a la vez que las fuerzas resultantes se disipan igualmente por los ámbitos educativos no formales afectando a su crecimiento y diversificación.

3.3. *Reorientar la brújula educativa ante los cambios sociales*

Estas mutaciones tan radicales que están aconteciendo en nuestros días en la sociedad mundial plantean un conjunto de interrogantes claves en torno a la función de la educación en este nuevo siglo. Cuando se modifican tan drásticamente los cimientos de la sociedad como está ocurriendo ahora, el sistema educativo no puede permanecer ajeno al significado, la relevancia y las repercusiones, inmediatas o diferidas, de tales cambios.

Los diferentes estudios internacionales sobre el ámbito educativo que se han realizado en los últimos años por parte de distintas organizaciones económicas, políticas y culturales, vienen a coincidir en un planteamiento común: la perentoria necesidad de adaptar los sistemas educativos de cada país a las profundas transformaciones que están teniendo lugar en nuestro contexto social. Esta propuesta reformadora va a conducir a una significativa reformulación de las interrelaciones que se tienen que establecer entre los diversos tipos de educación que acontecen en los ámbitos formales, no formales e informales.

A partir de este marco educativo reconfigurado, es necesario indicar que la tarea consistente en definir las misiones de la escuela en un futuro próximo es ciertamente compleja e incluso puede resultar contradictoria. Como reconocen Delval (1993) o Beltrán y San Martín (2000), no todos los grupos que conforman la sociedad formulan necesidades similares o equivalentes a los centros educativos. Las demandas planteadas por parte de los diversos colectivos no suelen ser precisamente convergentes, sino que hasta es posible que se produzcan algunos conflictos en función de los intereses particulares que explícita o subrepticiamente se tratan de defender.

3.3.1. Fines educativos para un naciente siglo

Desde una perspectiva general, los sistemas educativos formales en las sociedades postmodernas debieran tratar de cubrir a lo largo de las distintas etapas que lo componen una serie de fines. Son un conjunto de grandes metas educativas que, a nuestro juicio, debieran orientar los presupuestos básicos de actuación en los diferentes niveles de enseñanza y que indican, por tanto, la dirección pedagógica hacia la que ha de virar la «brújula educativa» en nuestro inestable entorno global (López Ruiz, 2005):

a) **Formar a personas críticas: futuros ciudadanos responsables**. El alumnado tiene que ser capaz de analizar y valorar de forma crítica la realidad en la que nos ha tocado vivir. Esto supone, siguiendo a Freire (1997), que las personas han de tomar conciencia y reflexionar sobre su particular situación y ubicación en el conjunto de la sociedad. Durante el prolongado período escolar los individuos han de evolucionar desde un estado basado en la heteronomía –dependencia del otro- hacia una fase en la que el sujeto adquiere progresivamente el rango de autónomo. Este lento desarrollo va a posibilitar la emancipación del sujeto en el momento en que ya es completamente responsable de sus propias actuaciones e inclusive de las de otros. Es lo contrario de la alienación del individuo y posibilita, por tanto, la emergencia de un pensamiento creativo, reflexivo, libre y crítico.

b) **Educar íntegra y holísticamente a la persona.** Desde los planteamientos pedagógicos renovadores difundidos en el pasado por el internacional movimiento de la Escuela Nueva que postulaba la educación integral del niño en todas sus facetas, esta finalidad no ha dejado de adquirir una posición central. Hoy más que nunca es necesario que la enseñanza no se convierta en un mero proceso instructivo, sino que se oriente a la formación de la personalidad en todas sus dimensiones posibles: cognitiva, afectiva, psicomotora, comunicativa y social. La escuela no puede limitarse a transmitir contenidos académicos sino que ha de preocuparse además por la construcción global del educando. Cada persona posee unas capacidades y unas limitaciones, unas potencialidades y unas necesidades, que la escuela tiene que estimular o compensar.

c) **Favorecer el desarrollo de un pensamiento sistémico-complejo.** Esta perspectiva comprensiva y holística permite comprender tanto lo que perdura como lo que se transforma. El desarrollo del pensamiento sistémico en los estudiantes resulta ser esencial, siguiendo a Morin (1995), para conseguir una comprensión más interrelacionada y profunda de esta aldea global que habitamos. Por encima de las materias, el currículum del siglo XXI tiene que enseñar a los educandos a interpretar y conocer la realidad en términos de subsistemas en interacción y en creciente grado de complejidad. El significado que los alumnos logran alcanzar en la escuela con relación al mundo en que viven no puede seguir estando parcelado en segmentos que se presentan y se representan en la mente de modo independiente y fragmentado.

d) **Intervenir en la sociedad para participar en su deseable mejora.** La escuela tiene que dejar claro que no es oportuno quedarse apartado en el mundo de los significados, los modelos, los principios o las ideas, sino que es urgente pasar a la acción. La intervención en la mejora de la realidad es una cuestión primordial que nos atañe a todos (Arendt, 1995). Cada persona tiene algo que aportar, aunque únicamente sea su pequeño grano de arena. Lo más importante es que la educación, como declara la Comunidad Europea (1997: 12), «presente el mundo no como una construcción completada, sino como algo que tiene que ser construido». Así, cada persona no tiene que preocuparse sólo y exclusivamente de su desarrollo individual; también ha de tomar partido, de uno u otro modo, en el progreso del conjunto de la sociedad.

e) **Aprender a aprender durante toda la vida.** En una sociedad cuyo desarrollo científico y tecnológico es imparable y que experimenta un crecimiento exponencial tanto en las áreas experimentales como en las ciencias sociales y humanas, la capacidad de los individuos para asimilar los conocimientos de forma autónoma es trascendental. Durante la etapa escolar, los jóvenes adquieren las herramientas instrumentales básicas que van a permitirles seguir aprendiendo una vez estén fuera del sistema educativo. Cuando los alumnos tienen oportunidad de reflexionar sobre su propio proceso de aprendizaje, adquieren paulatinamente la destreza de aprender a aprender. Los alumnos tienen que ser en las escuelas de hoy «aprendices flexibles» para que sean capaces de enfrentarse a las cambiantes condiciones sociales y sepan dominar los diversos sistemas de información existentes (Darling-Hammond y Bullmaster, 1997).

f) **Adquirir un bagaje cultural para integrarse de forma creativa en el entorno.** Las instituciones educativas constituyen un espacio privilegiado para llegar a convertirse en auténticos focos de difusión y reconstrucción de las diversas culturas que coexisten dentro de un determinado contexto social. Esto quiere decir que una vez aprendidas las normas básicas de convivencia en el seno familiar, la escuela era la principal instancia que ponía en contacto a los educandos con un específico modelo cultural. Actualmente, hay que señalar que la escuela compite con otras fuentes, como por ejemplo la televisión, que tienen un poderoso influjo socializador. Aún así, sigue siendo en la escuela donde la mayoría de la población se hace, no sin esfuerzo e interés, con un bagaje cultural mínimo o medio. En palabras de Bruner: «el objetivo de la educación es ayudarnos a encontrar nuestro camino en nuestra cultura, a comprenderla en sus complejidades y contradicciones» (1997: 10).

g) **Preparar para responder a los retos de la sociedad de la información.** La aparición de la sociedad de la información comporta, evidentemente, claras implicaciones para los fines de la educación. La presente explosión de datos de rápida y fácil disponibilidad hace que los alumnos entren en contacto con un mundo virtual que se puede utilizar para distintos propósitos.

Hoy más que nunca, el sistema educativo en su conjunto debe preparar a los estudiantes para la selección, análisis y tratamiento de la extensa variedad de información disponible. Pero no basta con acceder a la información; lo verdaderamente importante es ser capaces de transformarla en conocimiento útil y valioso. La institución educativa es el mejor sitio para que los futuros ciudadanos no lleguen a ser «analfabetos informacionales».

3.4. La educación global en la sociedad del conocimiento

Para trabajar dentro de este emergente marco pedagógico, se propone la **educación holística** como una nueva visión que responde a los desafíos de la sociedad del conocimiento. En primer lugar, se consideran las instituciones escolares como espacios públicos que han de promover y regularse conforme a los ideales que sostienen las sociedades democráticas. En segundo término, se describen el origen y las características básicas de este reciente paradigma, indicando los principales fundamentos para construir la educación global en nuestros días.

3.4.1. Las escuelas como centros difusores de valores democráticos

Las escuelas actuales tienen que hacerse eco de las grandes problemáticas sociales e integrarlas dentro del currículum, al tiempo que han de convertirse en centros que promuevan y funcionen de acuerdo con los ideales y valores democráticos. A estas alturas queda patente que el aprendizaje que conlleva la emisión de **juicios de valor** no puede ser vago e impreciso, sino todo lo contrario; es decir, sistemático. La escuela tiene que seguir siendo un espacio privilegiado para la educación moral, cívica y ética de los futuros ciudadanos.

Esto supone que la institución escolar tiene que enseñar y funcionar de acuerdo con los principios democráticos (Goodman, 1992; Guttman, 2001). El fin último de la educación en los centros escolares democráticos es la formación de ciudadanos críticos, que sean capaces de tomar autónomamente decisiones informadas, de actuar comprometidamente en la mejora de la sociedad y de participar activa y libremente como sujetos históricos en la construcción de su propio futuro (Giroux, 1993; Carr, 1995).

La escuela tiene que contribuir a forjar en el alumnado el espíritu democrático y para ello no basta con que imparta conocimientos sobre la organización y funcionamiento de los regímenes democráticos sino que, más bien, los ideales de justicia, igualdad y solidaridad deben de **impregnar** por completo la vida de los centros y de las aulas. Los valores no se transmiten, se aprenden por **ósmosis** entre los sujetos y los ambientes gobernados conforme a tales principios. No es posible enseñar valores y mucho menos imponerlos, son los educandos los que tienen que ser capaces de crear sus propias perspectivas axiológicas. Creemos que esta potencialidad se sitúa en el núcleo mismo de la educación, en oposición a la mera instrucción o impartición de contenidos exclusivamente académicos.

En consecuencia, las escuelas tienen que renovarse hasta llegar a trabajar como verdaderas instituciones democráticas. No obstante, como señala Camps (1994), aunque se reformen las instituciones escolares, si no cambian las actitudes personales no progresarán los ideales éticos. Hay que rehacer tanto las normas de funcionamiento y las unidades organizativas como la cultura de la institución que debe respetar y actuar conforme a estos ideales.

Pero la escuela se ve en la tesitura de tener que nadar a contracorriente de la fuerte oleada neoliberal que arrasa nuestras sociedades en esta etapa del capitalismo tardío. Los principios que basamentan la expansión de la economía global no sólo no son válidos para una educación que pretenda la formación integral de la personalidad, sino que además son incompatibles, o al menos incongruentes, con los valores que tienen que gobernar las sociedades auténticamente democráticas.

3.4.2. Bases de la educación global

Este nuevo enfoque didáctico y curricular pretende configurar una respuesta adecuada, sistemática y pertinente a los desafíos que tiene que afrontar la educación en la sociedad global del conocimiento. Sin embargo, hay que tener en cuenta que este tipo de planteamientos didácticos innovadores hunde sus raíces en las viejas propuestas de la Escuela Nueva (Martínez Bonafé, 1994; Carbonell, 2001). Se destacan, entre otros, el currículum globalizado de Decroly, el método de proyectos de Kilpatrick, la investigación del medio y los proyectos de trabajo. Algunas de estas interesantes propuestas surgieron en los albores del siglo veinte de la mano de grandes pedagogos que nos convendría no olvidar debido a sus relevantes aportaciones más o menos originales.

Todos ellos realizaron una crítica de la escuela del momento y plantearon la necesidad de que la educación redujera la distancia con respecto a la vida y su entorno. Tomando como base estos argumentos, propusieron nuevas formas de educar y de organizar el currículum que pretendían mejorar en aquella época los procesos de enseñanza que utilizaba el profesorado y, al unísono, los modos de aprendizaje que empleaba el alumnado. Al respecto, la generalidad de estas propuestas defendían una pedagogía **paidocéntrica;** es decir, los niños se situaban en el núcleo del tipo de enseñanza innovadora que se pretendía introducir en las escuelas.

No obstante, como hemos anotado, el rumbo de la historia ha virado desde la modernidad hacia la postmodernidad. Si antaño estos métodos que proponían unos modelos diferentes de trabajar y educar en las escuelas eran importantes, hay que reconocer que en la sociedad de la información se tornan imprescindibles. El actual proceso de globalización está afectando profundamente a nuestras vidas y está provocando la necesidad del cambio hacia una educación también global (Pike y Selby, 1999; Good y Prakash, 1999). Es necesario retomar esos viejos y maduros proyectos educativos renovadores, reconstruirlos en función de las circunstancias socio-históricas presentes y formular otros nuevos planteamientos más acordes con los momentos actuales.

En conjunto, sostenemos que la transición hacia una educación global pivota sobre, al menos, cuatro ejes principales (López Ruiz, 2005):

a) La construcción de **escuelas democráticas,** con una organización más flexible que favorezca un trasvase horizontal de información y la comunicación fluida entre los distintos sectores educativos. Escuelas con una gestión participativa y una toma de decisiones no centralizadas en la cúpula que se constituyan como verdaderas comunidades de aprendizaje que promueven una formación holística del alumnado, del profesorado y de las familias. Escuelas que estén en condiciones de adaptarse a los profundos cambios que están aconteciendo en el sistema social y que contribuyan a fortalecer las presionadas bases que sustentan los regímenes democráticos.

b) El establecimiento de la **educación en valores** como uno de los fines primordiales que conecta con los diferentes ejes transversales del currículum escolar. Dentro del marco de una escuela para todos, abierta a la diversidad creativa y cultural que los vastos movimientos migratorios se ocupan de aumentar. Un tipo de educación que no conlleva procesos de exclusión por ningún tipo de causas posibles, sean éstas de índole personal, grupal, escolar o ambiental. La educación global promueve el desarrollo de una ciudadanía planetaria en el alumnado fruto de la elaboración autónoma de valores alternativos a las normas que imperan en el contexto social marcado por la ideología neoliberal.

c) La **eliminación de la fragmentación** que supone un currículum parcelado en materias escolares que proceden de las diferentes disciplinas científicas. Frente a esta predominante forma de organización del currículum, la educación global pretende implantar una **presentación más integrada del conocimiento escolar.** Yendo más allá de los delimitados ejes transversales, pretende aproximar los contenidos al modo en que los alumnos aprehenden la realidad como un todo indisociable. Por ello, toma como puntos de referencia, por un lado, la epistemología de la complejidad, y por otro, los actuales avances en psicología cognitiva.

d) Las **relaciones abiertas y mutuas entre la escuela y la sociedad.** La educación global intenta establecer intercambios bidireccionales entre las instituciones escolares y su entorno tanto próximo como distante. De una parte, hace uso de las nuevas tecnologías de la información y la comunicación con la intención de superar las barreras espaciales y temporales que aíslan los centros educativos. De otra, crea lazos estrechos con la comunidad en la que se inserta, en función del nivel de implicación y colaboración que ya exista previamente (Sanders y Epstein, 1998). Este enfoque cuenta así con las familias, los centros culturales, los centros deportivos, las empresas, los servicios sociales y, en general, con toda la comunidad, como instancias claves que permiten mejorar la educación global.

3.5. *Hacia un currículum global: rasgos definitorios*

En coherencia con este nuevo enfoque educativo, planteamos la noción de **currículum global.** Es una concepción que tiene algún punto en común con lo que Elliott (1998) denomina «currículum total» como un nuevo esquema válido para hacer frente a los retos que plantea una compleja sociedad en cambio, pero no se circunscribe, como en su caso, al «nivel nacional» de toma de decisiones. Desde nuestro punto de vista, el currículum global queda definido por las siguientes características (López Ruiz, 2005):

a) **El currículum se concibe como un sistema singular.** Tal vez sea ésta una de las principales aportaciones del enfoque técnico: el currículum puede ser concebido como un conjunto de elementos o componentes que mantienen entre sí ciertas interrelaciones. Esta visión implica que tiene que existir un determinado grado de coherencia y de correspondencia entre los distintos componentes esenciales: intenciones, contenidos, metodología y evaluación.

b) **Currículum integrado para el desarrollo de un pensamiento complejo y holístico.** El currículum convencional parcelado en materias no promueve una comprensión holística del mundo en el alumnado (Martinello y Cook, 2000; Beane,

2005). En las escuelas se les presenta una simplificación del mundo tal y como es percibido por los adultos después de hacer un uso sostenido y pertinaz de su capacidad de análisis de la realidad. Pero, desde las teorías de la *Gestalt*, sabemos que la percepción del entorno es, antes que analítica, sintética; esto es, interpretamos la realidad como un todo con sentido.

c) **Currículum multicultural abierto a la diversidad.** En los albores del siglo XXI, el currículo no puede continuar limitado a la transmisión y reproducción de las ideas, conocimientos, valores, tradiciones,... que se han generado en el seno de la cultura hegemónica. La inclusión de las personas y grupos pertenecientes a distintas culturas sólo es posible en el seno de una escuela para todos. El currículo global trata, por un lado, de prestar atención a otras culturas no dominantes pero presentes en el contexto social mundial, y por otro, a todas y cada una de las diversas culturas que coexisten en el entorno de cada aula y de cada centro educativo.

d) **Currículum estructurado en problemas relevantes.** El currículo global en vez de aportar temas tiene que formular preguntas que despierten la curiosidad innata de los niños que la escuela va apagando, para que ponga a trabajar sus mentes. Los interrogantes invitan a la reflexión, a la discusión y a la indagación, mientras que los temas incitan a la reproducción o absorción del conocimiento elaborado por otros. Según Short et alt. (1999: 22): «la indagación implica buscar preguntas significativas y decidir cómo explorarlas desde muchas perspectivas».

e) **Currículum en forma de red.** La estructuración tradicional de los contenidos supone una visión secuencial y encadenada. Desde una perspectiva alternativa, Efland (1997) ha planteado la conveniencia y la pertinencia de avanzar hacia una forma reticular del currículo. El **currículum-red** posibilita una mayor interrelación entre los diferentes conceptos que pueden pertenecer incluso a distintas disciplinas. Asimismo, el currículum-red tiene una estructura más flexible en cuanto que permite, tanto al alumnado como al profesorado, transitar por múltiples «caminos intelectuales».

f) **Currículum centrado en educación en valores.** El sistema educativo no puede cometer el error de dedicarse exclusivamente a la instrucción en las materias curriculares tradicionales. Cuando se busca la formación integral de las personas, la educación en valores surge como una perentoria necesidad (Martínez y Puig, 1991). El currículo global tiene que establecer un sistema de valores universales y democráticos que contrarresten los ideales mercantilistas e individualistas que imperan en el entorno social actual.

g) **Currículum orientado a la mejora y a la innovación.** El currículo global camina hacia una dirección de permanente perfeccionamiento de los procesos de enseñanza-aprendizaje en las escuelas flexibles y abiertas a la comunidad. En esencia, es un currículum innovador en tanto que plantea un cambio global del sistema curricular que afecta tanto a los contenidos como a los métodos de enseñanza y estrategias de evaluación. La finalidad última es, por tanto, imbuir en el proceso educativo la cultura de la calidad y de la innovación.

h) **Currículum centrado en el aprendizaje.** Cuando los actuales sistemas educativos pueden contribuir, en gran medida, a la generación de la sociedad del aprendizaje, el currículum global tiene que pivotar sobre este crucial eje. Cuando como ahora hay sobresaturación de información, los alumnos tienen que saber seleccionarla, organizarla y ser capaces de integrarla en sus esquemas de conocimiento previo. Cada uno de los componentes básicos del currículum global debiera ser diseñado y desarrollado en coherencia con el modo en que los alumnos aprenden significativamente los contenidos escolares (López Ruiz, 1999).

i) **Currículum que integra diversas fuentes de información.** El currículum convencional es presentado generalmente en las escuelas a través de dos agencias: el docente y el libro de texto. Sin embargo, no es difícil reconocer que en la era digital ambos medios están comenzando a quedarse obsoletos. En la sociedad de la información, el currículum no puede seguir siendo restringido a estos viejos artefactos y a la voz unidireccional del profesor. En la sociedad del conocimiento, las fuentes de información deben multiplicarse considerablemente dentro y fuera del aula.

j) **Currículum para la transformación de la sociedad.** Desde un enfoque crítico, el currículum trata no sólo de comprender mejor el devenir del entorno actual, sino asimismo de sentar los pilares para la proyección y construcción de un mundo mejor. Ello exige no únicamente un significativo cambio educativo sino de forma conjunta el avance hacia una sociedad más pluralista y democrática. El currículum se convierte así en un instrumento básico para el desarrollo de la justicia tanto dentro de las escuelas como en el conjunto de la sociedad (Connell, 1997). El currículum global se dirige a la educación integral de todo el alumnado en el seno de escuelas inclusivas con la pretensión de alcanzar el ideal de una sociedad para todos.

Desde el currículum global no estamos proponiendo, por tanto, una plataforma sustentada en la uniformidad de posiciones y pareceres con respecto a la naturaleza, el sistema social, el yo y los demás; estamos erigiendo en cambio un edificio curricular que trata de compaginar las nuevas visiones del conocimiento sistemático como objetos histórica y socialmente construidos para profundizar en nuestra compleja comprensión del mundo, con las nuevas realidades de un entorno cosmopolita e intercultural que pretende incluir a todos los individuos y colectivos dentro de un contexto democrático marcado por la diversidad y la pluralidad. En este sentido, parafraseando a Selby (1996), habría que hablar más bien de currículum «glo-cal» puesto que trata de integrar lo general y lo particular. Tal y como se ha definido, el currículum global no es entonces un rígido y estrecho esquema donde sólo caben leyes generales y valores universales, es más bien un espacio donde además se integran las bases culturales de diversos grupos y las identidades subjetivas de los individuos.

3.6. La pirámide educativa desde el currículum global

En este último punto, abordamos la progresiva dinámica de construcción del currículum global en función de los distintos niveles o ámbitos en los que se adoptan decisiones y se pone en práctica. En primer lugar, esbozamos un posible marco oficial no disciplinario en la sociedad del conocimiento. En segundo lugar, describimos el proceso de construcción de proyectos curriculares desde un enfoque global, indicando tanto los pilares en los que se asienta como la estructura básica que lo conforma. Por último, exponemos esquemáticamente el esqueleto para la construcción de unidades didácticas a partir del diseño y puesta en práctica de **Núcleos Integrados**.

3.6.1. El currículum global para una ciudadanía democrática

La mayoría de los países del mundo en donde existe un sistema educativo público consolidado y regulado por el Estado, establecen algún tipo de normativa legal que determina y controla, en mayor o menor medida, el conjunto de contenidos curriculares que se van a impartir en cada etapa educativa. Esto garantiza que todas las escuelas de la nación dispongan de un marco de referencia oficial que prescribe el listado de competencias, materias y conocimientos que se deben enseñar y aprender en cada curso escolar. A causa de su complejidad, es un ámbito de diseño que se sitúa en la cima de la pirámide curricular por lo que requiere el asesoramiento de especialistas y de auténticos y experimentados «arquitectos didácticos».

Después de revisar críticamente diversos modelos que aportan una concepción no lineal, ni clásica ni disciplinar del currículum oficial (Skilbeck, 1982; Lawton, 1983; Elliot, 1998; Morin, 1999; Gardner, Feldman y Krechevsky, 2000), esbozamos a continuación nuestra propia propuesta que ya hemos descrito como «un nuevo marco curricular global» en la sociedad de la información (López Ruiz, 2005).

El currículum global no es un marco único, monocultural y homogéneo para todas las escuelas que configuran un determinado sistema educativo nacional. Éste, tiene que integrar la creciente diversidad de individuos y culturas en el seno de un entorno mundial plural, heterogéneo y en permanente cambio. Para ello, debe reconocer las distintas posiciones o estratos sociales y las diversas identidades culturales (Apple, 1995; Banks, 2001). De este modo, tiene que contemplar, dar cabida e incluir las múltiples voces marginales o incluso ausentes en el marco del currículum oficial (Torres, 1994). El currículum global no es, pues, alta cultura depurada, esterilizada e idealizada por expertos disciplinares supuestamente imparciales, neutrales y objetivos que se ocupan de seleccionar aquellas «ramas y trozos del saber» socialmente organizado –y, por ende, parcelado–, que consideran necesario transmitir a las futuras generaciones.

La progresiva exploración y conquista del territorio que delimita el currículum global va desde lo local a lo mundial y viceversa, pasando por lo regional, lo nacional y lo continental. Los porcentajes dedicados a cada una de estas sucesivas zonas de enseñanza y aprendizaje variarán en función del nivel educativo concreto y del grado de madurez cognitiva y de desarrollo psico-evolutivo alcanzado por los estudiantes. Teniendo como norma general, tratar de aproximarse y adentrarse en cada uno de estos espacios independientemente de la etapa educativa en cuestión, al nivel de complejidad que corresponda en cada caso. El currículum global, en este sentido, puede asemejarse a un diario de difusión nacional que integra diferentes ámbitos: local, regional, nacional e internacional o mundial. Y además, sin perder de vista que su estudio debe reflejar la progresiva imbricación de estos distintos ámbitos; y por tanto, su inclusión, interdependencia y complementariedad en la enredada sociedad del conocimiento.

Sostenemos que el currículum global, a este macronivel e insertado en el contexto actual, tiene que contemplar en cierta medida los ocho núcleos que, según hemos apuntado, componen los respectivos vértices del cubo de la sociedad del conocimiento. Desde la cúspide de la pirámide curricular, los ocho tipos de saberes resultantes serían, según nuestro punto de vista, los siguientes (López Ruiz, 2005):

1) **Economía doméstica y de la globalización**. A pesar de que la esfera económica representa uno de los subsistemas más importantes de las sociedades capitalistas contemporáneas esta relevante área de conocimiento es sistemáticamente excluida del currículum y las materias escolares. Pero el desconocimiento general de la ciudadanía en este campo es ciertamente preocupante en un sistema social que se articula en torno a este eje crucial.

2) **Organización política nacional y transnacional en los estados democráticos**. En un mundo globalizado no sólo es importante conocer las distintas formas de gobierno de una nación, sino también los distintos organismos multilaterales –regionales, continentales o planetarios– que se ocupan de delimitar y planificar el desarrollo económico, político, educativo, cultural y social a escala universal.

3) **Cultura y alfabetización científica básica o media**. El currículum global plantea una visión integrada de la ciencia actual que, en vinculación con las áreas de humanidades, permita desarrollar en los estudiantes una comprensión más significativa, con sentido, y funcional del complejo mundo en el que viven. Con la

pretensión de superar el actual «analfabetismo científico» que se observa en una gran parte de la población.

4) **Desarrollo e innovación tecnológica en la era de la información y la comunicación global.** Se trata de que la ciudadanía adquiera un conocimiento al menos elemental de los sistemas y artefactos utilizados en los procesos de producción tecnológica. Especial atención merecen, debido a su omnipresencia, los diversos tipos de *mass media* y las nuevas tecnologías para la comunicación global en la era digital.

5) **Desarrollo humano y diversidad de culturas.** En Oriente y Occidente, en el Norte y el Sur. El currículum global tiene que ofrecer una concepción integral de la persona en tanto ser individual, y en cuanto ser social que se comunica con otros. En la era planetaria, no sólo es fundamental el conocimiento de la cultura propia, sino que asimismo no puede soslayarse o excluirse la comprensión de las otras grandes culturas que han conformado y configuran hoy día nuestro interdependiente mundo.

6) **Mutaciones en el mundo del trabajo: nuevas destrezas y competencias profesionales.** Los sistemas educativos nacionales deben aportar el conocimiento de distintas profesiones de baja, media y alta cualificación pertenecientes a distintos sectores productivos, así como contribuir al desarrollo y consolidación de diferentes tipos de habilidades laborales necesarias en la sociedad del conocimiento.

7) **Educación en valores democráticos universales: ética cívica, de mínimos, global.** El propósito esencial es sentar las bases de una ciudadanía culta, responsable y solidaria que se comprometa en la construcción de un mundo más justo, equitativo y equilibrado. La educación en y para la democracia es un vehículo indispensable para avanzar hacia una sociedad basada en la libertad y la soberanía real de los pueblos. El rearme moral y el enriquecimiento en valores de la ciudadanía global constituyen hoy día una patente prioridad en todos los sistemas educativos.

8) **Modos de expresión artística clásicos y postmodernos.** Una formación holística de los estudiantes requiere de manera ineluctable la inserción del esencial ámbito estético en la educación obligatoria tanto de los niños como de los jóvenes. En una sociedad global, el arte representa un lenguaje universal que facilita una comunicación más humana y profunda entre las personas y los pueblos de diversas culturas. El currículum global debe aportar una auténtica educación artística integral de los ciudadanos.

De nuevo, el currículum global a este macronivel podría compararse con un periódico de escala nacional que está compuesto por distintas secciones: opinión, economía, política, cultura, ciencia y tecnología, sociedad, empleo, etc. Pero, en este caso, no consistirían en áreas independientes y aisladas unas de otras, sino en una **Red de**

Núcleos Integrados cuya comprensión holística y compleja exigiría la puesta en juego de modo interrelacionado de las diferentes esferas constitutivas del currículum global que acabamos de exponer. Además, en la sociedad del conocimiento los contenidos escolares debieran estar permanentemente actualizados como sucede con la información de los diarios. El **currículum en red** sustentado en las nuevas tecnologías y, en especial, conectado a Internet posibilita, como nunca hasta ahora, una continua revisión, reconstrucción y ajuste de los diversos núcleos que se estudian a los últimos avances experimentados en los distintos campos y áreas de conocimiento en un momento dado. Así, el currículum global no estaría nunca desfasado, como le puede suceder por el contrario a los contenidos vertidos en los obsoletos libros de texto. Esto comportaría igualmente una perenne vinculación con la cambiante y compleja realidad que está emergiendo en nuestros días. En el siguiente apartado nos centramos en el marco de las instituciones educativas como ámbitos intermedios.

3.6.2. *Construir el Proyecto Curricular Global*

Bajamos a un segundo nivel en la pirámide curricular, es decir, al terreno de los centros educativos. La confección de los proyectos curriculares por parte de cada escuela supone un aspecto crucial y una tarea insoslayable en la auténtica mejora de la educación. Será, entonces, la elaboración colectiva, participativa y democrática de los diseños curriculares distintivos en el marco de cada centro, el paso que abra las puertas a una genuina transformación de la enseñanza y el aprendizaje. En conjunto, la tarea consiste en plantear las coordenadas pedagógicas y organizativas que van a orientar la labor educativa de un determinado centro o de una definida red de escuelas. Desde la visión radical que estamos defendiendo, el Proyecto Curricular Global en este ámbito tampoco se estructuraría tomando como base un armazón pluridisciplinar. El camino alternativo a recorrer, en una dirección innovadora, sería en grandes líneas como sigue.

En primer lugar, para comenzar este cambio que implica una profunda y significativa transformación de la escuela, es imprescindible configurar de manera democrática y cooperativa una **visión global** de cual es la dirección que se quiere tomar. La conformación de esta perspectiva compartida ayuda a crear una poderosa imagen general de lo que se percibe que debe ser la escuela, asentada en un conjunto de creencias pedagógicas y en un sistema de valores que se comparten. Para la creación de esta visión común resulta indispensable la implicación y la colaboración de los distintos estamentos que componen la comunidad educativa (Hargreaves y Hopkins, 1994).

Pero esta imagen colectiva ha de concretarse en un conjunto de metas educativas que configuran la **misión** de esa escuela. Son los distintos propósitos pedagógicos que cada centro pretende alcanzar y que funcionan como una valiosa guía orientadora de los procesos de enseñanza-aprendizaje. En la misión común de la escuela se determinan una serie de fines educativos que los diversos sectores de la comunidad han identificado como primordiales. Además es fundamental, como postulan Stoll y Fink (1999), establecer «unas pocas prioridades clave» que delimiten los objetivos esenciales que se pretenden conseguir en un determinado periodo.

Según el enfoque global, el proyecto curricular en este nivel se organizaría tomando como base en cada nivel educativo un conjunto de tópicos o *núcleos integrados* que permitirían abordar los contenidos básicos de ese curso. Por tanto, el planteamiento no es diseñar algunas unidades didácticas más innovadoras dentro de un proyecto de raíz primordialmente disciplinar, sino romper totalmente con la lógica científica y construir un currículum más integrado o global que promueva la educación holística del alumnado. Una manera no lineal de estructurar los saberes escolares en el marco de un Proyecto Curricular Global consiste en crear **redes de problemáticas relevantes** que los profesores y los estudiantes consideran imprescindibles abordar. Si bien, es necesario tener en cuenta los objetivos mínimos del currículum prescrito en la medida en que, como señalan Pate, Homestead y McGinnis (1997), aportan coherencia al proyecto curricular integrado que se está elaborando.

Aneja a las distintas redes de preguntas-clave que se van a trabajar en las diferentes etapas y niveles educativos han de ir las **webs de contenidos básicos** que se van a estudiar en paralelo. Desde el enfoque global, se aprenden de forma integrada los diversos tipos de conocimientos, destrezas y valores (Zabala, 1999). Tomando como base estos tres tipos de contenidos escolares se dibuja un **mapa curricular de centro** que posibilita la adquisición por parte de los estudiantes de las capacidades y competencias correspondientes a cada etapa y nivel educativo.

Por otro lado, en el ámbito de cada centro, la planificación de un currículum global implica tanto la flexibilización y reestructuración de los rígidos espacios que conforman hoy las escuelas, como la reordenación de los limitados intervalos temporales dedicados artificialmente a cada materia. Además, es necesaria la creación de un banco o sala de recursos y materiales donde estén localizados y organizados los distintos tipos de fuentes de información de la que los docentes pueden disponer: materiales impresos, medios audiovisuales, herramientas informáticas, y directorio de agentes e instancias sociales.

Todo este armazón del proyecto educativo global configurado tanto por el nuevo andamio curricular como por el reestructurado entramado organizativo, va a posibilitar su consiguiente puesta en marcha en las aulas. Para mejorar la adecuación entre diseño y desarrollo resulta oportuno elaborar e incluir igualmente una evaluación de los distintos ámbitos y componentes del plan. Esta valoración cualitativa puede establecerse tanto durante su implementación como con posterioridad a su aplicación (McCormick y James, 1995); por ejemplo, al final de cada curso. Pero no debemos olvidar, sin embargo, que la realización de la propuesta de centro ha de esbozar solamente las líneas maestras del proceso formativo, por lo que es ineludible la elaboración de unidades didácticas que orienten la práctica educativa en las aulas.

3.6.3. Elaborar unidades didácticas globales

Este último ámbito de construcción del currículum configura el entorno pedagógico más próximo a la práctica educativa. Diseños curriculares de aula que tienen que vincular de distintas maneras el conocimiento que se explora en las escuelas con los acontecimientos, hechos y fenómenos de la vida real, pero desde un enfoque no fragmentario sino holístico. Una unidad didáctica global es como un puzzle curricular en el que cada pieza está y encaja perfectamente en su correspondiente sitio. Es un sistema de elementos que dota al proceso de enseñanza-aprendizaje de una estructuración necesaria para que la educación sea pertinente y de calidad. A continuación describimos los diferentes elementos que, según nuestra perspectiva, conforman un **Núcleo Integrado.**

▶ Qué enseñar: Integración del conocimiento escolar

La respuesta a la cuestión de la organización y presentación de los contenidos en el marco del diseño y desarrollo de unidades didácticas innovadoras suele ser distinta a la tradicional estructuración disciplinar y temática del currículum. Por lo tanto, los pasos a dar desde un enfoque global serían los siguientes:

a) **Tejiendo la red: determinación del Núcleo Integrado.** Consiste en organizar el conocimiento escolar a modo de «centros de interés», «tópicos» o «proyectos de trabajo» en los que se abordan distintos objetos de estudio que conectan de algún modo con las motivaciones e intereses espontáneos de los alumnos (Tann, 1990; Hernández y Ventura, 1992). Beane (2005), por ejemplo, construye un currículum comprehensivo a partir de la introducción de dos interrogantes esenciales que pretenden averiguar las preguntas que se hacen los estudiantes: «¿Qué cuestiones tienes sobre ti mismo? ¿Qué cuestiones tienes sobre el mundo?». En este caso, la organización de los contenidos responde a un enfoque integrado de currículum global.

b) **Invitación a la investigación: Redes de problemas**. El planteamiento de interrogantes relevantes para los alumnos debe estar presente de modo continuo en la enseñanza de los contenidos curriculares, ya que resulta oportuno que la dinámica en el aula se aproxime a una estrategia de tipo *socrático* e indagativa. Desde el enfoque global, el profesor actúa a partir de preguntas más que de respuestas, como un medio clave para despertar la curiosidad de los estudiantes (Claxton, 1994; Bateman, 1999). Es conveniente que en esta web de preguntas se diferencien unos pocos interrogantes claves que conformen los nodos básicos y a partir de ahí se desplieguen en conexión los correspondientes subproblemas.

c) **Delineando el mapa: Redes de contenidos.** Conviene organizar los contenidos que integran una determinada unidad didáctica elaborando un mapa conceptual o semántico (Novak y Gowin, 1988; Heimlich y Pittelman, 1990); o, en la sociedad de la información, una red de conceptos donde aparezcan de modo interrelacionado las distintas nociones-clave que se van a indagar durante la unidad. Es como diseñar el «mapa curricular» del Núcleo Integrado por el que el profesor y sus estudiantes tienen que transitar o navegar.

▶ Cómo enseñar: Un enfoque global en la sociedad del conocimiento

El diseño y desarrollo de unidades didácticas siempre ha mantenido, desde sus orígenes, una visión alternativa de la enseñanza. Así pues, los docentes que trabajan con centros de interés o tópicos reflejan una aproximación didáctica que se distancia del enfoque transmisivo. Por el contrario, los métodos de enseñanza se basan en una amplia diversidad de recursos y medios, así como en la asunción de un papel distinto tanto del profesor como de los estudiantes (Martinello y Cook, 2000). En esta dirección innovadora, la construcción de unidades didácticas globales se contempla generalmente dentro de una estrategia constructivista e investigativa donde el profesor adopta el rol de facilitador y donde los alumnos se convierten en los auténticos protagonistas. Apuntamos ahora los componentes principales de esta estrategia didáctica:

a) **Abriéndose a un nuevo mundo.** Trabajar con las perspectivas de los alumnos. Es necesario conceder una destacada importancia al papel que juegan las ideas de los alumnos en la enseñanza de los Núcleos Integrados seleccionados. En este sentido, es imprescindible que los alumnos aprendan procedimientos de expresión, diálogo y comunicación de dichas ideas, así como actitudes positivas y de valoración hacia las mismas. Se trata de averiguar los conocimientos previos de los alumnos con el relevante propósito de favorecer una mutua comprensión entre profesor y estudiantes. Esto permite al docente conocer las perspectivas de los alumnos en su propio lenguaje (Nuthall, 1997).

b) **Descubriendo el nuevo mundo.** Puesta en juego de nuevas informaciones. Consiste en explorar y transitar ese territorio curricular recién descubierto. Para ello, durante el desarrollo de las actividades que componen la unidad didáctica global, es necesaria la incorporación de una amplia gama de materiales y recursos, que aporten una considerable diversidad de fuentes de información que se ponen en juego en el aula, en el centro o inclusive fuera del recinto escolar. Al respecto, hay que insistir que en la sociedad del conocimiento se tiene un acceso más fácil y directo a una amplia gama de fuentes y recursos que no dejan de proliferar; el incremento, la expansión y la diseminación del saber en red es ahora realmente notable con respecto a épocas pasadas. De ese modo, además de diferentes libros y documentos, el profesor, en la sociedad de la información, está abocado a emplear otros recursos didácticos como los medios audiovisuales digitalizados, las herramientas informáticas, las redes telemáticas y las instancias sociales reales o virtuales.

c) **Construyendo el nuevo mundo.** Consolidación y expresión de los aprendizajes. Es necesaria una fase de afianzamiento de los aprendizajes adquiridos que puede tener lugar, por ejemplo, a través de la realización de síntesis, de la extracción de conclusiones o de puestas en común de los proyectos de investigación realizados por los estudiantes. Por otro lado, es importante dar la oportunidad para reflexionar y tomar conciencia del proceso que se ha seguido en la construcción de los nuevos contenidos para favorecer la competencia básica de «aprender a aprender», lo que resulta crucial en la sociedad del conocimiento. Pero además, para que el aprendizaje supere su valor meramente académico, los alumnos deben de poner en práctica los nuevos conocimientos adquiridos, en diferentes contextos y situaciones problemáticas, próximas a sus experiencias cotidianas.

▶ Qué y cuándo evaluar: una perspectiva holística

La exploración inicial de los conocimientos de los alumnos es una condición insoslayable si los docentes pretenden valorar los aprendizajes que han alcanzado los alumnos al final del proceso de enseñanza. Esto permite al profesor la clarificación del itinerario didáctico a seguir, centrando el proceso educativo en la dirección planificada o negociada. Pero el diagnóstico inicial ha de ir acompañado de una evaluación final de los conocimientos que los alumnos han asimilado al concluir la unidad didáctica global, de manera que se pueda estimar el nivel de aprendizaje holístico conseguido. Asimismo, durante el desarrollo de la unidad didáctica global es importante no olvidar otro tipo de evaluación: la procesual. Por ello, es positivo realizar un seguimiento de la evolución de los conocimientos de los estudiantes, a través de una evaluación continua basada en las actividades que van desarrollando. Esta evaluación procesual puede hacer alusión, por otra parte, a la reflexión sobre la propia práctica docente o sobre el desarrollo del currículum, con el propósito de introducir los cambios oportunos y optimizar el proceso didáctico para conseguir una mayor calidad del aprendizaje. La evaluación ha de ser concebida desde una visión global como un instrumento de mejora tanto del aprendizaje como de la enseñanza.

Consideramos, como hemos demostrado en otro trabajo (López Ruiz, 2000), que la construcción de unidades didácticas globales ha de representar una tarea central en la práctica profesional de los docentes en la sociedad del conocimiento. No son pocos los nuevos retos que se les plantean hoy día a los profesores, pero creemos que este debe ser uno de los principales. Gracias a las redes telemáticas y en especial a Internet ya es posible que los profesores elaboren, compartan, intercambien y difundan sus proyectos didácticos originales a escala global. En la sociedad de la información, los profesores están en disposición de ir soltando las fuertes y arraigadas amarras que le atan a las imponentes empresas editoriales, verdaderas fabricantes del currículum estándar.

3.7. Conclusión

Proponemos un significativo cambio de hondo calado, estructural y curricular, que tiene que reconvertir a las desfasadas escuelas en genuinas comunidades democráticas de aprendizaje holístico en la sociedad del conocimiento. El trabajo colectivo en redes –multinivelar y transdisciplinar– está empezando a constituirse en la era de la información en una poderosa estrategia para las verdaderas renovaciones educativas iniciadas desde la base de la pirámide y que realmente germinan y pueden llegar a crecer de forma considerable en la práctica escolar. En este sentido, resulta urgente crear redes educativas basadas en un enfoque global del currículum y la enseñanza, configuradas a través de comunidades prácticas innovadoras y, paralelamente, de comunidades discursivas reales o virtuales.

No podemos permitirnos el lujo de formar hoy a las jóvenes generaciones con contenidos escolares escindidos y desconectados de la realidad, cuando no irrelevantes e inclusive vanos para sus vidas futuras. La expansión y celeridad del saber en la sociedad de la información están haciendo que el currículum tradicional se convierta de forma cada vez más notoria en algo caduco y fuera de contexto. Hoy los conocimientos tienen cada día una fecha de caducidad más corta y son cada vez, afortunadamente, más transdisciplinares. Esto tiene, evidentemente, notables repercusiones para la enseñanza y las escuelas de la aldea planetaria en redes.

Un currículum parcelado, estancado y desvinculado del mundo real y virtual no puede seguir, por más tiempo, constituyendo el eje central de la escolarización en el siglo XXI. La emergente y evolutiva sociedad del conocimiento y del aprendizaje permanente a lo largo de toda la vida, está demandando con urgencia una profunda revisión y transformación de los contenidos y los métodos de enseñanza tradicionales en los actuales centros educativos. La propuesta de este trabajo es avanzar hacia un currículum global de la ciudadanía en la era de la información.

Creemos que es una valiosa aventura educativa que merece la pena intentar, emprender y luchar por ella. Pero también somos conscientes que no serán pocas las progresivas dificultades que habrá de ir superándose para allanar este sinuoso terreno. Aunar voluntades y esfuerzos de todas aquellas redes de agentes y colectivos implicados, educativas y sociales, está comenzando a ser la estrategia más habitual. Puesto que, de este modo, se promueve una transformación de las escuelas en paralelo a un enriquecimiento significativo de la vida comunitaria en democracia, contribuyendo local y globalmente a la construcción de un mundo mejor para todos.

4. LA INTERCULTURALIDAD EN LA EDUCACIÓN PARA LA CIUDADANÍA

Francisco Herrera Clavero
(Universidad de Granada, Instituto de Estudios Ceutíes)

4.1. Introducción

En los momentos actuales que vivimos, en un mundo cada vez más globalizado y cambiante, nuestra sociedad, cada vez más compleja y pluricultural, necesita dar urgentemente respuestas satisfactorias al fenómeno de las minorías culturales inmigradas y a las necesidades, demandas y problemas que plantean, especialmente aquellas que están en situación de privación sociocultural.

Resulta paradójico y difícil de entender que, en pleno siglo XXI, los seres humanos, «ciudadanos del mundo», no puedan serlo en latitudes y países distintos a los suyos, debido a la hipocresía política y social imperante; ya que, curiosamente, aunque los «admiten de hecho», puesto que les resultan útiles, les cuesta «reconocerlos de derecho», cuando lo son por *ius natur* (derecho natural).

Por otra parte, la *pureza de sangre* –término nazi– nunca ha existido. Afortunadamente, el ser humano, desde el principio de los tiempos, mezcló su sangre con los demás, lo que nos ha enriquecido a todos y nos ha alejado de la degeneración que provoca la reproducción en el seno de la propia estirpe. El mestizaje nos ha hecho evolucionar mejorando año tras año, siglo tras siglo y milenio tras milenio; pero, cuando hoy día aparece en nuestro horizonte gente –personas– de otras razas, latitudes, culturas, credos, etc. –gente diferente–, especialmente *si no tienen dinero*, parecen convertirse en una grave amenaza para nuestra sociedad. Sorprendentemente, a los extranjeros que llegan «con dinero» a nuestro país se les califica simplemente como «extranjeros»; pero, a los que no lo tienen, se les llama «inmigrantes». Y es que se nos suele olvidar que todos los pueblos, alguna vez, hemos sido inmigrantes y que las personas que se encuentran en esa situación, especialmente los niños, son como los demás; aunque, su lengua y su cultura –en la mayoría de los casos–, y el «mundo» en el que viven y se desenvuelven, sean radicalmente distintos. Así pues, las políticas sociales y educativas, entre otras, deben hacer un importante esfuerzo en diseñar y aplicar medidas para corregir estas situaciones de desventaja y facilitar la «igualdad de oportunidades» para todos, en el más amplio sentido de la auténtica «justicia social».

Ahora bien, la dificultad de abordar esta temática comienza desde su propia definición conceptual, dado que existe gran variedad de factores que la delimitan, tales como: de salud e higiene –carencias básicas–; económicos –pobreza–; legales –«papeles»–; sociales –trabajo y vivienda–; familiares –aislamiento y falta de estímulos adecuados–; medio hostil –marginación–; y déficit socioculturales importantes –lenguaje, comunicación, difícil progreso educativo institucional, normalmente por aburrimiento al no entender lo que se dice, y contacto desigual o choque entre la cultura propia y la oficial–. No obstante, es preciso tener muy claro cuál será nuestra actitud inicial hacia todo este fenómeno, bien de comprensión y de búsqueda de soluciones, o bien de rechazo; porque, según sea una u otra, los resultados serán diametralmente opuestos.

Hoy es bien conocido el creciente interés de nuestra sociedad por la interculturalidad –en la acogida y adaptación de inmigrantes–, todavía utópica, hasta el extremo de que ha llegado a convertirse en el tema emergente que más preocupa a los ciudadanos en estos momentos. Aunque, es conveniente recordar que la preocupación intercultural es bastante antigua en el tiempo; ya Alejandro Magno vislumbró el diseño de un nuevo modelo humano que resultaba imprescindible en el contexto de una nueva sociedad que iba a ser revitalizada por la idea de una nueva hermandad, abogando por la unión de todos los corazones de los hombres que forman los pueblos, dando con ello a entender que los antiguos y rígidos límites, en versión nacionalista, carecían de sentido en esa nueva cosmovisión que se gestaba. Su nueva idea de «hombre» iba más allá de lo que pudiera ser una mera definición biológica, permitiendo superar la rígida diferencia precedente entre el heleno y el bárbaro (o entre el romano y el bárbaro), al inyectar en el cuerpo social la dimensión societaria y comunitaria del hombre. Ese nuevo universalismo supuso una corrección en profundidad del individualismo político de la ciudad griega y, desde el plano antropológico, facilitó que el individuo concreto, descubriendo la conciencia de su propio yo, se viese remitido a los otros, fomentando la dimensión introspectiva del sujeto, donde la máxima del «Conócete a ti mismo» conducía indefectiblemente a la necesidad de «Conocer a los otros», que como él, formaban parte de la *oikoumene* (casa común); introduciendo así el concepto de «cosmopolita», que fue proyectado para establecer esa hermandad universal entre los hombres. Este aspecto teórico fue reforzado con otro de índole práctica, que destacaba la idea o necesidad de diferenciar al bueno del malo, sin tener en cuenta sus orígenes (Latorre, 2004, p.107).

En suma, resolver de manera adecuada este fenómeno/problema es realmente uno de los retos más estimulantes de la sociedad europea actual.

4.2. De la inmigración a la interculturalidad

A modo de síntesis conceptual, en general, podemos observar las siguientes etapas evolutivas en la inmigración de camino hacia la interculturalidad:

1ª. Asimilacionista, donde las minorías inmigrantes, en su afán de búsqueda de mejores condiciones de vida, son fagocitadas sin piedad (inmersión) por un etnocentrismo irracional desmesurado, eliminando cualquier referencia a su lengua, a su cultura e, incluso, a su religión; pero, el hecho de ignorarlas no las suprime. Esta explotación siempre ha ocurrido y ocurre cuando la primera generación (padres) llega a lo que cree su tierra prometida –la solución de todos sus problemas– y, al tiempo, apenas encontrada la libertad, descubren que son ya unos *esclavos.* En esta etapa apenas existe atención social y educativa.

2ª. Compensatoria, una vez instalados, de forma infrahumana, comienzan a aparecer problemas de toda índole, especialmente los legales (*papeles*), laborales, de vivienda y educativos. La segunda generación de vanguardia (hijos mayores, a medio realizar su Educación Primaria), son los más afectados por el problema del choque lingüístico entre su lengua materna (normalmente de código y uso restringido del lenguaje –lengua del hogar–) y la oficial (normalmente de código y uso más depurado del lenguaje –lengua de la escuela y, por extensión, del mundo científico-técnico–), y por el resto de los problemas adaptativos condicionantes del nuevo sistema educativo en su contexto natural. En este sentido, la segunda generación de retaguardia (hijos menores, que aún no han empezado la Educación Infantil) tiene mayores posibilidades, puesto que pueden llegar a aprender la herramientas educativas básicas en su momento adecuado, especialmente las primeras categorizaciones conceptuales (tras la aparición de la función simbólica), el vocabulario básico de la lengua oficial, los conceptos y operadores básicos de la inteligencia y el pensamiento, etc.

La Educación Compensatoria (ahora, compensación educativa) se lleva a cabo entonces al descubrir la cantidad de problemas, lagunas y fracasos escolares que no son los que habitualmente se dan en todas las aulas, sino que tienen connotaciones diferenciales muy especiales. Evidentemente, esta compensación como complemento a las desigualdades, si se aplicase desde el punto de partida, sería magnífica. Lo que no supone el remedio a estas situaciones de graves carencias y deterioro.

3ª. Multicultural, cuando va germinando la tercera generación, la mayoría, ciudadanos ya de derecho, con la igualdad que reclama la legalidad constitucional nacional e internacional, ya no se contenta con unas medidas extemporáneas de compensación educativa, necesitan el reconocimiento de sus señas de identidad: lengua, cultura, religión, etc., y no sólo en el sentido de la tolerancia (que da idea de aguantar o soportar algo que no gusta y de arriba-abajo del que tolera al que es tolerado); sino, de una actitud activa y participativa en las relaciones, de respeto. Según Gelpi (1992, p.25), *«la violencia y la locura racista dieron una significación positiva a la palabra tolerancia, pero tolerancia es una actitud negativa. ¿Por qué tolerar y no aprender de las otras culturas? La tolerancia tiene una dimensión de resignación».*

No obstante, no nos engañemos, la multiculturalidad se queda en buenos propósitos, en una simple y mera yuxtaposición (Quintana, 1992, pp.73-81) de contactos e intercambios (el zoo), pero sin una integración armónica, especialmente desde y en el propio sistema educativo. Etxeberría (1992, pp. 209-225) intercalaba, entre la etapa compensatoria y la multicultural, *«la etapa correctiva, cuya intención es que los alumnos provenientes de otras culturas superen las lagunas y deficiencias de sus orígenes étnicos»*.

4ª. Asimilacionista inversa, cuando algunas minorías, al encontrar perspectivas favorables, lejos de aprovecharlas en beneficio mutuo, han intentado pasar a ser ellas las que fagociten a la mayoría dominante e, incluso, a otras minorías, dando como resultado reacciones racistas y xenófobas involucionistas, a pesar del tortuoso camino recorrido.

5ª. Intercultural, cuando, desde el mismo plano de igualdad y desde el más profundo sentido de solidaridad, se impone trabajar por y para todos, respetando el derecho a ser diferentes, generando el respeto mutuo, cooperativo y participativo, desde la médula misma del sistema educativo, articulando los recursos personales, materiales y funcionales que lo puedan hacer realidad.

Paradójicamente, en general, la sociedad siempre ha estado de acuerdo en la atención que debe brindar la Educación Especial a personas con necesidades educativas especiales, lo cual parece perfecto, y, sin embargo, constantemente se cuestiona facilitar la educación de los diferentes desde la igualdad, como promueve el Consejo de Europa y el resto de Organizaciones Internacionales dedicadas a este noble fin.

En suma, la interculturalidad pretende atender las diferencias desde el mismo currículum, respetando su particular idiosincrasia cultural e, incluso, impidiendo que se extingan y, a la vez, favoreciendo su resurgimiento.

6ª. Inter e intracultural, *«cuando, además de vivenciar las relaciones personales y sociales, educativas y culturales, y de todo tipo, desde fuera (interpersonal), también se lleven a cabo desde dentro de las personas (intrapersonal), desde lo más profundo de cada una de ellas; participando activamente en la comunicación, conocimiento, comprensión, empatía, simpatía, aprecio e identidad con los "OTROS", como algo propio»* (Ramírez, 1997, p.175). Ésta es realmente la línea a seguir.

Tras este análisis, hay que hacer constar que probablemente, de manera formal en términos educativos, no se ha superado aún la etapa de una mala educación multicultural, lo que debe hacer reflexionar a la autoridades, especialmente las educativas, de que es preciso, sin más dilación, afrontar de una vez por todas este problema seria, sistemática y coherentemente.

4.3. Principales problemas del alumnado inmigrante

La problemática específica que conlleva la educación en contexto pluricultural podría quedar recogida en los siguientes aspectos:

4.3.1. El lenguaje restringido

La discrepancia producida entre el lenguaje restringido (lengua del hogar) del alumnado en situación de privación sociocultural, de dominio básico elemental, distinto al lenguaje depurado necesario en el ámbito educativo (lengua de la escuela), de dominio superior técnico-científico, provoca su falta de comprensión y desinterés, por aburrimiento, propiciando su fracaso escolar (elevadísimo) y el abandono, normalmente prematuro, del sistema educativo (absentismo o abandono definitivo). Situación que se ve agravada en el caso del alumnado de diferente lengua materna, normalmente derivada de la existencia de bilingüismo sustractivo.

4.3.2. Las relaciones sociales estereotipadas

Según el Colectivo AMANI (1994, pp. 6-68), podemos definir los estereotipos de las siguientes formas:

1) Rasgos que se atribuyen a un grupo.

2) Imagen mental simplificada de los miembros de un grupo compartida socialmente.

3) Creencias que atribuyen características a los miembros de un grupo; por ejemplo: inmigrantes = sucios, etc.

Estas ideas, en general, nos muestran dos aspectos fundamentales de los estereotipos:

a) Que son compartidos por mucha gente. No se reducen a la imagen mental de una sola persona.

b) Se atribuyen a una persona como miembro de un grupo y no como persona individual.

Los estereotipos se podrían clasificar en tres clases: positivos, neutros y negativos, por ejemplo: los "?" son buena gente, los "?" son muy familiares, o, los "?" son sucios –por ejemplo un inmigrante– (Figura 5):

Pienso	Siento	Actúo
Sucio	Repulsión	Vuelvo la cara
Estereotipo	Prejuicio	Discriminación
Componente Cognitivo	Componente Emotivo	Componente Conativo

Figura 5. Pienso, siento y actúo.

Por otra parte, sus características fundamentales son:

a) Ser resistentes al cambio. Se mantienen aún cuando hay evidencia en contra.

b) Simplificar la realidad (por ejemplo: «los aragoneses son tozudos...»).

c) Generalizar.

d) Completar la información cuando ésta es ambigua.

e) Orientar las expectativas.

f) Recordar con más facilidad la información que es congruente con el estereotipo.

Asimismo, podríamos definir los prejuicios como: juicios anticipados, no comprobados, de carácter favorable o desfavorable, acerca de un individuo o de un grupo, tendente a la acción en un sentido congruente. También los prejuicios pueden ser positivos y negativos, y, como puede verse, aquí se introducen los elementos emoción y acción, no sólo la cognición o mala cognición.

Algunos autores reservan la palabra prejuicio para referirse a su dimensión afectiva o emocional y utilizan la palabra discriminación para referirse a lo que aquí denominamos componente conativo o comportamental del prejuicio negativo.

Lo que lleva a pensar que los estereotipos se forman como resultado de tres procesos cognitivos: categorización, comparación y atribución; tanto a niveles individuales (personales), como sociales (grupales). De manera que podemos observar lo siguiente:

1º. La persona como individuo

Por una parte, los estereotipos se forman en el interior de la persona a través de tres procesos cognitivos básicos que explican cómo percibimos la realidad que nos rodea:

a) La categorización social

Exactamente igual como sucede en el proceso de pensamiento para cualquier actividad de la vida del hombre que implique la utilización del pensamiento, los estímulos sociales (personas) son igualmente categorizados. La operación de categorización permite generar, modificar y utilizar los conceptos para dar respuestas adaptativas, a través de sus dos procesos básicos: generalización (a qué familia pertenece el nuevo objeto) «estímulo-real - concepto-mental» y discriminación (cuáles son sus rasgos distintivos del resto de su familia). Todo ello hace que percibamos a la gente agrupada en categorías sociales: blancos, negros, judíos, gitanos, árabes, etc.

b) La comparación social

Al estar relacionadas las diferentes categorías sociales, puesto que no son independientes, surgen las comparaciones, sobre todo la comparación social respecto a la dominante (categoría, cultura, etnia, casta, etc.).

c) La atribución de características

Las estructuras cognitivas formadas sobre la categorización conceptual social hacen que los estereotipos no sean meros organizadores de la información sino que:

- Organizan la información, simplificando la realidad que nos rodea.
- Marcan las diferencias entre unas categorías sociales y otras.
- Atribuyen características a cada categoría, pasando de ser receptores de la información a generadores de comportamientos.

2º. Las personas como sociedad

Si, como se ha podido comprobar, cada individuo tiene implicación directa en la estereotipación, el peso de lo social, como conciencia colectiva, marca definitivamente esa tendencia. En Ciencias Sociales se utiliza el término agentes de socialización para referirse a las instituciones que transmiten valores que hacen que la sociedad reproduzca y mantenga. No es casual que existan ciertos estereotipos que asocien tal o cual cultura, raza, etnia, etc., con ser ladrón, sucio, etc. Detrás de los estereotipos están los valores que intenta transmitir la sociedad.

En este sentido, se habla de tres grandes agentes socializadores: la familia, la escuela y los medios de comunicación, con el lenguaje impregnando a cada uno de ellos. ¿Quién puede negar la evidencia de su fuerza generadora o modificadora de valores y, por tanto, de comportamientos? Pues bien, los estereotipos se alimentan de los valores socialmente compartidos, he ahí su importancia.

Asimismo, conviene conocer cómo y qué relaciones se dan entre las percepciones y los grupos, tales son:

1ª. La identidad social y la comparación social

De la misma manera que adquirimos una identidad personal, vamos conformando una identidad social, que no es otra que una parte de nuestro autoconcepto derivado del conocimiento de pertenencia a un/os grupo/s social/es, junto con un significado valorativo y emocional asociado a dicha pertenencia.

Todas las personas tendemos a tener una identidad personal y social positiva, lo que nos permite mantener nuestros valores compartidos grupalmente. Sin embargo, no vivimos aislados, siendo por lo que tanto la identidad personal como la social se adquieren por comparación.

2ª. Los cuatro fenómenos básicos en las relaciones entre grupos

Cuando se dan situaciones de conflicto entre grupos, en primer lugar, siempre se tiende al favoritismo endogrupal, lo que puede explicar el fenómeno del etnocentrismo, que provoca la aceptación de aquellos de igual cultura y el rechazo de los que no lo son; precisamente, por ese favoritismo endogrupal, en segundo lugar, se provoca una acentuación de las diferencias intergrupales. En tercer lugar, de las semejanzas intragrupales y, en cuarto lugar, la homogeneización del exogrupo.

3ª. El concepto de enemigo

Este concepto forma parte de los mecanismos psicológicos que establecen las diferencias y potencian la competitividad entre los grupos. Como se habrá podido observar, con todo lo dicho anteriormente se han venido marcando y remarcando las diferencias entre «nosotros» y «ellos», fomentando actitudes de competitividad y rivalidad. Lo cierto es que, con ello, lo único que se consigue es transmitir una idea de que los «otros», los diferentes a «nosotros», son nuestros enemigos, para justificar determinadas conductas individuales, sociales o institucionales.

Así pues, nuestro principal objetivo debe ser promover encuentros entre los diferentes colectivos, encuentros en los que el principio de igualdad para el enriquecimiento mutuo sea la nota dominante, lo cual no opta para que cada grupo conserve y promueva su propia identidad y cultura. No obstante, es preciso tener muy en cuenta que sus destinatarios deben ser tanto la población autóctona como las minorías étnicas, sin olvidar respetar los rasgos constitutivos de cada una de las etnias y culturas en situación de relación.

Gráficamente, podemos observar las diferencias sustanciales de dos líneas de intervención radicalmente opuestas y sus efectos, y, así, tener muy claro el modelo a seguir (Figura 6):

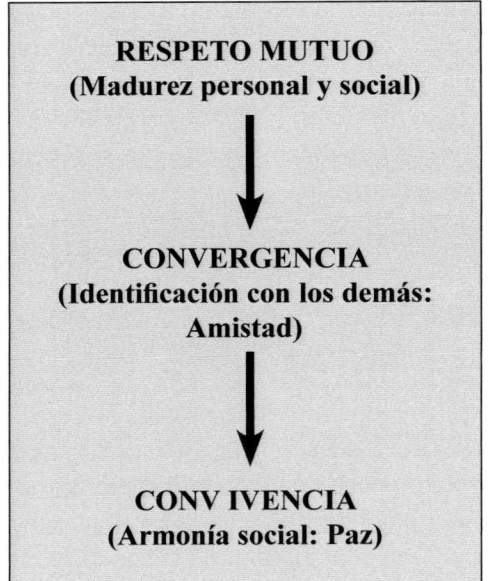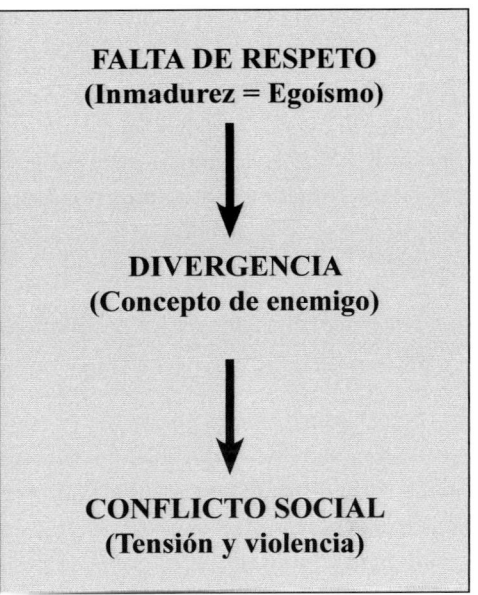

Figura 6. El respeto mutuo, como base de la interculturalidad
en la educación para la democracia y la ciudadanía.

4.3.3. El fracaso escolar endémico

Respecto a este extremo hay que decir que, dada la situación antes descrita, parece que los niños de las minorías estén abocados al fracaso escolar de una forma prácticamente irremediable, de no existir una línea clara de actuaciones concretas encaminadas a paliarlo.

Las razones por las que un niño triunfa o fracasa en la escuela son casi innumerables. La escuela es, junto con la familia, una de las instancias socializadoras básicas de las cuales van a depender las características de ajuste del individuo al entorno que pertenece, a la vez que van a determinar no sólo su madurez individual; sino, sobre todo, su futura adaptación al medio social.

Una escuela competitiva supone una comparación y en un enfrentamiento permanente entre compañeros, no cumple la misión esencial de la educación, la socialización de sus alumnos, y, además, los menos dotados o los menos favorecidos, desarrollarán una frustración basada en el fracaso que les impedirá sentirse miembros activos y válidos de ese grupo social.

El fracaso escolar afecta más a los niños de unos estratos sociales que a los de otro, mucho más a los niños de la clase baja que a los de la media o alta. Esto es debido no sólo a las diferencias individuales (dificultades intelectuales, motivacionales y otros problemas afectivos, etc.) e intragrupales (condiciones culturales, etc.); sino, también, a la deficiente estructura escolar, donde los métodos y contenidos de la educación no están pensados de una forma que aumente las expectativas de la mayor parte de los niños, siendo precisamente los niños que menos se adaptan al sistema educativo quienes tienen más posibilidades de fracasar.

La escuela es fuente de un número importante de inadaptaciones ya que suele abandonar a aquellos chicos que no se adaptan al sistema de relaciones institucionalizadas en ella (interrelación con los compañeros y el maestro, etc.) o a sus contenidos educativos (materias, motivación, competitividad, capacidad de diferir gratificaciones, etc.).

La escuela no tiene en cuenta ni las diferencias individuales de cada sujeto respecto a su desarrollo cognitivo, creatividad, etc., ni las características étnicas, geográficas, etc., de su grupo social. Es por este motivo por lo que se originan ciertas dificultades sociales y psicopedagógicas que van a incidir en la vida de los muchachos inadaptados socialmente. ¿Qué le presenta la escuela al alumno de **clase carencial** desde el punto de vista económico, social y cultural?

1) Desprecio e, incluso, ataque a su vida extraescolar, a sus propias opiniones y modos de comportamiento; por tanto, el rechazo a la escuela es una característica constante y peculiar de quienes manifiestan un comportamiento desadaptativo.

2) Los objetivos y ritmos escolares son totalmente inadecuados. Al alumno menoscabado culturalmente le es difícil aprender algo porque no lo **entiende vitalmente,** cuando difícilmente se hace relación a su propia vida, al ambiente que le rodea, a sus intereses, inquietudes y pensamientos fuera de la escuela.

3) El proceso de integración escolar de los muchachos que fracasan o no alcanzan el nivel de rendimiento exigido por la escuela es dificultado y etiquetado (grupo de los torpes); como consecuencia, no responden a las motivaciones y expectativas escolares y, a veces, desarrollan un comportamiento desadaptado para buscar su propio prestigio. Los líderes sociométricos, los alumnos que más popularidad tienen entre sus compañeros, suelen ser los mejores alumnos desde el punto de vista académico. El alumno modelo a los ojos del profesor se convierte en el alumno modelo entre sus iguales (atribución causal).

4) La variable edad, como criterio básico de incorporación y promoción dentro del grupo escolar, cierra las posibilidades de recuperación a través de la escuela a los niños inadaptados, la mayoría de los cuales no ha seguido un proceso escolar normal.

En resumen, la escuela, como instancia socializadora básica, o no existe para este tipo de alumnos, o sus efectos son muy negativos, profundizando aún más la separación entre el inadaptado y su entorno social. El resultado será en muchos casos la alteración del comportamiento por aburrimiento (Cuadrado, 1986, p. 37).

No olvidemos que la escuela es la primera experiencia intensa de la socialización extrafamiliar que representa unas exigencias para la adquisición de un estatus (tomadas de la clase media: ser buen estudiante, dócil, obediente, capaz de diferir gratificaciones, etc.), características que a menudo chocan con las pautas de comportamiento inculcadas al niño de los estratos más pobres de la sociedad mediante la socialización de la familia. Es decir, son las reglas escolares las que agravan la diferenciación de origen y generan el fracaso escolar.

Por otra parte, las expectativas del maestro sobre el rendimiento escolar del niño actúan a modo de una profecía que se cumple, todo lo cual sugiere que, para el maestro, el rol del buen alumno implica más una actitud de adaptación y conformación a los estándares escolares que cualquier otro tipo de cualidades (Rosenthal y Jacobson, 1980).

Además, la acción socializadora de la familia y la escuela coinciden temporalmente durante un largo período en ese proceso de socialización, por lo cual no es posible estudiar la influencia socializadora e incluso cultural y formativa de la escuela, sin tener en cuenta el contexto familiar en que se desenvuelve la vida del niño en edad escolar.

La escuela de hoy aún pone especial énfasis en la expresión y la reproducción, lo que favorece todavía más el fracaso de los inmigrantes. El aprendizaje cooperativo puede favorecer a los que tienen ya un déficit previo de lenguaje y no pueden recibir una ayuda de sus padres. Los inmigrantes son más perjudicados, desde el punto de partida, porque no han adquirido las normas sociales de comunicación (comportamiento, modo de vida y lenguaje) en la nueva sociedad en la que se encuentran (Cañas y Cañas, 1992, pp. 221-222).

4.3.4. Convivencia conflictiva, brotes de violencia y malos modelos

Últimamente, se está observando un deterioro progresivo en las relaciones sociales que afecta profundamente a la convivencia y que se manifiesta, sobre todo, en los ámbitos: escolar, extraescolar, profesional/laboral y social, propiciando tensiones y brotes de violencia, probablemente debido a factores de entre los cuales cabría destacar los siguientes:

1. Escolar

1) Dificultad de progreso en el sistema educativo por parte de los alumnos de las minorías, por carencias formativas importantes, particularmente, en todas las áreas de conocimiento que más dependen del dominio de la lengua oficial.

2) Escasa motivación hacia el estudio, precisamente, por la dificultad que les supone; sin que se arbitren medidas que favorezcan la estimulación adecuada de los alumnos.

3) Falta de otras ofertas educativas, culturales y de intercambio de experiencias que les permitan ampliar sus expectativas y posibilidades de futuro, ayudándoles a planificarlo de una forma más consecuente, tales como: una formación profesional que responda a las necesidades reales de la sociedad donde viven, una orientación educativa y profesional ajustada a sus carencias y dificultades, unos programas de intervención específicos que fomenten el desarrollo personal, la convivencia pacífica y el respeto mutuo, etc.

4) Las extorsiones, amenazas, insultos, golpes, etc., en suma, violencia, al margen de la venta de drogas, que determinados grupos de alumnos o *jóvenes de la calle* ejercen de continuo en los centros educativos y sus alrededores.

2. Extraescolar

1) Incidencia muy negativa de determinados medios de comunicación, sobre todo de la televisión, que bombardean a diario con ideas y escenas de violencia, de consumismo o de que todo lo que nos ofrece el mundo está a nuestra disposición sin importar los medios o la ética para conseguirlo. Pensemos que se trata de una minoría que proviene de «otro mundo», plagado de dificultades y carencias de todo tipo, deslumbrada por la abundancia, la protección de los derechos humanos y la democracia, la facilidad de encontrarlo todo al alcance de la mano, etc.; lo que se convierte en una trampa para quienes no saben asimilarlo.

2) Una visión exclusivamente desde la perspectiva de los derechos y no, también, desde las obligaciones.

3) La afluencia de «dinero fácil», de procedencia más que dudosa.

4) Tensión social por la falta de respeto a las normas más elementales de convivencia y hacia las personas.

3. Laboral

1) Falta generalizada de empleo para esta población; sobre todo, para los más jóvenes y para los parados de larga duración, cuya cualificación profesional/laboral es mínima.

2) Falta de ofertas formativas profesionales/laborales iniciales y permanentes de ampliación de conocimientos y actualización que responda a las necesidades reales de la sociedad.

3) Escaso control de la economía sumergida y del fraude laboral y fiscal.

4) Dificultad de progreso en las categorías profesionales/laborales para ocupar puestos de trabajo de mayor responsabilidad.

5) Y, finalmente, destacar que el mayor problema que se aprecia es el de la falta de salida laboral de los jóvenes (gran bolsa de desocupados, con pocas esperanzas de futuro) que se pueden dejar seducir con facilidad por el mal ejemplo ofrecido por los protagonistas de la delincuencia, que se convierten en sus referentes.

4.4. La interculturalidad como factor integrante de la educación para la democracia y la ciudadanía

El creciente interés internacional por el respeto y el progreso de los diferentes grupos culturales y la respuesta educativa a esta situación social conduce indefectiblemente a la interculturalidad como factor integrante de la educación para la democracia y la ciudadanía, que está alcanzando un alto prestigio en Europa como superación de algunas de las limitaciones detectadas en el multiculturalismo y que se caracteriza por la consideración de la sociedad como una **realidad poliédrica** de grupos que tienen su propia cultura. Asimismo, es preciso observar que la pertenencia a un grupo étnico no constituye la principal identidad del individuo, sino que tal identidad se forma en el proceso dinámico de sus interacciones con otras personas, grupos e instituciones.

No cabe otra forma de entender la interculturalidad que como parte integrante de la auténtica educación integral de la persona, en el sentido de hacerla competente aptitudinal, actitudinal y comportamentalmente, con capacidad suficiente para desarrollarse y adaptarse adecuadamente en la sociedad pluricultural en la que vive. Promoviendo para ello una escuela inclusiva de todos, entre todos y para todos; una escuela para la ciudadanía, la democracia y la paz; y una escuela para la capacitación académica, profesional/laboral y social, el respeto y el entendimiento.

Por tanto, pretende capacitar a las personas para convivir con otras de culturalmente diferentes, ejercitar una crítica respetuosa hacia determinados aspectos de la cultura propia y las ajenas, resolver los conflictos que puedan surgir por la diversidad de valores y formas de pensar, sentir y obrar (en suma, formas de ser), enriquecerse mediante esos contactos, juzgar la propia cultura con una visión menos egocéntrica, abrirse a horizontes más amplios sin olvidar el arraigo cultural propio y adoptar actitudes y comportamientos solidarios en lo que respecta a las legítimas aspiraciones de las minorías.

Precisamente, además de los acuerdos y normas internacionales existentes al respecto, la Constitución Española (art. 27) ha atribuido a todos los ciudadanos el derecho a la educación y ha encomendado a los poderes públicos que promuevan las condiciones para que este derecho sea disfrutado en situación de igualdad por todos. Siendo pues la educación un derecho social básico, compete a los poderes públicos el desarrollo de las acciones positivas necesarias para su efectivo disfrute. Y, por otra parte, para su desarrollo, la Ley Orgánica 2/2006, de Educación, de 3 de mayo (B.O.E. del 4 de mayo) dedica su Título II, «Equidad en la educación», en su Capítulo I, al alumnado con necesidades específicas de apoyo educativo, al alumnado que presenta necesidades educativas especiales y al alumnado con integración tardía en el Sistema Educativo Español, y, en su Capítulo II, a la compensación de desigualdades en educación.

Los principios pedagógicos de la interculturalidad en la educación para la democracia y la ciudadanía bien podrían ser los siguientes:

a) Atención a la diversidad y respeto a las diferencias, sin etiquetar ni definir a nadie en virtud de éstas.

b) Formación, desarrollo y fortalecimiento de los valores humanos, especialmente: igualdad, respeto, tolerancia, pluralismo, cooperación y corresponsabilidad social.

c) Práctica del diálogo y empatía.

d) Superación de los prejuicios y estereotipos.

e) No segregación en grupos aparte, comunicación activa e interrelación, lucha activa contra toda manifestación de racismo o discriminación.

f) Incremento de las relaciones positivas entre los diversos grupos étnicos.

g) Inserción activa de la escuela en la comunidad local.

h) Implicación, participación y cooperación de toda la comunidad educativa.

Los objetivos que pretende alcanzar la interculturalidad en la educación para la democracia y la ciudadanía podrían ser los siguientes:

a) Respeto mutuo.

b) Fomentar actitudes interculturales positivas.

c) Practicar y fomentar el diálogo y la empatía.

d) Facilitar el paso del lenguaje restringido, propio del hogar, al depurado, propio de la escuela y la ciencia, y, con mayor sentido en caso de lenguas diferentes (materna y oficial).

e) Mejorar el autoconcepto, la autoestima, la autoeficacia y el control de la ansiedad, especialmente de los grupos minoritarios.

f) Facilitar y potenciar la convivencia y la cooperación entre todos.

g) Facilitar y potenciar la igualdad de oportunidades.

Por tanto, el reto de la inter e intraculturalidad debería ser conseguir que tanto la población autóctona como las minorías:

a) Conozcan y modifiquen los estereotipos y prejuicios que tienen entre ellos, tomando como punto de referencia el respeto mutuo y la conducta prosocial.

b) Favorezcan el diálogo, conocimiento, comprensión, empatía y valoración crítica positiva de los demás grupos.

c) Propicien la toma de conciencia sobre la necesidad e importancia de un mundo más justo y solidario.

d) Promuevan actitudes, conductas y cambios sociales adecuados que eviten la discriminación y favorezcan relaciones positivas, potenciando el desarrollo específico de todas las culturas.

La intervención educativa en contextos pluriculturales debe basarse, por tanto, en el reconocimiento y la aceptación de la diversidad cultural como una realidad social, en la igualdad y respeto de los derechos de todos los seres humanos, en el desarrollo de actitudes y prácticas antirracistas y antidiscriminatorias, en la facilitación y desarrollo de la conducta prosocial, y de la empatía como inhibidores de la discriminación, la agresión y la violencia. En definitiva, en el respeto a la identidad y derechos de otros pueblos, grupos étnicos y expresiones culturales.

De esa forma, el aprendizaje intercultural proveerá de herramientas y recursos para desarrollar la comprensión y aceptación de la diversidad como un hecho constructivo y valorar la relación con otras culturas, y para incrementar la capacidad de adaptación en circunstancias sociales cambiantes. El valor de la diversidad es que crea más opciones para cada persona, con lo que amplía su abanico de posibilidades de elecciones personales. Se trata pues de una concepción del sujeto relacional y multipolar, quien construye su identidad personal en la red de interacciones con los otros sujetos. Por tanto, la interacción debe ser el concepto central de interculturalidad en la educación para la democracia y la ciudadanía, a través de una metodología práctica, interactiva y vivencial, planteada como un plan de formación no sólo para aquellos contextos sociales en los que conviven diversos grupos culturales; sino, más bien, para toda la sociedad.

La intervención educativa en ámbitos pluriculturales no debe ser entendida como un proyecto destinado sólo a las minorías; sino que, por el contrario, debe concebirse como una planificación general, dirigida a toda la sociedad, pues la interculturalidad en un mundo pluricultural es una cuestión que compete a todos. Así pues, podemos afirmar que la interculturalidad comprende un nuevo paradigma educativo que pretende asegurar la convivencia entre los miembros de las diferentes culturas, ya que tales diferencias son expresión de la riqueza de una sociedad en la búsqueda de respuestas a las necesidades de la vida cotidiana. De igual forma, la **educación para la democracia y la ciudadanía** debe impregnar a la sociedad en todo su conjunto, sin reducirse exclusivamente a la escuela; antes al contrario, debe extenderse a otros grupos, por medio de la educación no formal, los medios de comunicación y las organizaciones no gubernamentales.

Por todas estas razones, la interculturalidad en la educación para la democracia y la ciudadanía debe comprometerse a formar a todo el alumnado, de todos los centros, para dotarlos de una competencia cultural madura; es decir, un bagaje de aptitudes, actitudes y comportamientos que les capacite para adaptarse y desarrollarse adecuadamente a y en la sociedad actual y futura.

4.5. Líneas de intervención

Como punto de partida, la organización adecuada del centro educativo es la tarea prioritaria y más comprometida que se debe acometer. En función de sus principales elementos constitutivos, la intervención debería canalizarse al menos de la siguiente forma:

1º. Elementos personales

a) Formación inicial y permanente del profesorado

Es imprescindible que todos los profesionales que se encuentren en una situación de atención educativa pluricultural reciban una formación especial y adecuada al respecto, sobre todo en la línea de procurar una educación para la democracia y la ciudadanía donde unos de sus componentes esenciales sea el tratamiento de la inter e intracultural. Lo lógico sería que, ante la creciente situación de pluriculturalidad actual y futura, esta formación no dependiera exclusivamente de la buena voluntad de los educadores, sino que la Administración Educativa dispusiera su tratamiento adecuado en los planes de estudio de la carrera docente y en los centros de formación permanente, promoviendo todo tipo de actividades formativas y de intercambio de experiencias. Paradójicamente, aún hoy día, la educación –tanto no universitaria, como universitaria– se basa en un currículum obsoleto del siglo XIX –tanto en sus bases, como en su diseño y desarrollo–, con una formación del profesorado del siglo XX –casi exclusivamente centrada en el Magisterio–, para unas experiencias de aprendizaje del siglo XXI; lo cual, a todas luces, parece totalmente incongruente.

b) Departamento para el desarrollo de la inter e intraculturalidad en la educación para la democracia y la ciudadanía

Dada la importancia capital del tema y, especialmente, en los centros educativos más afectados, debería crearse la figura de un Departamento específico encargado de preparar, asesorar y coordinar permanentemente al profesorado, y a la vez encargado de diseñar, desarrollar, evaluar y reorganizar (*feedback*) convenientemente el currículo, desde sus aspectos más generales a los más específicos.

2º. Elementos materiales

a) Espacios

Todos los espacios del centro educativo, especialmente aquellos de usos más comunes –servicios, recreo, biblioteca, comedor, etc. (dependencias comunes)– y el aula concreta (regular o paralela), deben disponer y facilitar información adecuada entendible para todos; por ejemplo, indicándola con pictogramas o letreros en las diferentes lenguas habladas en el centro. Además, debería propiciar experiencias y situaciones de aprendizaje participativo y cooperativo, cálidas y acogedoras, no restrictivas. En particular, referido al aula regular, habría que procurar una distribución grupal (en microsociedad) por rincones o talleres, con la alternativa de aulas paralelas de acogida, adaptación, activación y refuerzo, según las dificultades o carencias encontradas. Un ejemplo claro de ello sería el aula temporal de lenguaje, dedicada al alumnado de lengua materna diferente o para el que, aún teniendo la misma lengua, debe capacitarse para el trasvase de la lengua del hogar (de códigos y recursos restringidos) a la de la escuela (de códigos y recursos depurados).

b) Tiempos

Lo fundamental en la organización y administración de los tiempos debe ser su adaptabilidad y flexibilidad en función de las necesidades, respetando los índices ponogénicos o ponogenéticos (de fatigabilidad), que en estas situaciones se disparan. Es preciso que los alumnos no se aburran por no entender lo que de habla, ya que el aburrimiento favorece los comportamientos disruptivos y sus consecuencias.

c) Recursos

Los recursos didácticos y educativos, en general, deben ser o bien adaptados, o bien especialmente diseñados para cada situación de aprendizaje, procurando su familiaridad contextual y cultural para los alumnos.

3º. Elementos funcionales

a) Acogida en el centro

Siguiendo a Blanco (2001, 131-142), la creación de un Plan de Acogida en el centro tiene una doble finalidad: por un lado, favorecer la adaptación del nuevo alumnado y del nuevo profesorado al entorno escolar y, por otro, detectar las necesidades educativas del alumnado de nueva incorporación al centro escolar.

Por lo tanto, un buen plan de acogida debe recoger actividades, dinámicas y estrategias que permitan:

1) **La acogida del profesorado nuevo al centro.** Recibimiento, información del PEC, PCC, PAT, organización del centro y metodología de trabajo. Información sobre la estructura, infraestructura y subcultura de centro: órganos unipersonales y colegiados del centro, diferentes dependencias, horarios, teléfonos, llaves, fotocopias, entradas y salidas, Reglamento de Régimen Interior, etc. y entrega de documentación necesaria. Recabando además información sobre aptitudes, actitudes, competencias y disponibilidad del profesorado. Se incluye este apartado porque, curiosamente, en estos centros que reciben alumnado de diferentes culturas suele haber mucha movilidad del profesorado y, normalmente, es mayor el número de nuevos profesionales, lo cual implica una labor formativa específica de centro cada año. Bien podría la Administración dar una relativa estabilidad a ese profesorado, particularmente, al interino, contratado o sustituto.

2) **Acogida de las familias.** Mostrando el centro, informando sobre el Sistema Educativo español, el diseño educativo y la identidad del centro escolar, las becas de libros, comedor y transporte, el Plan de Acción Tutorial y los respectivos tutores, la prevención y resolución de conflictos, y los cauces de participación y colaboración entre familia-escuela. Recogiendo, al mismo tiempo, toda la información necesaria sobre el ambiente familiar mediante encuestas preparadas y entrevistas concertadas.

3) **Acogida al alumnado nuevo.** Mostrando las dependencias, organizando juegos cooperativos para favorecer la interrelación del nuevo alumnado con el ya exis-

tente en el centro, y constatando las diversas nacionalidades de origen y dificultades de aprendizaje.

4) **Actividades variadas.** Las actividades iniciales programadas deben ser atractivas y variadas con la finalidad de que la primera impresión que se lleve el nuevo alumnado sea cordial y que tenga la seguridad de que todo el personal del centro educativo está allí para ayudarle y compartir sus experiencias de aprendizaje.

b) Período de adaptación: análisis inicial

Una vez que se ha realizado toda la acogida del alumnado nuevo, se incorpora todo el alumnado al centro escolar, comenzando así el **Período de Adaptación,** que puede tener una duración variable (entre 15 días y un mes). Durante este período, el tutor de cada grupo-clase debe obtener la información necesaria sobre la diversidad existente en su aula, las dificultades de aprendizaje detectadas y las necesidades educativas básicas. Además, es el momento adecuado para conseguir la cohesión del grupo e introducir los hábitos, actitudes y estrategias necesarios para organizar el aula e introducir las metodologías más adecuadas. Resumiendo, es la fase de investigación, recogida de información, análisis y primeras planificaciones o diseños. En esos momentos es fundamental que el tutor pase todo el tiempo con su grupo-clase y que el profesorado especialista apoye a los grupos-clase que más lo necesiten, atendiendo así dos profesores a un mismo grupo-clase. Así, por ejemplo, en aulas en las que se encuentre alumnado sin competencia lingüística, resulta muy eficaz el apoyo de otro profesor/a además del tutor/a.

Cuando el período de adaptación haya finalizando, es preciso llevar a cabo las pruebas de nivel curricular al alumnado con competencia lingüística y las pruebas de nivel de competencia lingüística de aquel alumnado que carece de ella. Esta información será decisiva para la organización de los grupos flexibles. Asimismo, un aspecto muy importante que no debemos descuidar es la atención del alumnado en los patios de recreo. Durante este período de adaptación, el profesorado debe estar en el recreo llevando a cabo un juego sencillo preparado (pañuelito, comba, elástico, canicas, tazos, etc.). Cada día, un curso completo pasará por ese juego, rotando hasta realizar a lo largo de las semanas todos los juegos planeados. De esta manera se conseguirán dos objetivos: evitar la formación de guetos en los patios y reducir considerablemente los conflictos y la violencia en los recreos.

c) Organización de grupos flexibles

Terminado el período de adaptación, cada ciclo sabrá las características del nuevo alumnado, así como su nacionalidad, su nivel de competencia lingüística y la información familiar relevante. Con la información recogida, cada ciclo sabrá las necesidades educativas existente entre su alumnado, llegando el momento de flexibilizar horarios para atender a la diversidad. Así pues, cada ciclo pactará sus horarios para liberar a una parte de su profesorado y poder asignarles el apoyo del alumnado que lo requiera. Surgen así grupos de apoyo para la adquisición de competencia lingüística, refuerzo de las instrumentales, altas capacidades o necesidades educativas especiales. Los apoyos podrán realizarse dentro o fuera del aula del grupo-clase, pero siempre evitando que los períodos de permanencia fuera del aula sean prolongados.

Estos grupos flexibles son tremendamente cambiantes y evolucionan al mismo ritmo que lo hace el alumnado que los integran. Son grupos que se adaptan a las necesidades del alumnado. Por eso es muy importante que el trabajo que en ellos se realiza esté bien planificado, bien secuenciado, bien registrado y bien evaluado. La coordinación entre el profesorado de apoyo y el profesorado tutor debe ser semanal, para que ante la detección de una nueva dificultad de aprendizaje la respuesta sea rápida y eficaz. Debemos tener en cuenta que al alumnado extranjero se le va a exigir que, en un curso escolar, adquiera las competencias lingüística y curricular adecuadas, para alcanzar los objetivos mínimos establecidos.

Los recursos utilizados en las clases de apoyo deben ser variados, motivadores, lúdicos y adaptados a favorecer el trabajo autónomo del alumnado. De ahí, la elaboración de materiales pictografiados, vocabularios de emergencia, autodictados, dominós de letras y números, bingos, cartas, cromos, etc.

d) Evaluación del proceso

La coordinación semanal del profesorado de cada ciclo marcará las evaluaciones continuas que se realizaran de cada alumno/a y de los grupos-clase. Los resultados obtenidos al final de cada mes se contrastarán y se analizarán y, a partir de ellos, se programarán nuevas estrategias. La última evaluación es la que se realizará a final de curso en la que se analizará todo el proceso, apuntando las dificultades encontradas y los errores cometidos, y señalando los logros obtenidos. Además, toda la información sobre el proceso de enseñanza-aprendizaje del alumnado del ciclo quedará recogida en documentos para que el profesorado del curso siguiente tenga una información relevante sobre las necesidades educativas del alumnado del centro.

e) Acción tutorial

Si la acción tutorial (la acción del tutor) tiene, o debería tener, una enorme importancia en cualquier centro educativo, cobra especial relieve en aquellos que reciben alumnado de diferentes culturas; por ello, es necesario también el diseño, desarrollo, evaluación y reorganización del **Plan de Acción Tutorial,** que no debe quedarse exclusivamente reducido a su atención al alumnado; sino, además, hacerlo extensivo a sus familias y entorno de experiencias.

f) Currículum adaptado

Hablar de currículum adaptado es hacer alusión a la adaptación curricular (significativa o no significativa) de todos los elementos que lo integran, según las diferentes situaciones que se puedan dar, desde su diseño hasta su desarrollo, evaluación y reorganización, contemplando tanto los momentos de *acogida* de padres y alumnos (con la ayuda de un mediador intercultural), como los momentos de trabajo normal en el aula; y, también, la figura del **alumno-tutor**, de entre aquellos que mejor puedan servir como referentes próximos por sus buenas condiciones y características, procurando que sea de la cultura receptora; es decir, potenciar la figura del alumno monitor (*monitoring*) por parejas (**peer**).

g) Currículum enriquecido

Hablar de **currículum enriquecido** o **enriquecimiento curricular** se refiere a la necesidad de complementar el currículo ordinario o adaptado en aquellos aspectos que se consideren más necesarios según las diferentes situaciones, bien insertados en el mismo currículum de forma integrada (que es lo mejor) o bien de forma paralela, como otra área o asignatura más; atendiendo específicamente aquellos elementos más sensibles y que más se necesiten, y que en el caso de los alumnos en desventaja son normalmente: la comunicación (comprensión-expresión) oral, escrita, gestual, etc.; las aptitudes (capacidades intelectuales, cognición y metacognición); las actitudes (motivación, autoconcepto, autoestima, autoeficacia y control de la ansiedad); y relaciones sociales (inter e intrapersonales), resolución de conflictos y adaptación.

En este último caso, referido al currículum enriquecido, interesan programas de intervención individualizada y grupal, factibles de aplicarse en la escuela y que pretendan básicamente la prevención y la recuperación.

Finalmente, las líneas básicas de prevención e intervención bien podrían ser las siguientes:

1º. Áreas de prevención e intervención

Sin olvidar que cada caso es único y, por tanto, exigirá un diagnóstico individualizado y un programa específico, con carácter general y en función de los posibles factores que pueden ser el origen de las necesidades educativas en estas situaciones, se proponen las siguientes áreas de intervención:

* Área de la comunicación y el lenguaje (L)	– Comprensión-expresión
* Área cognitiva-metacognitiva (C)	– Aptitudes
* Área afectivo-emocional (A)	– Actitudes
* Área de interrelaciones sociales (S)	– Relaciones-comportamiento
* Áreas educativas (E)	– Diseño-desarrollo curricular

2º. Objetivos básicos en cada una de estas áreas

Aquí se ofrecen algunos objetivos como referencia; aunque, cada situación concreta requerirá general y específicamente los suyos, seleccionados, organizados y secuenciados convenientemente.

La propuesta es la siguiente:

OL1. Desarrollar la competencia lingüística funcional de la lengua oficial –oral y escrita– (necesaria para poder adaptarse y progresar en la sociedad de acogida), tanto en sus aspectos lingüísticos (semánticos, sintácticos y gramaticales), como en los de carácter paralingüístico (calidad de voz, fluidez del discurso, entonación, etc.).

OL2. Adecuar el discurso del alumnado a las situaciones en las que se desenvuelve.

OL3. Fomentar y desarrollar el gusto por la lectura y la escritura.

OL4. Enriquecer el vocabulario del alumnado para que pueda analizar y utilizar el proceso de su razonamiento.

OC1. Detectar y corregir las dificultades cognitivas y metacognitivas deficientes.

OC2. Desarrollar estrategias cognitivas y metacognitivas adecuadas.

OC3. Aplicar las estrategias cognitivas y metacognitivas a situaciones cotidianas.

OC4. Potenciar el «aprender a pensar» y el «pensar para aprender».

OA1. Comprender los propios sentimientos y los ajenos.

OA2. Reconocer los sentimientos y valores, clarificarlos, comunicarlos y asociarlos con comportamientos observables.

OA3. Experimentar sentimientos de confianza y satisfacción por el trabajo realizado.

OA4. Elevar el nivel de motivación intrínseca, autoconcepto, autoestima, autoeficacia, objetividad atribucional y controlar la ansiedad.

OS1. Desarrollar estrategias de autocontrol y autonomía.

OS2. Mantener y crear conductas alternativas a la agresividad, el estrés, la impulsividad, etc.; especialmente, a través de la capacitación para la resolución de conflictos.

OS3. Considerar al "otro" como persona, otorgándole respeto, crédito y valor.

OS4. Tomar conciencia de los elementos del comportamiento prosocial: ideas, elementos y acciones.

OE. Adaptar los objetivos y exigencias curriculares a cada situación concreta, intentando alcanzar competencias satisfactorias, además de suficientes.

3º. Líneas metodológicas

Partiendo de un análisis riguroso de las situaciones escolares pluriculturales que permita elaborar contenidos interculturales y seleccionar recursos apropiados, se pondrían poner en práctica, en cada caso, la metodología más apropiada según los objetivos que se pretenden conseguir:

1) **Para el área de lenguaje.** Se debería utilizar el método funcional (escuchar, hablar, leer y escribir), tanto para la comprensión y expresión oral como escrita, basado en aspectos pragmáticos y de utilidad social del mismo.

2) **Para el área cognitiva.** Se deberían tener en cuenta los modelos de desarrollo cognitivo y metacognitivo, a través de la aplicación de las estrategias más adecuadas. En cuanto al desarrollo metacognitivo, con programas de intervención, bien llevados a cabo a parte de currículo escolar, como una asignatura más, o bien, insertados en el currículum.

3) **Para el área emocional.** Se podrían utilizar programas concretos variados, especialmente para el desarrollo motivacional, del autoconcepto, de la autoestima, de la autoeficacia y del control de la ansiedad, tales como los de Herrera et alt. (2006), con su Programa de Desarrollo Personal (PDP).

4) **Para el área social.** Se pondrían poner en práctica técnicas de grupo, de dinámica de grupos, de resolución de conflictos y habilidades sociales. Tratando de conectar al alumnado con su realidad social, conociéndola, comprendiéndola y valorándola, desde los entornos y referentes más próximos.

5. ECOCIUDADANÍA. PARTICIPAMOS EN DEMOCRACIA CON UN COMPROMISO ÉTICO AMBIENTAL

Dolores Limón Domínguez (Universidad de Sevilla)

> *«No hay duda que un pequeño grupo de ciudadanas/os comprometidas/os pueden cambiar el mundo. En realidad, es lo único que puede cambiarlo»* (Margaret Mead)

5.1. Introducción

El planteamiento de una ciudadanía formada con criterios y capacidad de acción se ha ido presentando en los anteriores capítulos. Hemos llegado a un lugar donde necesitamos ejercitar dicha ciudadanía, la puesta en escena de un proyecto político democrático en el que nos sintamos con voz todas las personas. La necesidad de ajustar los parámetros ciudadanos a una realidad económica, intercultural y socialmente compleja, nos lleva de la mano en este capítulo a reflexionar sobre nuestra participación en una democracia que asegure **calidad ambiental** para todas las personas por igual.

Nuestro sueño social hoy es una convivencia pacífica en un entorno diverso, complejo, pero sobre todo saludable; esto es difícil para la mayoría de la población de nuestro planeta. Actualmente, la participación en la cotidianidad de cualquier municipio es baja. La preocupación de las autoridades es fomentar el interés y la colaboración de la población en una convivencia pacífica. La calidad de vida en nuestras sociedades ha de asegurarse desde las instituciones públicas; nuestras aportaciones como personas interesadas son vitales en un proceso democrático. Una democracia entendida como cultura, «gobierno del pueblo», reconociendo que es un grupo quien gobierna con el consentimiento del resto.

La educación en un Estado democrático es vital para tratar de sostener el principio de igualdad, que facilita la cohesión social. Educación en ciudadanía ha de contar con una base ética, que es la que nos asegura ser iguales o aspirar a serlo. Ante todo esto, la ciudadanía educada democráticamente se establece en un hábitat, desde el cual se ha de cuidar y asegurar el bienestar para todas las personas por igual: hemos de tener en cuenta el reparto equitativo de recursos, lo que conlleva necesidades de compromiso, de participación solidaria, ya que crece el desnivel, no la igualdad, entre pobres y ricos. Los países del Norte (*desarrollado*) con un consumo exacerbado incapaz de saciar y, sobre todo, hedonista, y los del Sur (*en vías de desarrollo*) cada vez sufriendo más la destrucción de la biosfera, con bolsas de pobreza, marginación y fuertes tensiones sociales, situación socialmente injusta e insostenible ecológicamente. Estamos demandando una mayor imaginación sociológica, más creatividad política; en definitiva, una estructura social que favorezca una mayor igualdad, un mayor respeto a la diversidad cultural, lo que implica una **diferenciación** de las formas sociales de producción y consumo. Defendemos la diversidad cultural, donde la competencia queda disuelta (es otra forma de mirar al otro), aparece la complementariedad, la cooperación, la solidaridad… y todo esto formando una *ecociudadanía*, que responda a todo lo anterior.

5.2. Soñemos una realidad

Podemos señalar que reflexionar sobre *ecociudadanía* estaría dentro de un sueño realizable y necesario, que consiste inicialmente en un proceso de modernización social. Para este cambio de rumbo, hemos de partir de la diversidad como elemento indispensable para formar nuevas identidades, persiguiendo el sueño de que la construcción de otro mundo mejor es posible. Por tanto estamos necesitando la formación de una ciudadanía ocupada en cuidar su ámbito vital, su hábitat. «Eco», del griego *oixo*, significa casa, morada, ámbito vital...; y «ciudadanía», condición del nacional de un Estado, sujeto pleno de derechos y deberes, facultado para intervenir en su gobierno. Así, *ecociudadanía* es la condición de todo ser humano, titular de una parte alícuota de la soberanía mundial, legitimado para intervenir, con independencia de su adscripción nacional, en cualesquiera asuntos públicos en pro del desarrollo, mediante la satisfacción de sus necesidades, sin comprometer el de las futuras generaciones.

Uno de los retos de la *ecociudadanía* es la búsqueda de nuevos planteamientos educativos, sociales y culturales que favorezcan una convivencia armónica, donde se participe en la construcción conjunta de un ambiente más saludable. Debemos ser conscientes de que estas circunstancias nos sitúan en una realidad donde las cuestiones ambientales son, en gran medida, cuestiones sociales que requieren, sobre todo, de una acción política (Manzini y Bigues, 2000). La ciudadanía democrática ha de implicarse en una participación ética, dialógica e igualitaria que, inexcusablemente, tendrá consecuencias ambientales: una ciudadanía que responda al cuidado y mejora de su hábitat.

El análisis riguroso de los actuales modelos de desarrollo económico y político nos acerca a una tarea ineludible que estará involucrada con un movimiento capaz de aglutinar la implicación en los problemas de desarrollo de todos y cada uno de los miembros de la sociedad. En este orden de cosas, hablamos de una ciudadanía cuya independencia de juicio y acción consolide una ética autónoma, motivada por una participación activa en la resolución de conflictos. Pero, sobre todo, que se ejercite en la búsqueda de un consenso dialogado. ¿Es esto posible en la búsqueda de asegurar una calidad ambiental desde la igualdad?

Hablar de *ecociudadanía* (Limón, 2002), nos obliga a perseguir otro reto: la formación participativa y resolutiva de personas en la búsqueda de alternativas a los conflictos ambientales. Dicha formación ha de estar incluida en un modelo educativo de carácter social. Su carácter es ético-cultural y ha de partir de la reflexión crítica del ambiente para llevar a cabo diagnóstico de problemas reales y cercanos, desde donde se haga una apuesta real del individuo en un compromiso de participación, en el que el diálogo y la comunicación se potencian en espacios de verdadera realización democrática.

La necesidad de hablar espontánea y libremente como vía necesaria para buscar consensos, nos obliga a fomentar una dimensión reflexiva, con un pensamiento complejo, que facilite un cambio de valores a partir de una visión holística y ecológica del mundo. Hemos de pasar de la conciencia individual de crisis ambiental a la global; sobre todo, llegar a cuestionar el propio modo de vida.

5.2.1. Ciudadanía participativa en un mundo globalizado

Las declaraciones internacionales dentro del ámbito de la Educación Ambiental, como el Tratado sobre EA para las Sociedades Sustentables y para la Responsabilidad Global (Río de Janeiro, 1992), han hecho hincapié en la necesidad de partir de un pensamiento plural, imprescindible dentro de la formación, que oferte alternativas ambientales diferentes que puedan adaptarse a distintas circunstancias. El valor de la diferencia y la pluralidad cultural o religiosa no constituyen una desventaja; pueden convertirse en un objeto de alto significado pedagógico, ya que aportan criterios de formación ético-ambiental para la ciudadanía. La formación de criterios sobre la calidad ambiental en la que vivimos forma parte de nuestra cotidianidad: los problemas ambientales con los que convivimos nos obligan a interesarnos por términos precisos y especializados, porque se atenta contra la salud de cada uno de nosotras y de nosotros.

En el contexto de una política educativa que apueste por la participación ciudadana *«es preciso, pues, llevar los conocimientos y opiniones de la ciudadanía a la esfera de la opinión pública»* (Cortina, 2003), sobre todo para la transformación social. La concienciación sobre la realidad ambiental ha de permitir que dicha transformación adquiera la conciencia ética sobre todas las formas de vida que el ser humano comparte en y con el planeta. De esta forma, se potencia un cambio de relación con la Naturaleza; esta nueva perspectiva ética supondría pasar del antropocentrismo al biocentrismo; es decir, que el ser humano se reconoce como una parte más del planeta y no en el centro. Este "giro copernicano" en la concepción que tiene el hombre sobre sí mismo en relación al planeta conlleva la necesidad de vivir en armonía con el resto de los hombres y con la Naturaleza. No hay duda que el abandono del enfoque etnocéntrico favorecerá la interacción entre las culturas, así como la aceptación de todas nuestras peculiaridades propias, que hay que conocer y compartir, ya que desde estas interacciones nace un conocimiento colectivo y social (Capra, 1988). La necesidad de abandonar comportamientos etnocéntricos supone admitir que el conocimiento puede ser una construcción colectiva, que lleve a compartir los problemas ambientales y a indagar en sus soluciones.

Por esta causa, hablamos de ecociudadanía desde una educación ambiental que tiene que contextualizar su trabajo en la relación Norte-Sur, incorporar valores de equidad y no de simple igualdad, valores que superen el derroche y el despilfarro, potenciando la redistribución a pequeña y gran escala. En consecuencia, este tipo de educación ha de incidir en la obligación de satisfacer las necesidades esenciales de los más pobres: sólo habrá justicia ecológica si se da simultáneamente la justicia social, justicia social que tendría que ver ahora más que nunca con la solidaridad y la *limitología* o valor de la autolimitación en la producción y el consumo.

Como vemos, hay que trabajar para que las personas tomen decisiones; no basta con crear opinión, pues hay que buscar, en primer lugar, la transformación personal de los ciudadanos y ciudadanas, para luego poder transformar el sistema. El desarrollo de una conciencia crítica, postura defendida por autores como Freire (1990) o Meira (1995), favorece una integración participativa en la sociedad, capaz de analizar las propias dificultades del sistema. Estamos, pues, defendiendo una formación que potencie una visión globalizadora que, al tratar la crisis global del ambiente, nos ponga ante la siguiente consideración: hay que pasar de la conciencia de la crisis a cuestionar el propio modelo de vida, integrando una mejora alternativa, que pasa por lograr los mismos modos de producción de bienes y necesidades que los modos de relación entre las personas. Tenemos que cambiar nuestra concepción del mundo; debemos modificar nuestros patrones de significación ya que, como destaca Sosa (1997: 110), *«el modelo de desarrollo que sirve de pauta a los países desarrollados se presenta a los menos desarrollados como un modelo a imitar, como una auténtica matriz civilizadora»*. Es difícil, sin embargo, cuestionar nuestras rutinas establecidas.

La exportación de nuestro modelo industrializado y de consumo ha supuesto y supone el arrasamiento de culturas y de formas de vida que se han mostrado mucho más respetuosas con el entorno físico que les sirve de sustento y soporte. De acuerdo con la opinión de Araujo (1996:190), «los niveles de formación en EA tienen que asumir una crítica real de nuestro modelo de civilización, llevándonos a presentar alternativas serias al clamor contra un modelo ultraliberal, alternativas al consumismo y a la blandura de la moral superviviente, a la masificación de lo superfluo y a la desactivación de la sociedad civil». En definitiva, se puede concluir este apartado parafraseando a Bertrand Russell: para formular cualquier ética satisfactoria de las relaciones humanas, será esencial reconocer las necesarias limitaciones del poder de los hombres sobre el medio no humano y las desleales limitaciones de los poderes de unos hombres sobre otros.

5.2.2. Cambios sociales para una formación en ecociudadanía

Una vez formulada y detallada la base ética que sustenta la formación en ecociudadanía, nos vamos a situar en la sistematización del cómo aprendemos, dentro de un contexto pedagógico-ambiental. La delimitación de un cambio cultural que integre también propuestas de trabajo bajo unos determinados patrones éticos, obliga a plantearnos una estructura y marco teórico de la enseñanza dinámica e innovadora (Limón, 2000) que, a través de una ciencia como la Ecología, y de la racionalidad ambiental, aumente la conciencia conservacionista general de la población y genere un cambio cualitativo de valores, normas morales y éticas, a fin de crear una alternativa a la crisis. El medio ambiente debe de considerarse como el eje en el que se apoya hoy el cambio social (Hernández, 1987) y debe servir para el logro del cambio educativo y social. De esta forma, el análisis de los problemas dentro de éste nos va a servir como pauta de aprendizaje; nos estamos refiriendo a un extenso proceso de indagación que incluye la tarea de desmenuzar y estudiar cada una de las partes, para después ver el conjunto, con sus posibles interrelaciones. Se trata, por tanto, de una visión sistémica para trabajar la problemática del medio ambiente; pero, sobre todo, es una forma de aprendizaje absolutamente integradora. De esta forma, la cualidad del objeto de estudio diseña las características de su aprendizaje.

La complejidad del medio nos lleva a captar y buscar soluciones para cualquier realidad de nuestro entorno, que interacciona con múltiples y diversos factores espaciales, temporales y contextuales, lo que nos conduce, de acuerdo con Novo (1997: 31), hacia *el modelo sistémico como un enfoque de alcance paradigmático, no sólo metodológico»*. Estamos ante la idea de que nuestro entorno funciona como un todo relacionado, donde las partes interactúan entre sí, por lo que, en referencia al medio ambiente, no podemos analizar de una manera simplista ningún hecho puntual. La búsqueda de una armonía supone el hecho de tener en cuenta todos los elementos que están en interacción dentro de un conjunto, como defendió Bertalanffy. Los sistemas, pues, tal como señala Hernández (1989: 33), son *el núcleo básico para entender que todo nuestro entorno está poblado por entidades complejas formadas por partes en interacción mutua, cuya identidad resulta de una adecuada armonía de sus constituyentes y dotadas de una sustantividad propia que trasciende a la de esas partes».*

Dichas entidades complejas han de contar cada vez más con ciudadanos que quieren y necesitan tener voz y poder de decisión en todo lo que les afecta (sobre todo en los países democráticos), y no están dispuestos a ser gobernados por un sistema que en numerosas ocasiones no sólo no les resuelve sus problemas, sino que les excluye a la hora de participar. Es preciso que sintamos que formamos parte de una ciudadanía protagonista, que consigamos eludir la alienación y unificación de conciencias que caracteriza la sociedad de masas de hoy, donde reina un conformismo generalizado, en torno a una propaganda bien construida e informada. No obstante, es importante reconocer y valorar de forma positiva lo andado por el sistema democrático desde sus inicios, y el logro que ha supuesto para la consolidación de los derechos de la ciudadanía. En base a esto, y al entender que puede seguir evolucionando, es por lo que hoy por hoy, hemos de exigir y potenciar el desarrollo de dicho modelo democrático con una participación directa.

En este sentido, hemos de apostar por la democracia participativa, que no niega la representativa sino que la fortalece, implicando a la ciudadanía en más procesos electorales. Pero, ¿cómo conseguir que los ciudadanos vuelvan a retomar su confianza en el sistema democrático? ¿Cómo conseguir que participen de forma activa? Según Oller (1999: 37): *«... desde la propia autonomía personal es necesario emprender una dinámica de descentramiento, a fin de poderse situar en la perspectiva de aquellos intereses universalizables que relativizan los intereses propios y cuestionan todo tipo de corporativismo, lo cual es indispensable para la construcción de un sentido de comunidad y una vinculación activa con los demás. La persona, o actúa de alguna manera en el ámbito público o pierde parte de su dimensión humana».* Desde otra óptica, las cuestiones anteriormente señaladas pueden ser contestadas desde un plano de lo concreto, desde lo local, a través de las medidas enunciadas en la Agenda XXI Local, donde se apuesta por la creación de núcleos de intervención participativa (Consejo Ciudadano) que, dependiendo del momento y de los objetivos, se podrán dedicar a aportar soluciones para los presupuestos locales, para las obras e infraestructuras, educación, etc.; en definitiva, a participar en todo aquello que tenga que ver con su vida cotidiana como ciudadanos. Por otro lado, hacer participar a la ciudadanía es facilitar que ésta tome partido a lo largo del proceso de toma de decisiones: plantear problemas, elaborar propuestas, deliberar según su conveniencia, implicarse en su aplicación.

La **crisis ambiental** llega a unos límites bastante preocupantes: contaminación de ríos y mares, contaminación acústica, lumínica y del aire, cambio climático, aumento del agujero de la capa de ozono (como dato; el agujero de la capa de ozono ocupa ya 65 veces la superficie de España; *Diario de Sevilla,* 20/10/2001), agotamiento de recursos, etc.; no obstante, todo esto tiene una repercusión relativa, ya que la apatía de las masas es una verdadera forma de desintegración de la capacidad que tiene la población para generar soluciones. Autores como Riechmamn, Fernández, Romañá y Leff, llegan a relacionar la crisis ambiental con una crisis civilizatoria, donde la sociedad abandona su responsabilidad política, dando lugar a que quienes detentan el poder lleven a cabo aquellas actuaciones que en cada momento consideren más oportunas para sus intereses, si bien suelen disfrazar estas acciones al intentar confundir sus propios intereses con el interés público.

Hemos señalado hasta aquí la necesidad de que los ciudadanos tengan protagonismo para paliar la crisis ambiental que el modelo económico imperante ha generado. Pero, ¿por qué resulta tan difícil la participación responsable en el seno de un estado protector y asistencial? Nuestra habituación a tener derechos nos remite al modelo socioeconómico que tenemos, donde la ley de mercado y el consumo ha devaluado la participación democrática de los ciudadanos, ya que la dimensión solidaria y colectiva es incompatible con un consumo exacerbado. Pero, ¿qué tipo de ciudadano necesitamos para cambiar la relación histórica del hombre con su medio?

5.3. Propuesta de acción participativa

Hoy, el número de pobres es mayor que nunca antes en la historia de la humanidad, siendo más de mil millones de habitantes del planeta los que viven en extrema pobreza. Es paradójico el observar como día a día sigue aumentando este número, pero sobre todo, lo preocupante es escuchar ciertas explicaciones que intentan justificar dicho aumento; por ejemplo, las que dicen que es debido a la tasa de fertilidad de los países pobres, a sus irracionales formas de reproducción y a su resistencia a integrarse al desarrollo. Desde nuestro punto de vista creemos que una explicación más acertada podría ser la que señala Leff (1994: 125-135), cuando dice que la causa es «el desarrollo perverso (degradación ambiental-pobreza), inducido por el carácter ecodestructivo y excluyente del sistema económico dominante». La producción de pobreza generada por la globalización de mercados ha ido unida a una pérdida de identidad cultural de los pueblos en desarrollo y a la desarticulación del tejido social. Sin embargo, la organización espontánea de grupos dentro de un amplio proceso de democratización está siendo impulsada por una nueva fuerza social, que conduce al establecimiento de redes de ciudadanos que tratan de resolver de forma pacífica y consensual los conflictos actuales.

La ciudadanía ha de emerger como una reacción contra las órdenes establecidas, impulsada, según Leff (1998: 107) por *un deseo de vida, legitimando un espacio propio en los procesos de toma de decisiones, ante el estado y la empresa»*. Por tanto, es necesario que los ciudadanos se sientan responsables de los problemas comunes de la sociedad, que traten de avanzar hacia un concepto de ciudadanía que pretende unir la racionalidad de la justicia, sus exigencias con el sentimiento de pertenencia a una comunidad y su empeño en participar en ello.

5.3.1. Revisamos nuestra participación ecociudadana

La incorporación del medio ambiente a la Educación en Ciudadanía se ha limitado a enseñar los valores de conservación de la naturaleza. Hemos de enriquecer esta formación con una pedagogía de la complejidad, que induzca a las personas a apreciar la multicausalidad de los conflictos y las interrelaciones de las consecuencias.

El conocimiento y discusión sobre la crisis ambiental, cultural, económica, política y social ha de hacerse presente. Hemos de embarcarnos en diseñar propuestas de acción que afecten a la formación de un ciudadano democrático, comprometido consigo mismo y con los demás, que a la hora de diseñar sus posibles actuaciones sea capaz de tener en cuenta tanto la globalidad como la particularidad de cada hecho de vida.

A partir de la Conferencia de las Naciones Unidad sobre Medio Ambiente y Desarrollo celebrada en Río de Janeiro en 1992, el discurso sobre desarrollo sostenible se fue legitimando. La llamada crisis ecológica demanda claramente un cambio en el modelo de desarrollo, hasta ahora generalizado e impuesto desde los estados más poderosos a todos los demás, causando desequilibrios que afectan al planeta en su totalidad: crecimiento rápido de la población mundial y cambio en su distribución, pobreza generalizada en grandes zonas del planeta, negación continua de derechos democráticos, violaciones de derechos humanos, catástrofes ambientales producidas por obtener el máximo beneficio económico, aumento de conflictos entre países, violencia étnica y religiosa, desigualdad entre hombres y mujeres, etc. Pero, sobre todo, es el modelo de desarrollo, un desarrollo económico del que se está beneficiando el 20 % de la población mundial y desde el que se diseñan estrategias de actuación, medidas preventivas y de solución para el 80 % de la población restante del planeta (siendo el grupo mayoritario, participan muy poco en los procesos de toma de decisión).

El nivel de angustia y desesperación es creciente. En la actualidad, violencia y guerras se inician sin explicación; migraciones masivas, aumento de la intolerancia y el racismo… Se está, en cierto modo, en un momento delicado, como queda de manifiesto al observar la negación de las libertades democráticas de forma continua en países donde esto era imposible hace sólo algunos meses. Asistimos como espectadores desde casa a prácticas corruptas que enriquecen a unos pocos a costa de muchos, precios en aumento y escasez de recursos. Hablamos de educación para todos como principio democrático, pero el desempleo creciente y los niveles de vida se siguen erosionando para muchos habitantes del mundo.

La crisis ambiental

La complejidad del funcionamiento de la sociedad actual y de los problemas ambientales presentes en dicho funcionamiento, hacen necesario desarrollar estrategias adecuadas para solucionar la crisis ambiental en que nos hallamos, para lo cual es pertinente contar con la opinión y el esfuerzo de personas que, desde la responsabilidad, puedan desarrollar estrategias encaminadas a mejorar día a día la sociedad.

Los sistemas ambientales y las actividades humanas contribuyen al cambio ambiental: el agotamiento progresivo de los recursos no renovables (por ejemplo, el petróleo) y la utilización indiscriminada de recursos renovables (disminución de la masa forestal), nos acercan al colapso de la capacidad regenerativa de los sistemas naturales. La disponibilidad de ciertos recursos está condicionada por la existencia y forma de utilización de otros con los que interactúan, y a los que a su vez condiciona y determina; en esta línea Bifani (1999) sostiene que la naturaleza en su totalidad forma un sistema dinámico y abierto: en el momento que uno de los componentes se altera, el desequilibrio afecta a la totalidad.

Hablamos de alteraciones a todos los niveles: desde el aire que respiramos, el agua que bebemos y los cambios dramáticos del clima; lo cual da lugar, no sólo a la búsqueda de las causas (desde inicios de los años sesenta, se comienzan a denunciar estos problemas), sino que, desde los encuentros internacionales de expertos, se describe con claridad cuál es la situación e incluso se enuncian estrategias, entre las que podemos citar el cambio de comportamientos cotidianos, el cambio cultural y de valores, y una educación desde la ecociudadanía para un desarrollo adecuado.

5.3.2. Educación en valores ambientales como respuesta a la crisis social

La salida a la crisis ambiental ha de pasar por una educación para el desarrollo a partir de la potenciación y enseñanza en valores que favorezcan dicho desarrollo. Es interesante diferenciar el término *desarrollo* del término *crecimiento* cuando hablamos de valores; como señala Colom (2000: 25-26), **desarrollo** se refiere a la capacidad de satisfacción de las verdaderas necesidades de la población (suele tener connotaciones cualitativas), mientras que **crecimiento** se refiere a parámetros de tipo cuantitativo.

La acción educativa para un desarrollo alternativo no puede ser una educación neutral, ya que ha de facilitar que los países del Norte y del Sur puedan construir visiones críticas de sus contextos y problemas tanto locales y como globales; dicho de otro modo, ha de permitir a los ciudadanos del planeta cuestionar el modelo de desarrollo económico dominante, como refiere Lutzenberger (citado por Moro, 1999: 26): «... *Si el modelo de desarrollo no sirve para todos los pueblos de la tierra..., ¿no falla algo en ese modelo? ¿Hasta que punto está forzado el sistema físico que soporta la economía humana, la población y las otras especies? ¿Desarrollo de qué? ¿Para quién? ¿Por cuánto tiempo? ¿A qué precio? ¿Pagado por quién? ¿Cuál es la necesidad real aquí y cuál es la forma más real y más eficaz para que los necesitados puedan satisfacerse?»*.

La cultura colectiva se asienta en principios y en valores que influyen en los miembros de ese colectivo; no obstante, el individuo construye su sistema de valores basado en su subjetividad y en su libertad creadora. Ambas realidades entran en interacción y conflicto a través de un proceso de tensiones, aprendizajes y experimentación. Dicho proceso se inicia desde el mismo nacimiento y es lo que numerosos autores denominan **socialización,** entre ellos Phillips (citado por Tezanos, 1996: 250), que lo refiere como *«el proceso por medio del cual: a) los individuos desarrollan una personalidad como resultado de aprendizaje de los contenidos de una cultura dada, y por medio del cual: b) una cultura es transmitida de una generación a otra».* Desde estas perspectivas educativas, los valores no pueden aislarse como compartimentos separados y susceptibles de ser tratados tecnológicamente. Los valores *«cobran sentido no de forma aislada, sino como agrupaciones dinámicas, como constelaciones en constante expansión. Los valores interactúan y esas interacciones pueden informar sobre las posibilidades de crecimiento armónico, basándose en el análisis de las interacciones dentro de esas constelaciones de valores»* (VV.AA., 1993: 19). Por tanto, forman parte de sistemas complejos que seleccionan la recepción de mensajes del medio y las expectativas de acción.

La acción educativa que pretenda facultar la construcción de aprendizaje de valores, introducir transformaciones y que éstas se traduzcan en comportamientos de cierta estabilidad, tiene como reto —en sus vertientes individual y comunitaria— actuar en varios campos de trabajo: cognitivo y valorativo, en lo afectivo y racional, en las acciones y sus herramientas de reconceptualización... En definitiva, proceder a las tareas de deconstrucción y reconstrucción de conocimientos y a la retroalimentación de elementos para fomentar conciencias críticas en valores.

Para que la educación en valores pueda fomentar un desarrollo sustentable que respete el medioambiente y sea consecuente con un equilibrio ecológico, necesariamente ha de enfrentarse a los problemas ambientales. Los cuales, siguiendo a Romañá (1991: 141-142), *«... son problemas creados y mantenidos por los seres humanos en un diálogo siempre incierto y mejorable consigo mismo y con el mundo, diálogo que está siempre mediado por categorías socioculturales».* Para su solución hemos de:

1) Generar contextos y proceso en múltiples sentidos que favorezcan que la participación no sea formal, sino real, efectiva, activa, crítica, dirigida a la acción transformadora. La cultura de la participación debe ser pertinente para el análisis, para la creación de autoconciencia individual y colectiva. Luego no es sólo cuestión del impulso de organismos comunitarios, sino de conseguir responsabilizar a las personas que conforman dichos colectivos.

2) Desarrollar la autoestima entendida como *«la suma de la confianza y el respeto por uno mismo. Refleja el juicio implícito que cada uno hace para enfrentar los desafíos de la vida (para comprender y superar los problemas) y de su derecho a ser feliz (respetar y defender sus intereses y necesidades)»* (Branden, 1997: 11). De esta forma podemos adoptar el planteamiento tendente a superar dentro de un grupo conflictos individuales y colectivos; se fortalecen las estrategias de acción y la madurez e independencia de cada uno de los miembros del colectivo.

3) Valorar la solidaridad como resultado de una actitud, del mismo modo que puede ser una estrategia para la acción y la construcción social de una colectividad más justa.

4) Aceptar la diversidad, actuando desde criterios de asumir nuevos perfiles culturales desde una actitud dialogante e igualitaria. No analizando lo distinto desde una situación hegemónica.

5) Aprender a identificar, descubrir, analizar críticamente y ejercer la oposición en la acción debiera ser parte del aprendizaje transversal de las comunidades, tanto en su interior como en las relaciones externas. No por ser más eficiente se ha de perder la aportación democrática a los conflictos.

6) El conflicto como relación positiva y creadora nos lleva a la posibilidad de explicitar los problemas y de pactar alternativas válidas y creadoras realmente capaces de superar diferencias. Es necesario comprender que la construcción social es un proceso donde alternativas e intereses en conflicto entran en juego para buscar su resolución y, por tanto, la construcción social.

En definitiva, hemos de ser conscientes de que una educación en valores para consolidar un desarrollo económico y humano alternativo, que permita encarar y resolver los conflictos ambientales, nos ha de situar en unas prácticas que sean creadoras de conocimiento. Supone constatar que todos realizamos nuestros aprendizajes en marcos socialmente activos, donde los diferentes roles sociales aportan nuevas perspectivas que deben ser tenidas en cuenta en la construcción del conocimiento, la orientación de lo valorativo y la creación de significados de la acción. En este sentido, como afirma Frankl (1995: 128), *«el ser humano no es una cosa más entre otras cosas: las cosas se determinan unas a las otras; pero el hombre, en última instancia,*

*es su propio determinante. Lo que llegue a ser (dentro de los límites de sus faculta-
des y de su entorno) lo tiene que hacer por sí mismo".*

5.3.3. Demandas educativas para una globalización que afecta a la crisis ambiental

Como señalé con anterioridad, en la década de los setenta un conjunto de informes internacionales inician el debate sobre la posibilidad de mantener el modelo de crecimiento industrial desde la perspectiva de la capacidad de sostenimiento del planeta. Desde el llamado Club de Roma, expertos de diferentes países debatieron sobre los límites del crecimiento poniendo en relación cuestiones como el rápido crecimiento de la población, el agotamiento de los recursos, la contaminación ambiental y el hambre. En los ochenta, se pone también de manifiesto la llamada problemática global ambiental: las lluvias ácidas, la disminución de la capa de ozono, el llamado «efecto invernadero», la desertificación...; problemas que afectan a la globalidad del Planeta.

La elaboración del Informe Bruntland en 1987, analizando la pobreza, la injusticia, la degradación ambiental y el conflicto como una interacción compleja y poderosa, trajo consigo la manifestación expresa de la incapacidad de mantener el actual modelo sin cambios. Por tanto, desde las Naciones Unidas se respalda y da naturaleza de concepto al desarrollo sostenible y asimismo se explicita con claridad la necesidad que sea la educación la que pueda posibilitar este cambio en el modelo de desarrollo.

La degradación ambiental produce conflictos que tienden a fomentar un desarrollo no sostenible, lo que se traduce en nuevas presiones y degradaciones ambientales y sociales. Las divergencias de desarrollo entre los países del Norte y los del Sur ponen de manifiesto la necesidad de una salida alternativa a lo que se ha venido definiendo como desarrollo sostenible. La Conferencia de Río de Janeiro en 1992 expresa públicamente que el concepto está en crisis; surgen foros alternativos que delimitan el término de insostenible, definiendo las limitaciones al crecimiento como impuesto ambiental. Esta problemática se ha ido sucediendo en los distintos foros internacionales y desde sus réplicas paralelas de foros alternativos, creándose la sensación de incapacidad de reformar y reorientar el modelo de desarrollo desde cualquiera de las perspectivas que contemplemos.

5.4. Democracia ambiental, una salida a la crisis

La crisis civilizatoria, que cuestiona la racionalidad del actual modelo de desarrollo, genera cambios globales que amenazan la estabilidad y sustentabilidad del planeta; la problemática ambiental ha abierto un proceso de búsqueda de soluciones, planteándose la necesidad de generar un método para pensar los problemas globales y complejos. El concepto de ambiente ha de incorporar la acción política y participar de la construcción de una nueva economía. La gestión ambiental de un desarrollo alternativo demanda nuevos conocimientos interdisciplinarios y la planificación intersectorial del desarrollo; pero es, sobre todo, una llamada a la acción ciudadana para participar en la producción de sus condiciones de existencia y sus proyectos de vida (realidad asumida por la ecociudadanía), como señalan Gutiérrez y Prado (2001:15): *«El ciudadano ha de recuperar control de su vida cotidiana y de su destino económico, social y ambiental».* Hablar de un desarrollo alternativo al actual es situarlo en un ámbito descentralizado caracterizado por la diversificación de los estilos de desarrollo y de los modos de vida de las poblaciones que habitan nuestro planeta. Desde esta realidad, se ofrecen nuevos principios a los procesos de democratización de la sociedad, que inducen la participación directa y responsabilización de las diferentes comunidades en su realidad y calidad ambiental.

Desde otro punto de vista podemos afirmar que en los países occidentales, donde el sistema de gobierno es la democracia, existen cauces formalmente establecidos para que los ciudadanos puedan contribuir al funcionamiento de la vida social, y a partir de ello se conviertan en responsables de la calidad de su medio ambiente. Sin embargo, podríamos preguntarnos qué está ocurriendo para que cada vez sean menos los ciudadanos que participan en los procesos electorales. Como muestra representativa, bastaría con destacar el escaso nivel de participación en las últimas elecciones celebradas en distintas universidades (en algunas de ellas ha participado sólo el 15% de la población censada). La respuesta no puede ser simple ni unívoca, pero evidentemente sí es cierto que estos datos han de provocar un análisis riguroso.

La difícil situación actual, donde la ley del mercado se ha apoderado de los medios, sin criterios de racionalidad ética, hace que la educación del ciudadano sea un instrumento fundamental para la instauración de una democracia ambiental donde cada ciudadano tenga derecho a disfrutar de una calidad ambiental aconsejable; en este sentido, siguiendo a Folch (1993: 130), *«La democracia no es un sistema de gobierno. La democracia es un sistema de entender la vida, una forma de concebir las relaciones entre los humanos. La democracia garantiza la prevalencia de los criterios mayoritarios frente a oligocracias y a despotismos, pero también asegura el derecho a la discrepancia minoritaria, porque dista de someterse tanto al totalitarismo como de reducirse a una grosera y simple dictadura de la mayoría [...]. Desarrollo y democracia son, pues, en la práctica diaria, conceptos directamente correlativos".*

¿Cómo se está gestionando la responsabilidad que los ciudadanos depositan en sus representantes? ¿Qué ocurre cuando la opinión y las soluciones propuestas por los ciudadanos de un barrio o los estudiantes de una facultad son diferentes a los ofrecidos por los representantes elegidos por ellos?... Podríamos seguir enunciando numerosas cuestiones que, en cierto modo, dan significatividad a esta lección. Por un lado, asistimos a que en numerosas ocasiones los representantes en ningún modo cumplen los programas por los que fueron elegidos, y por otro se utilizan los medios de comunicación para dar razones que justifican dicho incumplimiento. El ser democrático es fruto de la inteligencia y la voluntad y, por tanto, la educación puede contribuir a desarrollar ambas aptitudes. En el contexto educativo, la persona puede experimentar e ir aprendiendo a tomar decisiones sin temor a equivocarse. En este sentido, según el Informe de la Comisión Internacional sobre la Educación para el siglo XXI presidida por Jacques Delors, «*la universidad debe asimismo poder pronunciarse con toda independencia y plena responsabilidad sobre los problemas éticos y sociales, como una especie de poder intelectual que la sociedad necesita para que la ayude a reflexionar, comprender y actuar*» (Delors, 1996: 160). La formación universitaria se convierte en una entidad que *trata* de la transformación social, aportando el conocimiento en base a las diferentes especialidades y disciplinas que conforman dicha formación. Para lo cual se hace necesario que, en cierto modo, se incorporen en el currículum de ciertas carreras (educación, filosofía, matemáticas, humanidades, psicología, economía, etc.) estrategias para que los estudiantes aprendan a valorar y analizar los problemas ambientales, y buscar alternativas viables al modelo actual, pero sobre todo a actuar en consecuencia. Luego, es en las instituciones educativas, sociales y culturales donde los ciudadanos pueden experimentar, con todas las consecuencias, la democracia ambiental. Es en dichos contextos donde las personas pueden volver a recuperar la preocupación y el interés por lo público, por lo colectivo; es decir, a creerse en el deber y con el derecho de participar en la mejora de su desarrollo personal y de su entorno. Desde esta perspectiva, hablamos de conseguir una cohesión social (valoración de lo colectivo y lo público), donde todos realicen, sin una aceptación pasiva, una contribución a la construcción de dicha sociedad.

Ha llegado el momento de que lo público, lo común, lo colectivo, no dependa de una legitimidad por defecto (da igual el número de ciudadanos que vote), caracterizada por el desinterés, la inhibición y la apatía política. La opción de la participación de ciudadanos dentro de una concepción elitista de democracia, unida a la mercantilización y a la privatización del poder político (con esto me refiero a que hay grupos que, sin ostentar públicamente el poder, ya que no han participado en el proceso electoral, sí tienen una influencia directa en los gobiernos; por ejemplo, los círculos íntimos o *lobbies* en los EE.UU.), carece de capacidad para conseguir una participación real y con compromiso de la población en general. De esta forma, la solución del conflicto ambiental o social no se convierte en prioritaria, sino más bien en un conflicto de intereses y de poder (lo público y lo colectivo; es decir, los ciudadanos, son entendidos como meros consumidores). En numerosas ocasiones la acción política se limita a realizar un recambio ordenado de las élites políticas y a legitimar el orden establecido, y no resulta permeable a políticas nuevas o alternativas.

La importancia de reflejar la **pluralidad** y expresar los múltiples matices de la sociedad y las preferencias de los ciudadanos de los distintos grupos sociales, se ha de hacer presente no sólo en los derechos sino en el ejercicio de poder real que puedan ejercer. El malestar social aparece desde el momento en que el ciudadano se sitúa ante las democracias actuales como un mero **cliente pasivo,** sin implicarse de forma activa en el funcionamiento de su mundo.

5.4.1. La democracia participativa favorecedora de una calidad ambiental

Cada vez hay más ciudadanos que quieren y necesitan tener voz y poder de decisión en todo lo que les afecta y no están dispuestos a ser gobernados por un sistema que no les resuelve sus problemas y que cada vez más los excluye a la hora de participar, incluso en la enunciación de los mismos. Quieren convertirse en ciudadanos protagonistas, conseguir eludir la alienación y unificación de conciencias que caracteriza la sociedad de masas de hoy donde reina un conformismo generalizado en torno a una propaganda bien construida e informada. No obstante, es importante reconocer y valorar de forma positiva el camino recorrido por el sistema democrático desde sus inicios y el logro que ha supuesto para la consolidación de los derechos de los ciudadanos. En base a esto, y al entender que puede seguir evolucionando, es por lo que, hoy por hoy, hemos de exigir y potenciar el desarrollo de dicho modelo democrático.

Pero… ¿cómo convencer a una población consumista y a unos empresarios aferrados a los beneficios? ¿Cómo debemos informarles y qué pasos debemos dar para sensibilizarles y, en definitiva, formar a la sociedad para que tome conciencia sobre la situación ambiental de su entorno? En 1972, durante la Conferencia Intergubernamental de Estocolmo, se reconoció la responsabilidad de los medios de comunicación en esa tarea educativa, al afirmar que se recomendaba fomentar la difusión de la protección y mejora del medio ambiente con el fin de interesar al individuo en un proceso activo para resolver los problemas generados. Donde más se han de notar las democracias participativas directas ha de ser a través de los medios de comunicación, *«como empresas que venden un producto en el mercado»,* dice Chomsky (1995: 79): al canalizar la información sobre desastres, conflictos o deterioro ambiental, están utilizando las premisas de toda comunicación, es decir, las de mantener un hilo comunicacional emisor-mensaje-receptor, utilizando los medios de comunicación de masas que establecen una cadena de grandes corporaciones, conectadas a su vez con conglomerados aún mayores.

Entonces… ¿qué se tiene que decir? ¿Cómo decirlo? Estamos ante un tipo de noticias puestas a disposición de la *ley de libre mercado*, donde el mercado lo constituyen los anunciantes y el producto es la audiencia. ¿Nos llega acaso la información con un análisis serio, documentado, sobre las causas y sus consecuencias? ¿O bien la información nos llega, por ventura, tamizada por los intereses de quienes nos dan la noticia? En definitiva, los medios de comunicación nos dan el retrato del mundo servido por los estrechos y parciales intereses y valores de los vendedores, los compradores y el producto en sí… Es casi obligatorio leer, de manera crítica y específica, lo que los medios producen, ya que éstos pueden depender no sólo de su ideología, sino también del mercado o de los niveles de conflictividad generados. La mayoría de las veces, formar en ecociudadanía ha de pasar por analizar, criticar e incluso censurar, a pesar del esfuerzo informativo, la noticia que puede resultar superficial, confusa, anecdótica, parcial, redundante, sensiblera, lejana y hasta engañosa para el destinatario del mensaje. Con el fin de poder contrastar y diferenciar para tener una información veraz y ecuánime de los problemas que tiene nuestro entorno, tenemos que asegurarnos una formación precisa y lo más completa posible. De esta forma, se podrá contrarrestar el uso de la propaganda al servicio de parcelas de poder, que manipulan los estados de opinión según les convenga, haciendo derivar la atención del público lector hacia un centro de interés u otro. En opinión de Chomsky (1995), el sistema doctrinal produce lo que llamamos *propaganda*, con dos objetivos bien diferenciados: uno es el que a veces se ha dado en llamar *clase política*, conformada aproximadamente por el 20 % de la población, que tiene un relativo buen nivel de educación y puede jugar algún papel en la toma de decisiones (su aceptación de la doctrina es crucial, ya que está en situación de diseñar y aplicar determinadas políticas); el segundo está integrado por el 80 % restante de la población, a la cual se le supone sólo para recibir órdenes y para mantenerse apartada de la gente importante. Es la meta hacia la cual hoy tienden los medios de comunicación de carácter masivo: mantener pasiva a la mayoría, sin hacer nada; objetivo que se logra mediante la desinformación.

Los medios de comunicación alcanzan, por su proyección, a institutos y universidades. Es a causa de este motivo por lo que, significativamente, los discursos académicos que se mantienen en situación de estudio referencial, como creadores de opinión que van a originar conductas y comportamientos, son importantes para construir la base ideológica de la EA, constituida como una línea de actuación consciente y armónica con su medio. Al crear opinión, los medios nos imponen la necesidad de situarnos de forma activa ante los mismos, e igualmente de incluirnos en el proceso comunicativo. En este sentido, podríamos hablar de «*sintonización*» entre la noticia y el receptor de la misma; entonces, habría que potenciar la participación ciudadana en los medios y desde los mismos. Sería conveniente que la prensa pusiese de relieve, con claridad, la problemática ambiental rural y urbana, la conexión entre lo local y lo global, con la intención de informar/formar, para estar en condiciones de poder exigir a los gobernantes una «*gestión ambiental*» adecuada y transparente, planificada y coordinada, a fin de informar a la población sobre la urgente necesidad de una participación ciudadana, tanto en actos cotidianos y rutinarios que favorezcan su relación con su hábitat (disminución de consumo, reciclaje, limpieza de zonas, etc.), como en actos que incluyan al ciudadano en la política ambiental que se esté llevando a cabo, como gestor que pueda emitir su voz y ser escuchado.

Por su potencialidad, los medios de comunicación tienen una gran influencia en la transmisión y conformación de pautas de conducta en los ciudadanos, por lo que se pueden convertir, en consecuencia, en una herramienta fundamental para la formación/información en Educación Ambiental. No obstante, en la actualidad observamos, de acuerdo con Martín (1996: 98-99), que los medios no cumplen el papel que les corresponde para concienciar y transformar las actitudes de los ciudadanos en la **crisis ecológico-planetaria** que vive nuestra era.

5.4.2. *Las nuevas tecnologías y la conciencia desde una ecociudadanía centrada en su realidad socioambiental*

Nuestro proceso de comunicación está cambiando; podríamos decir que está reduciéndose a comportamientos más receptivos y pasivos, según convenga. Así pues, podemos decir que hemos evolucionado –y, prácticamente, instalado– hacia la ***aldea global***, sobre la cual pronosticó su advenimiento el gran Marshall McLuhan. La lectura del periódico, por ejemplo, requiere un gran esfuerzo mental, una atención personal, una actitud crítica. Por el número de periódicos que se vende –más acertado es decir que se editan–, cabría la posibilidad de aventurar, más que afirmar, que hay un mayor desarrollo cultural de la población. Mas, a su vez, el número de televisores en uso provoca una homogeneización en cuanto a los tipos de mensajes, un preocupante deterioro en el lenguaje y una lamentable merma en la capacidad expresiva de los individuos (el número de horas que muchas personas pasan delante del televisor, la selección que hacen de noticias únicamente *llamativas*…). Podemos deducir que aunque se edite un mayor número de periódicos, se está dando un distanciamiento real de la comunicación con respecto a la realidad ideológica y cultural de la sociedad. Los medios se mantienen gracias a la publicidad, la propaganda, que, como ya dijimos, se aproxima a las parcelas de poder. Por esta razón, y en consecuencia, proponemos una *aldea global* diferente, en la que las diferencias culturales, las manifestaciones personales y de relación con el medio sean creativas, no conducidas: **libres,** en una palabra.

La creatividad puesta en juego por la publicidad invita y estimula a que consumamos –y a que consumamos cada vez más, aunque no nos haga falta–. Se ha *revestido* en la actualidad con una etiqueta ecológica (una práctica que, afortunadamente, está siendo objeto de mayor control), en la que se apela a insistentes llamadas para el cuidado y protección del medio ambiente. De este modo, se promueve la compra de productos cuya realización ha supuesto el desgaste de escasos recursos naturales o que son reciclables o que no contienen tal contaminante. Se trata de llegar, sistemáticamente, a la aberrante creencia de que la protección del medio ambiente constituye un factor económico que puede generar en las empresas creación de empleo y crecimiento económico. Por otra parte, los costes medioambientales se van considerando «costes de producción y consumo» (según un informe del M. Inly Energy, de 1993, la industria medioambiental tenía en España, hasta 1993, un mercado potencial de 1,2 billones de pesetas).

Todo esto nos lleva a plantearnos una serie de preguntas: ¿qué le interesa al consumidor?, ¿y al productor? Ahora bien…: a la biosfera, ¿qué le interesa? Podríamos servirnos de la publicidad, pero no para incitar al consumo; aprovechando el impacto visual de la TV, este medio podría convertirse en un elemento fundamental para la EA. Esta posibilidad significaría un cambio en la política que genera la información y la propaganda, ya que si las dinámicas de superdesarrollo continúan con los patrones de un consumismo exagerado, aunque tenga la etiqueta de «ecológico» o «verde», no se acabará con la problemática ambiental.

El aprovechamiento de la publicidad y de la televisión como un soporte rápido, seductor, que responde a la necesidad que tiene el hombre de utilizar soportes icónicos para su proceso comunicativo, puede ser fundamental para conseguir una mayor fluidez en la transmisión de los contenidos, en las estructuras y en los diferentes objetivos que se quieran conseguir.

5.4.3. La ecociudad

En la actualidad, existe un debate abierto sobre la EA en lo referente al medio urbano, puesto que en este ámbito, tal como observa Terradas (1983), coexisten diferentes enfoques disciplinarios y didácticos; lo que ha dado lugar a que, en el medio urbano, la EA sea un campo abierto a la profundización teórica y didáctica.

La ecociudad toma el concepto de *ciudad* con todo el contenido educativo que tiene implícito. Téngase en cuenta que el sentido educativo de la ciudad se puede remontar a la Grecia clásica, pues la polis se veía como agente educativo del ciudadano, un proceso que se realizaba desde diferentes ópticas pedagógicas, políticas e ideológicas. Por otra parte, cuando hablamos de educación ambiental, de criterios ecológicos, estamos habituados a tomar como referente al campo, la Naturaleza, todo lo más, a un pequeño pueblo o aldea, que nos sirven de plataforma emotiva para comprobar que la felicidad, satisfacción personal, serenidad y ritmo biológico y psíquico adecuados se pueden conseguir sin tanto estímulo externo, sin consumir excesivamente ni alterar ecosistemas naturales que pueden significar desequilibrios irreversibles para nuestro planeta. Sin embargo, por el número de personas afectadas y por las problemáticas ambientales implícitas, la concienciación en las ciudades tiene prioridad sobre la del campo, pues es en ellas donde se contamina más, donde se consume más y, por tanto, donde se agrede más. De ahí que, como señala Colom (1990), sobre la base de una **Pedagogía urbana,** la educación y la ciudad pueden ser un recurso y un objetivo a mejorar y no a devaluar.

La evolución de la **ecociudad,** tomando como referencia las interconexiones que se configuran dentro de una ciudad, ha llevado a cuestionarnos –desde criterios ecológicos– el carácter puramente naturalista/ambientalista del mundo, donde la Naturaleza, su fauna, flora y equilibrio en general, ha sido lo prioritario hasta ahora. Nuestros estudiantes han de asumir la premisa de que para proteger el nivel de las lluvias o el verdor de los árboles, quizás sea necesario reflexionar antes dentro del aula sobre otros compromisos que son anteriores, tales como reducir el consumo de agua (duchas, piscinas, campos de golf, etc.) o el número de conjuntos de *vestimentas a juego* que poseen dentro de su vestuario, frente a su total carencia en otros lugares o en barrios cercanos al suyo. Bajo este contexto, la necesidad de actualizar patrones de trabajo, no hemos avanzado apenas, sobre todo por:

- La concentración demográfica; de ahí que consumismo, desarrollo y formación sean imprescindibles para lograr un equilibrio.

- Centro de decisión del poder social, responsable de la gestión ambiental.

- Núcleo de formación cultural, de valores y de pautas de comportamiento.

- Realidad que a menudo supera las dimensiones del hombre, ya que genera graves problemas que se manifiestan en un descenso de la calidad de vida.

Los estudios de análisis y síntesis en el **entorno urbano** se llevan a cabo necesariamente con un carácter interdisciplinar, cuidando la participación de las ciudadanas y ciudadanos en las decisiones de planificación y gestión del medio urbano. Y, desde el momento inicial de esta participación, se puede tratar la actuación en:

a) Instituciones educativas, sociales y de grupos sociales, en los procesos de gestión y planificación de la ciudad. Sensibilización del profesorado, de los técnicos ambientalistas y medios de comunicación, sobre la importancia y urgencia de la EA en una ciudad.

b) Encuentros para realizar este trabajo de sensibilización y participación, equipamientos, programas, itinerarios, etc., son fundamentales para este proceso y, por tanto, es necesario un soporte institucional operativo.

c) Seguimiento y evaluación de las manifestaciones, para retroalimentar el proceso.

Nos resulta curioso afirmar, empíricamente, que el desarrollo de la EA en un entorno rural es más independiente de la administración pública que en una ciudad. Y es que el funcionamiento de las áreas administrativas en las ciudades parecen darnos la razón a priori, al comprobar que áreas como la Gerencia de Urbanismo, Educación, Cultura, etc., ofrecen sus criterios y supervisión, significando esto una mayor posibilidad de acción y aprendizaje directo en un medio natural.

5.4.4. La ciudad: contenido de una educación ambiental que defiende una ecociudadanía

En bastantes ocasiones se ha diagnosticado la *muerte* de la ciudad. En este sentido, son numerosos los autores que afirman que en la actualidad asistimos al declive de la ciudad como entorno ideal de vida. Las explicaciones se refieren a dos tipos de procesos: el primero de ellos se refiere al «*establecimiento de una ciudad dual en la que junto a espacios funcionales revitalizados coexisten zonas míseras, abandonadas y en progresivo deterioro*» (Castells, 1986; Rodríguez Villasante, 1986, [citados por Corraliza, 1994: 53]). El otro tipo de proceso alude a un punto de vista estructural: la confluencia de un conjunto de elementos, entre los que se encontrarían el deterioro de la calidad ambiental, la falta de suelo y el encarecimiento del mismo, el deterioro de los edificios, un transporte insuficiente, la inseguridad ciudadana, etc. Obviamente, debido a estos problemas la vida urbana ha ido perdiendo prestigio.

Como señala Campbell (1996: 231), la característica más evidente de la ciudad es que ofrece a sus habitantes un ambiente nuevo y diferente a cualquier otro de los que se encuentran en la Tierra, un ecosistema o bioma totalmente nuevo. Por otro lado, la vida de la ciudad ha ido desarrollando los logros culturales y tecnológicos más típicos y extendidos de la humanidad, ¿cómo hemos de educar desde la ciudad sobre esta realidad?, ¿es posible hacerlo desde las instituciones educativas? Es interesante considerar, también, la utilización del planteamiento sobre la permeabilidad de la institución educativa con respecto al medio urbano. Al respecto, Trilla (1990) propone una elaboración de una **Teoría de la ciudad educadora**, a partir de una posible síntesis de las aportaciones disciplinares relativas a la ciudad y a la educación.

Analizando sus conceptos, podemos decir que Trilla:

a) Concibe el medio como entorno de la educación, agente educativo y contenido.

b) Destaca la complejidad del fenómeno educacional de la ciudad, en cuanto imagen de la Educación que supera el ámbito escolar; naturaleza múltiple y diversa del proceso educativo y de los agentes (padres, vecinos, iguales, etc.), y recursos educativos múltiples (bibliotecas, museos, escuelas, etc.).

c) Se refiere a un medio que produce relaciones y efectos educativos premeditados y debidos al azar.

d) Acoge e interrelaciona procesos educacionales de tipo formal, no formales e informales; califica a la ciudad como un entramado que contiene lugares e instituciones educativas; instituciones formales de Educación (Escuelas, Universidad, etc.); intervenciones no regladas o Educación no formal (Educación del tiempo libre), y vivencias educativas informales (espectáculos, publicidad, relaciones de amistad, etc.).

e) Afirma la concepción sistémica del hecho educacional y reclama planteamientos integradores (Sanvisens, 1990), entendiendo el sistema educativo como un conjunto de elementos interactuantes, con un carácter sinérgico (no sumativo), y considera la calidad educacional de la ciudad a partir de la acción combinada de los diferentes agentes educativos.

f) Afirma su carácter abierto, dinámico y evolutivo; abierto a otros medios (rurales, nación, otras ciudades, etc.); y dinámico y evolutivo, capaz de adaptarse a los cambios que otros agentes producen y a los propios.

g) Pretende abarcar todas las dimensiones de la Educación integral.

h) Reconoce el concepto de Educación permanente, ya que no se establecen límites de edad. La ciudad educadora establece una dimensión espacial de la educación, mientras que la Educación permanente establece una dimensión temporal.

i) Acoge, a la vez, realidades y utopías, así como realidades educativas positivas: cultura, arte, originalidad, civilidad, convivencia, etc.; realidades educativas negativas: agresividad, vanidad, marginación, indiferencia, soledad, etc. Además, la ciudad, como consecuencia de su historia y de los grupos de poder, presenta sus contradicciones, como también una acción transformadora constante en la dirección de la utopía de la ciudad educadora.

j) Advierte que la ciudad no es igualmente educativa para toda la ciudadanía, ya que es diferente según factores tales como el origen social, sexo, edad, nivel cultural y otros. Actúa, por tanto, como espejo de esta realidad e interviene para compensar las desigualdades y la injusticia. Además de la igualdad de oportunidades está el derecho a la diferencia. De este modo actúa diferencialmente, en función de las necesidades de cada colectivo, respetándose, sin embargo, el derecho a la diferencia y posibilitando las opciones de formación.

La institución educativa, al tener que responder a las necesidades sociales del momento, hace que la ciudad, según Colom (2000), se transforme en el referente obligado de la educación actual y del futuro, pues va asumiendo el protagonismo de la tarea instructiva, dado que los estímulos que ofrece responden a la realidad y esencia de la sociedad contemporánea.

Sin embargo, en la ciudad existen, como ya decíamos, zonas carentes no sólo de infraestructura sino de expectativas de cambio; serían necesarios unos objetivos pedagógicos dentro de las diferentes administraciones locales -ayuntamientos, diputación, servicios sociales, juntas vecinales-, que puedan posibilitar soluciones a problemáticas ambientales funcionales propias de un entorno concreto. Con estos planteamientos entramos ya en un terreno en el que estamos proponiendo unas salidas profesionales, dentro de un ámbito de actuación educacional, salidas que tienen que estar originadas por los propios Ayuntamientos, o bien que sean gestionadas por las instancias municipales.

Las valoraciones específicas sobre ecociudadanía, desde las diferentes líneas de trabajo aquí expuestas, convierten la educación urbana como necesidad de transformación real y directa de la relación del ser humano con su entorno. Esto conlleva una preparación que tiene clara incidencia en programas que amplían la oferta educativa, al situarnos en nuestra ciudad como primera ampliación de interés educacional; es la prolongación de una educación en valores, socialización, toma de decisiones y resolución de problemas que significaría un vital complemento de la educación ciudadana. Hemos de revisar la ciudad, sus problemáticas, los análisis explicativos de lo educacional en la ciudad. Los ámbitos de intervención comunitaria, el tratamiento de la marginación social así como la problemática ambiental, pueden enfocarse desde la consolidación de asociar la calidad de los entornos urbanos con la problemática de la marginación. Los programas de intervención social, por un lado, y la intervención pedagógica en la escuela de entornos urbanos segregados, por otro, son básicamente las formas de influir en los individuos, para su socialización e integración social.

Estamos por tanto, ante la idea de entender la ecociudad globalmente, como educadora, trabajando a partir de la casuística de cada urbe, que circunscribe dichas actividades a las problemáticas específicas de cada una de ellas. Esto ha llevado al diseño de múltiples e interesantes actividades que utilizan a la ciudad como objeto de educación, para instruir y educar sobre el medio urbano y la formación en ecociudadanía. Los *itinerarios urbanos* (recorridos por la ciudad para descubrir aspectos relacionados con la arquitectura, urbanismo, historia, producción industrial, etc.), nos pueden ayudar como recursos educativos para afianzar planteamientos éticos. Dichos *Estudios Urbanos*, ideados para la participación de la población, promueven el conocimiento del entorno urbano a través de proyectos de acción y en esta línea está el convenio del Ayuntamiento de Sevilla, cuarto año consecutivo, investigando con la Universidad de Sevilla, concretamente con la Facultad de Ciencias de la Educación, desde donde se proponen estructuraciones propias de la ciudad, con una visión amplia educando en ecociudadanía, desde infantil, primaria y secundaria.

6. LA EQUIDAD EN LA EDUCACIÓN DEMOCRÁTICA

Mariano Fernández Enguita (Universidad de Salamanca)

La escuela moderna nació ya con ciertas dimensiones igualitaria y meritocrática agregadas, inherentes ambas a su función de instrumento de la construcción nacional, aun cuando en principio resultaran de un alcance objetivamente muy limitado. Por un lado debía unificar, a partir de la previa diversidad, una lengua, una cultura, una visión de la tradición, un sistema de pesas y medidas, etc. y, sobre todo, una nueva identidad para los súbditos del poder absoluto y ciudadanos de la república (que no presento aquí como contrapuestos, sino como las dos dimensiones del Estado moderno: poder centralizado frente a sociedad corporativa e incorporación del pueblo a la política). Por otro, debía suministrar a ese nuevo poder una *clase de servicio*, es decir, un flujo de *servidores públicos* con capacidad, cualificación y lealtad suficientes como para permitir poner en pie un aparato del estado independiente de la alta y baja nobleza en cuanto tales (y aunque se alimentase preferentemente de ellas) y liberado así de sus inclinaciones centrífugas. Lo primero implicaba cierto mecanismo igualitario y lo segundo cierto funcionamiento meritocrático, y estas dimensiones, igualitaria y meritocrática, han acompañado desde entonces a la institución, mejor o peor encarnadas en las que eran sus dos partes o, en realidad, dos instituciones distintas: la instrucción primaria y la enseñanza secundaria, el colegio y el instituto, con su no menos diferenciados personal discente (alumnos *vs.* estudiantes) y docente (maestros *vs.* profesores), lugares de formación (escuelas normales *vs.* facultades universitarias), pedagogías (concreta *vs.* abstracta)…

Los confines iniciales de estos principios, sin embargo, estaban llamados, como también los límites iniciales de la propia institución, a ser desbordados por su propia dinámica expansiva interna y por la dinámica evolutiva más general de la sociedad. Por un lado, el mismo aparato escolar alimenta y promueve su propia subclase de servicio, o sea, su propia sección de la clase de servicio, el profesorado, con un interés propio en su expansión (y por tanto en la generalización de la escolaridad, es decir, en la igualdad) y con una imagen de la sociedad según la cual las desigualdades sociales son aceptables, incluso *naturales* e inevitables, *si y sólo si* obedecen a las diferencias de rendimiento escolar (una ideología, pues, meritocrática y que pivota alrededor de la escuela). Las condiciones para hacer del profesorado una *fuerza progresista*, es decir, un colectivo interesado y activo a favor de la expansión escolar, y permanentemente descontento por la *incongruencia de status* nacida del contraste entre su alto nivel de educación (idealizado el nivel y considerada la educación como la gran vara de medir a las personas) y su no tan alto *status* social (esto es, su acceso al dinero, al prestigio y al poder, efectivamente no tan alto pero también siempre minimizado como parte de una legitimación victimista y una estrategia reivindicativa). Por otro lado, la dinámica igualitaria general de la sociedad en su conjunto no podía dejar de desembocar de manera preferente en la demanda de más igualdad en materia de educación, al ser ésta no sólo un medio imprescindible de realización de los derechos de la persona (civiles, políticos o sociales) sino un derecho en sí misma, concretamente uno de los más importantes derechos sociales (junto con la sanidad, las pensiones y los subsidios de desempleo) que han caracterizado al estado social del siglo XX.

Tras la aparente unidad de la educación, de la institución y de la idiosincrasia de sus agentes, estas dos tradiciones encarnan también un alma dividida, se traducen en un permanente desencuentro institucional y desembocan en un interminable debate, intensificado con cada paso dado hacia la comprehensividad por las sucesivas reformas educativas. Un eterno debate sobre el significado de la palabra *igualdad*: ¿sustantiva o formal?, ¿de procesos o de resultados?, ¿de recursos o de oportunidades?, ¿de partida o de llegada? Pero lo peor es que la incomprensión de la anfibología del término «igualdad» o, en un plano más sustantivo y de fondo, la falta de percepción de la naturaleza dual (una dualidad en parte complementaria y en parte contradictoria) del sistema educativo, lleva a muchos educadores –espontáneamente reacios, como cualquiera, a admitir la ambivalencia de su función en virtud de la doble exigencia tanto de la sociedad como de la escuela–, a una situación de *disonancia cognitiva,* si es que no de esquizofrenia virtual, en la que resulta más fácil y más reconfortante proclamar la incompatibilidad entre los valores de la institución escolar y los de la sociedad en general.

En la enseñanza primaria, esta disonancia se manifiesta en el habitual *ritornello* sobre la contradicción entre los valores que *la escuela* quiere enseñar, y que se le pide que enseñe, y los que *la sociedad* promueve. Según este *mantra*, la escuela querría y tendría que enseñar solidaridad, cooperación, trabajo en equipo, etc., es decir, valores en general *igualitarios*, mientras que la sociedad, sea en el mundo del trabajo, en la calle o a través de los medios de comunicación de masas, promovería el individualismo, la competencia (la «competitividad», suele decirse), la insolidaridad y otros valores más que dudosos. En la enseñanza secundaria, por el contrario, la contradicción se situaría entre la *evidencia escolar* de que los alumnos tienen capacidades y disposiciones distintas y la *pretensión social* de que sigan unos mismos procesos y obtengan unos mismos resultados, entre la *cultura del esfuerzo* que requiere el aprovechamiento de la educación y la demanda de *café para todos* o, lo que es lo mismo, de *éxito fácil*, tan igualitariamente arbitrario como la lotería, que se abre paso en la sociedad; esto es, entre el carácter inevitablemente meritocrático del acceso al conocimiento (y a todo lo que, según suponen muchos, éste trae consigo, en particular a las distintas posiciones sociales) y el imposible igualitarismo impulsado desde instancias intelectuales, políticas y mediáticas, todas ellas pobladas por quienes se hallan lejos de la realidad de las aulas.

Estos dos principios inspiradores, antagónicos en sí mismos (lo que no les impide ser complementarios dentro de la lógica del sistema escolar o el sistema social más amplios), representan además dos utopías. La primera, igualitaria, arranca esencialmente de la Ilustración, aunque naturalmente podría engarzarse con todos los movimientos niveladores de la historia, desde el cristianismo original hasta el comunismo maoísta. Se encuentra particularmente presente en algunos de los ilustrados más radicales, sea de forma indirecta, cuando atribuyen las desigualdades entre los hombres a la educación, o directa, cuando esperan eliminarlas gracias a ella –cuya versión más radical sería probablemente la de Helvetius, para quien «la educación todo lo puede»–, y llega hasta la actual universalización de la secundaria y expansión de la superior. La segunda utopía, meritocrática, el sueño de los intelectuales, arranca de Platón, el gobierno de cuya *República* se encomendaría a los filósofos seleccionados por la educación, una idea que ha perdurado hasta nuestros días como ideal de estratificación social sobre la *sola* base del conocimiento contra el cual los reformadores de la educación, el gremio docente y sus alevines discentes contrastan la presunta injusticia de cualquier otra forma de estratificación basada en cualquier otro factor, en particular los que ellos no poseen ni están en trance de adquirir, como la propiedad o la autoridad.

El problema es, precisamente, que la sociedad quiere las dos cosas: igualdad y meritocracia, y la escuela, lo sepa o no, también. Hace ya un siglo que Émile Durkheim lo expresó a su manera cuando puso la educación del alumno en función de las exigencias «*tanto de la sociedad política en su conjunto como del medio ambiente específico al que está especialmente destinado*» (Durkheim, 1922: 53). En el contexto del funcionalismo durkheimiano, esto significaba dos cosas: por un lado, una educación general *republicana* (en el sentido del término hoy recuperado en el debate francés: laica, moderna, racionalista, democrática y políticamente republicana –la monarquía representaba allí la vuelta al antiguo régimen–); por otro, una educación específica acorde con la función a desempeñar en la sociedad, que no vendría ya asociada a un status hereditario y adscrito (propio de la sociedad tradicional, cerrada) sino meritocrático y adquirido (propio de la sociedad moderna, abierta).

6.1. La igualdad, o los derechos sociales

¿Cuándo creemos poder decir, con legitimidad, "esto es mío"? Cuando se trata de algo que nosotros mismos hemos creado (producido) o cuando nos hemos adueñado de ello mediante una transacción que consideramos legítima. Pero si lo primero es suficiente en sí mismo, lo segundo no lo es. Si compramos (honradamente) un objeto robado (sin saber que lo es) ello no impedirá que, al descubrirse su procedencia ilícita, pueda ser reclamado por su antiguo propietario y vuelva a él, con independencia de que luego podamos proceder contra el ladrón o el receptador que nos lo transmitió. En suma, detrás de una transacción legítima tiene que haber una producción legítima o… una apropiación legítima. El problema de la apropiación legítima que no procede de la producción por uno mismo (en solitario o en cooperación) es el problema de la *apropiación originaria*, tal como fue formulado por la teoría política clásica. Es el problema de la apropiación de lo que todavía no es de nadie, de la *res nullius*. ¿Y qué hay que no sea de nadie? Pues la naturaleza, es decir, la tierra (incluida el agua) y lo que cae del cielo. John Locke se planteó este problema y llegó a la única solución posible: la igualdad. Todo hombre tendría derecho a apropiarse, mientras restasen bienes libres, cuanto le dictasen sus necesidades y le permitiera su trabajo, pero el límite siempre sería que quedase *tanto y tan bueno para los demás* (la llamada *cláusula lockeana*). En un contexto de escasez, esto significa simplemente la igualdad en su sentido más elemental, la que Aristóteles llamaba *aritmética*, y sólo deja abierto el problema de quiénes son los sujetos de esa igualdad: ¿apenas las personas que reúnen ciertas características, por ejemplo los varones, blancos, los contribuyentes fiscales, los propietarios, los adultos, o tal vez todos los seres humanos, o inteligentes, o los primates superiores, o los seres vivos...?

No necesitamos entrar ahora en los detalles de este problema, complejo y sometido a debate. Digamos simplemente que se han ido levantando las restricciones internas al género humano y a la ciudadanía de cualquier sociedad dada, sin más restricciones *ad personam* que las de los sometidos a tutela por su incapacidad de valerse por sí mismos (niños, deficientes mentales, etc.). El problema importante es más bien otro, a saber: el planteado por la constante variación del universo de sujetos facultados para participar en la apropiación, tanto en su número (aumento o decremento de la población) como en su individualidad (muertes y nacimientos o, si se prefiere, bajas y altas). Si la naturaleza a repartir tuviera la forma de un *flujo* permanente, interminable, plenamente divisible y destinado al consumo inmediato, por ejemplo el *maná*, no existiría el problema. Si, por el contrario, se trata de un *stock* dado (o que raramente varía), difícil de fraccionar y empleado como recurso productivo para obtener otros bienes (como capital objeto de inversión y mejoras que ya dependen de cada uno), por ejemplo la *tierra*, la redistribución, que tendría que tener lugar con cada baja o alta en la humanidad o en la ciudadanía, se torna simplemente imposible, por motivos tanto técnicos, quizá salvables (con las nuevas tecnologías de la información), como económicos (¿quién invertirá en toda su tierra si, en cualquier momento, puede perderla?) y políticos (¿quien convencerá al adulto sin hijos de que debe ceder parte de sus posesiones a los hijos de otro?), éstos en todo caso insalvables.

La solución está en lo que Marx llamaría el *valor abstracto*, o en ese estupendo instrumento pragmático que es el dinero. No hay por qué dar al recién llegado tierras si se le puede dar su *valor equivalente*. De hecho, la mayoría de los propietarios de algún trozo de naturaleza, grande o pequeño, lo cambiarían gustosos por su valor equivalente en bienes urbanos, industriales o, simplemente, en dinero. Éste es el fundamento legítimo de los *derechos sociales*: como la sociedad no puede redistribuir una y otra vez los recursos naturales, ni los derechos sobre ellos, lo que hace es dar a cada uno algo equivalente: una cierta cantidad de atención sanitaria, de educación y de protección ante los estragos de la edad y los riesgos del desempleo, los cuatro pies del estado social o del bienestar. Creo que puede incluso afirmarse que en esto coinciden las dos grandes corrientes del pensamiento económico-social actual: neoliberalismo y socialdemocracia. Ambos aceptarían que todo ser humano, o todo ciudadano (ésta es otra cuestión), tiene derecho, por el mero hecho de serlo, a cierta cantidad de bienes o recursos, aunque los primeros preferirían que éstos fueran otorgados sin restricción alguna, o con muy pocas restricciones (por ejemplo, un cheque escolar, un cheque sanitario o, simplemente, un cheque) y los segundos preferirían asegurarse de que esos bienes y recursos se emplean en situar al beneficiario en condiciones de valerse por sí mismo (es decir, que se emplean en su educación y en su salud o que suplen una incapacidad no querida o inevitable). La otra discusión es, por supuesto, sobre el alcance de estos derechos, y aunque en la escena cotidiana toma la forma de una negociación a pequeña escala sobre si más o menos educación, más o menos sanidad, etc., podría considerarse como la expresión implícita de una gran disyuntiva: si lo que ha de distribuirse en régimen de estricta igualdad es lo que nadie produjo, ¿qué deberemos incluir aquí: apenas la naturaleza, que ningún hombre produjo, o también el patrimonio histórico, el legado de las generaciones anteriores, que ninguno de los presentes produjo? Pero ésta es otra historia…

6.2. La equidad, o la retribución según la contribución

Pero la mayor parte de los bienes y recursos no son entregados como tales ni por la tierra ni por el cielo sino que requieren un proceso de producción (en el sentido más amplio, incluidos la extracción, el cultivo, la transformación, el almacenamiento, el transporte y la distribución final, más todas las actividades de investigación, desarrollo y organización asociadas a ellos) previo a su consumo. Esto significa, simplemente, que requieren trabajo, y además trabajo en sus dos facetas: trabajo directo, es decir, una actividad humana aplicada directamente a su producción, y capital, o trabajo indirecto o acumulado, esto es, la retirada del consumo de algunos bienes para utilizarlos como factores en la producción de otros bienes. En cualquier caso, producir es diferir el consumo o, mejor, consumir productivamente unos bienes (en vez de improductiva y personalmente) para obtener con ello otros de distinta calidad o en distinta (se supone que mayor) cantidad; en concreto, es convertir la propia actividad en esfuerzo productivo en vez de ocio y emplear los propios bienes para producir otros bienes en vez de para satisfacer directamente necesidades o deseos.

Y, tan pronto como llegamos a este punto, las personas dejan de ser iguales: unos contribuyen más, otros menos y otros nada. La norma igualitaria de justicia pasa a ser entonces la que determina para cada cual una *retribución* acorde con su *contri-*

bución. Como no podía ser menos, esto abre un complejo interrogante y ha dado lugar a un amplio debate sobre la manera en que deba medirse esa contribución. Podríamos decir que la historia del siglo XX, el siglo de la igualdad (es decir, el siglo que se ha juzgado a sí mismo en función de su capacidad de materializar la igualdad), es, en gran medida, la historia de ese debate, recurrentemente convertido en conflicto entre grupos, pugna política, lucha de clases, guerra civil o conflagración mundial, y es posible que el XXI no sea distinto en este aspecto. Si nos fijamos en las dos grandes corrientes del pensamiento económico y político del siglo XX, liberalismo y marxismo, o en los dos grandes sistemas económico-sociales en que se dividió, capitalismo y comunismo, podemos asociar la divisoria a dos formas básicas de medir la contribución individual. Para el liberalismo, la medida de la contribución de cada cual es el precio que obtiene por su producto en el mercado, aunque esto requiere una serie de condiciones como que sea un mercado *competitivo, transparente*, etc.; para el marxismo, la medida es el tiempo de trabajo, si bien ello requiere condiciones no menos exigentes, como que sea *socialmente necesario*. Para el primero, eso es lo que justifica, a pesar de sus muchos defectos, el capitalismo de mercado; para el segundo, es lo que sólo puede ofrecer, pese a sus limitaciones, el socialismo de estado.

Pero, a efectos de lo que aquí nos interesa, lo importante no es lo que separa a estas dos corrientes y esos dos sistemas, por crucial que ello sea, sino lo que los une: la idea de que cada cual debe ser retribuido de acuerdo con su contribución. En otras palabras: por encima de sus graves divergencias en torno a cómo medir esa contribución o a cómo establecer la correspondiente retribución para cada cual, la sociedad actual —yo diría que cualquier sociedad que no sea ya una economía básicamente de subsistencia— coincide en la idea de que el acceso a los bienes finales debe estar en función de la contribución que se hizo a su producción. Este elemento o fondo común es algo que podríamos llamar también *igualdad*, siempre que se entendiera en el sentido de igual retribución para una igual contribución, o tal vez igualdad *proporcional*, a diferencia de la *absoluta*, pero, puesto que el término *igualdad* se entiende siempre o casi siempre en el primer sentido (aritmética, absoluta, identidad), y puesto que la unidad de referencia última debe seguir siendo el individuo (no la hora de trabajo, el kilogramo fuerza o la utilidad ajena satisfecha, que serían los realmente retribuidos por igual), utilizaremos un término distinto: *equidad*.

Esto supone dos consecuencias probables para la educación. En primer lugar, y puesto que ella misma es uno de los bienes a distribuir, habrá que preguntarse si ha de serlo atendiendo a un criterio restrictivo de igualdad, a un criterio restrictivo de equidad o a un criterio mixto que integre y trate de conciliar ambos criterios simples. En segundo lugar, y puesto que la experiencia educativa es el escenario fundamental de socialización para la vida adulta y ésta estará en gran medida organizada en torno a una u otra idea de la equidad, habrá que interrogarse sobre cómo puede la escuela anticipar ese criterio de justicia o, al menos, preparar para el mismo.

6.3 Justicia para los desiguales: solidaridad y excelencia

En lo dicho hasta aquí hay un sobreentendido: que hablamos de la justicia entre o para personas iguales (la igualdad), o iguales y capaces (la equidad). Por supuesto, no pretendemos que esos sujetos de la justicia social sean idénticos, sino simplemente que una norma de justicia puede desdeñar las diferencias existentes entre ellos. Pero ¿y si no son iguales en una acepción más fuerte?, ¿y si las diferencias no fueran desdeñables? Esto puede suceder en dos sentidos opuestos: la discapacidad y la sobrecapacidad.

El primer caso es el de aquellos para quienes una cuota igual a la de otros de recursos naturales, de dotación inicial o de esfuerzo no puede, manifiestamente, producir los mismos resultados ni, por tanto, un nivel equivalente de satisfacción de las necesidades. Se trata de aquellos para quienes la injusticia en particular llegó antes que la justicia en general; con quienes, digámoslo así, la naturaleza misma fue ya injusta, y queda a la sociedad la elección, nada obvia, de abandonarlos a su suerte o compensar esa injusticia. No existiría este problema en un estricto reino de la abundancia, pero sí en el reino de la escasez, y aun de la escasez moderada, en el que la satisfacción de las necesidades depende de las capacidades individuales y algunos han sido dotados de menores capacidades. La sociedad puede asumir no sólo la tarea compensatoria de asegurar a las personas discapacitadas un nivel básico de satisfacción de sus necesidades y una vida digna, sino asimismo la de capacitarlos para contribuir a la riqueza global subviniendo en todo o en parte a sus propias necesidades y la de desarrollar al máximo sus otras capacidades extraordinarias, si fuera el caso.

Visto desde la mera perspectiva de los iguales y capaces, a quienes podemos suponer vínculos afectivos en su entorno personal que irían mucho más allá del intercambio propio de la justicia entre iguales, al asumir colectivamente esa carga compensatoria la sociedad no hace sino suscribir una especie de seguro solidario en vez de dejar a cada cual la responsabilidad de hacerse cargo de sus allegados con menores capacidades y, por tanto, con mayores necesidades. La solidaridad no es, pues, sino el corolario de la igualdad, la manera de evitar someter ésta a la suerte más allá de lo inevitable, es decir, de lo que es obra exclusiva de la naturaleza y no de la sociedad.

En el extremo opuesto, ¿cómo hacer justicia a los sobrecapacitados, o a los que cuentan con capacidades especiales y especialmente escasas? En el plano más general, el problema no es tanto de justicia (de justicia distributiva, o de *igualdad* en sentido más laxo) como de libertad y eficacia. Por un lado, nadie debe ser obstaculizado en el desarrollo de sus capacidades, lo cual puede verse como mera cuestión de libertad pero también de igualdad, pues, si lo fuera, no viviría la misma falta de trabas que la gente *ordinaria*, de capacidades típicas o normales. Por otro, el conjunto de la sociedad se beneficia del desarrollo y el aprovechamiento al máximo de esas capacidades, por ejemplo cuando alguien con un especial talento para la música graba una pieza que todos podrán oír o alguien con un especial ingenio informático inventa un programa que todos podrán utilizar. Puesto que estas capacidades especiales requieren también una formación especial, y a menudo un notable esfuerzo personal (por ejemplo el entrenamiento del deportista o el estudio del investigador), la sociedad bien puede acordar incentivarlas con el señuelo de recompensas especiales que, medidas en términos de igualdad o de equidad (igualdad entre todos o retribución proporcional al esfuerzo) resultarían desorbitadas, pero cuyo atractivo sirve precisamente para movilizar la ambición y superar la aversión al riesgo. La recompensa es difícilmente justificable en términos de justicia, o no lo es en absoluto, pero la sociedad la otorga o la acepta porque, aun así, todos nos beneficiamos de la contribución extraordinaria a la que va asociada, es decir, todos estamos mejor de lo que estaríamos sin ambas: por eso es cuestión de eficacia, no de justicia. Por lo demás, una justificación similar podría aplicarse a la recompensa del esfuerzo extraordinario realizado sobre la base de una capacidad ordinaria. (Esto no debe entenderse como una defensa de cualquier estructura de las recompensas, menos aún del capitalismo en particular, pero sí como explicación de por qué éstas no suscitan la indignación que muchos esperan y también como justificación de *algún* tipo de recompensas. En su formulación más permisiva correspondería al *principio de diferencia* rawlsiano, aunque en otro lugar he propuesto una fórmula más restrictiva, el *principio de recompensa*, según la cual, en vez de aceptar cualquier desigualdad con el sólo requisito de que los peor situados ganen algo con ella –esa especie de optimización *poco más que paretiana* que propone Rawls–, habría que aceptar sólo tanta desigualdad como sea necesaria para asegurar esa innovación que beneficie a alguien más que al innovador sin perjudicar a los demás.)

6.4. La traducción escolar de los valores sociales

El problema de la justicia escolar es traducir los valores y normas sociales en valores y normas escolares, y se plantea, por tanto, para cada una de las normas sociales básicas: igualdad, equidad, solidaridad y excelencia, según las hemos formulado aquí.

En términos de igualdad básica, no es casual que la educación o, para ser más exactos, la escolarización, haya devenido uno de los pilares del estado del bienestar.

Primero, porque aprender, ser educado, es la actividad propia de la edad en que las personas están sujetas a tutela, en que sus capacidades son pocas y sus necesidades muchas, lo cual justifica que reciban sin aportar, manteniéndolas todavía fuera de la lógica de reciprocidad o intercambio del mundo adulto, y la escolarización, de paso, las protege contra la eventualidad de unos tutores (padres) irresponsables o malintencionados y, por el momento, contra los rigores de contribuir a la riqueza social (de trabajar). Por otra parte, la educación es hoy, para la inmensa mayoría, el *prius* de su incorporación a la actividad económica, tal como lo fuera la tierra en la sociedad agraria en cuyo contexto se planteó la filosofía política el problema de la apropiación original. En una economía agraria, de hogares en gran medida autosuficientes, el problema distributivo era ante todo, aunque no sólo, el de la distribución de la tierra (y el gran ideal de justicia: *la tierra para el que la trabaja*); en una economía industrial, cuyo nervio y paradigma es la fábrica, el problema es la distribución de la propiedad del capital (y, el ideal, *la socialización de los medios de producción*); en una economía post-industrial, de la información, el problema es la distribución del conocimiento (y, el ideal, la igualdad o las oportunidades educativas para todos). *Last but not least*, porque prepara para la ciudadanía, parte de la cual es ese pacto de derechos y obligaciones mutuos, intra y también intergeneracionales, en el que se basan los derechos sociales y, en general, todos los derechos.

En términos de equidad, la educación se presenta como un escenario a propósito, digamos incluso idóneo, para la práctica y el aprendizaje de una justicia basada en el mérito. La escuela moderna es también uno de los pilares, junto con el mercado y el sistema electoral, de la legitimidad meritocrática de nuestra muy desigual sociedad. Cada uno de estos sistemas ofrece y parece dar a cada participante lo que merece, con independencia de su condición fuera del juego mismo de la competencia por las recompensas. Son mecanismos *adquisitivos*, que permiten a cada cual luchar en aparente igualdad de condiciones, con independencia de rasgos adscriptivos como la edad, el sexo, la etnia, etc. (aunque nunca terminemos de creer realmente en su irrelevancia). La escuela destaca incluso sobre sus instituciones compañeras de viaje porque, mientras que éstas resultan fácilmente descalificadas (el mercado por la herencia de la propiedad y por sus aparentes incongruencias y ostentosas *injusticias* –*pelotazos, nuevos ricos...*–, la política por la acusación permanente de oportunismo, demagogia o corrupción), ella está también bajo sospecha pero parece salvarse siempre con promesas de autorreforma y redención final (comprehensividad, coeducación, integración de las minorías, medidas compensatorias, etc.). Nada más equitativo y meritocrático, en apariencia, que la competencia entre alumnos que siguen una misma estructura curricular, unos mismos programas, con los mismos libros de texto, profesores de la misma titulación, exámenes de igual nivel y así sucesivamente.

Fuera del ámbito de *normalidad* en que sólo cuentan y se bastan la igualdad y la equidad, sabemos que quedan la solidaridad y la excelencia. La solidaridad aparece

124

como connatural a la empresa igualitaria y equitativa de la institución: si queremos que obtengan los mismos resultados básicos y que compitan en condiciones de igualdad por unas oportunidades escasas, deberemos compensar de antemano las condiciones de aquellos que parten desde una posición de desventaja. En el otro extremo, en términos escolares el reconocimiento de la excelencia no significa otra cosa que levantar los obstáculos y poner los medios para que todos puedan desarrollar hasta un nivel suficiente (decir el máximo quedaría bien, pero sería absurdo) sus diferentes capacidades. De lo contrario, unos de aproximarían mediante la educación a la plenitud de su desarrollo personal mientras que otros, los más capacitados, se verían impedidos de acercarse a ella, al menos por lo que a la escuela concierne.

6.5. La concurrencia de valores diferentes

¿Hasta qué punto son compatibles normas de distribución o valores de justicia claramente distintos? No cabe duda de que sería más sencillo tener una única regla aplicable *urbi et orbi*, en todo momento y lugar, y las críticas más simples al sistema educativo a veces no hacen sino eso: generalizar indiscriminadamente un criterio dando por sentado que, si es bueno aquí y ahora, también lo será allá y entonces. Pero, como en cualquier otro ámbito de libertad, en la educación hay que tratar de conciliar normas aparentemente opuestas o que, al menos, se imponen recíprocamente límites y constricciones. Es la misma dificultad que surge, por ejemplo, a la hora de conciliar el derecho a la libertad de expresión o a la información con el derecho a la intimidad y a la propia imagen, o la igualdad y la eficacia económicas, o la protección social y los incentivos al trabajo. Las políticas, las instituciones y los profesionales de la educación se enfrentan al problema de conciliar principios diferentes y cuyo encaje no sólo depende de sus características generales sino de sus contextos particulares; es decir, no sólo es cuestión de políticas educativas sino de intervenciones profesionales sobre el terreno.

La concurrencia de normas distintas tanto para el trato institucional del alumnado como para su formación plantea un doble problema, diacrónico y sincrónico. Primero, cómo transitar de unas normas a otras, en particular de la igualdad a la equidad, e incluso un recorrido algo más complejo, como enseguida veremos; segundo, cómo compaginarlas en etapas determinadas del recorrido escolar. Adicionalmente, se plantea el problema de la compatibilidad entre las normas, o las más bien particulares combinaciones de ellas, en los distintos lados de las fronteras entre el sistema educativo y el sistema social, y más concretamente entre aquél y el sistema de empleo o, si se prefiere, en la transición de la escuela al trabajo.

En el transcurso de la escolarización el alumno habrá de pasar en algún momento de un marco de igualdad a un marco de equidad, en ese orden y no en otro, al ritmo de su propia evolución de la dependencia inevitable a la autonomía exigible. Por ello la escuela, tanto en su estructura general como en todo lo que concierne a la interacción del alumno con el profesor o con la institución, ha de pasar de igualitaria a meritocrática, de centrarse en el reconocimiento incondicional de los derechos a hacerlo en la evaluación selectiva de los méritos. Si esto debe tener lugar antes o después, de forma paulatina o súbita y de una manera o de otra ha sido, es y será el gran debate en la educación, pero lo más importante es entender, primero, que no es una disyuntiva entre dos modelos educativos estrictamente contrapuestos (salvo para los fanáticos o para los que tienen dificultad en manejar más de una variable) sino un problema de tiempo y de modo en torno a la combinación de dos estructuras de recompensas no incompatibles y a la transición de una a otra; y, segundo, que, en todo caso, ninguna de las normas distributivas o valores de justicia debería devorar a los otros, es decir, imponerse de manera absoluta.

Por lo demás, y como ya hemos indicado, ni la igualdad ni la equidad son siquiera, una vez distinguidas la una de la otra, fórmulas claras y simples. En el mundo de la educación suelen presentarse como igualdad (o igualdad de resultados) e igualdad de oportunidades, pero estos conceptos no son todavía inequívocos. La igualdad básica puede ser de procesos o de resultados, y gran parte de las reformas educativas modernas han consistido en intentar pasar de la primera a la segunda. Escolarizar a todos los niños en educación primaria en las mismas o parecidas condiciones, por ejemplo, es una importante medida de igualdad procesal, pero la evidencia ha sido cada vez más abrumadora en el sentido de que esta igualdad de trato, *formal* (no se confunda con superficial), es en sí insuficiente, porque la escuela no produce un resultado por sí sola sino en combinación con el medio familiar y social y con las características individuales. La respuesta a esto, el modo de pasar de iguales procesos a iguales resultados en el ámbito escolar dominado por la idea de la igualdad de derechos positivos, ha sido el recurso a las políticas compensatorias, de acción afirmativa o de atención a las necesidades educativas especiales.

Por otra parte, la igualdad de oportunidades también puede cobrar distintos significados. Un primer nivel sería el de su versión más suave (más igualitaria) y equivaldría a que cada uno fuera retribuido según su contribución, lo que en la arena educativa significa, de entrada, según su esfuerzo. Como casi siempre se dice (pero casi nunca se piensa) de los regalos, *lo que importa es la intención*. En educación podríamos decir, en primera instancia, el esfuerzo, como lo hacen tantos profesores al premiar el esfuerzo fallido (el alumno *lo intenta*) o dejar de premiar el éxito fácilmente conseguido (el alumno *podría hacer mucho más*), una especie de traducción escolar de la teoría marxiana del valor como equivalente al tiempo de trabajo (*a cada cual según su trabajo*). Un segundo paso sería premiar el resultado, pero en términos de proporcionalidad: lo que importa ahora no es ya la intención sino la calidad del regalo, es decir, no cuenta el esfuerzo sino el producto al que da lugar. Este criterio sería igual al anterior si el resultado dependiera exclusivamente del esfuerzo, pero el problema es que también lo hace, y no poco, de la capacidad personal y otros factores, con lo cual el individuo ha de aprender a interiorizar la justicia, si es que se acepta como tal, de una retribución ya no proporcional a su esfuerzo (*a cada cual según su contribución*, ya no medida por el trabajo). Las reglas de la igualdad de oportunidades pueden también, en fin, ser parte de un juego en el que el *ganador* se lo lleva todo (*the winner takes all*) y el esfuerzo de los demás (los *perdedores*) no encuentra retribución ninguna (*lo importante es participar*), ni siquiera una compensación no proporcional, como sucede en los concursos (y no sólo en los televisivos sino también en los académicos, literarios, deportivos, científicos, etc.).

6.6. Las intersecciones entre escuela y sociedad

Llegados a este punto, conviene sin embargo añadir una pizca de *consecuencialismo* a la discusión sobre la justicia escolar. Parece claro que mientras que, en la selección y jerarquización de las normas distributivas, la cultura institucional y profesional se decantaría por la igualdad y la equidad, con el doble añadido de entender ésta en su sentido más suave (equidad como retribución del esfuerzo en detrimento de sus versiones más fuertes, como retribución de la contribución o juego competitivo, y en detrimento de la versión semidarwinista de la meritocracia, al modo de Young, como cociente intelectual más esfuerzo) y de tender a desplazarla progresivamente por la igualdad (ése es el sentido de las reformas comprehensivas), en otras subesferas sociales no predomina la misma escala de valores.

De un lado está la esfera de la ciudadanía política, que tira inequívocamente en el sentido de la igualdad. La fuerte impronta igualitaria de la escuela es, de hecho, inseparable de su encuadramiento dentro de la esfera del estado. Sea pública o privada su propiedad, la escolarización es parte del complejo de derechos y políticas del estado social, cuyo hilo conductor es la igualdad, y entre sus funciones destaca la preparación para la ciudadanía política. Desde la perspectiva de una moral o una política centradas en ésta, las diferencias de educación son casi inevitablemente quiebras de la igualdad política, lo que se traduce en una demanda insaciable –o, por lo menos, todavía no saciada– de mayor igualdad escolar.

De otro lado está la esfera del mercado de trabajo. Éste no es igualitario ni es meritocrático, pues su única pretensión es ser eficaz, para lo cual se supone que no hay que eliminar las diferencias sino, por el contrario, apoyarse en ellas: la mejor calidad o la mayor producción al menor precio. Si en el ámbito institucional de la escuela se orienta la acción por rituales y procedimientos ya legitimados (se supone que hay una manera *correcta* de enseñar o de evaluar, con independencia de los resultados, como en otros entornos institucionales hay una manera correcta de juzgar o de operar quirúrgicamente –*el paciente murió, pero la operación fue un éxito*–, en el entorno técnico del mercado, incluido el mercado de trabajo, la acción se orienta por sus resultados, sin demasiadas contemplaciones hacia los principios.

Pues bien, cuanto más se imponen en la institución escolar los valores meritocráticos, y con mayor motivo los valores igualitarios, más posibilidades hay de que choquen con los criterios eficientistas del mercado de trabajo. Pensemos, por ejemplo, en las reformas comprehensivas: cuanto más se acerque el tronco común a cubrir por entero el periodo obligatorio (ése es el objetivo de la comprehensividad, al menos en su variante mediterránea), y aunque ésta sea la fórmula que produce más igualdad desde el punto de vista de la continuidad en el sistema educativo (es decir, para los que efectivamente continúan), más probable es que, para la parte de la población escolar, por pequeña que sea, que va a abandonar de inmediato el sistema, se traduzca en el acceso al mercado de trabajo en condiciones de nula cualificación o infracualificación. Una ética deontológica, de los principios, y una ética consecuencialista, de los resultados (o, si se prefiere en términos weberianos, una ética de las convicciones y una ética de la responsabilidad) no dictarían aquí las mismas recomendaciones. Para la primera, los principios de igualdad y/o de equidad deberían mantenerse por cncima de todo, determinando el proceso; para la segunda deberían ser objeto de excepción para conseguir un mejor resultado, medido asimismo en términos de igualdad. Piénsese, por ejemplo, en el caso de los grupos gitanos más marginales o de los adolescentes inmigrantes de la *generación primera y media* (los que llegan a España, más o menos, con una edad en la que ya han dejado de estudiar en su país, pero aquí se les obligará a hacerlo, y en la que podrían trabajar allí y vienen a hacerlo aquí, pero se les impedirá intentarlo), a quienes se fuerza a mantenerse en la escolaridad general, académica, negándoles la posibilidad de una formación profesional temprana, aunque sea de toda evidencia que no volverán a pisar un aula después de ello, llegando por ello al mercado de trabajo bajo mínimos: la ética de los principios parece hacer suyo el lema *fiat justitia, pereat mundi*, agarrándose a un procedimiento sin querer ver los resultados, o poniendo los medios en el lugar de los fines.

6.7. Despedida y cierre

No era mi intención al comienzo de este breve capítulo dejar sentado cuáles son o debieran ser los criterios de la justicia escolar, de modo que confío en que nadie se sienta defraudado porque no lo haya hecho. El objetivo era más bien lo contrario: apuntar la multiplicidad, la ambigüedad y la complejidad de la justicia social en general y la escolar en particular. La moraleja no es la afirmación de la corrección de estos principios y la incorrección de aquéllos, ni de la superioridad de unos sobre otros, sino el reconocimiento de que los objetivos de la justicia escolar deben ser permanentemente objeto de análisis y de diálogo, de evaluación y de reelaboración. Tal vez, como intuyó Kavafis, *no importe tanto el destino lejano, casi inalcanzable, como el viaje cotidiano que nos pone a prueba una y otra vez.*

7. LA ARQUEOLOGÍA DE LOS SENTIMIENTOS EN LA EDUCACIÓN DEMOCRÁTICA

M. A. Santos Guerra

> *«Una persona que ama pero que carece de coraje, es una dependiente.*
> *Una persona que lucha pero que carece de compasión, es una justiciera, sin más.*
> *Una persona que tiene sentido del humor, pero que carece de compasión, es una cínica.*
> *Una persona que ama pero que carece de sentido del humor es una presa fácil de la desesperación»* (Rosseta Forner, 2004)

Nadie nace sabiendo ser ciudadano o ciudadana. Es preciso un **aprendizaje** riguroso y tenaz. Un aprendizaje de teorías y conceptos. Un aprendizaje, también, de destrezas y estrategias convivenciales. Aprender a comunicarse, a respetarse, a ayudarse, a compadecerse es una tarea inacabada e inacabable. Es una exigencia que afecta a los niños y a los jóvenes, pero también a los adultos.

No basta, pues, para aprender **ciudadanía** tener unos conocimientos teóricos sobre los fundamentos de la democracia. La **educación para la ciudadanía** es más que una simple asignatura (Bolívar, 2007). La educación sentimental tiene una importancia extraordinaria porque la comunicación que estriba en la dignidad exige un desarrollo emocional equilibrado.

Quien no se respeta a sí mismo y quien no respeta a los demás, no puede vivir en democracia. La esfera sentimental ha estado abandonada durante mucho tiempo y considero que es fundamental para la buena convivencia. Nos lo recuerda José Antonio Marina en *Anatomía del miedo. Un tratado sobre la valentía* (2006): *«Tanto el respeto como la justicia nos imponen deberes, y aquí tropezamos con algo que hemos olvidado. La obligación de comportarnos justa, respetuosa, valientemente no afecta sólo a nuestro trato con los demás, sino también al trato con nosotros mismos».*

La educación sentimental es tarea de la familia, de la escuela y de la sociedad. Ninguno de estos agentes puede renunciar a su responsabilidad sin que las personas paguen un tributo de altísimo precio. En estas páginas voy a centrarme en el papel que debería desempeñar la escuela en la formación sentimental de los ciudadanos. No sólo necesitamos cabezas llenas de ideas, es preciso que tengamos corazones que estén abiertos a la emoción y a las exigencias de la vida en común. No hay democracia que se pueda desarrollar sin que los ciudadanos hayan aprendido respeto y solidaridad. Y esto tiene mucho que ver con el mundo emocional, aunque también con la ética y la razón.

7.1. En el umbral del yacimiento

Etimológicamente, la palabra arqueología proviene de los vocablos griego «arqueo» (antiguo) y «logos» (conocimiento, tratado). La etimología nos habla, pues, de la ciencia del pasado. He querido utilizar el concepto de «arqueología» porque los sentimientos siempre han estado ahí, han estado en los cimientos de la escuela, en el subsuelo, «en el piso de abajo de la escuela» (Díez Navarro, 2004). Y es necesario explorar para entender, para valorar. La ciencia de la arqueología atraviesa cinco estadios, que se pueden aplicar a la exploración de esta vertiente oculta de la escuela:

1) **El descubrimiento.** El hallazgo de un yacimiento, la localización de elementos que identifican una civilización es fundamental para la arqueología. En los sentimientos de los miembros de la comunidad educativa hay un caudal ingente de información y de valor.

2) **La excavación.** Para conocer lo que existe en el yacimiento es preciso explorar, cavar, descubrir. Hay que hacerlo con cuidado, porque al sacar a la luz los diversos elementos puede producirse el deterioro o la erosión.

3) **El estudio.** Hay que indagar, interpretar, buscar indicios, hallar significados, clasificar, atribuir valor. Grandes tesoros de la historia han permanecido y permanecen ocultos. Otros, que están visibles, no han sido catalogados como valiosos, por torpeza o por maldad.

4) **La protección.** Los tesoros hallados han de ser protegidos, cuidados, expuestos, mimados. Han de cobrar importancia para todos. Para protegerlos han de cumplirse exigencias de diverso tipo: estructurales, organizativas, actitudinales...

5) **La exposición.** Una vez descubiertos, excavados, estudiados y protegidos los tesoros, la arqueología los expone para general contemplación y disfrute. Se trata de bienes cuyo conocimiento se difunde y que se exhiben y se disfrutan democráticamente.

Voy a explorar en la institución escolar en búsqueda de sus más profundos cimientos, en busca de aquellos elementos que le confieren sentido y le dan valor. Por eso he hablado de «arqueología de los sentimientos».

La escuela ha sido tradicionalmente el dominio de lo cognitivo. En la escuela se pregunta, casi obsesivamente: ¿tú qué sabes? No es tan frecuente escuchar esta pregunta: ¿tú qué sientes? En un clásico artículo (Santos Guerra, 1980) reflexionaba con preocupación sobre este tema. Se trata de un trabajo que, de forma significativa, titulé «La cárcel de los sentimientos». Me refería, claro está, a la escuela. Dos años antes, Alexander Neill (1978) había escrito un libro cuyo título constituye un grito de protesta contra la educación academicista, autoritaria, rígida y, frecuentemente, sádica: *Corazones, no sólo cabezas en la escuela.*

Es curioso analizar las reflexiones y valoraciones que hacen los ex alumnos respecto a la institución escolar y a la actuación y relaciones con ellos de sus maestros/as. Es la dimensión afectiva la que más insistente y profundamente subrayan. La que de verdad les ha dejado huella (Cremades, 1999). He oído decir muchas veces lo importante que fue para un alumno un maestro que se interesaba por sus problemas, que les conocía por sus nombres, que se relacionaba de forma afectuosa y estimulante con ellos. En definitiva, que les quería. "A ese maestro le importábamos mucho", "ese maestro creía en nosotros", "ese maestro nos quería"... Los alumnos aprenden de aquellos profesores a los que aman. Lo decía enfáticamente el famoso pedagogo francés Alain: «*Pero, ¿cómo le voy a enseñar algo a este alumno?, ¡si no me quiere!*».

La trama de las emociones y de los afectos se ha mantenido oculta en la escuela. Como si no existiera. Y, sin embargo, todos sabemos que es una parte fundamental de la vida de la institución y de cada uno de sus integrantes. Los sentimientos no se quedan a la puerta cuando se llega a ella. Entran con cada persona. Y dentro de la institución se generan y cultivan otros sentimientos nuevos.

La hegemonía de la dimensión intelectual ha dejado atrofiada la parcela afectiva. Se han silenciado los sentimientos, se ha tratado de confinarlos a la esfera privada, se les ha controlado y castigado. Especialmente en los hombres. Y se han ridiculizado en las mujeres. Nadie ha sido considerado excesivamente inteligente, pero se ha calificado a las personas especialmente afectivas con el adjetivo peyorativo de *sentimentaloides*, de *sensibleras.*

«En el colegio se aprende historia, geografía, matemáticas, lengua, dibujo, gimnasia... Pero, ¿qué se aprende con respecto a la afectividad? Nada. Absolutamente nada sobre cómo intervenir cuando se desencadena un conflicto. Absolutamente nada sobre el duelo, el control del miedo o la expresión de la cólera» (Filliozat, 2003).

A pesar de que se planteaba el desarrollo integral de los individuos como el fin fundamental de la escuela, se solía dejar al margen la preocupación por la educación sentimental. Curiosamente, porque la vida emocional es la base de la felicidad humana. También porque una buena relación afectiva constituye un medio *sine qua non* para el aprendizaje. Y porque, a fin de cuentas, la falta de una buena disposición hacia sí mismo y hacia los otros convierte el conocimiento adquirido en un arma peligrosa. Sin una disposición positiva hacia el aprendizaje no se aprende. Sin una relación positiva con los otros es fácil utilizar el conocimiento adquirido contra ellos. Si se utiliza el saber para oprimir, humillar, explotar, matar, engañar a los demás, ¿merecería la pena tener conocimientos? Fueron médicos muy bien preparados, ingenieros muy bien formados y enfermeras muy capacitadas en su oficio los profesionales que diseñaron las cámaras de gas en la Segunda Guerra Mundial. Más les hubiera valido a las víctimas que sus verdugos no hubieran sabido tanto.

7.1.1. *Patología de los sentimientos en la escuela*

La metáfora médica es frecuentemente utilizada en educación. Como siempre, la metáfora permite iluminar unas partes de la realidad, aunque oscurece otras. Si digo que alguien es fuerte como un león, nada estoy diciendo sobre su forma de querer o de pensar. De cualquier modo, todo el mundo entiende que la enfermedad es una anomalía que rompe el buen estado de la salud. Aquí hablamos de la salud emocional. Unas enfermedades se deben a la hipertrofia, otras a la atrofia y algunas a las disfunciones emocionales.

a) Se ha minusvalorado la dimensión afectiva. No se ha tenido en cuenta. Se ha silenciado, como si no existiese. A la escuela se iba a aprender. El currículum estaba integrado por un conjunto de conocimientos y de habilidades que era preciso adquirir.

b) Se ha concedido un valor pedagógico infortunado al dolor. Se utilizan como dogmas afirmaciones del siguiente tipo: "Quien bien te quiere te hará llorar" o "La letra con sangre entra". El valor del dolor parecía tener un carácter intrínseco. Más sufrimiento, más mérito. Se decía con verdadera convicción: "Una escuela difícil da lugar a una vida fácil; una escuela fácil a una vida difícil". Hacer difíciles las cosas era una meta necesaria. Una forja de la voluntad.

c) No se ha valorado suficientemente la dimensión instrumental de la afectividad. El constructivismo dice que para que haya aprendizaje significativo es preciso que el conocimiento tenga **estructura interna** (que tenga coherencia y sentido) y **estructura lógica externa** (que enlace con los conocimientos del aprendiz). Pero dice también que es precisa una disposición positiva del estudiante hacia el aprendizaje. Ni siquiera en ese sentido se ha potenciado el valor de la afectividad en la escuela.

d) No se ha trabajado los sentimientos de los integrantes en la escuela. O no existían o, si se reconocían, no se podía expresarlos libre e intensamente. Había que circunscribir los sentimientos a la esfera privada.

e) No se ha cultivado la perspectiva teleológica de la vertiente emocional. Es decir no se ha planteado intencionalmente la educación de los afectos en sí misma.

f) Las diferencias entre los sexos no se han tenido en cuenta. A la escuela ha acudido un «alumno tipo medio», un prototipo estandarizado, asexuado, sano, normal... al que se ha dirigido la enseñanza y al que se le ha aplicado la evaluación.

g) No se ha considerado una meta la consecución de la felicidad. La pretensión de la escuela es el desarrollo de un currículum integrado por un conjunto de conocimientos teóricos y de habilidades prácticas.

h) La convivencia se ha planteado exclusivamente como un modo de conseguir un clima o un ambiente propicio para el aprendizaje. Por eso se ha sobredimensionado la disciplina.

i) Un enfoque homogeneizador, escasamente preocupado por la diversidad de alumnado, ha dado a entender que poco importaba la forma de pensar y de sentir de los aprendices. El esquema era claro y sencillo: *todos tienen que aprender lo mismo, todos han de aprenderlo de la misma forma y en el mismo tiempo, a todos se les ha de preguntar de la misma manera si lo han aprendido.* Lo que sucede con el ámbito de los sentimientos es una cuestión baladí.

j) El silencio en torno a los temas de la sexualidad y de la vida afectiva ha dado lugar al mantenimiento o la creación de estereotipos, tabúes, mitos y errores de consecuencias nefastas para las personas.

k) Se ha generado angustia ante los problemas que han ido apareciendo sobre la identidad sexual, la culpabilidad, la posible adquisición de enfermedades... Algunas situaciones de la vida escolar también han generado angustia en los escolares: las comparaciones, los exámenes, los fracasos, las profecías de autocumplimiento...

l) Falta de sentido crítico ante situaciones de discriminación que se producen en la propia institución escolar y en la sociedad: en el lenguaje, en el trato, en las expectativas, en la vida laboral, en la política, en casi todas las religiones...

m) Se han producido identificaciones erróneas de la sexualidad reduciéndola e identificándola con la reproducción, con la genitalidad, con el coito, con la vida adulta, con el matrimonio, con la heterosexualidad, con el pecado, con la consecución del orgasmo...

n) No se han tenido en cuenta las repercusiones emocionales del éxito o del fracaso escolar. No es fácil meterse *en la piel* del escolar que es comparado, humillado, interpelado públicamente.

o) No se ha permitido la expresión libre de los sentimientos. Las manifestaciones del afecto eran consideradas como un síntoma de debilidad y de falta de control.

p) No se ha tenido en cuenta la vida emocional de los docentes: con qué actitudes llegan al ejercicio de la profesión, qué sentimientos genera en ellos la tarea, cómo son sus relaciones afectivas con los compañeros, con el alumnado, con los directivos, con las familias...

q) Todo lo relacionado con el amor y el enamoramiento (que se puede producir en el ámbito escolar) ha sido relegado a la esfera de lo invisible o de lo irrelevante.

r) No se ha estudiado la forma de envejecer del profesorado: cómo evoluciona su autoestima a lo largo del ejercicio de la profesión, cómo se va transformando la vida emocional de hombres y mujeres en las escuelas, qué etapas o crisis se atraviesan desde inicio hasta la jubilación y después de llegar al final del camino educativo.

No deja de ser llamativo este silencio, esta condena, este acallamiento de la vida emocional. Tanto la de los profesores como la de los alumnos. Parece que unos son máquinas de enseñar y los otros son artilugios para aprender y obtener buenos resultados. Algunas de esas máquinas son más potentes, están más engrasadas y funcionan mejor. Otras son de peor calidad. Eso es todo.

Silenciar, ocultar, despreciar o castigar la esfera de los sentimientos es un grave error. Porque estamos hechos de sentimientos:

«No es que nos interesen nuestros sentimientos, es que los sentimientos son los órganos con que percibimos lo interesante, lo que nos afecta. Todo lo demás resulta indiferente» (Marina, 1996:11).

Destruir esos órganos que generan el interés es, cuando menos, una torpeza. Como muchas personas han sufrido lo indecible en la institución escolar diremos también que este olvido ha supuesto una clamorosa injusticia.

7.1.2. Necesidad de la arqueología

Lo que ha estado soterrado durante mucho tiempo puede convertirse en una fuente de interés, de valor, de belleza y de felicidad. Es necesario, pues, ser conscientes del enorme potencial que tiene para cada individuo y para la institución escolar ese incalculable tesoro de los sentimientos y de las emociones. Hay sentimientos hacia uno mismo, hacia los otros, hacia la escuela, hacia la sociedad. Hay sentimientos generados y desarrollados por la escuela. Hay sentimientos en la relación de todos los integrantes que están en ella:

- La arqueología permite descubrirlos, saber dónde están, de dónde proceden, qué valor tienen.

- La arqueología hace posible su estudio, la atribución de significados, la catalogación y situación en un *continuum.* Esa exploración no la realizan sólo especialistas (que están fuera de la escuela). La hacen también los integrantes de la comunidad escolar, los que viven y trabajan dentro de ella (Santos Guerra, 2004).

- La arqueología protege esos **tesoros emocionales,** los cuida, los trabaja, los expone a la contemplación y a la admiración de todos.

- La arqueología los exhibe, hace público su hallazgo para general conocimiento y disfrute. Otros, movidos por esa fecunda realidad podrán poner en marcha búsquedas apasionantes.

- Hay en la arqueología una dimensión pública importante. Porque ese patrimonio, esa riqueza, no pertenece en exclusividad a cada individuo aisladamente considerado. Pertenece a toda la colectividad, a toda la sociedad. Los tesoros son tesoros por acuerdos consensuados de quienes los descubren, analizan, exponen y contemplan.

- Son objeto de estudio no sólo los contenidos de las emociones sino los procedimientos y los métodos que existen (y que pueden inventarse) para conocerlos con rigor y trabajarlos con exigencia.

- Nos sentimos orgullosos de nuestros tesoros, los disfrutamos, los protegemos. No sólo hay placer en el sentir. Puede existir placer en el conocer, en el descubrir, en el compartir.

- Es una torpeza vivir de espaldas, indiferentes y despectivos, ante riquezas tan deslumbrantes como los sentimientos y emociones de todos los miembros de la comunidad educativa.

7.2. El descubrimiento. Causas de un cambio necesario y urgente

Hoy han cambiado las cosas. La arqueología de los sentimientos ha impulsado a descubrir un yacimiento extraordinario. Un yacimiento que tiene dimensiones cognitivas, emocionales, sociales y éticas (Marina, 2003). Las teorías sobre la inteligencia emocional han abierto una brecha en la monolítica visión cognitiva de la inteligencia, del aprendizaje y de la institución escolar.

En 1983, Howard Gardner publicó *Frames of mind*, obra en la que planteó por primera vez el concepto de «inteligencias múltiples». El término desconcierta a los especialistas que desde 1905 venían utilizando la famosa escala de la inteligencia de Binet-Simon. Una escala que tenía como finalidad detectar las incapacidades de los alumnos para conducirlos a clases especiales. Gardner se desmarcó del concepto de inteligencia que puede ser medido mediante el C.I. La noción de cociente intelectual fue propuesta en 1912 por W. Stern, en Estados Unidos. El coeficiente intelectual se halla dividiendo la edad mental por la edad cronológica, multiplicando el resultado por cien. La teoría y la utilización del concepto de C.I. indujeron a errores tremendos.

- El concepto era altamente discutible. ¿Qué es ser inteligente? Voy a descartar la explicación tautológica que se atribuye al propio Binet: "Inteligencia es lo que mide mi test". Lo que mide el test es la habilidad para solucionar cuestiones de carácter abstracto. ¿Es inteligente el individuo que obtiene una alta puntuación en el test pero que no sabe desenvolverse en una conversación entre iguales? ¿Es inteligente la persona que tiene la más elevada puntuación posible en el test pero que no sabe resolver un conflicto que le está conduciendo a la destrucción psicológica? El propio Gardner propone otra definición: *«Inteligencia es la capacidad para resolver un problema o para producir bienes que tengan un valor en un contexto cultural o colectivo concreto».*

- No se tuvo en cuenta la dimensión cultural que estaba presente en la elaboración, en la contestación y en la utilización de los resultados. Dados los importantes componentes culturales que tiene el test resulta claro que muchas personas no se encontraban en condiciones de poder resolverlo. No entendían las instrucciones, no estaban familiarizados con la situación de respuesta...

- La filosofía del C.I. sobredimensionó el innatismo, el fatalismo, el determinismo biológico. Quien había nacido inteligente sería inteligente para toda la vida. Quien había nacido torpe, estaba condenado a serlo definitivamente. Las clases desfavorecidas, curiosamente, tenían un porcentaje de personas torpes mucho más elevado que el que correspondía a las clases sociales altas. Las mujeres obtenían peores resultados que los varones, los negros peores que los blancos, y los pobres mucho peores que los ricos. La trampa era tan burda como cruel.

- La apariencia científica se convertía en una trampa difícilmente superable. Las medidas estaban ahí, hablando claro. No se pensaba que los datos, sometidos a tortura, acaban confesando lo que desea el que los maneja. El conformismo social se encontraba detrás de todo este mecanismo *científico*. Se podía predecir el éxito o el fracaso, se podía clasificar a las personas según su capacidad innata, se podía etiquetar con rigor...

- El etiquetado causaba daños, a veces irreparables. Hacía olvidar que el resultado era como una fotografía que te puede mostrar con un gesto deformante en el rostro. Se daba a entender que ese resultado era científico y a la vez irrevocable.

Los libros de Daniel Coleman (1996, 2000) constituyeron un aporte de gran importancia. La inteligencia se entendía solamente como una capacidad intelectual. Los famosos tests de inteligencia y las mediciones del cociente intelectual solamente se referían a dimensiones de carácter cognitivo. Se consideraba inteligente a la persona que sabía muchas cosas o que tenía la capacidad de aprenderlas: inteligencia espacial, inteligencia numérica, inteligencia general... No se hablaba de la inteligencia emocional. Ser inteligente tiene que ver con la capacidad de conseguir la verdad, la bondad y la felicidad. La inteligencia emocional *«es la capacidad de reconocer los propios sentimientos, los sentimientos de los demás, motivarnos y manejar adecuadamente las relaciones que sostenemos con los demás y con nosotros mismos»* (Coleman, 2000).

La tan injustamente denostada LOGSE (1990) plantea la necesidad de realizar el desarrollo armónico de los escolares, asumiendo como tarea no sólo enseñar conocimientos sino enseñar a ser y a relacionarse. Aparece la preocupación, legalmente y oficialmente reconocida, de atender una parcela ignorada.

El aumento de la conflictividad ha generado la preocupación por la convivencia en las escuelas, no sólo en la pretensión de solucionar los conflictos sino en el intento de enseñar respeto y solidaridad. En definitiva, el **aprendizaje de la convivencia** (Santos Guerra, 2003). Como la escuela no es una institución coercitiva sino educativa, el problema hay que plantearlo desde la vertiente más ambiciosa: ¿aprenden los alumnos a convivir en la escuela?, ¿aprenden a respetarse a sí mismos?, ¿aprenden a respetar a los demás?, ¿aprenden solidaridad y compasión con los más desfavorecidos?

El error podría estar en que, al aumentar el conflicto, se pretendiese solucionarlo a través de vigilancia, amenaza y castigos (sobre todo cuando se entiende, equivocadamente, que todo conflicto es negativo y pernicioso). Suponiendo que de esta forma se erradicase la conflictividad, la pregunta básica seguiría sin respuesta: Cuando desaparezcan la vigilancia, la amenaza y el castigo, ¿habrán aprendido a convivir respetándose?

Otra causa de la intensificación de las preocupaciones por la alfabetización emocional es la **revolución feminista.** Ha puesto el foco en dimensiones que antes permanecían en la sombra. Las teorías feministas han denunciado la discriminación, han iluminado con focos potentes la realidad de una institución androcéntrica, han hecho propuestas para salir de la situación opresora. En definitiva, han hecho posible la ruptura del muro de la injusticia, de la insolidaridad y de la discriminación. Han introducido en la sociedad y, por consiguiente, en la escuela la sensibilidad.

La actuación de los Departamentos de Orientación en las escuelas ha abierto la brecha hacia la sensibilidad emocional. Niños que se estrellaban contra el aprendizaje han descubierto que las trabas emocionales y los problemas internos que arrastraban suponían un obstáculo insalvable. Los profesores han visto cómo se desmontaban algunos problemas de comprensión a través de la intervención psicopedagógica.

La enorme proliferación de la bibliografía sobre autoestima ha puesto sobre el tapete la importancia de un fenómeno que estaba haciendo mucho daño a niños y jóvenes. En una sociedad cada vez más problemática y completa, con un retraso cada vez mayor de la autonomía, con dificultades gravísimas para encontrar trabajo y vivienda, muchos jóvenes han tenido la «conciencia de nada». En un momento en que necesitan «valer para otros» se han visto dependientes hasta para comprar un paquete de tabaco.

Se ha problematizado la vida emocional de los individuos. Se ha hecho más compleja la relación entre la pareja, se han multiplicado los divorcios y se ha diversificado la forma de vivir las emociones. Los problemas que muchos jóvenes están viviendo, a causa de una nueva forma de entender el cuerpo (anorexia, bulimia, depresión, drogodependencia...), de la permisividad sexual, del uso de los anticonceptivos, del aumento del gasto, de la presencia de la droga, de la aparición del sida, de las nuevas formas de diversión, de la diferente concepción de la obediencia... están dando lugar a problemas que no se resuelven por sí solos ni utilizando los métodos tradicionales o la táctica del avestruz.

La movilidad social, la antropología que nos ha acercado a otras culturas, los medios de comunicación que han propuesto a la infancia y a la juventud modelos nuevos de comportamiento y de vida han llevado a cuestionar formas tradicionales de comunicación y han removido la superficie tranquila de las aguas.

Todas estas causas y muchas otras que con seguridad han tenido su influencia en el cambio han ido haciendo más sensibles a los educadores, a los expertos y a los ciudadanos en general sobre la importancia que tiene la vida emocional de las personas. Y, sobre todo, de los escolares.

7.3. La excavación. Las pretensiones de la educación sentimental

El currículum oculto de la escuela tiene amarrados numerosos, subrepticios y omnímodos efectos sobre nuestro aprendizaje de la convivencia. Hace falta reflexionar profundamente sobre esos efectos. En primer lugar para evitar los que tienen carácter pernicioso para los alumnos. El subtítulo del libro de Ross y Watkinson sobre la violencia escolar (1999) es muy significativo: *Del daño que las escuelas hacen a los niños*. En segundo lugar porque se pueden conseguir efectos positivos a través del currículum oculto de la escuela.

Hace falta un tipo de intervención sistemática, intencional, colegiada y progresiva sobre el desarrollo emocional de los alumnos/as. No debe ser ésta una tarea exclusivamente encomendada a los Departamentos de Orientación o a los tutores de cada aula. Ha de ser una tarea compartida por todos los miembros de la comunidad. Y en ella incluyo a las familias. No hace falta ser un especialista en psicología para evitar las profecías de autocumplimiento, para ayudar a que los alumnos se expresen, para exigirles respeto mutuo, para facilitarles la expresión pública de sus ideas y sentimientos, para felicitarles por algo bien hecho, para mostrarles afecto...

La educación sentimental incluye la esfera de las emociones, de las actitudes, de los motivos, del autoconcepto y la autoestima. Y también la de la sexualidad. Y la de las relaciones con los otros.

La educación sentimental exige intencionalidad (no se consigue el desarrollo pleno de forma espontánea o como fruto del azar), planificada (exige unas pretensiones claras, una metodología eficaz y un proceso de evaluación exigente), colegiada (no se consigue sin la colaboración de todos).

Se trata de alcanzar el conocimiento y la aceptación de cada uno, el conocimiento de los otros, una relación respetuosa y solidaria, la vivencia y la expresión plena de las emociones, el desarrollo de habilidades sociales, el conocimiento y desarrollo sano y equilibrado de la sexualidad. El desarrollo integral de la persona (Oliveira, 1988) debe comprender:

- Que toda persona es sexuada y no puede dejar de serlo, somos *puestos* y estamos en el mundo como seres sexuados.

- Que el hecho sexual humano no es un fenómeno exclusivamente biológico ni individual sino que posee un carácter social y, por tanto, puede ser modificado y regulado.

- Que no toda persona vive sexuada de la misma manera, ya que el ser humano está capacitado para manifestar diversidad de conductas sexuales.

- Que la realidad social no se puede comprender en su totalidad sin la sexualidad y la afectividad.

- Que la adolescencia es una etapa crucial para la configuración de la sexualidad y del mundo afectivo.

Es importante que las personas tengan conocimientos rigurosos sobre la **realidad afectivo-sexual.** Muchas informaciones que llegan a los escolares están deformadas por estereotipos, intereses económicos o creencias religiosas. Es necesaria una información rigurosa y veraz. La «zona de silencio» que rodea estos temas conduce a malas actitudes, a sentimientos de angustia y a comportamientos negativos.

Pero la formación no se logra sólo a través de conocimientos. Es necesario propiciar experiencias de comunicación abierta, sincera y auténtica que le ayuden a crecer en libertad y en el respeto a la propia dignidad y a la dignidad del otro (Cortina, 1994; Marina, 1995). No vale todo en la relación con los demás.

La educación sentimental es uno de los ejes transversales de la formación de los estudiantes en la institución educativa (Yus, 2001). La persona está en todo y todo le afecta. Los sentimientos, las emociones y la sexualidad son parte esencial de cada individuo. Su desarrollo integral conlleva el cultivo de esta dimensión.

¿Qué se propone la educación sentimental? En última instancia, que los individuos alcancen la felicidad a través de su desarrollo integral, de la aceptación de sí mismos y de la buena relación con los otros... Hablar de educación sentimental significa que hay un proyecto, una planificación intencional que pretende alcanzar unos fines a través de unas determinadas estrategias. No es todo espontáneo, no se entrega la vida al azar.

El seno de esta tarea es la **escuela.** No sólo la escuela, claro está. Decir que es sólo la familia el ámbito de la educación sentimental significa dejar desamparadas y sin esa ayuda precisamente a los hijos de las familias más desfavorecidas, más desarticuladas, menos conscientes de la importancia de esa tarea. Significa que se vuelve a castigar a quienes ya estaban cultural, social y económicamente castigados.

Expondré a continuación algunas de las pretensiones que subyacen al proyecto de educación sentimental que debe desarrollar la comunidad educativa.

7.3.1. Satisfacer las necesidades psicológicas

Todas las personas tenemos una serie de necesidades que deben ser satisfechas. De lo contrario se generan estados conflictivos de frustración, ansiedad, agresividad... La necesidad supone una carencia, una falta de *algo* y genera un impulso que nos hace tender hacia su satisfacción. Estas necesidades pueden ser ignoradas. El individuo puede actuar como si no existieran, pero no por eso se suprimen o se eliminan. Se pueden satisfacer de un modo ordenado o incorrecto. Entonces se produce malestar, inmadurez o conflicto. Pero también podemos satisfacerlas de un modo positivo y correcto. Entonces se produce satisfacción y felicidad.

Hay quien piensa que las necesidades psicológicas no tienen la misma consistencia que las necesidades biológicas de alimento, cobijo o satisfacción de la sed. No es así. Cuando no se satisfacen las necesidades psicológicas, se paga un alto precio por ello. Con frustración, con amargura o con «muerte psicológica». Se trata de leyes, no de sugerencias.

- **Necesidad de ser uno mismo.** Necesidad de sentir el respeto que se debe a toda persona. Necesidad de afirmación personal. De pensar, sentir y obrar por nosotros mismos.

- **Necesidad de realizarse.** La persona tiene necesidad de crecer psicológicamente, de desarrollarse en todas sus facetas (intelectual, afectiva, volitiva...).

- **Necesidad de amar.** El ser humano tiene necesidad de proyectar su afecto, de ser generoso, de darse a otras personas para sentirse realizado.

- **Necesidad de ser querido.** Todos necesitamos ser queridos, ser considerados, ser apreciados, ser valorados, ser tenidos en cuenta.

- **Necesidad de seguridad.** Seguridad en uno mismo para considerarse suficientemente valioso y necesidad de sentir la confianza de los otros.

- **Necesidad de comunicación.** El ser humano tiene necesidad de estar en contacto con el otro, de mirarse en ti (sin el cual no hay yo), de relacionarse con los demás.

- **Necesidad de ser libres.** Liberación de tipo externo (frente a las coacciones y manipulaciones). Libertad de tipo interno (frente a esclavitudes psicológicas).

- **Necesidad de ser fecundos.** No sólo hay fecundidad biológica. Hay también fecundidad intelectual, afectiva, social, espiritual...

- **Necesidad de valer por sí mismo.** Se trata de una necesidad que no depende del conocimiento que se tenga o del dinero que se posee, sino del valor intrínseco de la persona.

- **Necesidad de valer para alguien.** Necesitamos ser importantes para otros, ser necesarios, ser importantes para otras personas.

Cuando las «leyes» no se cumplen se produce un desorden. Las necesidades se pueden suplir, se pueden sublimar, se pueden ignorar. Pero, cuando no se satisfacen, se paga un alto precio por ello.

7.3.2. Aceptarse a sí mismo

Aceptar nuestro cuerpo, nuestra identidad, nuestro origen, nuestra idiosincrasia es una parte fundamental de la comunicación con los otros y del desarrollo emocional. No estar avergonzados por cuestiones que no suponen ningún desdoro, ninguna vergüenza: «*El cuerpo es el primer instrumento de la conciencia*» (Filliozat, 2003).

Muchos adolescentes viven con ansiedad la aceptación de sí mismos (Feldman, 2002). Especialmente las mujeres (Gaona, 2001). Se comparan con los otros de forma impropia e injusta y sufren al no poder comentar con nadie cuestiones que se les pudren en la mente.

La producción bibliográfica, de muy diverso valor, sobre autoconcepto y autoestima es cada día más abundante. No es casual. Muchas personas acuden a orientaciones prácticas en forma de recetas que no llegan al fondo de la cuestión.

7.3.3. Reconocer las propias emociones

Reconocer las propias emociones, sentirlas, ser capaz de llegar hasta el fondo de ellas es un modo de vivir y de vivirse. Hay quien no es capaz de sentir su miedo, su dolor, su rabia. Hay quien no es capaz de experimentar amor y placer. Porque no lo sabe hacer. Porque no se lo permite.

Hay terapias de desarrollo emocional, como la terapia por el grito (Santos Guerra, 1980) que trabajan básicamente cinco emociones, tres negativas (dolor, rabia y miedo) y dos positivas (amor y placer).

La finalidad de las intervenciones (individuales y grupales) es ayudar a reconocer, a vivir profundamente y a expresar las emociones.

7.3.4. Reconocer las emociones de los otros

Hay que saber reconocer, afrontar y recibir las emociones de los otros. Somos seres en relación. El aprendizaje de la vida emocional exige la relación efectiva y afectiva con los otros. No hay yo sin tú.

En un mundo culturalmente cada vez más diverso, es necesario saber qué sienten los otros y cuál es su modo de expresarlo. Cada cultura tiene una forma de vivir y de expresar los sentimientos. Cada día más las escuelas se van a convertir en un crisol de culturas. Encerrarse en sí mismo es un empobrecimiento y un error.

7.3.5. Expresar las propias emociones

Especialmente a los varones se nos ha dicho que es necesario controlar las emociones, que es necesario inhibirlas, que no se las puede expresar libremente. Se nos ha dicho a todos. Cuando una persona se echa a llorar en público (por ejemplo, en televisión) pide perdón. Parece que ha tenido una debilidad. "Me he dejado llevar por mis sentimientos", dice. ¿Qué hay de malo en ello?

«La socialización disimétrica de género en el campo de los sentimientos se concreta en una consideración desigual por el hecho de ser mujer o varón, disimetría que viene dada o bien por el comportamiento que se espera o bien por la represión de su manifestación» (Simón, 1999).

La famosa expresión «los niños no lloran», vincula la hombría al control emocional. Lo mismo sucede con la idea «los hombres no tienen miedo». Y sí, vivimos en sociedad y hemos de controlar las emociones. Pero no hasta el punto de no sentirlas, de no reconocerlas, de no poder transmitirlas y compartirlas.

7.3.6. Aprender a solucionar los conflictos

Los conflictos no son necesariamente malos (Jares, 2001; Torrego, 2004). Suelen ser dolorosos, eso sí; pero algunos son necesarios y, a la larga, beneficiosos. Hay conflictos de crecimiento, de rebeldía, de superación, de transformación...

Conviene diagnosticar con precisión de qué se trata el conflicto, por qué surge, a qué se debe, cómo se fragua, por qué se mantiene... Si no se diagnostica con rigor se corre el riesgo de buscar una solución ineficaz o contraproducente.

Puede ser necesario contar con la ayuda de otras personas para hacer un buen diagnóstico. Desde fuera se puede analizar el problema con menos pasión, con más perspectiva al no estar inmerso en el núcleo de los intereses.

Hay que intervenir de forma coherente y, a veces, esforzada. Puede ser necesario un mediador para poner el conflicto en la vía de las soluciones.

Hay que evaluar lo sucedido. Porque algunos piensan que no hacen falta plazos, que se puede acabar con un problema de una vez por todas. Hay quien piensa que todo se puede conseguir de la noche a la mañana y que no hay retrocesos ni fracasos. Errores frecuentes.

7.3.7. Desarrollar habilidades sociales

Hoy se insiste mucho en la necesidad de desarrollar habilidades sociales (Kelly, 1992). La producción bibliográfica al respecto es inabarcable.

El dominio de habilidades sociales facilita la comunicación eficaz con los demás. Las personas se forman sobre ellas un concepto favorable, de modo que esa imagen actúa de refuerzo sobre el autoconcepto de quien las posee.

En una edad como la adolescencia, en la que la relación con los otros es tan importante, las personas consideran imprescindibles estas habilidades, especialmente a la hora de relacionarse con personas del otro sexo o de hacer y mantener amistades.

7.3.8. Aprender ciudadanía

La educación sentimental encierra no sólo las exigencias del desarrollo personal de sentimientos y actitudes. Se enfoca también hacia los otros. La vida en democracia tiene unas exigencias que necesitan un aprendizaje en la escuela.

Hombres y mujeres compartimos una sociedad que hemos de hacer cada día mejor (Símón, 1999). Aprender a conocer al otro, a respetarlo, a escucharlo, a dialogar, a compartir... son exigencias de la democracia. Elena Simón subtitula su hermoso libro de una forma elocuente: «Mujeres y hombres hacia la plena ciudadanía».

En la escuela aprendemos el género (Arenas, 2006), vamos aprendiendo a ser hombres y mujeres en una cultura determinada. Otra cosa es el sexo biológico, que nos condiciona a través de los genes.

7.4. El estudio. Las estrategias de la educación sentimental

Hay que saber cómo actuar para alcanzar las pretensiones. ¿Qué y cómo hay que hacer para conseguir lo que deseamos alcanzar? La estrategia es necesaria porque es un error pensar que se alcanza la madurez emocional de forma espontánea. La estrategia se dirige a los planteamientos cognitivos, a las reacciones emocionales y a los comportamientos relacionales.

7.4.1. Rechazar creencias irracionales

Existen formas de pensar y de pensarse que actúan como dogmas destructivos sobre la vida psíquica de las personas. Estos dogmas bloquean el desarrollo emocional. Se trata de ideas, creencias y pensamientos que, si se analizan y se relativizan pierden su carga negativa. Albert Ellis (2003) plantea, después de largas exploraciones y numerosos encuentros terapéuticos, once ideas irracionales que minan la vida emocional de las personas. Lucien Auger (1992) las analiza de forma clara y sugerente:

- Para ser humanos es imprescindible se amados o aceptados por cualquier otro miembro relevante de su círculo.

- Uno tiene que ser muy competente y saber resolverlo todo si quiere considerarse necesario.

- Hay gente mala, despreciable, que debe ser severamente castigada por su villanía.

- Es desastroso y catastrófico que las cosas no sigan un único camino y no acontezcan de la única forma que a uno le gustaría.

- La desgracia o la infelicidad humana es debida a causas externas y la gente no tiene ninguna o muy pocas posibilidades de controlar sus disgustos o trastornos.

- Si algo es o puede llegar a ser peligroso y/o aterrorizante, uno debe preocuparse terriblemente al respecto y recrearse en la posibilidad de que ocurra.

- En la vida hay veces que es mejor evitar que hacer frente a algunas dificultades o responsabilidades personales.

- Uno depende de los demás. Siempre se necesita alguien más fuerte que uno mismo en quien poder confiar.

- Un suceso pasado es un decisivo determinante de la conducta presente porque si algo nos afectó sobremanera una vez en la vida debe continuar perturbándonos indefinidamente.

- Uno debe estar permanentemente preocupado por los problemas de los demás.

- Existe invariablemente una solución perfecta y precisa para los problemas humanos y es catastrófico que uno no dé con esa maravillosa solución.

7.4.2. Saber conjugar cuatro verbos

En la base de muchos planteamientos autodestructivos están ideas irracionales que hacen un daño casi irremediable si no se someten al rigor del análisis. En lo que podríamos llamar «gramática emocional» hay cuatro verbos que tardamos mucho en aprender: Todos ellos referidos al ámbito de los afectos.

- **Dar.** Hay personas que están incapacitadas para dar. Porque piensan que no tienen nada bueno que ofrecer, porque suponen que se lo pueden rechazar, porque han tenido malas experiencias, porque lo creen peligroso.

- **Recibir.** Hay quien no es capaz de recibir el afecto de los demás. Porque lo considera peligroso. Creen que no son merecedores de ese afecto y, por ello, lo rechazan.

- **Pedir.** Hay quien no sabe demandar amor, demandar lo que necesita afectivamente. Siente vergüenza. No está en condiciones de encajar la respuesta negativa. Se comparan con otros que sí tienen derecho a pedir porque son merecedores de que se lo den todo.

- **Rechazar.** Hay quien no sabe rechazar la demanda de otros. Porque tienen miedo a hacer daño, a defraudar, a perder el afecto. Si dicen no, piensan que nunca podrán pedir ellos nada.

La imposibilidad de dar, recibir, pedir y rechazar afecto nos pone **contra las cuerdas de la infelicidad**. Es necesario practicar de forma constante y profunda para avanzar en el camino de la salud emocional.

7.4.3. Saber pronunciar cinco palabras

La «alfabetización emocional» nos enfrenta a ellas de forma constante y de ellas depende, en buena parte, nuestra felicidad o nuestra desgracia:

- **Ahora.** Los aplazamientos son una lacra de las actuaciones psicológicas. "Mañana lo haré", "otro día lo pediré", "todavía es pronto", "no estoy en condiciones", "la otra persona no lo podrá entender todavía"... son excusas que se suceden interminablemente.

- **Más.** La insatisfacción nos tiene que poner en condiciones de exigir más, pedir más, desear y expresar el incremento del afecto, de la atención, del respeto... estará en manos del otro concederlo, pero cada uno no debe renunciar a pedirlo.

- **No.** La capacidad de decir no es muy compleja y difícil. Hay quien no es capaz de rechazar una demanda. Y, como consecuencia, lleva encima de sí una condena insoportable.

- **Basta.** Hay personas que arrastran una carga superior a sus fuerzas. No son capaces de desembarazarse de ella. Una relación patológica, una dependencia enfermiza, un situación de opresión, de malos tratos... Es preciso aprender a decir "¡Basta!".

- **Ayuda.** Hay personas incapaces de solicitar ayuda cuando realmente la necesitan. Por orgullo, por miedo al rechazo, por considerar que su problema no tiene solución. Solicitar ayuda es ya una forma de ponerse en el camino de la solución.

Parece fácil pronunciar de forma convencida y convincente estas palabras, pero la realidad psicológica de cada persona nos muestra la gran dificultad de su aprendizaje.

7.4.4. Evitar las profecías de autocumplimiento

Una de las formas más dañinas de destruir la forja de los sentimientos es enunciar profecías de autocumpliento. Pueden tener como destinatarios a grupos o a personas aisladas. Se trata de anunciar un fracaso de tal manera que el fracaso acaba sucediendo.

Dado el poder de diagnóstico y de influencia de los profesores es fácil hacer este tipo de vaticinios destructivos. Los alumnos que se los creen acaban siendo víctimas de ellos. No hay mayor opresión que aquella en la que el oprimido mete en su cabeza los esquemas del opresor.

Algunos se rebelan y encuentran en la profecía un estímulo de superación pero es más frecuente el hecho de que el vaticinio se acabe cumpliendo. El *efecto Pigmalión* sigue teniendo plena repercusión en las aulas.

7.4.5. Practicar los valores

Si la escuela es una institución en la que se ejercita la democracia, los alumnos aprenderán a vivir los valores. Para ello hace falta que ésta no se conciba solamente como un mecanismo formal sino como un estilo de vida.

La democracia se sustenta en el respeto, en la libertad, en la justicia, en el diálogo, y en la solidaridad. Esos han de ser valores acrisolados en la vida cotidiana de la institución.

El ejemplo es la principal estrategia educativa. Las contradicciones son altamente perniciosas para el aprendizaje de los valores (Santos Guerra, 2001). No hay forma más bella y más eficaz de autoridad que el ejemplo.

7.4.6. Saber encajar los fracasos

El error, el fracaso, la derrota pueden ser perjudiciales o beneficiosos. Lo importante no son los hechos sino la forma en la que los afrontamos. El mismo fenómeno a uno le estimula y a otro le hunde. Una ruptura emocional a algunos les hace aprender y les fortalece. A otros les hace amargos y escépticos.

Hay que aprender un arte muy importante en la vida personal y también en la profesional: me refiero al arte de saber convertir dos signos menos en un signo más. Hay que manejarlos adecuadamente. Otros tienen, por contra, la triste habilidad contraria: de algo bueno que les sucede sacan dos motivos de desaliento.

Sin fracaso, sin dolor, el ser humano no llegaría a tener conciencia de sí mismo. Pero es necesario que el dolor no destruya sino que enseñe y libere.

7.4.7. Practicar la resiliencia

Algunos piensan que están condenados a ser desgraciados de por vida cuando les ha ocurrido una desgracia (mal trato, violación, oprobio) en la infancia. No hace falta ser muy sagaces para comprobar que hay muchos niños en el mundo (y muchas niñas, sobre todo muchas niñas) que tienen una infancia atroz. Víctimas de la guerra, víctimas de los malos tratos, víctimas de vejaciones, víctimas de abandono, víctimas del desamor... Unos de manera visiblemente aterradora. Otros de manera camuflada, pero no menos cruel. ¿Tienen ya destruida su vida? ¿Están marcados para siempre? No. Hay que poner cerco al fatalismo, al determinismo, a las creencias que forjan destinos inapelables.

Boris Cyrulnik (2002) subtitula su obra *Los patitos feos* con una frase que resume su tesis básica: «La resiliencia: una infancia infeliz no determina la vida». La resiliencia es «una propiedad que define la resistencia de un material a los choques». El autor utiliza el concepto como sinónimo de «resistencia al sufrimiento». Señala tanto la capacidad de resistir las magulladuras de la herida psicológica como el impulso de reparación psíquica que nace de esa resistencia.

Con tan sólo seis años de edad, el autor de esta obra, consigue escapar de un campo de concentración, de donde el resto de los miembros de su familia, rusos judíos emigrantes, jamás regresaron. Sabe, pues, de lo que habla. Sabe (lo aprendió en el libro interminable de la vida) lo que es la resiliencia. Neurólogo y psiquiatra, este profesor de la Universidad de Var (Francia), es uno de los fundadores de la etología humana y autor de numerosos libros.

Los patitos feos transmite un mensaje de esperanza a todos los niños víctimas del maltrato, de la guerra, de la miseria existente en su entorno más próximo. Un niño herido, sostiene el autor, no está condenado a convertirse en un adulto fracasado. Este libro es un grito contra el fatalismo, contra la condena definitiva, contra la irremediabilidad de los traumas. Cyrulnik nos dice que no hay heridas incurables.

Hay niños que han sido maltratados, violados, torturados. Hay niñas que han sido objeto de vejaciones, que han sido brutalmente agredidas por sus propios padres, por sus familiares, por sus amigos. Es triste. Es terrible. Muchos viven arrastrando esa convicción maldita: «*Mi vida está marcada para siempre. Ya no hay remedio para mí. Aunque se hayan acabado los malos tratos, nunca se acabará el recuerdo*». Pero no está todo perdido. Es necesario insistir en que hay posibilidad de recuperarse y de vivir feliz.

Para que se produzca un trauma hace falta golpear dos veces. Una con los hechos. Otra con un recuerdo torturador. Cuando se acaban los malos tratos no se ha producido ya el fin de la tortura. La vergüenza de haber sido una víctima, el sentimiento de ser menos, la sospecha de que a los demás no les ha pasado nada similar, el temor de que ya nada podrá ser *normal*, persiguen a quien ha sufrido malos tratos. El silencio sepulta el dolor y la vergüenza.

7.4.8. *Elaborar un proyecto compartido*

La estrategia fundamental que hará posible el avance es construir democráticamente un proyecto educativo que contemple, de forma intencional, colegiada y progresiva el desarrollo emocional de los miembros de la comunidad educativa. Martínez Rodríguez (2005) dice que la escuela debe ser un «laboratorio de ciudadanía».

No se trata de confeccionar unidades didácticas en las que se trabaje todo lo anteriormente planteado. Se trata de elaborar un proyecto que tenga como finalidad básica el desarrollo integral. Un proyecto que parta del análisis del entorno y de la propia escuela, del conocimiento de las familias y de los alumnos. Un proyecto en el que plantee la forma de organizar la acción de manera respetuosa y exigente. Un proyecto que permita, en la vida cotidiana, desarrollar relaciones enriquecedoras.

Relaciones que respeten la diversidad, que tengan en cuenta los sentimientos y que persigan la felicidad de todos y de todas.

Para desarrollar el proyecto hay que revisar las estructuras, las normas de funcionamiento, la naturaleza de las redes de relaciones existentes. Se educa como se es, no como se dice que los demás deben ser. Sin duda, *«el ruido de lo que somos llega a los oídos de nuestros alumnos con tanta fuerza que les impide oír lo que decimos».*

El proyecto, que atraviesa todo lo que se dice y se hace ha de someterse permanentemente a revisión. Los mejores propósitos y la planificación más ambiciosa se estrellan muchas veces contra la rutina y la rigidez.

En la medida que todos los integrantes de la comunidad compartan el propósito y sean fieles al compromiso se conseguirá mejor lo que se pretende.

7.5. *La protección. Exigencias para la mejora*

Para que la educación sentimental (incluyo en ella la sexualidad) pueda realizarse en las escuelas de una forma sistemática, progresiva y colegiada es preciso que se cumplan unas exigencias que la hagan posible. No todas son del mismo tipo ni tienen la misma importancia, pero todas ellas contribuyen, a corto o largo plazo, a transformar una situación excesivamente academicista, homogeneizadora y autoritaria.

¿Cómo transformar/mejorar la red de relaciones en la escuela? Utilizo los términos transformar y mejorar porque no siempre el cambio es sinónimo de mejora. No es fácil determinar en qué consiste la mejora, sobre todo en algunas vertientes o aspectos y, principalmente, desde todas las perspectivas. Lo que los profesores entienden como mejora del sistema de relaciones no siempre es entendido así por los alumnos. Ni, por supuesto, por distintos tipos de profesores ni por diferentes alumnos.

Cambio y mejora no son, pues, conceptos unívocos aunque frecuentemente se usen así en la jerga pedagógica y en los documentos oficiales sobre el cambio en las escuelas. Parece entenderse que el objetivo último es cambiar. No se tiene en cuenta que hay cambios inútiles e, incluso, perjudiciales. Tampoco es unívoco el concepto de mejora. Cuando se carga de contenido semántico el concepto de mejora de las relaciones existen unos puntos de fácil acuerdo (evitar la opresión, la arbitrariedad, la falta de respeto, la injusticia...), pero existen otros de más difícil consenso (precisión de lo que se entiende por respeto, cómo combinar la igualdad con la adaptación a la diversidad, cómo afrontar el conflicto...). El carácter problemático de las relaciones se acentúa si se tienen en cuenta sus repercusiones institucionales (se promociona o no se promociona), psicológicas (se motiva o se desanima al alumno), éticas (unos son favorecidos y otros perjudicados), etc. El debate sobre la mejora de la red de relaciones ha de ser permanente y no debe ser oscurecido por los apremios de la práctica. La urgencia de actividad que no puede demorarse ni omitirse no debe hacer olvidar la importancia del debate sobre su naturaleza, su significado y sus repercusiones. El problema reside en que es preciso arreglar el barco sin abandonar la navegación.

Los enunciados de carácter genérico ensombrecen a veces la dilucidación de lo que se quiere decir. Mejorar la racionalidad y la justicia de la educación son enunciados fácilmente suscribibles por el lector. Pero acaso no lo son tanto las concreciones y los modos de hacerlo. Los intereses que están en juego al comunicarse mediatizan los juicios y las concepciones.

Se entienda la organización como una cultura (Weick, dice en *Letter to the editor* (1983) que las organizaciones no tienen cultura, que son culturas y que ésta es la razón por la que las culturas son tan difíciles de cambiar) o como una institución que tiene o que alberga cultura, es preciso analizar cómo se produce su transformación.

7.6. La exposición. A modo de cierre

La arqueología, una vez hecho el hallazgo, realizado las excavaciones, efectuado los análisis y protegido los tesoros, suele exhibirlos para disfrute de todos.

Quiero hacer hincapié en este apartado de cierre en la importancia y necesidad de escribir, publicar y difundir los tesoros emocionales que se encuentran en la escuela. Es poco frecuente que los docentes escriban sobre sus experiencias, que las difundan y compartan. Unas veces porque creen que tienen poco valor, otras porque les falta tiempo y otras porque creen desconocer las estrategias necesarias para hacerlo.

Exponer a los demás lo que se encuentra obliga a ordenarlo, clasificarlo y analizarlo con rigor. Otros podrán participar, a través de esa exposición, de los *tesoros* encontrados. La contemplación de esas realidades transmite ideas, sentimientos e impulsos de imitación.

Compartir las emociones del hallazgo, sentirse estimulados por los descubrimientos ajenos, ver expuestas las indiscutibles riquezas que se encierran en la vida de las escuelas, es un modo de recompensar los esfuerzos y de avivar el compromiso con las personas y con la acción educativa que consiste en ayudarlas en ser más felices.

8. LAS TECNOLOGÍAS DE LA INFORMACIÓN Y LA COMUNICACIÓN EN LA EDUCACIÓN DEMOCRÁTICA

Manuel Area Moreira (Universidad de La Laguna)

8.1. ¿Por qué incorporar las TIC a las aulas? Repensar la educación escolar en la sociedad de la información

La tecnología digital ha irrumpido en nuestras vidas con tal fuerza y velocidad que ha arrasado (o está arrasando) en muy pocos años con los modos y costumbres culturales, laborales, de ocio y de comunicación hasta ahora tradicionales provocando una mutación radical de las formas de producción, difusión, acceso y consumo del conocimiento y la cultura como nunca hemos conocido ni imaginado.

La utilización de los ordenadores personales en los hogares y en consecuencia el acceso al multimedia y a las redes telemáticas; la informatización de la mayor parte de las actividades comerciales y laborales; el desarrollo de la televisión digitalizada y de pago; la telefonía móvil y las formas de comunicación interpersonal que se posibilitan a través de la misma, la creación de redes sociales o de grupos con intereses comunes conectados mediante Internet, el teletrabajo, la utilización del tiempo libre en actividades a través de videojuegos o juegos *on line,* la facilidad de intercambio y publicación de ficheros, documentos, vídeos, canciones, mediante los recursos disponibles en la WWW..., son experiencias ya habituales de una importante parte de ciudadanos de las sociedades occidentales.

De forma simultánea han surgido nuevas formas de expresión y difusión de la cultura vehiculada a través de códigos de representación distintos del textual y a través de medios o soportes técnicos que no son impresos, sino de naturaleza electrónica. Los hipertextos, los gráficos en 3D, los mundos virtuales, las simulaciones, la comunicación en tiempo real y simultánea entre varios sujetos a través de un ordenador, la videoconferencia, los mensajes y correos escritos a través de telefonía móvil o de Internet, la navegación a través de la WWW, la presentación multimedia mediante diapositivas digitales, los videoclips digitales, el intercambio de archivos musicales, la composición audiovisual en formato *stop motion*, los mundos virtuales interactivos, los wikis y blogs... entre otras muchas formas, representan un calidoscopio de códigos expresivos, acciones y experiencias comunicativas bien diferenciadas de lo que es la comunicación a través de la escritura y lectura en documentos de papel.

En consecuencia, el acceso y uso inteligente de este conjunto de artilugios y de sus formas de codificación y comunicación requieren de una persona con un tipo y nivel de cualificación distinto del que fue necesario hasta la fecha. Interaccionar con un sistema de menús u opciones, navegar a través de documentos hipertextuales sin perderse, otorgar significado a los múltiples datos e informaciones encontradas, acceder al correo electrónico y lograr comunicarse mediante el mismo, ser crítico ante la avalancha de múltiples imágenes, sonidos y secuencias audiovisuales, etc., son entre otras, nuevas habilidades que debe dominar cualquier sujeto para poder desenvolverse de modo autónomo en la era digital o sociedad de la información.

Las razones y justificaciones esgrimidas para incorporar las nuevas tecnologías de la información y comunicación a las prácticas educativas (Burbules y Callister, 2001; McFarlane, 2001; Bautista, 2004; Area, 2005; Sancho, 2006), en los centros y aulas han sido explicadas en numerosas obras y estudios tanto nacionales como internacionales y son sobradamente conocidas: adecuación del sistema escolar a las características de la sociedad de la información; alfabetización de los niños y jóvenes ante las nuevas formas culturales digitales; incremento y mejora de la calidad de los procesos de enseñanza; innovación de los métodos y materiales didácticos, entre otros.

> - Porque la escuela, como institución social, no puede dar la espalda a la cultura de su época.
> - Porque los niños y jóvenes son usuarios habituales de las distintas tecnologías digitales (videojuegos, Internet, televisión digital, móviles, cámaras,...).
> - Porque la escuela debe alfabetizar en las distintas competencias para el uso inteligente y crítico de las tecnologías y de la información de modo que prepare a los ciudadanos del futuro.
> - Porque las TIC pueden ayudar a innovar los procesos de enseñanza y aprendizaje a través del desarrollo de metodologías constructivistas y que favorezcan el trabajo colaborativo entre los estudiantes.

Figura 7. ¿Por qué usar las TIC en la escuela?

Hoy en día casi nadie pone en duda la necesidad de que las denominadas TIC (Tecnologías de la Información y Comunicación) entren en las aulas y centros educativos de modo que se conviertan en parte habitual e integrada del paisaje y práctica escolar. Hace poco más de una década no era infrecuente que un porcentaje más o menos amplio de docentes expresaran públicamente su *tecnofobia,* es decir el rechazo o cuestionamiento de la utilización de estas máquinas digitales en los procesos de enseñanza-aprendizaje, acusándolos de que *deshumanizaban* o *tecnificaban* la educación, de que solamente servían al alumnado para distraerse y/o jugar o que el conocimiento y la cultura verdadera estaba en los libros y no en la tecnología digital.

En el fondo, la tecnofobia no era más que la manifestación de los miedos que produce lo desconocido ya que curiosamente los docentes tecnófobos de aquellos años eran personas que prácticamente nunca habían utilizado una computadora e ignoraban conceptos, hoy en día ya integrados en nuestra cultura cotidiana, como software, Internet, correo electrónico o Word Wide Web.

Esta actitud negativa hacia los ordenadores prácticamente ha desaparecido de la comunidad educativa –aunque siempre quedan sujetos resistentes y atrincherados en la supuesta superioridad de la cultura impresa– para dar paso a una actitud de aceptación de la inevitabilidad y la necesidad de usar las tecnologías digitales tanto en la vida cotidiana (ocio, acceso a servicios, compras *on line,* gestión administrativa, búsqueda de información, comunicación con amigos y familiares, etc.) como en la actividad profesional docente (tanto fuera del aula para realizar las planificaciones de actividades, de unidades didácticas o de materiales, como en las situaciones de enseñanza en clase para que el alumnado aprenda).

La escuela y los agentes educativos que la habitamos estamos empezando a dejar de dar la espalda a la realidad tecnológica que desde hace varios lustros invade nuestra sociedad. Con parsimonia, con dificultades (y a veces con inevitables torpezas), tanto los poderes públicos, como los gestores y técnicos administrativos, como los agentes de servicios de apoyo, como los docentes, como las familias, y por supuesto, los estudiantes, hemos emprendido el proceso de empezar a utilizar con fines pedagógicos estas máquinas digitales, a convertirlas no sólo en recursos o instrumentos de apoyo a las actividades escolares, sino también en objetos que tienen la potencialidad de representar, crear, difundir y comunicar las formas y contenidos culturales que son idiosincrásicos de la sociedad informacional o del conocimiento.

La sociedad del siglo XXI, en la que nos encontramos, representa un escenario intelectual, cultural y social radicalmente distinto al del origen de la escuela en el siglo XIX. Por ello, los objetivos y contenidos formativos, los métodos de enseñanza, los medios, materiales y tecnologías utilizadas, el papel y funciones del profesor en el aula, las actividades y habilidades que deben desarrollar el alumnado, necesariamente tienen que readaptarse y reformularse en función del nuevo contexto sociocultural y tecnológico en el que se desenvuelve la actividad educativa (Burbulles y Callister, 2001; Sancho, 2002 y 2006).

La integración de las nuevas tecnologías en los sistemas escolares es un reto de política educativa de primer orden. Mi punto de vista es que la adaptación de los sistemas escolares a un modelo de escolaridad apoyado en las tecnologías digitales es y será un proceso parsimonioso, lento, con altibajos, con avances y retrocesos. Este proceso de cambio exige, como condición inicial, pero no única, la disponibilidad de recursos tecnológicos abundantes en los centros educativos. Sin un número adecuado de ordenadores, sin software apropiado, sin cableado ni infraestructuras no habrá, evidentemente, prácticas educativas apoyadas en las tecnologías informáticas. Pero esto es, a todas luces, insuficiente si lo que perseguimos es la innovación y mejora educativa. La tecnología si no va acompañada de cambios culturales en las formas de relacionarnos e interactuar con la misma no representará alteraciones sustantivas en los modos y prácticas desarrolladas (Burbulles y Callister, 2001).

Llevarlo a cabo, entre otras medidas, implicará necesariamente realizar importantes inversiones económicas en dotación de recursos tecnológicos suficientes para los centros educativos y en la creación de redes telemáticas educativas; desarrollar estrategias de formación del profesorado y de asesoramiento a los centros escolares en relación con la utilización de las tecnologías de la información y comunicación con fines educativos; concebir los centros educativos como instancias culturales integradas en la zona o comunidad a la que pertenecen poniendo a disposición de dicha comunidad los recursos tecnológicos disponibles en los centro; planificar y desarrollar proyectos y experiencias de educación virtual apoyadas en el uso de las redes telemáticas así como propiciar la creación de «comunidades virtuales de aprendizaje»; creación de webs y materiales *on line* de modo que puedan ser utilizados y compartidos por diferentes centros y aulas.

En este último lustro, tanto el Ministerio de Educación como las distintas Consejerías de Educación de las Comunidades Autónomas han realizado importantes inversiones económicas destinadas a dotar a los centros educativos de un número significativo de ordenadores y dc conexión a Internet. En el último informe sobre la situación de las TIC en las aulas de los sistemas escolares europeos (European Commision, 2006) se ha puesto de manifiesto que el problema actual del sistema escolar español con relación a las TIC ya no es la carencia de máquinas digitales en los centros o la ausencia de conexión a la red Internet –aunque siempre será necesario seguir invirtiendo para actualizar los equipos cara a mejorar la calidad de los recursos informáticos y de las telecomunicaciones–. El problema ahora está en dilucidar cómo formar adecuadamente al alumnado como sujetos competentes y con capacidad crítica para enfrentarse a la maraña de información que caracteriza a la sociedad del siglo XXI, así como innovar los métodos de enseñanza y mejorar la calidad de los procesos de aprendizaje del alumnado apoyándose para ello en el uso de las TIC.

Expresado en otras palabras, la incorporación de las TIC a la educación escolar debe ser realizado en un doble plano o dimensión paralelos, pero complementarios:

1) Las TIC como *objeto, ámbito o competencia* formativa (es decir, las TIC entendidas como un contenido de formación destinado a adquirir las capacidades y habilidades para el uso inteligente y crítico de las tecnologías por los estudiantes).

2) Las TIC como *recursos de apoyo* a la docencia y el aprendizaje de cualquier contenido de un área curricular (las TIC entendidas como instrumentos de apoyo tanto al trabajo docente como a las tareas que realizan los alumnos).

A continuación analizaremos con mayor detalle y atención ambas caras o planos de la integración y uso de las tecnologías digitales en la práctica de enseñanza de las escuelas y centros educativos. En el primer caso, las TIC como objeto de estudio o de formación del alumnado en las competencias para su uso, estaremos haciendo referencia al concepto de **alfabetismo digital** o **informacional.** En el segundo caso, las TIC como recursos de apoyo, abordaremos la incorporación y uso de las mismas en los procesos de enseñanza-aprendizaje desarrollados en el aula y que requieren replantear e innovar las metodologías docentes tradicionales. Finalizaremos con una breve reflexión sobre los nuevos retos que para el profesora supone enseñar con TIC y de su uso para el trabajo colaborativo entre docentes.

8.2. La alfabetización en la cultura y tecnología digital como condición necesaria para la ciudadanía democrática en la sociedad de la información

A lo largo de los siglos XIX y XX hemos definido como persona alfabetizada a aquella que dominaba los códigos de acceso a la cultura escrita o impresa (saber leer) y que a la vez poseía las habilidades para expresarse a través del lenguaje textual (saber escribir). Hoy en día, en un mundo donde la comunicación se produce no sólo a través del lenguaje escrito, sino también a través de otros lenguajes como son el audiovisual y a través de soportes y formas de representación *multimediadas* el concepto de alfabetización cambia radicalmente. En la actualidad el dominio únicamente de la lectoescritura es insuficiente ya que sólo permite acceder a una parte de la información vehiculada en nuestra sociedad: a aquella que está accesible a través de los libros y demás materiales impresos. Una persona analfabeta en la tecnología digital queda al margen de la red comunicativa que ofertan las nuevas tecnologías.

¿Qué estamos sugiriendo? Que aquellos ciudadanos que no sepan desenvolverse con la tecnología digital de un modo inteligente (saber conectarse y navegar por redes, buscar la información útil, analizarla y reconstruirla, comunicarla a otros usuarios) no podrán acceder a la cultura y el mercado de la sociedad de la información. Es decir, aquellos ciudadanos que no estén cualificados para el uso de las Tecnologías de la Información y Comunicación (TIC) tendrán mayores probabilidades de ser marginados culturales en la sociedad del siglo XXI. Este analfabetismo digital provocará, seguramente, mayores dificultades en el acceso y promoción en el mercado laboral, indefensión y vulnerabilidad ante la manipulación informativa, incapacidad para la utilización de los recursos de comunicación digitales.

Ante este fenómeno existe el consenso de que deben desarrollarse políticas y acciones formativas destinadas a facilitar el acceso a la cultura y tecnologías propias de la sociedad de la información. Los empresarios reclaman trabajadores que sepan utilizar los recursos telemáticos, los sindicatos organizan actividades formativas de esta naturaleza, los gobiernos invierten en equipamientos y planes destinados a facilitar el uso de las nuevas tecnologías, etc. La necesidad de impulsar la alfabetización tecnológica es evidente y nadie cuestiona que se forme a los ciudadanos en las mismas.

El problema surge cuando nos planteamos porqué y para qué fines educar a las personas en el uso de las nuevas tecnologías de la información y comunicación. La respuesta a esta cuestión no sólo tiene que ver con los presupuestos y propósitos pedagógicos, sino también, y sobre todo, la respuesta a esa cuestión hunde sus raíces en los planteamientos sociales y políticos de quien la responde. No todos los argumentos son inocuos ni neutrales, sino que bajo los mismos se agazapan intereses económicos y políticos. Por ello, cualquier proyecto educativo dirigido a la formación e integración de los ciudadanos en la sociedad de la información será ingenuo si obvia, soslaya o ignora la naturaleza política de dichos discursos.

Pudiéramos identificar dos discursos o concepciones de la alfabetización digital derivadas de la tensión entre elaborar programas formativos bajo las premisas y necesidades impuestas por la economía de mercado, o bien desarrollar proyectos y programas educativos destinados a integrar democráticamente a todos los ciudadanos en la sociedad de la información (Area, 2001; 2005) (Figura 8).

En el primer caso, el mercado reclama trabajadores y consumidores cualificados para que accedan a los productos y mercancías de la nueva economía digital y la alfabetización, fundamentalmente, se concibe y se desarrolla como la adquisición de las habilidades y dominio instrumental de las tecnologías de la información: saber navegar hipertextualmente, enviar y recibir correo electrónico, rellenar formularios digitales, cualificarse en el uso de la ofimática y/o software vinculado con la actividad profesional,... Es pues un discurso condicionado por los intereses del mercado y que responde, en consecuencia, a criterios de rentabilidad económica. En las políticas educativas derivadas de este discurso se ofrecen cursos de formación digital con la intencionalidad de cualificar a los trabajadores y a la vez capacitar a los consumidores para que puedan acceder y comprar la multitud de nuevos productos digitales disponibles en el mercado. Estas políticas argumentan la necesidad de la alfabetización ya que es condición necesaria para la competitividad y crecimiento económico de un país.

En el segundo caso, el acento se pone en el discurso político de la formación. Hacerlo de este modo significará concebir a las personas más como ciudadanos, como sujetos autónomos que como meros consumidores de mercancías culturales. La meta educativa de la alfabetización, desde este discurso, será formar personas que sepan desenvolverse crítica e inteligentemente a través de redes de ordenadores de modo tal que no estén indefensos intelectual y culturalmente ante las mismas. Este discurso alternativo sobre la alfabetización parte del supuesto de que las nuevas tecnologías tienen efectos sustantivos en la formación política de la ciudadanía, en la configuración y transmisión de ideas y valores ideológicos, en el desarrollo de actitudes hacia la interrelación y convivencia con los demás seres humanos,... siendo deudor de los planteamientos y filosofía educativa de Paulo Freire. La alfabetización, en consecuencia, no puede consistir solamente en la adquisición de las habilidades instrumentales de acceso y manipulación de la información a través de medios digitales. La alfabetización debe plantearse también como la formación política de los ciudadanos en un entorno económico, cultural y social dominado por las tecnologías de la información y comunicación de modo que esta formación es un derecho individual, pero también una necesidad social para evitar las desigualdades en el acceso a la cultura digital y para el progreso democrático de nuestra sociedad.

La alfabetización como demanda del mercado y economía globalizada	La alfabetización como necesidad de la ciudadanía democrática
• Se alfabetiza digitalmente a los trabajadores para que puedan desempeñar adecuadamente las nuevas tareas que implican los puestos de trabajo de la economía globalizada. • Se necesita formar a los consumidores para que puedan comprar y utilizar los nuevos productos digitales. • Se ofrece una formación de naturaleza instrumental destinada a aprender a usar el hardware y el software. • La alfabetización digital se concibe como una condición necesaria para la competitividad y crecimiento económico.	• La formación integral de un ciudadano del siglo XXI requiere el dominio de todos los códigos y tecnologías de la cultura para que pueda ejercer plenamente sus derechos cívicos • Lo relevante no es la tecnología en sí misma, sino el uso intelectual, social y ético de la misma. • Se pone énfasis en la formación no sólo instrumental de la tecnología, sino también en el desarrollo de los aspectos cognitivos, actitudinales y axiológicos de la misma. • La alfabetización digital se concibe como un derecho individual, una necesidad para el progreso democrático y para evitar nuevas desigualdades sociales.

Figura 8. Discursos o concepciones sobre la alfabetización digital.

8.2.1. ¿Qué entendemos por multialfabetismo? Dimensiones o ámbitos para una formación integral del ciudadano del siglo XXI

La alfabetización, es decir, el proceso de capacitación de un individuo para que pueda acceder y comprender las formas simbólicas y los contenidos de los medios de comunicación, al menos los de naturaleza impresa, así como expresarse y comunicarse a través de la escritura, fue una de las metas sustantivas e irrenunciables de la escolaridad de los dos últimos siglos. Enseñar a leer, escribir y contar durante muchas décadas fue la razón que justificaba la existencia de la escuela como institución pública.

Desde el siglo XVI, desde la invención de la imprenta, los libros y documentos impresos se convirtieron en los garantes y depositarios del conocimiento y la información. Quien quisiera acceder a la cultura y el saber tenía que dominar las competencias de la lectura y la escritura. Este proceso de aprendizaje de los símbolos textuales no es fácil ni rápido ya que estamos ante códigos de naturaleza abstracta y cuya sintaxis es compleja. Aprender a leer y escribir es una tarea larga en el tiempo y que requiere del alumno un esfuerzo considerable y constante. Por esta razón, la alfabetización en el lenguaje escrito es una acción que se desarrolla en los primeros años de escolaridad con los niños, pero que resulta tediosa y complicada para las personas adultas. La alfabetización es ante todo la llave o instrumento esencial que permite la adquisición del resto de aprendizajes escolares. En muchas ocasiones una adquisición defectuosa de las destrezas de lectoescritura explica gran parte del fracaso escolar de numerosos alumnos.

Es evidente que hoy en día el concepto de alfabetización en la lectoescritura debe ampliarse abarcando e incluyendo nuevas fuentes de acceso a la información, así como el dominio de las competencias de decodificación y compresión de sistemas y formas simbólicas multimediadas de representación del conocimiento. Por ello, muchos autores hablan del concepto de alfabetización múltiple, alfabetización en la información (ALFIN) o multialfabetismo. Los libros de Gutiérrez Martín (2003), la compilación realizada por Snyder (2004) donde distintos autores norteamericanos reflexionan sobre este concepto, el texto de Kerr (2005), así como la obra coordinada por Monereo (2005) abordan la problemática de la alfabetización en la tecnología y cultura digital como uno de los retos escolares más acuciantes, urgentes y complejos del tiempo actual. En este sentido Monereo (2005) identifica cuatro grandes tipos de competencias para el uso de Internet que sintetizo como sigue: a) competencias para buscar información y aprender a aprender; b) competencias para aprender a comunicarse; c) competencias para aprender a colaborar; y d) competencias para aprender a participar en la vida pública.

Los textos referidos, aunque abordan esta cuestión con enfoques y apoyaturas teóricas diferentes, coinciden en que la alfabetización (o desarrollo de competencias, tal como la refieren Monereo y colaboradores) debe plantearse como un proceso de aprendizaje que debe ir construyendo cada alumno, bien individualmente o en grupo, a través del uso de distintos tipos de medios y tecnologías de la información y comunicación. De este modo la tecnología no sólo se concibe como un recurso de trabajo o material de apoyo en las tareas docentes, sino también como un espacio o entorno sobre el cual el alumnado tiene que aprender a desenvolverse de cara a resolver situaciones problemáticas.

Como puede observarse, el nuevo concepto de alfabetización múltiple, informacional o multialfabetización focaliza su atención en la adquisición y dominio de destrezas centradas en el uso de la información, y no tanto, en las habilidades de utilización de la tecnología. Al respecto, existen distintas definiciones de Alfabetización Informacional o ALFIN como la formulada por la ALA (*American Library Association*) o la CILIP (2004) donde se la define como «*Alfabetización Informacional es saber cuándo y porqué necesitas información, dónde encontrarla y cómo evaluarla, utilizarla y comunicarla de manera ética*». Por ello, podemos afirmar que los mayores retos y dificultades en la alfabetización en la cultura digital no se encuentran en la adquisición de las habilidades de manipulación del hardware y software informático, sino en las competencias y habilidades intelectuales para el uso de las mismas con fines inteligentes.

Plantear que la alfabetización consiste en obtener este tipo de conocimientos instrumentales es mantener una visión reduccionista, simple y mecanicista de la complejidad de la formación o alfabetización en los nuevos códigos y formas comunicativas de la cultura digital. Al respecto distintos autores (Gutiérrez, 2003; Snyder, 2004) han abordado esta cuestión poniendo de manifiesto que la adquisición de destrezas de uso inteligente de las nuevas tecnologías pasa, al menos, por el dominio instrumental de las mismas junto con la adquisición de competencias relacionadas con la búsqueda, análisis, selección y comunicación de datos e informaciones cara a que el alumno transforme la información en conocimiento. Dicho de otro modo, la alfabetización en la cultura digital supone aprender a manejar los aparatos, el software vinculado con los mismos, y el desarrollo de competencias o habilidades cognitivas relacionadas con la obtención, comprensión y elaboración de información. A estos ámbitos formativos habremos de añadir el cultivo y desarrollo de actitudes y valores que otorguen sentido y significado moral, ideológico y político a las acciones desarrolladas con la tecnología.

Lo relevante, en este planteamiento, será el desarrollo de procesos formativos dirigidos a que cualquier sujeto aprenda a aprender (es decir, adquiera las habilidades para el autoaprendizaje de modo permanente a lo largo de su vida); sepa enfrentarse a la información (buscar, seleccionar, elaborar y difundir aquella información necesaria y útil); se cualifique laboralmente para el uso de las nuevas tecnologías de la información y comunicación; y tome conciencia de las implicaciones económicas, ideológicas, políticas y culturales de la tecnología en nuestra sociedad. Por esta razón, una meta educativa importante para las escuelas debiera ser la formación de los niños y jóvenes como usuarios conscientes y críticos de las nuevas tecnologías y de la cultura que en torno a ellas se produce y difunde.

En consecuencia, un modelo educativo integral para la alfabetización en el uso de las nuevas tecnologías (Figura 9) requiere el desarrollo de cuatro ámbitos o dimensiones formativas:

a) **Dimensión instrumental.** Relativa al dominio técnico o instrumental de cada tecnología. Es decir, conocimiento práctico o habilidades para el uso del hardware (montar, instalar y utilizar los distintos periféricos y aparatos informáticos) y del software o programas informáticos (bien del sistema operativo, de procesadores de textos, de tratamiento de la imagen, de navegación por Internet, de comunicación, etc.).

b) **Dimensión cognitiva.** Relativa a la adquisición de los conocimientos y habilidades específicos que permitan buscar, seleccionar, analizar, comprender y recrear la enorme cantidad de información a la que se accede a través de las nuevas tecnologías, así como comunicarse con otras personas mediante los recursos digitales. Es decir, aprender a utilizar de forma inteligente la información tanto para acceder a la misma, como a recrearla y difundirla a través de distintas modalidades simbólicas y mediante distintas fuentes y recursos digitales.

c) **Dimensión actitudinal.** Relativa al desarrollo un conjunto de actitudes hacia la tecnología de modo que no se caiga ni en un posicionamiento tecnofóbico (es decir, que se las rechace sistemáticamente por considerarlas maléficas) ni en una actitud de aceptación acrítica y sumisa de las mismas. Asimismo supone adquirir y desarrollar normas de comportamiento que impliquen una actitud social positiva hacia los demás, como puede ser el trabajo colaborativo, el respeto y la empatía.

d) **Dimensión axiológica.** Relativa a la toma de conciencia de que las tecnologías de la información y comunicación no son asépticas ni neutrales desde un punto de vista social, sino que las mismas inciden significativamente en el entorno cultural, político y medioambiental de nuestra sociedad, así como a la adquisición de valores y criterios éticos con relación al uso de la información y de la tecnología evitando conductas de comunicación socialmente negativas.

DIMENSIÓN INSTRUMENTAL	DIMENSIÓN COGNITIVA
Saber manejar el hardware y software de los distintos recursos tecnológicos.	Desarrollar habilidades de uso inteligente de la información y comunicación (buscar datos, seleccionar, reconstruir, intercambiar y difundir información con distintos códigos y tecnologías).
DIMENSIÓN ACTITUDINAL	**DIMENSIÓN AXIOLÓGICA**
Desarrollar actitudes racionales ante la tecnología (ni tecnofobia ni tecnofilia) y actitudes positivas en la comunicación.	Adquirir criterios para análisis crítico de la información y valores éticos en el uso de la tecnología y comunicación.

Figura 9. Dimensiones de la multialfabetización.

Este planteamiento de la alfabetización, como ya indicamos, es deudor de las ideas expresadas por Paulo Freire (Freire y Macedo, 1989; Freire, 1990), en el sentido de que la alfabetización no sólo es un problema técnico de adquisición de la mecánica codificadora de los símbolos de la lectoescritura, sino un aprendizaje profundo y global que ayuda al sujeto a emanciparse, a reconocer la realidad que le circunda y en consecuencia, a reflexionar sobre la misma y actuar en consecuencia con su pensamiento. La alfabetización, desde esta perspectiva, debe representar la adquisición de los recursos intelectuales necesarios para interactuar tanto con la cultura existente como para recrearla de un modo crítico y emancipador (Area, 2001) y, en consecuencia, como un derecho y una necesidad de los ciudadanos de la sociedad informacional. El reto escolar, por tanto, será formar al alumnado como un usuario competente en el tratamiento de la información independientemente del vehículo o tecnología a través de la cual se transmite y cualificarlo para interactuar inteligentemente con variadas formas culturales (Pérez Gómez, 2001; Sancho, 2002; Gutiérrez, 2003).

Currículum Ed. Infantil (2º ciclo) (BOE 4-1-2007)	En el Artículo 5 referido a «Contenidos educativos y currículo» se indica que deben iniciarse experiencias para el desarrollo de habilidades en las tecnologías de la información y comunicación Por otra parte en el área de «Lenguajes: Comunicación y Representación» existe un bloque de contenidos denominado: Lenguaje audiovisual y tecnologías de la información y la comunicación.

Objetivo general de la Educación Primaria (BOE 8-12-2006)	Iniciarse en la utilización, para el aprendizaje, de las tecnologías de la información y la comunicación desarrollando un espíritu crítico ante los mensajes que reciben y elaboran.
Objetivo general de la Educación Secundaria Obligatoria (BOE 5-1-2007)	Desarrollar destrezas básicas en la utilización de las fuentes de información para, con sentido crítico, adquirir nuevos conocimientos. Adquirir una preparación básica en el campo de las tecnologías, especialmente las de la información y la comunicación.
Competencia básica «Tratamiento de la información y competencia digital» (común para todas las áreas curriculares tanto en Educación Primaria como en ESO)	Esta competencia consiste en disponer de habilidades para buscar, obtener, procesar y comunicar información, y para transformarla en conocimiento. Incorpora diferentes habilidades, que van desde el acceso a la información hasta su transmisión en distintos soportes una vez tratada, incluyendo la utilización de las tecnologías de la información y la comunicación como elemento esencial para informarse, aprender y comunicarse.

Figura 10. ¿Qué dicen los currículos oficiales con relación a las TIC?

En este sentido la reciente publicación de los decretos ministeriales de mínimos de los currícula de Educación Primaria (BOE 8-12-2006) y para la Educación Secundaria Obligatoria (BOE 5-1-2007), entre otras novedades derivadas de la implantación de la LOE (Ley Orgánica de Educación), ha legitimado oficialmente un modelo de currículum basado en el desarrollo de competencias comunes y transversales a todas las áreas y asignaturas que configuran estas etapas educativas. Se han propuesto ocho competencias básicas tanto en el currículum de Educación Primaria como en ESO entre las que se encuentra la denominada *Tratamiento de la información y competencia digital,* la cual es definida en dichos decretos como:

«(…) disponer de habilidades para buscar, obtener, procesar y comunicar información, y para transformarla en conocimiento. Incorpora diferentes habilidades, que van desde el acceso a la información hasta su transmisión en distintos soportes una vez tratada, incluyendo la utilización de las tecnologías de la información y la comunicación como elemento esencial para informarse, aprender y comunicarse».

En este sentido, la incorporación de esta competencia formativa a la educación básica de nuestro sistema escolar supone reconocer la indudable trascendencia de estos conocimientos y capacidades para el desenvolvimiento de los futuros ciudadanos en un contexto social en el que la información y la comunicación a través de tecnologías digitales es un fenómeno y realidad omnipresente en todos los ámbitos de la sociedad del siglo XXI. Este ámbito formativo, que en los decretos reguladores del currículum escolar, denominan como competencia en el tratamiento de la información y la tecnología digital, no es otra cosa que la revisión y actualización del ya veterano concepto de «alfabetización» adaptado a los nuevos tiempos digitales en una línea similar a la que hemos planteado en las páginas precedentes.

8.3. Las TIC como recursos de apoyo a la enseñanza y el aprendizaje: principios para la utilización didáctica de los ordenadores en el aula

El segundo eje o ámbito de análisis con relación a la incorporación e integración pedagógica de las tecnologías digitales en la educación escolar se refiere al uso de las mismas como recursos, herramientas o instrumentos de apoyo tanto a los procesos de enseñanza desarrollados por los profesores como a los implicados en los aprendizajes del alumnado. Tanto en un caso (las TIC como apoyo a la docencia desarrollada por los profesores) como en el otro (las TIC como apoyo a la actividad de aprendizaje del alumnado) pueden ser utilizadas para fines de naturaleza muy diversa y adaptadas a distintas situaciones de uso. Un listado descriptivo de los potenciales usos de estas tecnologías por parte de uno y otro agente educativo podría sintetizarse del siguiente modo:

Utilidades de las TIC para el PROFESOR (apoyo a la docencia)

- Para realizar las programaciones, fichas de actividades, pruebas de evaluación, seguimiento individualizado de cada alumno.

- Para elaborar y publicar en Internet materiales didácticos para su alumnado, es decir, que prepare páginas web de su asignatura accesibles al alumnado para su consulta permanente.

- Para apoyar las explicaciones de clase a través de pizarras digitales.

- Para que el profesor se comunique con las familias y alumnado a través de correo electrónico para darles información.

- Para desarrollar diarios (*blogs*) de experiencias docentes.

- Para crear un grupo docente de trabajo colaborativo apoyado en la Red.

Utilidades de las TIC para el ALUMNADO (apoyo al aprendizaje)

- Para aprender a buscar, seleccionar y analizar información y datos con un propósito determinado.

- Para adquirir las competencias y habilidades de manejo de las distintas herramientas y recursos tecnológicos.

- Para cumplimentar y realizar distintas tareas de aprendizaje como pueden ser:

  - Redactar textos escritos.

  - Elaborar presentaciones multimedia.

  - Resolver ejercicios y juegos *on* line.

  - Desarrollar proyectos de trabajo en WWW.

  - Comunicarse y trabajar colaborativamente a distancia empleando recursos de Internet: foros, *wikis*, *blogs*, transferencias ficheros, correos, *messenger*.

- Para expresarse y difundir sus ideas y trabajos empleando distintas formas y recursos tecnológicos (elaborar montajes audiovisuales, multimedia, páginas web).

Sin embargo, la pregunta clave no sólo es plantearnos para qué tipo de tareas podemos emplear la tecnología, sino ¿cómo podemos utilizar didácticamente estas tecnologías con la finalidad de desarrollar procesos educativos de calidad en el contexto de las aulas escolares? , o dicho en otras palabras ¿cuáles debieran ser los principios y criterios pedagógicos que un docente debiera tener en cuenta a la hora de planificar, implementar y evaluar actividades apoyadas en el uso de la tecnología de forma que éstas tengan valor y potencial educativo?

Desde que en los primeros años de la década de los setenta en los que se iniciaron las primeras experiencias de la informática educativa hasta la actualidad hemos ido obteniendo un valioso conocimiento, muchas veces fruto más de los errores e ingenuidades cometidas que de los aciertos, que nos señala algunos de los criterios y principios que deben ser tenidos en cuenta a la hora de planificar, desarrollar y evaluar proyectos, actividades o unidades de trabajo en el aula basados en el uso de la tecnología. A continuación desgranaré algunos de los principios a los que me estoy refiriendo:

a) En primer lugar, hemos de ser conscientes de que los ordenadores *per se* no generan automáticamente una mejora sobre la enseñanza y el aprendizaje. Es una falacia o creencia ingenua suponer que por el mero hecho de incorporar ordenadores a los procesos de enseñanza, éstos de forma cuasiautomática mejoran la calidad del proceso educativo incrementando la capacidad de aprendizaje de los alumnos. Mantener la tesis de que la presencia de la tecnología en el aula supondrá necesariamente innovación pedagógica así como mejora de la motivación y rendimiento del alumnado es mitificar el potencial intrínseco de los ordenadores en la enseñanza.

Los efectos pedagógicos de las TIC no dependen solamente de las características de la tecnología utilizada, sino y sobre todo de las tareas que se demandan que realice el alumno con las mismas, del entorno social y organizativo de la clase, de la estrategia metodológica implementada, y del tipo de interacción comunicativa que se establece entre el alumnado y el profesor durante el proceso de aprendizaje. Es decir, la calidad educativa no depende directamente de la tecnología empleada (sea impresa, audiovisual o informática), sino del método de enseñanza bajo el cual se integra el uso de la tecnología así como de las actividades de aprendizaje que realizan los alumnos con dichos recursos.

b) En segundo lugar, hemos de indicar que las TIC facilitan la organización y desarrollo de procesos de aprendizaje de naturaleza socioconstructivista. El constructivismo social es, en estos momentos, la teoría psicológica del aprendizaje más extendida y consolidada en los ámbitos de la investigación educativa. Apoyada en las aportaciones de Piaget, Vigotsky, Brunner, y otros autores contemporáneos, básicamente se defiende que el aprendizaje escolar debe ser un proceso constructivo del conocimiento que el alumno elabora a través de actividades aprendiendo a resolver situaciones problemáticas en colaboración con otros compañeros. El aprendizaje, en consecuencia, es un proceso de reconstrucción de significados que cada individuo realiza en función de su experiencia en una situación dada.

Por ello, la tecnología, desde estas posiciones, no debe ser el eje o centro de los procesos de enseñanza, sino un elemento mediador entre el conocimiento que debe construirse y la actividad que debe realizar el alumnado. Frente a la Enseñanza Asistida por Ordenador de inspiración conductista en la que el software es el protagonista del proceso, y el papel del alumno es ser receptor de las indicaciones del mismo, los planteamientos constructivistas de la informática ponen el acento en el humano que, en colaboración con otros sujetos, desarrolla acciones con la tecnología. La creación de entornos de aprendizaje en los que se le pide al alumnado que *actúe* sobre el ordenador de forma que éste reaccione ante la actividad del mismo, la posibilidad de comunicación con otros compañeros situados en aulas geográficamente distantes de modo de intercambien opiniones y puedan trabajar de forma colaborativa, o los entornos 3D en los que se simulan objetos, fenómenos o situaciones de modo virtual (como conducir un avión, planificar una ciudad, o visitar una pirámide) son ejemplos de la utilización de la tecnología digital al servicio de procesos de aprendizaje constructivistas (EducaMadrid, 2004; Siraj-Blatchford, 2005; Escribano,2005).

c) En tercer lugar, la tecnología informática, a diferencia de la impresa o el soporte audiovisual, permite manipular, almacenar, distribuir y recuperar con gran facilidad y rapidez grandes volúmenes de información. Frente a las limitaciones y dificultades de acceso a la información que imponen los libros o los vídeos –ya que éstos tienen que estar disponibles físicamente en el aula o centro para que puedan ser utilizados por el alumnado en el tiempo escolar–, Internet y los discos digitales son recursos que distribuyen y/o almacenan ingentes cantidades de datos (en formato documento de lectura, en imágenes fija, en esquemas y gráficos, en imágenes en movimiento, en sonidos, etc.) susceptibles de ser empleadas en un proceso de aprendizaje que requiera del alumnado las habilidades o capacidades de uso inteligente de la información.

Lograr el desarrollo de estas capacidades solamente se realizará si planificamos y ponemos en práctica situaciones de aprendizaje que demanden al alumnado elaborar o construir el conocimiento en el sentido de que sea él quien tenga que tomar las decisiones adecuadas para resolver un determinado problema. La decisión de identificar qué datos son los necesarios y en consecuencia elaborar estrategias de búsqueda de la información y saber hacerlo en la maraña entrelazada de recursos existentes en Internet; analizar, discriminar y seleccionar los documentos, webs o ficheros encontrados; reelaborar toda la información disponible construyendo un ensayo o trabajo personal; redactarlo y darle formato bien textual, gráfico o multimedia; y finalmente difundirlo sea mediante una página web, una presentación multimedia, o un póster, son habilidades de uso inteligente de la información vinculadas con las capacidades a desarrollar en la alfabetización múltiple del alumnado en cuanto sujeto que debe desenvolverse en la sociedad informacional.

d) Finalmente, en cuarto lugar, hemos de destacar que las tecnologías digitales son poderosos recursos para la comunicación entre sujetos (tanto alumnado como profesorado) que se encuentren distantes geográficamente o bien que no coincidan en el tiempo. En este sentido, las TIC al servicio educativo permiten que el alumnado pueda trabajar colaborativamente con otros grupos de alumnos pertenecientes a geografías, espacios o territorios alejados. Instrumentos tales como el correo electrónico, el foro, los chats o las videoconferencias son recursos que posibilitan el desarrollo de actividades y tareas entre grupos de alumnos y/o docentes que sin los mismos serían prácticamente inviables. Actividades como la «correspondencia escolar» de fuertes raíces freinetianas que en el pasado representaba un alto coste de trabajo para el docente se ven facilitadas con la implantación del correo electrónico. Proyectos de trabajo colaborativo como son los denominados «círculos de aprendizaje» entre alumnado de distintos países o comunidades son posibles gracias al desarrollo de este tipo de tecnologías como veremos más adelante. La colaboración e intercambio de materiales, unidades didácticas o experiencias pedagógicas entre docentes se pueden articular y facilitar organizando sitios web o espacios virtuales con esta finalidad. Lo destacable, es que las TIC, a diferencia de las anteriores tecnologías como la impresa o audiovisual, además de ser soportes para la transmisión y difusión de información, son recursos que facilitan e incrementan la interacción comunicativa entre los sujetos superando las limitaciones representadas por las barreras geográficas y/o temporales lo que implica que el alumnado debe desarrollar nuevas y variadas competencias intelectuales, actitudinales y sociales para desenvolverse de forma inteligente ante estas tecnologías (Monereo, 2005).

Esta visión del uso de la informática en la enseñanza que se deriva de los anteriores principios responde a una tradición o escuela de pensamiento que ha abordado el uso de la tecnología en la enseñanza desde parámetros o raíces epistemológicas distintas de las teorías tecnocéntricas y conductuales del aprendizaje. El catálogo o criterios de uso pedagógico de las TIC que acabamos de apuntar fundamenta sus propuestas en los movimientos psicopedagógicos educativos europeos (y en también norteamericanos) desarrollados en la primera mitad del siglo XX. Estos modelos y métodos didácticos de uso de las TIC están derivados, o al menos fuertemente influidos, por los principios constructivistas del aprendizaje (Piaget, Vigotsky o Bruner) así como de los principios pedagógicos de la «Escuela Nueva» o activa (Decroly, Dewey, Kilpatrick, Cousinet o Freinet, entre otros). Esto se proyecta en propuestas metodológicas basadas en el uso de Internet como son el aprendizaje basado en problemas (PBL), las *webquest* y cazas del tesoro (March, Dodge), el aprendizaje por proyectos (APP) (Moursund), los círculos de aprendizaje (Reil), los proyectos cooperativos telemáticos, el Aprendizaje por Proyectos Globales (ApPG) o el denominado con sus siglas en inglés CSCL (Aprendizaje Colaborativo a través del Ordenador) son los ejemplos más extendidos de la aplicación de dichos principios al aprendizaje con ordenadores en el aula.

Desde mi punto de vista, el sustrato teórico que justifica los modelos de enseñanza por proyectos a través de la Red, consciente o inconscientemente, de forma explícita o implícita, son deudores de los principios psicopedagógicos formulados en la primera mitad del siglo XX por un importante conjunto de psicólogos y pedagogos que sentaron las líneas maestras de lo que debiera ser una enseñanza «activa» basada en la actividad del alumno en distintos ámbitos tanto cognitivos, actitudinales, sociales, psicomotrices. Es el principio de «aprender haciendo» como contraposición a métodos de enseñanza basados en la transmisión expositiva del conocimiento y en su recepción por parte de los alumnos.

El aprendizaje a través de la experiencia del alumno, de la construcción del conocimiento a partir del análisis de los resultados obtenidos y del proceso seguido, la elaboración de planes y proyectos de trabajo destinados a la resolución de situaciones problemáticas, el trabajo en equipo y la colaboración entre los miembros de un grupo, el desarrollo de las habilidades y competencias relativas a la búsqueda de información en distintas fuentes, el análisis y reconstrucción de la misma por parte del alumnado, la evaluación continua y formativa de las diversas actividades durante todo el proceso de aprendizaje, el cultivo de la reflexión crítica y la adquisición de hábitos de trabajo intelectual, la vinculación de la teoría con la práctica, la transferencia del conocimiento académico a la vida cotidiana, la motivación del estudiante para que se implique y se esfuerce en querer aprender, la autonomía y el aprender a aprender por sí mismos, entre otras muchas ideas, representan una constelación de supuestos y principios teóricos derivados del movimiento de la Escuela Nueva al que nos referimos anteriormente. Por todo ello, los webquest y otras propuestas más o menos novedosas de uso educativo de la Red, como las citadas anteriormente, no serían más que la relectura y aplicación de esos veteranos principios pedagógicos a los nuevos tiempos digitales.

Las nuevas tecnologías de la información y comunicación en general, e Internet en particular, por sus características potenciales como recursos que convierten al aula en una puerta de acceso a enormes cantidades de información de diverso tipo y naturaleza; que permiten el intercambio de flujos comunicativos entre alumnos de geografías distantes posibilitando la comunicación al margen del tiempo y el espacio; que facilitan la producción y difusión de las ideas, trabajos y materiales generados por los estudiantes y los docentes; que integran en un único medio o entorno (la pantalla) múltiples formas simbólicas y expresivas –sonidos, imágenes fijas, en movimiento, textos, animaciones, gráficos en 3 dimensiones,...– Internet, por todo ello, representa, en estos momentos, uno de los recursos, o si se prefiere, uno de los territorios culturales más estimulantes, variados y potentes que tienen los maestros para aplicar y poner en práctica los principios psicológicos del constructivismo social, y de la denominada Escuela Nueva.

Sin embargo, el reto no es fácil ni está exento de dificultades de diversa índole. En unos casos los obstáculos se derivan de la ausencia o insuficiencia de los recursos tecnológicos y/o infraestructurales para las comunicaciones para acceder a Internet. En otras situaciones, las dificultades surgen con relación a la ausencia de conocimientos y destrezas informáticas de los propios docentes, debido, en unos casos, a la carencia de formación en competencias informáticas, en otros, a su incapacidad para entender y desenvolverse de forma habilidosa y autosuficiente con la cultura que rodea a estas máquinas digitales. Otras veces, los problemas se derivan de la inadecuada planificación de proyectos educativos, de unidades didácticas, o de actividades de aprendizaje para que sean implementadas por los alumnos utilizando TIC. Incluso, en muchos casos, la dificultad se deriva de la complejidad organizativa y de gestión de la clase que supone que el alumnado esté trabajando por grupos en distintas tareas y con medios variopintos frente al monolitismo grupal que supone organizar la clase en torno a un mismo texto escolar.

8.4. TIC y profesorado: nuevos retos docentes y las redes virtuales para el trabajo colaborativo entre docentes

Utilizar los ordenadores de forma más o menos habitual con el alumnado y que dicha práctica docente tenga valor y significado pedagógico representará para la inmensa mayoría del profesorado un enorme esfuerzo de aprendizaje en la adquisición de nuevas habilidades relacionadas con el cambio en las formas de agrupamiento y gestión de la clase, en la planificación de actividades basadas en el uso de los recursos de Internet o del multimedia educativo, en el establecimiento de nuevos criterios evaluativos de los productos y trabajos que realicen los alumnos, en saber resolver las dudas que éstos planteen cuando se les *cuelgue* un programa informático o no sepan cómo utilizarlo,... Enseñar con ordenadores requiere de una metodología distinta al modelo tradicional basado en el libro de texto, la clase magistral o en apuntes. Y cambiar estas rutinas y habilidades docentes es un problema complejo, que exige mucho entusiasmo, tiempo y esfuerzo continuado.

Los principales desafíos que suponen para el profesorado enseñar con las TIC en una perspectiva metodológica que asuma los planteamientos y principios que estamos enunciando se pueden sintetizar en las siguientes ideas:

a) Ayudar al alumnado a reconstruir y dar significado a la multitud de información que obtiene extraescolarmente.

b) El profesor debe asumir la pérdida de su monopolio como fuente única del conocimiento, así como reconocer que el alumnado sabe y domina más la tecnología que los adultos.

c) El papel del docente en el aula debe ser más un organizador y supervisor de actividades de aprendizaje que los alumnos realizan con tecnologías, más que un transmisor de información elaborada.

d) Enseñar con ordenadores en una perspectiva constructivista incrementa la complejidad de gestión de la clase.

e) Frente al aprendizaje como una experiencia individual el reto es utilizar la tecnología para generar procesos de aprendizaje colaborativo entre los alumnos de la clase y entre clases geográficamente distantes.

Pero, ¿está preparado el profesorado para hacer frente a estos retos?, ¿dispone de los conocimientos y destrezas tanto informáticas como pedagógicas para saber organizar situaciones de aprendizaje en el aula basadas en el uso de TIC?, ¿bajo qué modelo educativo y para qué fines se pretende alfabetizar al alumnado como usuario de estos recursos tecnológicos?, ¿estas tecnologías facilitarán la adquisición de los aprendizajes académicos, entrarán en colisión con los objetivos tradicionales de aprendizaje o promoverán otros nuevos?...

Las preguntas son múltiples y todavía carecemos de respuestas adecuadas y certeras a las mismas. Es indudable que las tecnologías no son herramientas asépticas ni neutras, y su presencia (o ausencia) tiene importantes consecuencias para el modelo de escolaridad y práctica docente. Por ello, el profesorado tiene ante sí un reto altamente relevante y complejo al menos a corto y medio plazo ante el cual tiene que formarse. Hace algunos años publicamos un trabajo en el que afirmábamos:

«El profesorado pertenece a un grupo social, que por su edad, fue alfabetizado culturalmente en la tecnología y formas culturales impresas. La palabra escrita, el pensamiento académicamente textualizado, el olor a imprenta, la biblioteca como escenografía sublimada del saber han sido, y siguen siendo, para una inmensa mayoría de los docentes el único hábitat natural de la cultura y del conocimiento. La brusca aparición, en el último lustro, de las tecnologías digitales representa para esta generación una ruptura con sus raíces culturales. Gran parte del profesorado no tiene experiencia de interacción con las máquinas. El almacenamiento y organización hipertextual de la información, la representación multimediada de la misma son códigos y formas culturales desconocidas para la actual generación de docentes. Ante esta situación las reacciones suelen oscilar entre el rechazo o tecnofobia hacia las máquinas y la fascinación irreflexiva de estas formas de magia intelectual» (Yanes y Area, 1998).

El reto (mejor dicho, uno de los retos) de la profesión docente en estos tiempos de cambio acelerado es pasar de un modelo de profesionalidad basado en la individualidad, en el libro de texto, en la transmisión del conocimiento y en el aprendizaje por recepción, a un modelo de práctica docente basado en la utilización de múltiples tecnologías y en la organización de situaciones de aprendizaje basadas en la búsqueda, análisis y reconstrucción de la información por parte del alumnado. ¿Cómo hacerlo? La respuesta hemos de ir elaborándola entre todos a través de experimentar proyectos innovadores en el aula, en atrevernos a probar, a ensayar (y equivocarse) nuevas formas de agrupamiento del alumnado y de proponerles tareas novedosas.

El profesorado, al igual que otros muchos colectivos profesionales, está actualmente sometido a un proceso constante e interminable de cambios provocados por la transformación de los sistemas escolares y su adaptación a las nuevas características de la sociedad de la información. Por ello, la necesidad del reciclaje, actualización o perfeccionamiento profesional de los docentes es una condición necesaria para poder dar respuesta adecuada ante el cúmulo de nuevos problemas que se plantean en el interior de los centros y aulas educativos.

Es evidente que en este contexto la innovación y mejora de la práctica profesional no puede abordarse de forma aislada y en solitario. Por ello, la formación en grupo, la colaboración e intercambio de conocimientos y experiencias entre los docentes, la planificación, desarrollo y evaluación de proyectos de innovación conjuntos, la creación e intercambios de materiales curriculares... son acciones y estrategias fundamentales para la formación y actualización del ejercicio profesional docente vinculadas con la mejora de la calidad educativa.

8.5. A modo de comentario final

Para finalizar me gustaría recordar que el principal mensaje de este ensayo es que la incorporación de las TIC a las escuelas debe plantearse desde argumentos no sólo de naturaleza didáctica, sino también de naturaleza política, social y cultural. Por esta razón, cualquier propuesta para integrar las TIC en las aulas y escuelas debiera partir y hacer explícitas cuáles son sus coordenadas pedagógicas e ideológicas con relación al tipo y modelo de sociedad hacia el que queremos caminar. Dicho de otro modo, el uso de ordenadores en el contexto escolar no sólo se justifica porque éstos sean herramientas útiles para la mejora e innovación de la práctica enseñanza, sino también por la necesidad de formar y preparar a los futuros ciudadanos de la sociedad del siglo XXI que acaba de comenzar (Area, 2005).

Incorporar las TIC a la educación escolar debe plantearse como parte de una política educativa dirigida a facilitar el acceso a la tecnología y cultura digitales a todos los ciudadanos de modo que los niños y jóvenes conozcan los mecanismos técnicos y las formas de comunicación de las distintas tecnologías; adquieran criterios de valor que permitan a éstos discriminar y seleccionar aquellos productos de mayor calidad cultural; sepan sacar a la luz los intereses económicos, políticos e ideológicos que están detrás de toda empresa y producto mediático; así como que tomen conciencia del papel de los medios y tecnologías en nuestra vida cotidiana. Lo que está en juego es el modelo social de la sociedad de la información. Lograr las anteriores metas significará que ese modelo de sociedad futura se apoye más en principios y criterios democráticos que en los meramente mercantilistas (Guttman, 2001; Guarro, 2002; Escudero y otros, 2005; Bolivar, 2007).

Es indudable que la educación sigue siendo un motor clave y sustantivo para el cambio, el progreso y la cohesión social. El problema surge al servicio de qué modelo de sociedad de la información se desarrollan políticas formativas. El discurso mercantilista de la economía neoliberal domina el actual panorama del avance tecnológico, y por extensión, de los planes y proyectos gubernamentales que definen el desarrollo de la sociedad de la información a medio plazo. Los agentes educativos y de la cultura obviamente no podemos sustraernos y obviar estos fenómenos, pero tampoco podemos asumirlos y aplicarlos sumisamente sobre nuestra actividad pedagógica integrando las tecnologías digitales en la enseñanza con un planteamiento tecnocrático y eficientista. La educación es y seguirá siendo fundamentalmente una actividad de **interacción humana intencional,** y en consecuencia, es política, regulada por valores, ideas y sentimientos, aunque ahora podamos mediar dicha interacción con un sinfín de artefactos tecnológicos. Por ello, tanto la alfabetización digital como la integración y uso pedagógico de Internet y demás recursos digitales no hemos de considerarla una moda pedagógica de los tiempos que corren, sino como una necesidad básica y fundamental para la formación democrática de los futuros ciudadanos de la denominada sociedad informacional.

Parte II

Escuelas democráticas

INTRODUCCIÓN[1]

Amador Guarro Pallás

Una vez realizada la necesaria reflexión acerca de qué entendemos por educación democrática, vamos a dedicar esta segunda parte a exponer la concepción que tiene el Proyecto Atlántida de **escuela democrática.**

La idea de escuela democrática, como tantas otras, está sujeta a interpretaciones debido a tradiciones culturales diferentes o a perspectivas teóricas distintas e incluso contrapuestas. Así que, a modo de introducción, vamos a presentar las distintas acepciones o interpretaciones que, a nuestro entender, han tenido más influencia y aceptación. No pretendemos establecer una categorización exhaustiva acerca del tema, pues no es éste el lugar apropiado, pero nos parece interesante la reflexión de cara a establecer la idea o propuesta desde la que nosotros estamos trabajando. Las distintas acepciones o enfoques que recogemos no son excluyentes, de modo que en cierto modo se pueden solapar, sobre todo porque todas ellas han ido evolucionando y lo que comenzó como una preocupación por la participación, por ejemplo, ha ido extendiéndose a otras dimensiones de la cultura escolar, por lo que determinadas experiencias o propuestas que podrían incluirse en un momento dado de su evolución en una de las categorías, quizás ahora debieran serlo en otra u otras. En cualquier caso, la pretensión es más justificar nuestra concepción de escuela democrática que establecer una clasificación exhaustiva.

---

1. Este texto es una reconstrucción y ampliación del que en su día elaboraron para el Proyecto Juan M. Escudero y M. Teresa González.

En la convocatoria de la Conferencia de 1994 que realizó la *European Network Towards School Democratization*, bajo la denominación *Democracy in Schools and Citizenship*, se proponía que los debates e intercambio de experiencias se realizaran en torno a los siguientes tópicos:

1) **Los procesos de democratización en el aula.** Implicaciones para la práctica de la enseñanza, relaciones profesor-alumno, participación del alumnado y educación para la autonomía.

2) **Democratización y currículum.** Centrado en la selección de contenidos desde un enfoque democrático y a partir de los diferentes modelos de socialización.

3) **Democratización y gobierno escolar.** Sobre la participación de todos los miembros de la comunidad escolar.

Y añadía, que los participantes a menudo están interesados en cuestiones pedagógicas, que no se discuten como temas propios de la democratización de las escuelas, pero que tienen relación con la democratización escolar: relaciones entre la escuela y el Estado; condiciones ecológicas y responsabilidad; ética, tecnología y privacidad; educación internacional; género, etnicidad y desigualdad social.

[1]Este planteamiento recoge algunas de las acepciones más arraigadas en la literatura acerca del tema. Así, encontramos una primera tradición con mucha historia que se centra en la participación, los procesos de toma de decisiones y las estructuras de participación (Beltrán, Hernández y Souto, 2003; Fernández Enguita, 1992 y 1993; Goodman, 2001; Guttman, 2001). Podríamos decir que es una concepción que cifra el carácter democrático de la escuela en su cultura organizativa, de la que se excluye habitualmente la participación en el proceso de construcción del currículum. Términos como «Democratization and School Governance» o «Gobernabilidad democrática», suelen ser habituales para referirse a esta idea de escuela democrática. Desde un perspectiva más crítica, se refieren a los mismos problemas con denominaciones que giran en torno a términos iguales o similares a los de «Poder y Participación» (Fernández de Castro y Rogero, 2001; Torres, 2001) de la comunidad educativa, del profesorado o del alumnado. El tema central es la distribución del poder en las instituciones educativas, reclamando una mayor igualdad para todos sus participantes.

La segunda concepción está relacionada con lo que podríamos denominar «escuela de la ciudadanía», «educación cívica» «civismo», etc. (Bolívar, 1998; Camps, 1998; Camps y Giner, 1998; Cortina, 1993, 1994 y 1997; Giroux, 1993). Este enfoque podría considerarse como una particularidad de un planteamiento más amplio en torno a la educación en valores, que a su vez se integraría en otro, aún más comprensivo, que es la educación moral. Esta tradición, también muy arraigada en la literatura, aporta su esfuerzo por establecer un sistema de valores ampliamente compartidos, que caracterizarían la esencia de la educación democrática y constituirían el referente para definir el núcleo de una formación democrática en la escuela. Su interés, pues, radica en la selección de los contenidos del currículum y tuvo una gran influencia al respecto sobre la LOGSE, especialmente en su propuesta de contenidos actitudinales y en la de los «temas transversales» que reflejaban esos valores. Podríamos decir que el interés de esta tradición se centra en el currículum, concretamente en el proceso de selección de los contenidos.

La tercera forma de interpretación es concebir las escuelas democráticas como instituciones justas o que persiguen la justicia social (Connell, 1997), o lo que, en un sentido menos radical, se ha dado en llamar actualmente «buena educación para todos» (Darling-Hammond, 2001) o igualmente con el significado que el programa *Educación para todos*, lanzado por el Foro Mundial de la Educación en 1990, o el *Pronunciamiento Latinoamericano sobre «Educación para todos»* (2000), le ha dado a esa expresión. También podríamos considerar aquí la aportación de las denominadas «escuelas o aulas inclusivas» (Ainscow, 2001; Stainback, 1999), porque, aunque estén más centradas en el alumnado con algún tipo de necesidad específica, en el fondo la inclusividad se reclama para todo el alumnado. Este enfoque enfatiza el derecho a la igualdad en la educación más allá de su universalización, exigiendo la misma calidad para todos los ciudadanos. Este sentido es similar a lo que Ashenden y otros (1988) denominan «igualdad de utilidad» de la educación para todo el alumnado y sin ningún tipo de discriminación.

Por otra parte, propuestas como la de Apple y Beane (1997), que también podría incluirse en esta última categoría, añaden una reflexión explícita acerca de lo que entender por una escuela democrática que merece la pena considerar: *«Las escuelas democráticas, como la democracia misma, no se producen por casualidad. Se derivan de intentos explícitos de los educadores de poner en vigor las disposiciones y oportunidades que darán vida a la democracia (...). Estas disposiciones y oportunidades implican dos líneas de trabajo. Una es crear estructuras y procesos democráticos mediante los cuales se configure la vida en la escuela. La otra es crear un currículum que aporte experiencias democráticas a los jóvenes»* (p. 24) Esta concepción centra su interés en las culturas organizativa y curricular, exigiendo, además, su coherencia.

En términos similares, quizás más comprensivos, considera Gimeno (1998) una escuela democrática. Así, propone tres principios básicos (libertad, igualdad y solidaridad) que se proyectan sobre cinco ámbitos o aspectos de la cultura escolar: el acceso a la educación; los contenidos de la enseñanza y de la educación; las prácticas de organización y metodológicas; las relaciones interpersonales; y, las relaciones escuela y comunidad. Esa proyección se concreta en un cuadro de doble entrada en el que las columnas las ocupan los tres principios y las filas los ámbitos o aspectos señalados. Esta propuesta es muy interesante porque integra los principios básicos de la democracia, utilizados aquí como criterios, y algunos de los aspectos de la cultura escolar.

Desde nuestro punto de vista, y teniendo en cuenta todo lo anterior, una escuela democrática debe integrar a todas las tradiciones o concepciones que hemos revisado e impregnar todas las dimensiones de su cultura de los valores democráticos básicos. Cualquier enfoque que se centre única y exclusivamente en una u otra dimensión será incapaz de construir una propuesta cultural coherente y eficaz para formar ciudadanos capaces de vivir en, y transformar, la sociedad democrática que les haya correspondido históricamente.

Una escuela democrática es una escuela justa, es decir, una escuela comprometida con la reconstrucción democrática de su cultura para poder integrar adecuadamente a todo su alumnado, sin ningún tipo de discriminación, y ofrecerles una buena (valiosa, útil) educación que le permita participar activamente en la sociedad. Por otra parte, hablamos de reconstrucción en el sentido de un proceso que se inicia con la situación actual de cada escuela y no acaba nunca, por tanto es un proyecto siempre inacabado porque la integración de todas las diferencias es una meta utópica. El tipo de educación al que nos referimos, y como ya se reflejó en la primera parte, está en sintonía con lo que se viene denominando «educación para la ciudadanía democrática o compleja» (Gimeno, 2001; Mouffe, 1999; Rubio Carracedo, 2000; Tedesco, 2000), en el sentido de integrar adecuadamente las identidades culturales de cada grupo en un contexto cultural común que representaría la franja cultural compartida por todos los miembros de cada formación social (localidad, autonomía, nación, Europa, sociedad global). Por tanto, es una escuela comprometida, también, con la formación de una ciudadanía capaz de vivir pacíficamente en las sociedades complejas en las que vivimos y en las que esa complejidad irá ampliándose cada vez más. Por último, entendemos las escuelas democráticas como «organizaciones que aprenden» (Bolívar, 2000; Santos Guerra, 2000) y que se comportan como comunidades de aprendizaje emancipadoras (Elboj y otros, 2002; Flecha, 1997).

Cultura escolar democrática

Para presentar nuestra concepción de escuela democrática, vamos a utilizar las dimensiones que definen la cultura escolar ofreciendo una lectura de cada una de ellas desde lo que nosotros entendemos como una perspectiva democrática. De tal forma que una escuela democrática será aquella que asume el compromiso de reconstruir democráticamente su cultura, asumiendo la idea de que cada escuela tiene su propia cultura, que esa cultura se encuentra a una distancia diferente del perfil que nosotros establecemos, y que cada escuela debe reconstruir ese perfil, adaptándolo a su contexto y a su propia historia, al tiempo que desarrollar sus procesos de mejora con la intención y el compromiso de transformarse progresivamente en una escuela cada vez más democrática.

Somos conscientes de que la idea de «cultura escolar» es muy polisémica y se presta a diferentes interpretaciones. Quizás la definición que Viñao (2002: 73) ha sugerido, identifique más claramente lo que nosotros queremos decir: *«La cultura escolar... estaría constituida por un conjunto de teorías, ideas, principios, normas, pautas, rituales, inercias, hábitos y prácticas (formas de hacer y de pensar, mentalidades y comportamientos) sedimentados a lo largo del tiempo en forma de tradiciones, regularidades y reglas de juego no puestas en entredicho, y compartidas por sus actores, en el seno de las instituciones educativas».*

Las dimensiones que se pueden utilizar para describir la cultura de una escuela, también es una cuestión controvertida y quizás no sea éste el lugar para disertar sobre el tema. Nosotros las utilizamos interesadamente para poder describir mejor esa cultura escolar, resaltando los aspectos que más nos interesan, aún siendo conscientes que esta decisión corre el riesgo de ofrecer una visión un tanto estática de esa cultura, cuando estamos convencidos de su carácter fenomenológico, procesual y en constante construcción.

Según todo ello, nuestra propuesta de dimensiones para el análisis de la cultura escolar incluye las siguientes: los valores; el currículum y su proceso de construcción; el profesorado y su desarrollo profesional; las condiciones organizativas, la participación y el liderazgo; y las relaciones con las familias y el entorno. Además de estas dimensiones, y dado el compromiso con su reconstrucción permanente, las escuelas democráticas deben disponer de estrategias que les permitan desarrollar ese proceso de mejora.

La inclusión de la dimensión **valores** está justificada no sólo por su presencia en todos los esquemas de cultura escolar, sino por otras dos razones más. Por un lado, supone atender a aspectos no tangibles de la cultura escolar pero que tienen un alto potencial explicativo debido a que dotan de significación a los aspectos tangibles de la misma. Y, por otro, recoge uno de los aspectos relevantes de cualquier definición de democracia y de educación democrática: los valores democráticos.

La dimensión **el currículum y su proceso de construcción** está justificada porque, además de constituir una de las manifestaciones tangibles de la cultura escolar, es uno de los elementos básicos de la educación democrática: los contenidos culturales que se construyen y transmiten en la institución escolar así como el modo en que se construyen y transmiten (Apple y Beane, 1997; Connell, 1997; Guarro,

1999, 2002; Guttman, 2001): «*La primacía moral de la educación política también apoya una presunción en favor de métodos de enseñanza más participativos en vez de más disciplinarios... Pero aún cuando la participación estudiantil amenace con provocar algún tipo de desorden en las escuelas, se puede defender con fundamentos democráticos, ya que cultiva las habilidades políticas y los compromisos sociales*» (Guttman, 2001: 351-352).

La dimensión **el profesorado y su desarrollo profesional** se ha incluido porque, en el contexto de una escuela democrática, el aprendizaje profesional tiene lugar, de modo privilegiado, en el marco de las relaciones profesionales cotidianas de colaboración (Hargreaves, 1996). Además, el Proyecto aboga por un tipo de profesional democrático (Fernández Enguita, 2001) que construye su profesión en torno a un conjunto de *éticas* (Escudero, 2006) coherentes con los valores que se preconizan.

La inclusión de la dimensión **condiciones organizativas, participación y liderazgo** está justificada porque el desarrollo de una educación democrática requiere ciertas condiciones organizativas (estructuras organizativas, espacios y tiempos colectivamente construidos), la participación de los agentes implicados (profesorado, alumnado, familias y comunidad circundante) y el desarrollo de un liderazgo pedagógico compartido y transformador (Apple y Beane, 1997; Escudero y González, 2000; Guttman, 2001; Smyth, 1994).

La dimensión **relaciones con las familias y el entorno,** además de ser una de las manifestaciones tangibles de la cultura escolar, lo es en particular de la cultura escolar democrática (Escudero y González, 2000; Guttman, 2001).

Nuestra idea de escuela democrática, siendo coherentes con lo dicho hasta ahora, exige al menos una breve descripción de cada una de las principales dimensiones de la cultura escolar que ponga de manifiesto nuestros principales intereses: uno, lo que entendemos por cultura escolar democrática, como expresión más exhaustiva de una escuela democrática; dos, la coherencia de esa cultura en torno a los valores elementales de una sociedad y una educación democráticas.

1. LOS VALORES INSTITUCIONALES DE UNA ESCUELA DEMOCRÁTICA

Amador Guarro Pallás

Dentro de la cultura escolar, la dimensión de los valores[2] es aquella que cumple una doble misión: a) ofrecer una visión clara y concreta de los compromisos que asume una escuela democrática, lo que le permite orientar mejor sus actuaciones; y, b) facilitar la necesaria coherencia de esas actuaciones para que sean lo más eficaces posibles. Porque cuando una escuela se reconstruye para ser justa necesita sacar el máximo rendimiento a todos sus recursos humanos y materiales, ya que los retos que asume sólo se pueden afrontar desde la máxima coherencia y eficacia. Es preciso que todas las dimensiones de su cultura se reconstruyan desde una misma visión de lo que se quiere conseguir pues la incongruencia no sólo debilita su eficacia, también genera obstáculos artificiales en el proceso de escolarización obligatoria, además de los que resultan inevitables.

Una escuela democrática exige de todos sus miembros un compromiso con algunos valores que también den coherencia y sentido a sus actuaciones individuales, porque, si bien es cierto que la propuesta cultural que ofrece a su alumnado debe ser institucional, su realización se desarrolla a través de las actuaciones de todos y cada uno de sus miembros. Por tanto, estamos hablando de un nivel de compromiso que trascienda la mera declaración de adhesión a esos valores, nos referimos a una organización que tanto institucional como personalmente actúa (se orienta, piensa, analiza, planifica, realiza, valora, reconstruye) en función de esos valores.

Por otra parte, los valores característicos de una escuela democrática tienen que ser una especificación en el ámbito educativo (y más concretamente en el sistema escolar) de los valores o principios básicos de una sociedad democrática, es decir, la libertad, la igualdad y la solidaridad. Teniendo en cuenta todo ello esos valores serían (González y Escudero, 2000):

1) La universalidad de la educación.

2) La garantía de una buena educación para todos.

3) El antideterminismo social, cultural o personal.

4) La responsabilidad moral y personal.

5) La creación de estructuras y procesos democráticos para configurar la vida de la escuela.

---

2. Utilizamos la palabra «valores» no en un sentido estricto, más bien como *principios y compromisos básicos que impregnan y orientan la construcción de la institución escolar.*

La *universalidad de la educación*, o igualdad de acceso (Ashenden y otros, 1988), es la primera condición para la construcción de una escuela democrática, pues representa la plasmación más clara y directa del principio de igualdad. Sólo garantizando que todos los ciudadanos en edad de escolarizarse tengan asegurado un puesto gratuito en una escuela podremos plantearnos metas más cualitativas y de mayor calado. Y decimos «garantizando» porque no nos conformamos con que se declare el derecho, como ocurrió con la LGE de 1970, sino que se haga efectivo[3]. Lo que pone de manifiesto que no es fácil lograr ese compromiso y que no sólo depende de las escuelas, también implica a las administraciones locales, autonómicas y central que tienen que coordinarse e impulsar políticas para combatir decididamente ese abandono y proporcionar los recursos necesarios para que sean efectivas.

Sin democratización efectiva del acceso a la educación, no hay educación ni escuela democrática, por más que a ciertos sectores, hoy, les provoque recelos bien conocidos la presunta amenaza de la masificación. En relación con este criterio en particular, los poderes públicos son los máximos, y casi exclusivos, responsables. Hacerlo efectivo exige políticas serias de planificación y previsión de flujos escolares, de construcción de centros, de disposición de profesorado, de equipamiento de los centros y aulas, así como de actuaciones concretas e incisivas, si fueren necesarias, para informar a las familias y a la sociedad de sus posibilidades y alternativas, e incluso velar contra la deserción o absentismo escolar. Y, desde este punto de vista, la titularidad de los centros no representaría un criterio de demarcación tajante entre lo público y privado. Entenderíamos que satisface el valor de la educación pública y democrática cualquier centro que adopte y realice, sin ninguna clase de argucia o trampa, el acceso reconocido a cualquier ciudadano, independiente de su condición específica de género, clase social, etnia o credo religioso. La escuela pública, por lo tanto, es la escuela de todos, del pueblo —en su acepción más extensa y digna— y aquella de la que sólo se excluyen los que, como dice Giddens (1999), optan a título particular por una política propia de exclusión selectiva y voluntaria.

Como estamos moviéndonos todavía en el plano de las cantidades al hablar de una escuela democrática, es decir, universal, conviene apuntar otra precisión. Debe tratarse de una escuela sufragada con fondos públicos y equipada con los recursos humanos, medios materiales, tecnologías y servicios necesarios para una buena educación. De modo que una escuela pública y democrática también exige que aquellos materiales y recursos básicos y necesarios para el trabajo escolar de los alumnos estén a disposición equitativamente para todos los sujetos. Para entrar con detalle en

---

3. No podemos olvidar que cuando se plantea la necesidad de la Reforma educativa que supuso la LOGSE uno de los argumentos que se esgrimían era que solo estaba escolarizado el 80 % del alumnado en la EGB; actualmente, y en determinadas zonas desfavorecidas, se produce un alto índice de abandono de la ESO antes de los dieciséis años

la cuestión, desde luego, habría que realizar no pocas precisiones, pero el principio general al que se alude también ha de ser tenido en cuenta.

Este valor reconoce el derecho de todos los ciudadanos al acceso a la educación no sólo porque la igualdad democrática así lo exige, lo cual ya sería suficiente justificación, sino porque, además, partimos de la existencia de un doble consenso en las sociedades democráticas (Gimeno, 2000): un consenso epistemológico y un consenso moral. Partimos de la creencia, fundamentada en la investigación acumulada durante siglos[4], de que todos los seres humanos son educables, es decir, perfectibles. Atrás han quedado los tiempos en que la tradición apoyaba la creencia en un destino inmutable e imposible de modificar por cualquier acción humana. El hecho, la evidencia, de que todos pueden ser educados, se convierte en una exigencia moral cuando se asume que, entonces, todos deben ser educados, pues la legitimidad y credibilidad de una sociedad democrática se vería seriamente discutida si no se produjera ese consenso moral y ético. Si bien discutiremos más adelante el alcance de este derecho, de entrada diremos que exige a todos los implicados en el proceso de escolarización el abandono de posiciones selectivas y discriminatorias.

1.1. Garantizar el derecho a una buena educación para todos

Sin embargo, el acceso a la educación sólo es una condición para garantizar la igualdad, por eso se exige inmediatamente el compromiso con otro valor que hemos denominado *una buena educación para todos*, o igualdad de utilidad. Es decir, la educación que reciban todos los ciudadanos, una vez acceden al sistema educativo (al menos en el período de escolarización obligatoria), debe ser de igual calidad independientemente de su origen social y de sus expectativas.

La escuela pública y democrática también busca la calidad; esta pretensión no es privativa de la escuela privada, de excelencia y para minorías. Es más, la calidad que busca la escuela pública, que a fin de cuentas es la que puede definirse desde estas notas que estamos comentando aquí, y que se han destacado de forma más específica al hablar del currículum democrático, sólo es posible *en y por una escuela pública*

---

4. Desde Comenio (*Didáctica Magna*) y Descartes (*Discurso del método*), pasando por la Ilustración y su optimismo y confianza en el progreso, hasta autores más modernos y dispares ideológicamente como Bloom y otros (1975) y Brunner (1960), y más actualmente Darling-Hammod (2001) entre otros, han puesto de manifiesto ese consenso, que hoy día (y a partir de las propuestas postmodernas) ya no es tan ingenuo e incorpora toda la complejidad que genera la inclusión cultural en función del género, la etnia, la clase social, y demás elementos diferenciadores. Consenso, por cierto, que no goza de buena aceptación entre los gobiernos neoliberales, más interesados en justificar sus políticas discriminativas que en poner todos los recursos necesarios para hacerlo realidad.

y democrática. Una escuela de elite y privada, desde este punto de vista, no es una escuela de calidad sino de excelencia privativa, lo cual es bien diferente. Situar la democracia escolar en la persecución y el logro de esta meta, una buena educación para todos, es, con toda seguridad, la asignatura todavía pendiente. Así como ahora, muchos países, y concretamente el nuestro, pueden sostener que han logrado satisfacer el primero de los criterios (la cantidad), no hay ninguno que pudiera presumir de que ha llegado a realizar plenamente éste que comentamos (la buena educación).

Lo que resulta inadmisible es que algunos ciudadanos reciban una educación que responda a sus necesidades, intereses y expectativas, y a otros se les ofrezca (imponga) una educación que no les resulte útil para participar activamente en la sociedad desde su cultura, sus intereses o sus expectativas. Si admitiésemos esa diferencia de calidad o utilidad en la educación recibida estaríamos asumiendo, al mismo tiempo, la ruptura efectiva del principio de igualdad. Además, la sociedad, independientemente de las preferencias o necesidades individuales, necesita garantizar a todos sus ciudadanos una cultura básica, una franja cultural común, que permita su convivencia pacífica y su participación social, o de lo contrario estaremos construyendo una sociedad condenada al enfrentamiento, a la desconfianza entre ciudadanos, y entre éstos y el sistema. Por último, cualquier sociedad debe asegurar que las potencialidades de cada uno de sus ciudadanos se aprovechen al máximo en beneficio tanto público como privado; es una insensatez y un derroche inadmisible que se pierdan, se desperdicien, las aportaciones que cualquier persona, independientemente de su origen social, género, etnia, etc., pueda realizar al bien común.

Este valor es el que en estos momentos preside los principales intentos de orientar el cambio educativo, tras la polémica entre los enfoques de arriba-abajo y de abajo-arriba (Fullan, 2002a y b; 2003), así como la fusión de los movimientos de escuelas eficaces y de mejora de la escuela, y cuya concreción más literal es el ya famoso programa de la Universidad John Hopkins y el Departamento de Educación de Baltimore, *Succes for All* (Éxito escolar para todos), que comenzó a desarrollarse en 1987. La idea principal es que los intentos de cambio no pueden restringirse a aquellas escuelas más motivadas y comprometidas y con un profesorado mejor preparado, porque, precisamente, son las que menos necesitan mejorar, sino que es preciso extender esos cambios y mejoras a todo el sistema educativo, a todo el alumnado. El desafío de ahora, por lo tanto, tal como se reconoce en países presuntamente punteros en desarrollo económico y tecnológico, sigue siendo el garantizar y proveer una educación de calidad para todos los que formalmente disfrutan de la escuela obligatoria (Darling Hammond, 1997). Nuestro caso particular, desde luego, no es una excepción.

Este intento representa un salto cualitativo de primer orden en los procesos de cambio, ya que se admite la necesidad de que toda la ciudadanía tenga acceso a una buena educación tanto por su propio desarrollo personal, como por el asentamiento y profundización de las sociedades democráticas, pues de lo contrario se iría generando una profunda brecha entre las personas integradas, con plena participación social, y las marginadas, excluidas socialmente, quienes confiarían cada vez menos en el sistema democrático para ser reconocidas y atender sus problemas e intereses, lo que socavaría profundamente los cimientos de la sociedad y generaría guetos cada vez más numerosos como ya ocurre en las grandes urbes de Occidente (Sen, 1992 y 1999; Evans y otros, 2000; Evans, Paugham y Prelis, 1995; Atkinson, 1998a y b; Klasen, 2000; Ranson, 1999).

Una escuela como organización que pelea contra múltiples formas y expresiones del determinismo social, cultural o personal. Como consecuencia de los anteriores valores, se exige asumir uno nuevo: el antideterminismo social, cultural o personal.

Esta característica apunta hacia una determinada filosofía sobre la condición humana y el poder de la educación como fuerza social capaz de contribuir a su desarrollo y realización, así como a un amplio conjunto de implicaciones políticas, institucionales y prácticas. Esa filosofía, que incluye una concepción del hombre y sus relaciones con el medio, del conocimiento y la cultura, así como de las condiciones y procesos que participan en la construcción del aprendizaje, gira alrededor de presupuestos que nos permiten sostener que cualquier ser humano puede aprender lo que, en cada momento de la historia de la humanidad, lleguemos a definir como un legado valioso y necesario para vivir con dignidad. Eso habría de ser así, más allá de ciertas limitaciones que podrían atribuirse a la herencia biológica y, desde luego, al origen social o cultural. Se trata, pues, de una filosofía o creencia que no sólo afirma el derecho de todos a una buena educación, sino también la posibilidad de satisfacerlo; al menos, en relación con aquellos contenidos y capacidades fundamentales que permitan a cada cual vivir con ciertos márgenes de independencia personal y, al tiempo, de convivencia social con los demás.

Una escuela basada en esa filosofía apuntala uno de los pilares más genuinos y constitutivos de su identidad cultural y social. No por ello, sin embargo, es ingenua respecto a las limitaciones personales y sociales con las que habrá de pelear para realizar sus aspiraciones y no desistir de tal empeño, ciertamente complejo. Si acoge a todos y busca una buena educación para todos, es porque cree y se siente con capacidad para lograrlo. Hay muchas decisiones que están en sus manos y procura orientarlas, precisamente en una dirección como esa. Porque sostiene estos presupuestos y aspiraciones, y también porque sabe que la realización plena de las mismas no está del todo a su alcance, es consciente de que sostener tales propósitos la sitúa en la perspectiva de la utopía. Una escuela democrática, por tanto, es una escuela utópica. Hablando con más propiedad, podríamos decir que se vive, siente y define como una institución para una utopía que nunca podrá plasmarse del todo, lo que la reviste de dosis convenientes de realismo. Pese a todo, el ingrediente de utopía es tan consustancial que, de renunciar al mismo, caería en los brazos de la fatalidad. La escuela democrática, así, es la encarnación de una utopía por la que siempre habrá que seguir peleando, al margen de que los resultados concretos sean más o menos acordes con sus aspiraciones. Pero, justamente por su proclamación de la utopía, sabe que hay que seguir intentándolo en cada momento concreto y con una perspectiva de mayor alcance, punto éste en el que, a fin de cuentas, radica su compromiso con la reconstrucción y renovación permanente.

La universalidad de una buena educación para todos sólo se puede lograr si se asume el antiderminismo social, cultural o personal especialmente para aquel alumnado más vulnerable, más en situación de riesgo y abandono, porque se ve inmerso en esa situación debido a su clase social (y a los condicionamientos económicos, sociales y culturales que implica), a su cultura de origen (que es la que determina el capital cultural con el que acude a la escuela) y a sus características personales (género, discapacidades, motivación, intereses, etc.), lo que ha sido puesto de manifiesto por numerosos autores (Smyth, 1999; Bynner, 1999; Evans y otros, 2000; Schweinhart, Barnes y Weikart, 1993; y Bailey, 1997). Una escuela democrática sabe que sus contribuciones a la socialización y formación de los estudiantes son fundamentales y decisivas para todos, y particularmente para el alumnado más vulnerable social y culturalmente. Si las instituciones escolares no llegan a ofrecérsela realmente, muchos de ellos no tendrán la oportunidad de disfrutarlas en otras instancias e instituciones que también aportan sus correspondientes influencias al respecto. La parte de realismo que también acompaña a dicha utopía es la que, quizás, exige que la escuela no se cierre sobre sí misma, que cuente y reclame la colaboración en sus empeños de otras fuerzas sociales, en unos casos para hacerse eco de aquellas de sus demandas que sean legítimas y acordes con los valores públicos y democráticos de la educación, en otros para realizar, incluso hacia fuera, una función socializadora. Esa filosofía, por decirlo con otros términos, es la que habilita para insertar la escuela pública y su educación al amparo de un horizonte de posibilidad y de esperanza. Sus contrarios son, por ejemplo, el fatalismo, la desesperación, el aceptar que lo que puedan dar de sí los alumnos está plenamente marcado por su procedencia o entorno, y, a la postre, el *tirar la toalla*.

La escuela debe intentar romper el ciclo de la pobreza, tantas veces denunciado, y que cada vez aparece mejor documentado y avalado empíricamente. Así, ya hemos constatado como Bynner (1999) y Evans y otros (2000), reconstruyen una secuencia que da una idea de ese ciclo:

a) Insuficiente adquisición de competencias básicas en lectura, escritura y cálculo.

b) Malos resultados a lo largo de la escolarización.

c) Abandono precoz de la escolarización obligatoria sin titular.

d) Dificultades de entrada en el mercado de trabajo, lo que conlleva aceptar trabajos que no implican formación.

e) Trabajo precario y paro.

f) Embarazos precoces.

g) Problemas con la policía.

h) Alcoholismo.

i) Condenas judiciales.

j) Problemas de salud física y sobre todo mental.

En esa secuencia, los tres primeros estadios los constituyen fenómenos ligados directamente a la escuela: (1) insuficiente adquisición de competencias básicas en lectura, escritura y cálculo; (2) malos resultados a lo largo de la escolarización; y, (3) abandono precoz de la escolarización obligatoria sin titular, lo que desencadena todo un proceso que conduce a la exclusión social.

1.2. Una escuela democrática es una institución moral y humana

Una escuela democrática debe asumir la correspondiente *responsabilidad moral y personal* con los resultados que logra y con los procesos que desarrolla para llegar a esos resultados. Como se ha puesto de manifiesto (Fullan, 2002b), el sentido moral del cambio convierte este compromiso en el principal incentivo para mejorar, más allá de los económicos o profesionales. Pero si este compromiso no existe resulta muy difícil promover y realizar mejoras significativas de la calidad de la enseñanza. Sin embargo, es cierto que la responsabilidad de la escuela, de lo local, hay que situarla en sus justos límites y evitar simplificar el problema descargando en ella, y en su profesorado, todas las consecuencias. Y ello, en un sistema educativo como el nuestro, en el que la mayor parte de las políticas relevantes (currículum, profesorado, funcionamiento de la escuela, dotación de recurso, contrataciones, apoyos externos, etc.), depende de las administraciones central o autonómica.

En la nueva relación entre las políticas estatales y los centros se apuntan algunas ideas que deberíamos considerar aquí. En primer lugar, y en la línea de aclarar la distribución de responsabilidades, parece útil la distinción de Wise (1979) entre cuestiones de equidad y cuestiones de productividad. Las primeras generalmente deberían ser resueltas por el Estado porque las desigualdades *«surgen del conflicto de intereses que se produce entre mayorías y minorías, así como entre quienes tienen más poder y quienes tienen menos»* (p. 206). Sin embargo, las cuestiones de productividad tienen más que ver con la utilización del conocimiento en situaciones concretas (aula, individual; centro, colectiva), que con intereses políticos, aunque no le son del todo ajenos. Así, Darling-Hammond (2001: 286) propone que el papel fundamental del Estado debería ser promover políticas para:

— «Construir consenso político en torno a metas escolares y adoptar estándares de alta calidad educativa que las concreten.

— Garantizar que los recursos disponibles sean suficientes y equitativos.

— Elaborar estándares de competencia para la profesión docente que sean significativos y presionar para que se cumplan.

— Construir capacidades en cada centro por medio del desarrollo profesional y apoyar el aprendizaje organizativo en todas las escuelas.»

Por otra parte, si los políticos quieren realmente contribuir a que los cambios se produzcan y signifiquen verdaderas mejoras que afecten a la enseñanza, al aprendizaje y a desarrollar la capacidad de los centros para mejorar continuamente, deben impregnar sus políticas del conocimiento actualizado sobre el cambio, porque *«lo que los profesores saben y piensan sobre los contenidos y los alumnos; lo que han conseguido aprender sobre estilos y métodos de enseñanza; y lo que la estructura de los centros les permite hacer, constituyen variables decisivas en las dinámicas del cambio educativo. (...) el cambio significativo requiere que los profesores dispongan de tiempo y de oportunidades para reconstruir su actividad profesional a través del estudio intenso y la experimentación de sus prácticas»* (Darling-Hammond, 2001: 288). Crear las condiciones necesarias y apoyar esos procesos de aprendizaje profesional se convierte, pues, en una tarea prioritaria para los Estados.

Puesto que el Estado no debe renunciar a mantener la equidad en el sistema ni a garantizar el derecho a aprender de todos y cada uno de los alumnos y alumnas, en necesario diseñar políticas que sean capaces de avanzar en este terreno. Aunque no hay aún evidencias empíricas de cómo las políticas pueden favorecer los procesos de mejora, parece que se van vislumbrando algunas vías (Abelman, Elmore y colbs., 1999; Fuhrman, 1999 y 2001; Elmore, 2002; Darling-Hammond, 2001).

Desde luego que también es ésta una de tantas responsabilidades compartidas. Pero una escuela como la que se está intentando perfilar, o es consciente, asume y procura ofrecer a los ciudadanos experiencias y oportunidades para el crecimiento personal, social y moral (Bolívar, 1998), o sencillamente no será una institución humana. Y esto es tanto más relevante y urgente en la actualidad cuando, tal como se documenta por doquier, más crecen las sospechas de que o se las ofrecen las escuelas o será muy dudoso que muchos sujetos lleguen realmente a disponer de ellas en otras instituciones o espacios de socialización.

Esa idea comporta, por ejemplo, entender la escuela pública y democrática como un espacio de relaciones e intercambios personales entre los sujetos (alumnos, profesores, familias) en las que primen más los valores humanos y morales que los productivos, y sus versiones particulares en tantas formas de producción, rentabilidad, competitividad, individualismo, sálvese quien pueda y no importa de qué maneras. Por el contrario, otros como el respeto, la consideración y el cuidado personal, la atención a cada cual con sus peculiaridades, el desarrollo de la solidaridad y el sentimiento de alteridad, incluso, por qué no decirlo, el cariño, el amor y la fe en el hombre –de ello habló Freire (1975) como vínculos que han de presidir las relaciones entre educandos y educadores– han de ser algunos de los valores y principios proclamados y cultivados por las escuelas públicas y democráticas. No se trata, como puede suponerse, de abogar por un espacio idílico de relaciones positivas. Éstas han de construirse, asimismo, desde el reconocimiento, emergencia y tratamiento de los conflictos ineludibles que acompañan a la condición humana, y a través de los que, al afrontarlos desde un marco de valores y normas morales y cívicas, hemos de procurar el aprendizaje de la ciudadanía. Lo que, como se habrá podido apreciar en los restantes documentos del Proyecto, ha quedado ampliamente tratado y resaltado, y por eso no vamos a reincidir aquí en ello.

Una escuela estructuralmente dispuesta para acoger a todos; además para garantizar, o al menos no cejar en el empeño, una buena educación a la que se tiene derecho; que para ello encarne una filosofía que crea y apuesta por el desarrollo y perfección intelectual, personal y social de los estudiantes; y que procura generar un clima positivo de atención al desarrollo social, moral, personal e intelectual de los sujetos, es una escuela que cifra sus señas de identidad en aspiraciones muy altas, ideales, y, como decíamos, a todas luces utópica. No reconocerlo sería caer en la ingenuidad. Incluso resaltarlo con énfasis puede llevar, como bien lo hace también Goodlad (1994) a una afirmación tan taxativa como esta: *«la consecución de la calidad, así entendida, es impensable para la mayoría de las escuelas, pues las condiciones que más contribuyen al logro de esos criterios y principios de excelencia están fuera de su control».* Adviértase que quien dice esto es alguien que cree en la escuela pública y que aboga por la revitalización de su alma o espíritu, precisamente en los tiempos que corren. Nos parece que incluso ser consciente de esto –y es sensato serlo– no contradice lo que venimos sosteniendo. En primer lugar, porque a nuestro modo de ver no es incompatible mantener que, aun siendo plenamente consciente de ello, la escuela que nos ocupa debe asentar su identidad en el afán de superar un determinismo tal como el que reconoce que muchas de sus aspiraciones están cercenadas desde el exterior.

En segundo término, porque justamente un reconocimiento como ese debe constituir un buen argumento para no caer en la trampa de que una escuela de esas características sólo incumbe a quienes trabajan en ella. Si de la escuela se reclaman nuevos pactos constituyentes hacia dentro, también procede ahora, y quizás de forma muy especial, reclamar pactos sociales y políticos de mayor alcance, que den sentido y posibilidad a los propiamente escolares (Tedesco, 1995; Hargreaves y Fullan, 1998). Una escuela pública y democrática requiere fundar nuevos pactos también hacia fuera, con la administración educativa y las familias, con los movimientos sociales y, por qué no, con los mismos empresarios, por más que hubieran de hacerse muchas consideraciones sobre el carácter, los criterios y las condiciones que hayan de presidir este espacio necesario de responsabilidades compartidas. Pero sea como fuere, y para terminar, o las instituciones escolares se aglutinan en torno a estos valores y aspiraciones, y en tal propósito concurren los pactos sociales pertinentes, o la buena educación que ha de proveer y construir para todos seguirá habitando más los dominios de las aspiraciones que los de las políticas, decisiones, realidades y resultados escolares.

1.3. Una escuela democrática debe comprometerse con la creación de estructuras y procesos democráticos

Por último, una escuela democrática debe organizarse mediante estructuras y procesos que configuren su vida cotidiana como una de las experiencias de convivencia democrática más intensa que su alumnado tendrá la oportunidad de vivir[5]. Como decía Giroux (1990) al referirse a las escuelas como esferas públicas democráticas: *«han de verse como lugares democráticos dedicados a potenciar los conocimientos y habilidades necesarios para vivir en una auténtica democracia (...) se construyen en torno a formas de investigación crítica que ennoblecen el diálogo significativo y la iniciativa humana. Los estudiantes aprenden el discurso de la asociación pública y de la responsabilidad social. Este discurso trata de recobrar la idea de democracia crítica entendida como un movimiento social que impulsa la libertad individual y la justicia social»* (pp. 34-35).

Con este compromiso queremos poner énfasis en dos aspectos fundamentales de la cultura escolar: a) la escuela que se organiza para que su alumnado viva diariamente la democracia; b) la escuela que enseña mediante métodos que se basan en la

---

5. La naturaleza de esas estructuras y de esos procesos serán analizadas en el Capítulo 4 «Condiciones y procesos organizativos para construir la democracia escolar», de Mª Teresa González y Julián López.

interacción entre iguales, mediada por el profesorado y guiada por los valores básicos de la convivencia democrática.

El primer aspecto pretende que una escuela democrática se erija en una institución en la que se vivan las experiencias democráticas más auténticas. Los procesos de toma de decisiones entre los miembros de la comunidad educativa (entre el profesorado, entre el alumnado, entre ambos y entre la escuela y las familias) deben regirse por los valores y procedimientos básicos de la democracia para que el alumnado tenga la oportunidad de vivirla intensamente. Para muchos alumnos, especialmente los más desfavorecidos y discriminados por su clase, género, etnia o características personales, esa experiencia es posible que sea única en su vida, por lo que ya se justificaría el esfuerzo que significa ponerla en práctica diariamente. Si es así, puede ser un referente que le permita vislumbrar otro modo de vida diferente al que le ofrece su contexto cotidiano y darle fuerzas y estrategias para no resignarse a reproducir lo que tiene e intentar mejorarlo. Para los demás, será la oportunidad de practicar e interiorizar un modo de vida que cada vez es más necesario para poder convivir en la aldea global.

Pero la democracia debe extenderse hasta los procesos más genuinos de la cultura escolar, la enseñanza y el aprendizaje. Afortunadamente, hoy día disponemos de conocimiento suficiente para desarrollar métodos de enseñanza eficaces basados en la interacción entre iguales, en los que la cooperación deviene en el modo más adecuado (eficiente y democrático) de construir el conocimiento (como ya pusieron de manifiesto Piaget –y la Escuela de Ginebra– y Vigotsky, y más recientemente otros muchos autores[6]). Por tanto, una escuela democrática debe comprometerse con que sus aulas se configuren como el espacio óptimo para la convivencia democrática y para el aprendizaje cooperativo, ofreciendo a su alumnado la oportunidad más genuina de vivir diaria e intensamente la democracia en la escuela. Y esa experiencia desarrollada, al menos, a lo largo del período de escolarización obligatoria debe de convertirse, en su futuro como ciudadanos, en los firmes cimientos de un modo de vida basado en los valores democráticos.

---

6.   Aronson, 1978; Campiglio y Rizzi, 1997; Johonson, Maruyama y cols. 1981; Kolb, 1984; Sharan y Sharan, 2004, entre otros.

2. EL CURRÍCULO Y SU PROCESO DE CONSTRUCCIÓN

Amador Guarro Pallás

La primera proyección de los valores que acabamos de describir la vamos a realizar sobre el currículum, concebido como un proyecto cultural que se organiza en torno a sus principales procesos: la selección de la cultura y su organización, la metodología y la evaluación. Así, para el **Proyecto un currículum democrático**, que asume esos valores, debería concebirse desde los siguientes principios generales, adaptados a partir de la formulación de Ashenden, Blackburn, Hannan y White, (1988): común, cooperativo, útil, inclusivo, práctico, realizable, crítico, moral, planificado y coherente[7]. A continuación vamos a ofrecer algunas ideas en relación con la proyección de dichos principios sobre esos procesos curriculares.

2.1. La selección de la cultura

En el marco del currículum común y obligatorio, se sugiere que se tengan en cuenta y enfaticen las siguientes consideraciones:

a) La educación del ser humano debe ser global o integral, es decir, debe incorporar todas las dimensiones que definen a una persona (cognitiva, emotiva, física o motriz, ética o moral, sociopolítica, etc.), y evitar el sesgo que supone primar alguna sobre las demás.

b) Se pone un especial énfasis en la presencia de los valores en la selección cultural que debe guiar la educación. Cada vez más la escuela se convierte en la principal institución pública transmisora de los valores básicos sobre los que articular una sociedad democrática. En ese sentido, se exige evitar los principales sesgos que han venido afectando al conocimiento escolar: sexismo y clasismo.

c) Se tiende a una relación mucho más equilibrada entre lo que podríamos denominar una cultura académica e intelectual y otra profesional y manual. La preponderancia del primer tipo de cultura ha sido una característica de los currículos de la enseñanza obligatoria hasta hoy día. Ahora se reclama con insistencia un mayor equilibrio entre ambas culturas como condición básica para la construcción de una cultura más democrática. No sólo porque es el único modo de que todos los grupos sociales se sientan representados en el núcleo cultural básico de la socie-

---

7. Para una descripción más detallada y actualizada, se puede consultar A. Guarro (2002): *Currículum y democracia. Por un cambio de la cultura escolar*. Barcelona: Octaedro.

dad a la que pertenecen, sino también porque se reconoce el valor formativo de la cultura manual.

d) El dilema *comprensividad* frente a *diversidad* sigue siendo el gran problema a resolver en la construcción de un currículum democrático. Las soluciones elitistas o pluralistas sólo consiguen enmascarar el problema porque, en realidad, optan con mayor (elitismo) o menor (pluralismo) decisión por la diversificación curricular en función del origen social del alumnado. Sólo un enfoque democrático que consiga integrar las diferencias individuales y sociales en un currículum común puede ofrecer una alternativa justa a este dilema.

e) La educación es un proceso que se desarrolla a lo largo de toda la vida y en el tramo obligatorio se deben sentar las bases para que ello sea así. Es decir, se debe preparar al alumnado para que pueda seguir aprendiendo por sí mismo a lo largo de toda su vida, en lugar de pretender que acumule toda la información posible. Ello implica concebir el proceso educativo más como un medio para adquirir instrumentos, destrezas y capacidades que permitan al alumnado comprender y practicar los modos de producir conocimiento, que como una mera transmisión de conocimientos clasificados y codificados que el alumnado deberá ir acumulando a lo largo de su escolarización.

Además, los sistemas educativos deben prever, incitar y facilitar la incorporación constante de la ciudadanía a las distintas ofertas (universitaria, profesional, ocio, etc.) independientemente de su edad y ocupación, convirtiendo así la educación en un valor en sí misma.

En su concreción, este proceso se nutre de la concepción de educación democrática del Proyecto, que, como ya sabemos, se articula en torno a cuatro ejes de desarrollo (socioeconómico, sociopolítico, sociocultural y sociopersonal), cada uno de los cuales se orienta más específicamente por algunos valores y favorece el desarrollo de diferentes temáticas (temas transversales, tópicos, proyectos de trabajo, etc.). No obstante, estamos atentos a otras propuestas de selección de la cultura. Así nos parecen especialmente interesantes las realizadas por Gimeno (2001) y Torres (2001), además de las que ya recogimos en Guarro (2002).

No obstante, el Proyecto es consciente de la necesidad de avanzar en este proceso hasta poder ofrecer una propuesta capaz de responder a la pregunta, ¿qué debe aprender el alumnado durante el período de escolarización obligatoria para poder llegar a ser un ciudadano que se integre y participe activamente en la sociedad en la que vive? Esta cuestión, eludida durante las últimas reformas educativas llevadas a cabo en nuestro país (Programas Renovados del 80; LOGSE, del 90; LOCE, del 2000; e, incluso la LOE[8], del 2006), reclama su respuesta urgente porque los cambios socio-políticos, culturales y económicos que se están produciendo, debidos a la interacción de la globalización, las TIC (tecnologías de la información y de la comunicación), y la influencia del neoliberalismo o neoconservadurismo, han transformado de tal forma la sociedad, que el mantenimiento de una selección cultural como la que nos ofrecen los actuales currículos ya no responde a casi ninguno de sus retos y necesidades. Sería una irresponsabilidad, que incluso pondría en grave peligro de extinción a la escuela como la institución socializadora que conocemos, no abordar desde parámetros y criterios nuevos la selección de la cultura, superando los viejos esquemas enciclopedistas, con el decidido propósito de transformar el currículo en un conjunto de aprendizajes capaces de facilitar a todo el alumnado esa integración efectiva y esa participación activa en la sociedad.

2.2. La organización del currículum

Un currículum democrático demanda el mayor grado de integración de los contenidos posible, aunque somos conscientes de las dificultades que ello implica dada la tradición disciplinar que subyace tanto a la formación inicial del profesorado, a la organización de los centros (horarios, plantillas, seminarios o departamentos) y al mismo sistema educativo (políticas de formación, acceso a la profesión, sistema de incentivos, promoción, etc.). Cambiar todo eso es muy difícil, pero la construcción de una cultura democrática afecta a la naturaleza misma de la educación y del sistema educativo, por tanto no es de extrañar que también en este sentido las dificultades sean muchas y de gran calado. Sin embargo, los argumentos que podemos esgrimir a favor de un avance progresivo, pero decidido, hacia mayores cuotas de integración curricular son tan contundentes y coherentes con nuestra concepción curricular que cualquier otra decisión sería impensable.

En primer lugar, haremos referencia al **núcleo cultural básico** (Gimeno, 1991) de una sociedad democrática, que es el que representa el currículum obligatorio y común y debe nutrirse, entre otras fuentes, del conocimiento científico, pero, simultáneamente, superar sus divisiones internas, establecidas por la lógica de la ciencia

---

8. El intento de la LOE, a través de la inclusión de las competencias básicas, es muy loable pero no consigue abordar el problema de raíz al mantener, al mismo tiempo, la selección basada en áreas. Ese solapamiento no solo puede confundir al profesorado, si no que puede abrir la puerta a un doble currículo obligatorio: el basado en las competencias y el basado en las áreas. Con el agravante de que el primero pueda utilizarse como respuesta al alumnado más vulnerable y el segundo para el resto, lo que quebraría el primer principio de un currículo democrático: que sea común para todo el alumnado.

y de la investigación científicas para favorecer sus propios intereses, y hacerlo asequible, útil y relevante para cualquier ciudadano, independientemente de su origen social y cultural. De lo contrario estaríamos utilizando dicho currículum no para establecer vías de comunicación y de igualación cultural, imprescindibles para una sociedad democrática que se quiera instalar en el consenso entre sus diferentes sectores, estratos, grupos, tribus, etc., sino en barreras selectivas para nutrir la jerarquización más propia de una sociedad sólo democrática en lo formal pero instalada en el fondo en el conflicto y en la dominación.

En segundo lugar, existen una serie de argumentos relacionados con cuestiones de tipo epistemológico, psicológico, sociológico y ético que compartimos plenamente, pero cuya presentación y discusión aquí excedería el sentido de este documento. Sólo nos detendremos en aquéllas que mantienen una relación más estrecha con la naturaleza de esta propuesta curricular (Torres, 1994).

La integración curricular favorece la **humanización** del conocimiento. Es decir, se pone el conocimiento al servicio del ser humano y no al revés. Y esto es así porque el criterio básico para su organización es que sea asequible a la mayoría de los ciudadanos Para ello, hay que huir de la forma en que la ciencia organiza el conocimiento porque ese modo de estructuración sólo es conocido por los expertos que conocen las reglas de construcción de las teorías científicas.

La integración curricular favorece el compromiso del alumnado con su realidad incitándole a una participación más activa, responsable y crítica en ella. Sólo una organización del currículum que favorezca el tratamiento de problemas cotidianos, tanto sociales como personales, puede facilitar que el alumnado se comprometa con su realidad y le incite a una participación activa, responsable y crítica en ella. No es lo mismo abordar la química orgánica, o determinados temas de bioquímica desde la forma lógica en que la ciencia piensa estos temas, que en el contexto de la problemática de la drogadicción juvenil (efectos que producen las drogas; sobre qué zonas del cerebro actúan; cuál es su composición química; etc.).

La integración curricular permite aflorar los valores, ideologías e intereses que están presentes en todas las cuestiones sociales y culturales. La atomización del currículum, es decir, su organización basada en las disciplinas científicas, provoca dos efectos que merece la pena analizar. Por un lado, hace que el conocimiento aparezca aséptico, neutro, objetivo, desvinculado de todo el contexto social donde se produce y se utiliza. Precisamente una de las cuestiones que queremos enfatizar es que detrás del conocimiento siempre hay un interés que tiene que ver con algún tipo de ideología o con determinados valores que es preciso aflorar para su análisis y crítica. Desde que ciencia y tecnología se vinculan en un binomio inseparable, las consideraciones sociales, culturales, económicas y políticas de cualquier tipo de conocimiento deben ser desveladas para que los ciudadanos puedan valorar sus repercusiones. A nadie se le escapa que la investigación científica hace ya mucho tiempo que no sigue los designios de su propia evolución, sino los intereses de quiénes facilitan los recursos materiales y humanos para que pueda llevarse a cabo. Asimismo, impide que los problemas cotidianos puedan analizarse desde todas las perspectivas posibles. Desde cada materia sólo pueden considerarse los aspectos propios de la misma. Pero las cuestiones sociales no pertenecen a ningún área específica, son complejas y así hay que estudiarlas. Además, resultaría artificial y complicado poder contemplar las situaciones sociales y culturales teniendo en cuenta la totalidad de aspectos que las explican si no se facilita esta visión desde una organización más integrada del currículum.

En cuanto a los **modelos** para desarrollar la integración del currículum, independientemente de su alcance, el Proyecto Atlántida sugiere utilizar los siguientes, dependiendo de la etapa en la que se trabaje: si se trata de las etapas infantil y primaria, el modelo más adecuado sería la *globalización* y si nos referimos a la etapa secundaria obligatoria a *la interdisciplinariedad*.

La **globalización** exige la presencia de un tutor o tutora que imparta la mayor parte del currículum. Esa circunstancia organizativa sólo se da en las etapas de educación infantil y primaria. Existen varias estrategias que permiten desarrollar en el aula este modelo de integración, pero las más utilizadas y con más tradición en nuestro país son los *centros de interés* y los *proyectos de trabajo,* también denominado método de proyectos.

Los **centros de interés** sería la estrategia más adecuada para la Educación Infantil y, quizás, para el primer ciclo de la Educación Primaria, aunque este tipo de sugerencias deben tomarse con mucha cautela. Como su nombre indica, son núcleos alrededor de los cuales se organiza todo el aprendizaje del alumnado, empezando por los contenidos. Se caracterizan porque representan *intereses naturales o sociales* objetivos, en el sentido de que necesariamente le han de interesar al niño. A lo largo de la historia del currículum se han ofrecido diferentes propuestas al respecto. La primera propuesta fue realizada por Decroly y Boon (1968), y gira en torno a intereses o **necesidades naturales.** Esta versión de los centros de interés fue difundida *oficialmente* en nuestro país a través de los Programas Renovados, y constituía la base de la organización del currículum en Preescolar y Ciclo Inicial. Otra propuesta interesante proviene del mundo anglosajón y es deudora del movimiento denominado Escuela Nueva. El currículum debería organizarse en torno a los *procesos sociales y funciones vitales*[9]. La tercera, y última, se basa en *situaciones humanas constantes*, y es deudora de la obra de Dewey y de su pretensión de una educación democrática[10].

9· Consejo de Educación del Estado de Virginia, 1934.

10· Stratemeyer, Forkner y McKim (1957): *Developing a Currículum for Modern Living*, Columbia Univ.: Teachers College.

Las propuestas que hemos recogido no son únicas ni exhaustivas y requerirían adaptarlas a los centros de interés de los niños actuales, sólo pretenden ilustrar dos ideas: a) el modo en que organicemos el currículum no es una cuestión aséptica y neutral, muy al contrario, significa adoptar posturas ideológicas de las que no siempre somos conscientes; y b) la selección de unos u otros intereses, necesidades, situaciones, procesos, etc., dependerá de nuestras concepciones acerca de la sociedad.

El Proyecto sugiere la mayor apertura al respecto, pero dentro del marco ideológico que representa la educación democrática que hemos ido presentando en las páginas anteriores.

Como puede observarse, en esas propuestas existen núcleos directamente relacionados con los valores que pretendemos enseñar y otros que facilitan su incorporación de un modo más fluido y natural que la organización por áreas.

Los denominados **proyectos de trabajo**[11] (Kilpatrick, 1918, 1926 y 1967; Henry, 1994; Hernández, 1988; Hernández y Ventura, 1992) son una estrategia que se basa en la acción o actuación del alumnado. Es decir, una propuesta de trabajo que se desarrolla en la propia escuela. Su finalidad es dar solución real a los problemas que se plantea el alumnado en el marco de la escuela. Es importante resaltar que los proyectos de trabajo siempre implican una acción por parte del alumnado, es decir, no se plantean como un mero tema de estudio, sino como un plan que les permita actuar sobre alguna situación o para resolver algún problema. Desde este punto de vista, es una estrategia ideal para los fines del Proyecto porque favorece la realización de acciones en los contextos próximos a la escuela (barrio, localidad, isla) que reflejen de un modo práctico y vivencial los valores democráticos: campañas de solidaridad, acciones de concienciación sobre problemas candentes (intolerancia, racismo…), etc. Como quiera que los proyectos deben responder a situaciones reales, sucedidas al propio alumnado o en su entorno, para que capten su atención e interés, esta estrategia puede presentar una dificultad, además de la inherente a la integración de los contenidos, y es que el currículum se globaliza con cierta inmediatez, lo que exige un gran dominio del tema para poder responder con efectividad. Sin embargo, este problema se puede paliar, al menos cuando el profesorado se inicia en este modo de organizar el currículum, preparando algún esquema básico de trabajo que recoja las principales decisiones que hay que adoptar, incluso disponer de algún proyecto ya elaborado sobre algunos problemas relevantes (marginación, intolerancia, disciplina, etc.) fácilmente adaptables a cualquier contexto.

En resumen, podríamos decir que en las etapas infantil y primaria la integración curricular a través de la globalización, bien sea mediante centros de interés o pro-

---

11.   *Cuadernos de Pedagogía*, n.º 243, enero de 1996, dedica el *Tema del Mes* a los «Proyectos de Trabajo».

yectos de trabajo, no supone grandes cambios organizativos. Sólo el compromiso del profesorado, individual o colectivamente, y, mejor aún, de la escuela como institución, en la transformación del currículum obligatorio en una propuesta cultural más asequible al alumnado y más próxima a sus problemas y vida cotidiana, que es donde más fácilmente se pueden trabajar los valores democráticos.

La **interdisciplinariedad** resulta más adecuada para la etapa secundaria obligatoria dada su estructura curricular, sus tradiciones y cultura profesional predominante y sus condiciones organizativas. Este tramo del currículum obligatorio se estructura en once áreas obligatorias y hasta tres optativas. Lo que supone una excesiva atomización del conocimiento y de la cultura que se quiere enseñar. Precisamente por ello, es más necesaria, si cabe, la integración del currículum para conseguir una versión más próxima y asequible al alumnado. Con ello, no sólo facilitamos la educación en valores democráticos, también podemos colaborar a reducir el fracaso escolar si somos capaces de organizar el currículum en torno a temas o problemas que motiven e interesen realmente a ese alumnado. Sin embargo, esta etapa presenta enormes dificultades para llevar a cabo esta tarea. No sólo tenemos que afrontar la dificultad que supone la presencia en cada curso de once, doce, trece o catorce profesores y profesoras. También hemos de superar una tradición académica enquistada en la estructura disciplinar del currículum y una cultura profesional individualista o, al menos, gremialista que gira en torno a la materia que se imparte y no a la etapa en la que se trabaja. Por tanto, las propuestas y los intentos que se hagan en esta etapa deben ser muy cautelosos, planificados, bien apoyados (asesoramiento, materiales, etc.) y fundamentados. Por otra parte, las condiciones organizativas de los centros de secundaria (horarios, distribución del espacio, relaciones interpersonales, etc.), hacen aún más difícil cualquier cambio de esta naturaleza. Por ello, es necesario prever todas las posibles incidencias, aunque sea a modo de inventario, y las respuestas más adecuadas, según cada contexto. A tal efecto, puede resultar muy útil el cuestionario que a tal efecto elaboró en *British School Council.*

Existen diferentes modos de llevar a cabo la interdisciplinariedad (Pring, 1976), que nosotros vamos a presentar ordenadas de menor a mayor dificultad organizativa y curricular para su puesta en práctica, si bien las dos últimas son igualmente complejas:

A. Integración mediante áreas de conocimiento.

B. Integración relacionando diversas áreas.

C. Integración a través de temas, tópicos o ideas.

D. Integración en torno a una cuestión de la vida práctica.

E. Integración desde los temas o investigaciones que decide el alumnado.

La **integración mediante áreas de conocimiento** es el modelo que utiliza la propia LOGSE para la organización del currículum Supone la integración total de varias disciplinas científicas (física, química y biología = ciencias naturales; geografía, historia, antropología, derecho y economía = ciencias sociales; etc.), de modo que aparecen indiferenciadas para el alumnado. Es un primer nivel de integración que acerca el conocimiento al alumnado un poco más que la estructura de la ciencia, pero sólo ofrece posibilidades reales de abordar cuestiones relacionadas con los problemas e intereses del alumnado en algunas de ellas (ciencias sociales y ciencias naturales, preferentemente). Esta estrategia no presentaría ninguna dificultad porque el currículum y los centros se organizan en torno a las áreas y porque este nivel de integración ya está casi asumido por el profesorado. Aún así, se detecta una cierta tendencia a desintegrar las áreas cuando se secuencian de tal modo que durante un determinado curso sólo se imparte una de las disciplinas integrantes y al siguiente la otra, y al siguiente la otra, etc.

La integración **relacionando diversas áreas** asume la existencia de diferentes áreas que deben presentarse por separado al alumnado. Se establece una coordinación clara y explícita entre ellas porque algunos contenidos lo exigen para poder ser comprendidos. Por ejemplo: ciertas operaciones matemáticas que son necesarias para poder enseñar ciertos contenidos de física, química, geografía, dibujo, etc.; determinado fenómeno histórico que es necesario para poder trabajar algún contenido económico, social, etc. Este grado de integración, que en realidad sólo supone algo tan evidente entre los docentes que trabajan conjuntamente como es la coordinación, ofrece unas posibilidades muy interesantes para desbloquear el asilamiento del profesorado e iniciar procesos de trabajo que desemboquen en mayores cuotas de colaboración.

La **integración a través de temas, tópicos o ideas** se realiza a partir del currículum mínimo por áreas y no existen áreas dominantes. Supone un nivel de coordinación mayor y ofrece al alumnado espacios de aprendizaje más significativos. Es bastante habitual entre el profesorado y se concreta en el tratamiento simultáneo de los mismos temas (El día de la Paz; El día de Canarias, etc.) desde diferentes áreas respetando sus horarios, aulas, etc. Esta modalidad representa el primer nivel real de integración curricular y, dado que no le resulta desconocido al profesorado, podría servir de inicio en aquellos centros que nunca han tenido experiencias de este tipo. No obstante, las posibilidades que ofrece para abordar con rigor los problemas reales del alumnado y su análisis desde la perspectiva de los valores democráticos son muy pocas.

La integración en **torno a una cuestión de la vida práctica** se realiza en torno a problemas de la vida cotidiana cuya comprensión y valoración trascienden el ámbito de cualquier área. Los problemas los selecciona el profesorado con suficiente anterioridad. Se exige que se expliciten cuestiones comprometidas y los criterios morales desde los que se juzgan. Los contenidos no se le presentan al alumnado por áreas sino totalmente integrados. Es decir, supone un cambio organizativo muy importante ya que implicaría modificar sustancialmente los horarios (las áreas cederían parte de sus horas para impartir el tema en cuestión) y exige un nivel de coordinación docente muy alto. El ejemplo más claro y próximo de esta modalidad son los temas transversales (la paz, educación ambiental, educación para el consumo, etc.), aunque habitualmente se aborden según el planteamiento de la modalidad anterior, lo que, en la práctica, provoca que no le resulten tan significativos al alumnado, ni se puedan explicitar las cuestiones comprometidas y los criterios morales desde los que se juzgan, lo cual desde los intereses de una educación democrática es imprescindible. Esta modalidad debería utilizarse en aquellos centros donde exista una clima relacional óptimo entre, al menos, un grupo significativo[12] de profesores y profesoras, se hayan realizado experiencias similares o, cuando menos, en torno a la anterior modalidad.

La **integración desde los temas o investigaciones** que decide el alumnado representa el máximo grado de integración y de dificultad. Es muy similar a la anterior estrategia, la principal diferencia radica en que el tema lo decide el alumnado o, al menos, a partir de sus propuestas, lo que supone un dominio de la estrategia muy superior porque el profesorado debe adaptarse a lo que surja en un momento dado. Existen varias modalidades:

1) Integración en torno a períodos históricos y/o espacios geográficos (ejemplo: las guerras mundiales; la cultura clásica; el Polo Norte; La Antártida; etc.).

2) Integración en torno a descubrimientos e inventos (ejemplos: la escritura; la imprenta; el dinero; los viajes espaciales; etc.).

3) Integración en torno a instituciones o colectivos humanos (ejemplos: las instituciones escolares; las iglesias; los partidos y los sindicatos; etc.).

4) Integración a través de conceptos (ejemplos: el cambio; el tiempo; la cooperación; etc.).

El tratamiento de estos temas exige un proceso de investigación que incorporaría los correspondientes procedimientos propuestos en el currículum de la ESO. Desde el punto de vista de una educación democrática se exigiría que los temas incorporaran el tratamiento de las cuestiones más polémicas o significativas desde el punto de

---

12. No es sólo una cuestión cuantitativa, sino sobre todo cualitativa, pues depende de si el grupo tiene suficiente influencia sobre el resto del claustro como para poder introducir las condiciones organizativas necesarias (horarios, espacios, asignación de presupuesto, etc.).

vista de los valores democráticos, y no se redujeran a meros estudios más o menos eruditos.

Como se puede comprobar el problema de la integración sólo es abordable desde una perspectiva procesual y evolutiva porque afecta a la esencia de la cultura profesional y organizativa de los centros. Aunque representa una de las apuestas más firmes para construir una verdadera cultura democrática en los centros, también es una de las metas más elevadas y complejas que una escuela se puede plantear. Por todo ello, el Proyecto se compromete en este proceso, asume la parsimonia que implica su desarrollo y deberá dedicar muchos esfuerzos en la elaboración de los procesos de trabajo, procedimientos y materiales de trabajo que faciliten al profesorado y a los centros su puesta en práctica.

2.3. La metodología

Es un proceso curricular básico para la educación democrática porque afecta a la forma en que se enseña y se aprende, es decir, al día a día del aula que es lo que realmente influye en el desarrollo de actitudes y valores. La calidad democrática del currículum depende, pues, tanto de lo que se enseña como de la manera de enseñarlo. Compartimos la idea de Giroux (1990) de que las escuelas deben ser consideradas como **esferas públicas y democráticas** en las que los futuros ciudadanos tengan la oportunidad de vivir, y por tanto aprender, las experiencias democráticas más radicales y profundas de su vida. Para ello, debemos convertir los centros educativos, como instituciones, y las aulas como espacios vitales, en lugares donde los valores democráticos sean las señas de identidad más visibles, donde todos sus habitantes, pero especialmente el alumnado y el profesorado, puedan experimentar esos valores cotidianamente, en cada actividad educativa, en cada situación de aprendizaje y de enseñanza. Si esas experiencias democráticas son sólo la excepción en la vida de los centros (el día de la paz, el día del medio ambiente, etc.), lo normal es que la interiorización y la práctica de esos valores también sean excepcionales. Para ello, asumimos dos grandes principios metodológicos[13]: a) el compromiso con la construcción de una cultura cooperativa en el aula; y, b) el enseñar mediante una metodología basada en la investigación y el descubrimiento.

---

13.   Deudores de tantos proyectos (Humanities Currículum Proyect –dirigido por Stenhouse–; Man: A course of Study «MACOS» –dirigido por Bruner en las décadas de los 60 y 70–), tradiciones (Freinet, Piaget, Ferrer Guardia, etc.), experiencias desarrolladas por los MRPs y los asumidos por la propia LOGSE.

2.4. Compromiso con la construcción de una cultura cooperativa en el aula

La **cooperación** o **colaboración** es uno de los valores primordiales de la cultura democrática, por lo que cualquier aula o centro que pretenda reconstruir su cultura en esa dirección debería caracterizarse, en primer y destacado lugar, por su compromiso con una cultura cooperativa. Por ello, nos vamos a detener de forma especial en la presentación de este principio. La preocupación por el desarrollo de este valor y esta cultura no es nueva, más bien ha sido uno de los intereses constantes entre teóricos y prácticos de la educación. Desde Rousseau hasta Ferrer Guardia y Freinet, pasando por Cousinet, Makarenko, Kirkpatrick, Neill, Barbiana, Freire, y un largo etcétera, encontramos reflexiones y experiencias que han tenido como eje central la cooperación, o interpretaciones más políticas del mismo asunto como la solidaridad. Lo que ha generado una gama bastante variada de significados otorgados a este valor y tipo de cultura.

Para nosotros existen dos significados que, además de resumir la tradición al respecto, recogen los aspectos que más nos interesa destacar: por un lado, como forma de convivencia escolar democrática por excelencia; por otro, como modelo de enseñanza y aprendizaje. Creemos que ambos deben tenerse en cuenta aunque el primero tenga más historia y esté más relacionado con la cultura democrática que pretendemos construir. Pero en la actualidad disponemos de suficientes evidencias (Johnson y Johnson, 1978 y 1987; Johnson, Johnson y Maruyama, 1983; Johnson, Maruyama y cols. 1981; Slavin, 1983, 1985 y 1995) para afirmar la superioridad de la cooperación frente al individualismo o la competición no sólo como forma de convivencia democrática sino también como modelo de aprendizaje y, en consecuencia, de mejora del rendimiento.

2.5. La cooperación como forma de convivencia democrática

Esta forma de interpretar la cooperación quiere poner el énfasis en los procesos de socialización e interacción social. El compromiso con la construcción de una cultura cooperativa en el aula y el centro se torna, así, ineludible para lograr que el alumnado tenga la oportunidad de vivir ese tipo de relaciones de forma natural y cotidiana dado el valor potencial de las interacciones entre iguales para el desarrollo social en una sociedad plural. No tiene sentido (y parece hasta deshonesto) hacer que los niños sigan la corriente respecto a unas dimensiones de la diversidad (como, por ejemplo, *handicaps* físicos, psíquicos o emocionales) e integre al niño en otras dimensiones de diversidad (las categorías étnicas oficialmente reconocidas), a menos que la organización social en las escuelas garantice una clase de interacción en igualdad de *status* de la cual puedan derivarse actitudes positivas hacia dichas diferencias (Cazden, 1991: 147). Para que se desarrollen de forma habitual este tipo de relaciones, especialmente entre el alumnado, es necesario atender al menos a dos cuestiones (Campiglio y Rizzi, 1997):

1) Reconocer el aula como el espacio óptimo para la interacción social entre iguales.

2) Organizar el aula para influir en la construcción de las relaciones interpersonales.

Las culturas organizativa y profesional predominantes en nuestro sistema educativo, favorecidas por las políticas educativas impregnadas de uniformismo como sinónimo de igualitarismo, han convertido las aulas y los centros en lugares impersonales, fríos, de paso, exageradamente funcionales, en suma, poco aptos para vivir y establecer relaciones interpersonales de calidad. Sin embargo, *«la clase-aula es el espacio en el que se definen las elecciones de amistad, donde se presentan las ocasiones de socialización, en el que se desencadenan los mecanismos de enfrentamiento, de competitividad, de participación, en un grupo, de conflicto, de marginación y de liderazgo. Y es en este espacio donde siempre se producen las elecciones colectivas y se dan las relaciones con los demás (las otras clases, la organización escolar global, lo externo a la escuela). (...) El aula de la "propia" clase es el lugar en el que nos presentamos al comienzo del curso, nos vemos todos lo días, nos conocemos y vivimos día a día. (...). En fin, es la propia habitación de la escuela (...)»* (Rizzi, 1997: 55). Conseguir que las aulas se conviertan en espacios habitables, personalizados y cálidos exige una dedicación especial a la organización del espacio y de las relaciones, para favorecer el tipo de interacciones que queremos desarrollar y evitar las que no deseamos que se produzcan. Lo inaceptable es pretender que esas interacciones surjan espontáneamente y cuando comprobamos nuestro fracaso responsabilizar al alumnado de él. Si disponemos los pupitres para que cada alumno y alumna trabaje individualmente, si diseñamos tareas que deben resolverse individualmente, si nos sentimos incómodos porque el alumnado se mueve o hace ruido, si impedimos que el alumnado se comunique entre sí, si el mejor de la clase es el que antes acaba las tareas..., cómo podemos esperar que no se produzcan conflictos, que no aflore la agresividad, incluso, y como veremos más adelante, cómo podemos pretender que todos nuestros alumnos encuentren útil lo que aprenden o, simplemente, que aprendan.

2.6. La cooperación como modelo de enseñanza y aprendizaje

La cooperación no sólo representa la forma de convivencia democrática escolar más adecuada para la socialización y construcción de relaciones, también es un modelo de enseñanza y aprendizaje eficaz (Aronson, 1978; Kolb, 1984; Sharan y

Sharan, 2004), que está mostrando su gran influencia sobre la adquisición de competencias y destrezas sociales, el control de la agresividad, la adaptación y la interiorización de las normas sociales y el rendimiento académico (Johonson, Maruyama y cols. 1981). Esta consideración es menos habitual y, además, suele negarse. La mayoría del profesorado sigue creyendo que el aprendizaje individual es más potente que el cooperativo, quizás porque es el modelo con que todos hemos aprendido y, si nosotros lo conseguimos, por qué no lo va a conseguir nuestro alumnado. Además, de nuevo hemos de constatar que ciertas políticas desarrolladas por la administración (determinación del número de alumnos por aula, la estructura curricular de las etapas, sistema de incentivos, modelos de formación del profesorado, etc.) favorecen esta creencia. Pero quizás hayan otros dos factores aún más decisivos: a) los materiales curriculares y b) la cultura profesional predominantes. Los libros de texto, entendidos como materiales individuales y estandarizados, y el individualismo o aislacionismo, como formas de trabajo habitual del profesorado, son un serio *handicap* para la enseñanza y el aprendizaje cooperativos.

Como ya pusieran de manifiesto Piaget y la Escuela de Ginebra (Ovejero, 1990), la interacción entre iguales, es decir, alumno-alumno, permite una confrontación de puntos de vista que provoca un conflicto sociocognitivo que favorece el progreso intelectual, porque como ponen de manifiesto Mugny y Doise, 1983:

a) El niño toma conciencia de la existencia de respuestas diferentes a la suya.

b) Otra persona proporciona indicaciones que pueden ser pertinentes para la elaboración de un nuevo instrumento cognoscitivo.

c) Aumenta la posibilidad de que el niño sea activo cognoscitivamente.

Si la teoría del conflicto sociocognitivo plantea algunas limitaciones, la obra de Vygotsky y los trabajos actuales, inspirados en él y en la escuela soviética, de autores como Forman y Cazden ofrecen explicaciones teóricas y desarrollos metodológicos para superarlas. Según Vigotsky, la confrontación de puntos de vista divergentes, causa del conflicto sociocognitivo, es uno de los caminos que repercute en el desarrollo intelectual, pero no es el único. Así, se considera que la interacción social no sólo favorece el desarrollo de la inteligencia y el rendimiento, sino que *«es el origen y el motor del aprendizaje y del desarrollo intelectual gracias al proceso de interiorización que hace posible»* (Coll, 1984: 132). Lo que introduce la idea de «zona de desarrollo próximo», es decir, *«la distancia entre el nivel de desarrollo real, determinado por la solución de problemas independientes, y el nivel de desarrollo potencial, determinado por la solución de los problemas bajo la dirección de adultos o en colaboración con iguales más capaces»* (Vigotsky, 1979: 86). Por otra parte, se formula la hipótesis de la función reguladora del lenguaje, que en términos de enseñanza y aprendizaje escolares representa una idea sugerente y descalificadora de muchas prácticas docentes. *«El lenguaje tiene, además de la función comunicativa, una función reguladora de los procesos cognitivos, pues el intento de formular verbalmente la representación propia con el fin de comunicarla a los demás obliga a reconsiderar y reanalizar lo que se pretende transmitir»* (Ovejero, 1990: 72). Si bien Vigotsky lo aplica a la interacción niño-adulto, Forman y Cazden lo hacen a las interacciones niño-niño, porque ofrecen las condiciones óptimas para maximizar los efectos positivos reguladores del lenguaje. Así, la conversación, la discusión, hablar en clase se convierten en una condición para el aprendizaje (Cazden, 1991; Darling-Hammond, 2001). Cazden identifica cuatro beneficios cognitivos del discurso entre iguales: como catalizador de cambios internos; como representación de roles complementarios; como relación con los otros, y como habla exploratoria en lugar de "versión última". ¡Qué lástima que nuestras escuelas sigan valorando el silencio del alumnado como indicador de una buena docencia!

En resumen, podemos afirmar que la construcción de una cultura cooperativa en el aula es el primer compromiso que debe adquirir el profesorado, y las escuelas, interesados en una profundización democrática de su trabajo.

2.7. Enseñar mediante una metodología basada en la investigación y en el descubrimiento

Este es un principio metodológico que pretende sintetizar formulaciones tales como *«posibilitar que el alumnado desarrolle estrategias de aprendizaje por sí mismo»; «facilitar una intensa actividad del alumno»; «asignar a los estudiantes papeles activos, en lugar de pasivos, en situaciones de aprendizaje»;* etc., que con la difusión e implantación de la LOGSE se han puesto de moda, si bien su origen es mucho más antiguo y su presencia en la investigación curricular y en la práctica educativa viene de lejos (*mayeútica* socrática, Rousseau, Dewey, Claparéde, Montessori, Decroly, Piaget, Vigotski, etc.). Además, es una opción metodológica compartida por muchas y muy variadas propuestas curriculares, y en ese sentido no es específica ni propia de un currículum democrático. Pero no por ello es menos coherente con la cultura que pretendemos desarrollar.

La enseñanza y el aprendizaje basados en la investigación y el descubrimiento suponen una ruptura epistemológica muy importante con las concepciones tradicionales y hegemónicas acerca de la adquisición del conocimiento. Así, el supuesto de la necesidad de establecer una relación jerárquica entre el que sabe, el que ostenta el conocimiento (experto, especialista, profesor, etc.) y el que quiere aprender (práctico, alumno, etc.) queda superado con esta propuesta metodológica pues implica una cierta igualación ya que tanto unos como otros aprenden y enseñan mutuamente. Cada uno aporta sus habilidades, experiencias, prácticas y conocimientos; y el aprendizaje será el resultado de su adecuada combinación. Sin embargo, la polisemia de los términos y las prácticas a las que ha dado lugar han creado una cierta ambigüedad en torno al significado de la expresión «enseñanza basada en la investigación y el descubrimiento», por lo que vamos a intentar acotar lo que queremos decir con ella.

En primer lugar, hemos utilizado dos términos «investigación» y «descubrimiento» porque, aunque muy similares y habitualmente empleados como sinónimos (podríamos decir lo mismo de «resolución de problemas»), el primero pone el énfasis en el proceso a desarrollar y el segundo en el resultado a obtener, y a nosotros nos interesa resaltar que ambas cuestiones son importantes. Es imprescindible que la enseñanza cuide los procesos pero también que el alumnado logre resultados que constaten su aprendizaje. De poco sirve desarrollar procesos muy ricos e interesantes si no están orientados a la obtención de resultados significativos que estimulen el aprendizaje. Por tanto, establecemos que la enseñanza basada en la investigación y el descubrimiento facilitará el desarrollo de procesos de investigación que conduzcan al descubrimiento de los conocimientos y a la adquisición de las habilidades, actitudes y valores que el alumnado debe aprender.

En segundo lugar, para caracterizar más concretamente lo que queremos decir vamos a utilizar la recopilación de «principios de la teoría del aprendizaje por descubrimiento» que hace Barrón (1997) en un interesantísimo trabajo que sistematiza y ordena muchas de las ideas que se han difundido acerca de este tema. Al respecto, quisiéramos añadir algunas consideraciones que pueden ayudarnos a concretar aún mejor cómo entendemos esta propuesta desde la perspectiva de un currículum democrático. Es muy importante, y coherente con el principio ya enunciado de «compromiso con la creación de un clima de cooperación en el aula», que el proceso investigador se desarrolle lo más *colaborativamente* posible, de tal forma que el conflicto sociocognitivo, posibilitado por la interacción entre el alumnado, sea su verdadero motor. Un conflicto que estimule la aparición de distintos discursos o acciones que se contradicen simultáneamente durante las interacciones sociales que se producen en el aula. Por lo tanto, cuando se habla de «construcción intrapsíquica» nosotros lo interpretamos en el sentido de que si bien cada alumno y alumna experimentará esa construcción, sólo se producirá en un contexto rico en interacciones sociales entre el alumnado. Este planteamiento obliga a revisar el papel del profesorado en todo el proceso. Hemos admitido que para lograr que el alumnado descubra el conocimiento hace falta una «mediación sociocultural», que en contextos escolares debería llevar a cabo el profesorado. Y, aunque resulta complicado delimitar esa mediación, sí disponemos de dos criterios que pueden ayudarnos. Por un lado, la provocación del conflicto sociocognitivo sólo se producirá en la medida en que el profesorado sea capaz de proporcionar un contexto que facilite el mayor número de interacciones entre el alumnado para que afloren opiniones diferentes y contradictorias. Por otro, el equilibrio entre la necesaria autorregulación del proceso por parte del alumnado y la ayuda que ese alumnado requiere para poderlo llevar a cabo.

En relación con la autorregulación del proceso y la generación de conflictos socio-cognitivos, el profesorado debe llevar a cabo dos labores: a) favorecer que los niños efectúen elecciones informadas para realizar las actividades escolares y reflexionen sobre las consecuencias de sus opciones; y, b) legitimar la búsqueda, es decir, aprobar y apoyar discusiones abiertas en las que no son halladas respuestas definitivas a multitud de cuestiones

La construcción de una conciencia crítica exige que el alumnado desarrolle el hábito intelectual de **informarse lo mejor posible** para tomar cualquier tipo de decisión, así como el compromiso moral de asumir las consecuencias de sus decisiones. Además, la participación activa y consciente es uno de los pilares de una sociedad democrática, lo que exige tomar decisiones constantemente. Para poder participar en igualdad de condiciones no basta sólo con ejercer el derecho a elegir (en política, en la vida social –consumo, ocio, etc.--, en el ámbito cultural, y en la esfera personal), sino que esa elección debe ser lo más informada posible. Por ello, la escuela debe incorporar en su quehacer cotidiano ese tipo de prácticas para que el alumnado las vaya interiorizando y las considere parte esencial de sus comportamientos democráticos. La actitud de **búsqueda**, es decir, la mente abierta, curiosa, inquisitiva, cuestionadora, etc., es la manifestación de valores como la tolerancia, la apertura…, y por tanto exigible tanto en el alumnado, cuando se enfrenta al aprendizaje, como en el profesorado cuando se plantea la enseñanza. En cuanto al conocimiento, supone una actitud reflexiva y crítica en la valoración de los contenidos que se transmiten. No se aprende ni se enseña nada que no sea analizado desde diferentes puntos de vista. Cualquier conocimiento es sometido a una evaluación que nos permita indagar sobre su relevancia epistemológica y cultural, no tanto porque lo diga alguna autoridad (el profesor, el libro, etc.), sino porque la escuela lo somete a esa prueba. Del mismo modo, supone desarrollar una actitud moral ante el conocimiento. El saber humano no es inocuo, neutral, objetivo. Detrás de cada dato científico o saber popular, hay un interés que es preciso desvelar. El alumnado debe adquirir el hábito de analizar el conocimiento desde diferentes tipos de intereses y juzgar las consecuencias que ello tiene para el desarrollo de los valores que propugnamos. El hecho de que el alumnado compruebe vitalmente que muchos problemas (sociales, culturales, científicos, morales, económicos, etc.) no tienen solución, o al menos soluciones definitivas, sino que se exige una constante revisión de los mismos, que su solución sólo es parcial y exige continuas aproximaciones, es la estrategia más apropiada para que poco a poco esos valores vayan formando parte importante de la escala que cada uno debe ir construyendo a lo largo de su vida.

La identificación de problemas, como punto de partida del proceso investigador, y de resolución de dichos problemas, también requiere algunas consideraciones. Así, sería recomendable tener en cuenta dos criterios a la hora de seleccionar los problemas objeto de las investigaciones:

a) Favorecer el estudio de temas o cuestiones que los ciudadanos de nuestra sociedad no analizan normalmente (y que, por lo general, son ignorados por los principales medios de comunicación).

Este principio quiere poner de manifiesto el compromiso de un currículum democrático con el tratamiento, con fines educativos, de los temas que la cultura hegemónica en la sociedad pretende soslayar, mediante todos los medios a su alcance (medios de comunicación de masas, de modo preeminente, pero también a través del sistema educativo), porque representan los aspectos más negativos del sistema de relaciones imperantes (personales, grupales, sociales de producción y ambientales) y que, de algún modo, soportan los intereses de los grupos dominantes.

Así, consideramos imprescindible que la escuela sirva de institución contrahegemónica y asuma la responsabilidad de favorecer un foro donde, precisamente esos temas, puedan abordarse. No sólo porque al alumnado le pueda resultar más motivante estudiar las cuestiones que en otras instituciones (familia, pandilla, etc.) puedan considerarse incluso temas tabú, sobre todo porque gran parte del alumnado, por su origen social y cultural, no tiene fácil acceso a ellos, ni mucho menos a conocer opiniones divergentes. Ésta es una buena oportunidad para concretar la idea que expusimos anteriormente al considerar a la escuela como una esfera pública democrática, puesto que estaría favoreciendo la construcción de conciencia crítica en el más puro sentido democrático posible: ofrecer igualdad de oportunidades a todas las personas e ideas presentes en su contexto más inmediato.

b) La enseñanza debe partir de las experiencias, problemas, intereses del alumnado y el aprendizaje integrarse en su vida cotidiana, tanto social como personal.

Para que las cuestiones que la sociedad suele eludir resulten educativas y puedan favorecer el aprendizaje en nuestro alumnado deben incorporarse a la escuela desde su versión más cotidiana, más próxima y conocida para el alumnado. Para que sean asimiladas y extrapoladas a cualquier contexto, deben ser primero relevantes en el contexto más próximo e inmediato del alumnado. Así, las experiencias educativas resultan más significativas, intelectual, moral y afectivamente, en la medida que estén relacionadas con las experiencias propias del alumnado, que tengan que ver con los problemas cotidianos. Pero también según el grado en que lo que aprende en la escuela pueda aplicarlo a resolver los problemas que le genera su propia vida. Por tanto, se establece un ciclo que se inicia con la identificación de problemas pertenecientes a la experiencia vital del alumnado, se estudian en la escuela, y los resultados de ese estudio deben repercutir de nuevo en la vida extraescolar del alumnado.

Por último, vamos a considerar brevemente las potencialidades educativas del proceso investigador que conduce al descubrimiento. La investigación de temas relevantes cultural, social, política y éticamente, pone al alumnado en contacto directo con la realidad, sus problemas, contradicciones, etc., y permite desarrollar hábitos intelectuales básicos (planteamiento de preguntas; formulación de hipótesis; decidir el tipo de información necesaria; utilización de fuentes de información de primera mano; análisis e interpretación de la información; valoración de la información para extraer conclusiones y responder a las preguntas planteadas; comunicación de la información; etc.) que favorecerán la construcción de una mente reflexiva, abierta y crítica. Además, la investigación, en tanto que tarea colectiva, proporciona al alumnado la posibilidad de compartir la planificación de un proyecto, su realización y los resultados que se obtengan, de modo que estamos favoreciendo una de las actitudes más características de la construcción del conocimiento científico, muy en crisis en la actualidad: la de compartir lo que se sabe para poder aprender más y solucionar los problemas que plantea la comprensión del mundo.

Para completar esta propuesta de principios metodológicos, es necesario considerar aún otro principio que pone el acento en la integración de las diferencias en el currículum común de forma genérica, es decir, independientemente de otras actuaciones más específicas en función del tipo de diferencia de que se trate. Dicho principio podría enunciarse así: «*Las actividades deben diseñarse de tal forma que su cumplimiento puede ser realizado con éxito por alumnado con diversos niveles de habilidad*».

Asumimos que un valor intrínseco de la cultura democrática es ofrecer igualdad de oportunidades a cada alumno y alumna para que alcancen el mayor grado de desarrollo personal y social en función de sus capacidades y habilidades. Para ello, es necesario que la enseñanza se conciba más como un conjunto de oportunidades para facilitar el aprendizaje a distintos niveles, que como una única oportunidad para alcanzar un único nivel de aprendizaje. Más aún si se considerara que el alumno o la alumna ha fracasado si no logra ese único nivel. Es más justo y gratificante que a cada alumno se le exija según sus posibilidades y le ofrezcamos distintas oportunidades para demostrarlas, que no establecer oportunidades únicas para determinadas posibilidades excluyendo a las demás. Desarrollar esta idea en la práctica exige de muchas estrategias, habitualmente relacionadas sólo con alumnado excepcional. Sin embargo, nosotros creemos que, además de esas situaciones excepcionales, es necesario interiorizar que todos los alumnos y alumnas necesitan ser tratados desde esa perspectiva. Así, cuando pensamos en cómo llevar a la práctica nuestra enseñanza hemos de prever esta situación normalmente y la mejor forma de hacerlo es diseñar las actividades con distintos grados de dificultad de tal modo que las puedan resolver con éxito alumnado con diferentes capacidades (e incluso con distinto nivel en cada capacidad), aptitudes, habilidades, intereses, etc. Es cierto que este principio es mucho más fácil de desarrollar si somos capaces de organizar la enseñanza según los principios anteriores porque la cultura de cooperación favorece el aprendizaje entre iguales lo que, unido a una adecuada constitución de los grupos de aprendizaje[14], resuelve gran parte de los problemas relacionados con las diferencias individuales, grupales o sociales, porque es más factible y justo homogeneizar los grupos que los individuos. Por otra parte, la enseñanza basada en la investigación también facilita este principio en la medida que pretende desarrollar procesos más que momentos puntuales de aprendizaje, lo que favorece la detección rápida de los problemas y, en la misma medida, su solución; así, evitamos que buen número de alumnos vaya rezagándose hasta perder todo contacto con el resto del grupo.

Para concluir esta propuesta de principios que orienten la organización de la enseñanza, quisiéramos plantear algunos matices que ayuden a su consideración y puesta en práctica. Nuestra apuesta por una enseñanza cooperativa y basada en la investigación y el descubrimiento, se refiere a una caracterización genérica de la misma. Es decir, que una escuela democrática debería caracterizarse por el predominio de este tipo de enseñanza. Así, cuando se observara un aula deberían detectarse enseguida los rasgos que se derivan de esta propuesta: aprendizaje grupal, interacciones significativas entre el alumnado, procesos de investigación y descubrimiento del conocimiento, etc. Pero ello no significa la ausencia total de otro tipo de agrupamientos, o de otro tipo de procesos de enseñanza y aprendizaje más receptivos. Reconocemos que el aprendizaje por descubrimiento tiene sus puntos débiles (aumento del tiempo, aparición de errores en el proceso que deben identificarse y corregirse adecuadamente, no todos los alumnos se desenvuelven igual ante el descubrimiento, exige una reorganización de la institución escolar que no siempre es fácil ni posible, etc.). Además, no todos los aprendizajes escolares demandan este tipo de enseñanza, sobre todo los más mecánicos. Por lo tanto, la caracterización de un aula y una escuela por nuestra propuesta

---

14. Nos referimos al hecho de que podemos constituir grupos homogéneos entre sí, pero heterogéneos internamente, lo que nos permite reducir sensiblemente el número de ritmos de aprendizaje y facilitar al profesorado la atención individualizada de aquellos alumnos que la necesiten.

metodológica no es incompatible con la presencia de otras formas de enseñar siempre y cuando se tenga claro su carácter complementario.

Además de lo ya dicho en torno a la figura del profesorado, quisiéramos concluir este apartado enunciando un último principio dirigido a orientar su nuevo papel: *«El profesorado debe convertirse en un recurso para el aprendizaje del alumnado más que en una autoridad que se justifica no tanto por lo que hace sino por su posición en el sistema».*

Este principio está dirigido directamente a cuestionar el papel que los sistemas educativos, más interesados en la reproducción que en la transformación de la sociedad, han otorgado al profesorado. Desde esa lógica, a los sistemas les interesa más un agente que asegure la preponderancia de la cultura hegemónica y de las relaciones de poder que implica, que un agente de cambio que la cuestione y, sobre todo, que enseñe a los futuros ciudadanos a cuestionarla. El profesorado, desde nuestra perspectiva, tiene que rechazar el papel que se le ha asignado en el proceso de socialización cuando se convierte en un *impositor cultural* de los valores hegemónicos, cuando su actuación supone una negación de otras culturas y de valores alternativos, cuando impide la posibilidad de cuestionar la realidad tal y como se ha construido. Muy al contrario, el profesorado ha de ir asumiendo progresivamente un papel activo en la construcción de una cultura democrática capaz de integrar a todas las culturas presentes en nuestra sociedad, de difundir y ayudar a interiorizar valores alternativos, de colaborar en la creación de una conciencia crítica que favorezca la aparición de formas de desarrollo también alternativas. Por otra parte, no compartimos la denominada **hipótesis de causalidad educativa,** según la cuál la enseñanza es la causa directa y exclusiva del aprendizaje. En esa relación de causalidad el sistema le otorga al profesorado la exclusiva de la enseñanza y al alumnado la del aprendizaje. Nosotros pensamos que el aprendizaje es el efecto de muchos factores, escolares y extraescolares, y, sobre todo, una construcción personal y social que la escuela y el profesorado deben facilitar creando las condiciones más adecuadas. Esta otra hipótesis exige que las instituciones educativas y el profesorado desempeñen un papel muy distinto del actual. Su mayor esfuerzo no debería dirigirse a suplantar la capacidad (intelectual, manual o artística) del alumnado, pensando por él, actuando por él, etc., sino a guiarla, a apoyarla en su desarrollo. La principal tarea educativa sería, por tanto, la creación de escenarios que ofrezcan la mayor riqueza posible de experiencias de aprendizaje.

2.8. La evaluación

La evaluación no debe concebirse sólo, ni principalmente, como la valoración del aprendizaje del alumnado, debiendo recuperar su valor educativo intrínseco, a condición que se piense y desarrolle desde los siguientes principios (Guarro, 2002): (1) la evaluación debe centrarse en la mejora de los procesos de enseñanza y aprendizaje más que en su control; (2) la evaluación debe estar más atenta a los procesos de enseñanza y aprendizaje que a los productos, lo que exige que la metodología prevista se base y se desarrolle en dichos procesos; (3) la evaluación debe ser lo más integral posible, teniendo en cuenta todos los tipos de aprendizaje (conceptuales, procedimentales, actitudinales); (4) la evaluación debe realizarse teniendo en cuenta las situaciones individuales y grupales, así como los contextos institucionales y socioculturales; (5) la evaluación es un proceso en el que deben participar todos los implicados, evitando que el poder que otorga quede en manos exclusivas del profesorado.

La evaluación debe centrarse en la mejora más que en el control. Esta primera orientación está especialmente relacionada con la finalidad de la evaluación, es decir, con la cuestión sobre ¿para qué evaluar? Nuestra propuesta es que una evaluación democrática debe utilizarse básicamente para la mejora y comprensión de los procesos de enseñanza aprendizaje, de la elaboración y desarrollo del currículum y de la organización de la escuela. Los procesos evaluadores deben servir sobre todo para obtener una información y unos argumentos que nos permitan comprender y justificar las decisiones que se van adoptando y las consecuencias que de ella se derivan. No queremos negar la utilidad de la función dc control porque también es necesario desarrollarla, pero desde luego no desempeñaría un papel central. Es evidente que hay momentos en el proceso de escolarización (final de ciclo, final de etapa, etc.) en los que puede resultar conveniente e incluso interesante realizar algún tipo de control sobre los procesos desarrollados hasta ese momento. Sin embargo, en ningún caso ese control debería tener ni más importancia ni más calidad que la información recogida anteriormente para la mejora. En cualquier caso podría actuar como complemento.

La evaluación debe estar más atenta a los procesos que a los productos. En coherencia con lo anterior, los procesos evaluativos deberían prestar más atención a los procesos que se desarrollan y cómo se desarrollan, que al producto final obtenido. Desde un punto de vista meramente educativo es mucho más interesante poder mejorar los procesos de aprendizaje, de elaboración y desarrollo curricular y organizativos que no la constatación de lo que se ha conseguido o no. Sobre todo, porque el seguimiento de los procesos nos permite comprender mejor lo que está ocurriendo y, en consecuencia, poderlo mejorar. Pero desde la perspectiva de la construcción de una cultura democrática en la escuela es imprescindible ese seguimiento, al menos por dos motivos: uno, porque es el único modo de plantear una participación efectiva en los procesos evaluadores; dos, porque los aprendizajes más valiosos desde el punto de vista de esa cultura democrática (habilidades, actitudes, valores, procedimientos y capacidades) se desarrollan a lo largo del tiempo, prácticamente a lo largo de toda la escolarización obligatoria, por lo que resultaría inadecuado pretender constatar resultados prematuramente.

La evaluación debe ser lo más integral posible. Este principio pone el énfasis en la necesidad de construir la evaluación en torno a una visión lo más integral posible de todos los aprendizajes que el alumnado haya de desarrollar. Por el contrario, debería evitarse una excesiva parcialización de esos aprendizajes y consecuentemente la construcción de la evaluación como sumatorio de lo que el alumnado haya aprendido. Todo ello exige que previamente el profesorado se plantee esa **visión integral** de los aprendizajes. Evidentemente, si se organiza el currículum de forma integral, resultará más sencilla la construcción de esa visión global que se si organiza en demasiadas parcelas (áreas, materias, asignaturas, disciplinas, etc.). Esa exigencia tiene que ver con la necesidad de un trabajo más *colaborativo* entre el profesorado, de forma que se den las condiciones y oportunidades suficientes para facilitar esa construcción compartida de lo que el alumnado debe aprender y consensuar los criterios valorativos de ese aprendizaje. Y también tiene que ver con la sustitución de los elementos curriculares que habitualmente se utilizan para valorar el aprendizaje del alumnado. Es decir, si habitualmente el profesorado utiliza los contenidos de su área para hacerse una idea de lo que el alumnado tiene que aprender y, en consecuencia, valorar ese aprendizaje, quizás haya llegado el momento de sustituir esa visión, excesivamente parcial y atomizada, por otra más integral y práctica, por ejemplo los objetivos de la etapa, adaptados al nivel correspondiente, u otra versión integradora que el propio centro construya. La idea sería que frente a la yuxtaposición de las valoraciones (habitualmente calificaciones) de cada área para decidir la general, el proceso comenzara por consensuar la visión general y después cada área o segmento curricular equivalente se preguntara cómo puede contribuir a su construcción, de forma que a la hora de valorar tanto la enseñanza como el aprendizaje se volviera a tener en cuenta la visión general consensuada y no las visiones particulares.

La evaluación debe realizarse teniendo en cuenta las situaciones individuales y grupales, así como los contextos institucionales y socioculturales. Este principio pone el énfasis en el modo en que se establecen los criterios para valorar los aprendizajes del alumnado. Dada la existencia de un currículum común se infiere la necesidad de establecer unos criterios también comunes de evaluación establecidos por las administraciones correspondientes. Sin embargo, este hecho habría que matizarlo sin negar su utilidad e incluso su legitimidad. La idea de que la justicia se produce como consecuencia de tratar a todos de igual forma, que subyace a este planteamiento, choca frontalmente con nuestra concepción de un currículum democrático, y con la de democracia en general. Más bien creemos que la única forma de actuar de forma justa para conseguir los mismos resultados de aprendizaje es tratar a cada alumno, grupo y centro de forma diferente, en función de sus características. Trasladada esta idea al proceso evaluador tendría como consecuencia la construcción de unos criterios lo más adaptados posible a esas características individuales, grupales y contextuales. La utilización de criterios comunes para la evaluación, además de que ejerce un control externo sobre el currículum que desarrollan los centros y presupone una uniformidad en el modo de organizar, enseñar y evaluar dicho currículum que ni es real ni deseable, puede provocar situaciones muy injustas sobre las que el alumnado no tiene ninguna responsabilidad ni control. ¿En todos los centros se enseña realmente lo mismo? Si un profesor no es capaz de enseñar adecuadamente ciertos aspectos del currículum que le corresponde desarrollar, ¿por qué el alumnado debe ser evaluado de esos mismos aspectos como si hubiera recibido una enseñanza correcta? Si un centro reconstruye el currículum básico, a través de su PCC, teniendo en cuenta su contexto sociocultural y económico, ¿debe mantener intactos los criterios comunes de evaluación?.... También es cierto que si no se ejerce un cierto control sobre los criterios de evaluación que se están utilizando en cada centro y aula, puede producirse una dispersión de tal magnitud que hiciera inútil la existencia de un currículum básico. Por tanto, la idea sería que el mismo proceso de reconstrucción curricular que se admite para los objetivos, los contenidos y la metodología, se acepte también para la evaluación, previo compromiso de las comunidades educativas de que esa reelaboración ha de producir propuestas de igual calidad cultural.

La evaluación es un proceso en el que deben participar todos los implicados. Este principio se refiere a quién debe participar en el proceso evaluador. Habitualmente el profesorado se reserva el control sobre la evaluación como consecuencia del papel hegemónico que juega en el resto de procesos curriculares. Si decide lo que se enseña, para qué se enseña y cómo se enseña, por qué no va a decidir ahora cómo se evalúa y quién evalúa. Por todo lo dicho hasta ahora en este documento queda clara la necesidad de resituar el papel del profesorado en todos los procesos y decisiones curriculares. Pero en el caso de la evaluación quizás es especialmente relevante y urgente esta tarea porque lleva asociada un componente de control, poder y jerarquía que la aleja de cualquier planteamiento democrático. Es más, estamos convencidos de que en tanto no despoje a la evaluación de esos componentes es inadecuado, e incluso inmoral, hablar de un currículum democrático. La construcción de una cultura democrática en la escuela pasa por la construcción de un clima de confianza entre el profesorado, entre el alumnado y entre ambos. Y ese clima no se puede desarrollar en tanto una de las partes tenga todo el poder y la otra nada. Si un sector del profesorado controla un centro de modo que los demás no participen de ese control, es imposible hablar de democracia entre el profesorado. Del mismo modo, si el profesorado sigue detentando la exclusiva del poder en los procesos evaluadores es imposible que el alumnado se sienta implicado con lo que se le pretende enseñar, aunque hayamos mejorado la organización del currículum y la metodología con que se enseña. Ello no tiene nada que ver con dejación de responsabilidades, ni con la promoción de una cultura del *laissez-faire*, ni con nada que se le parezca. Se refiere a la necesidad de construir participativamente las reglas, de distribuir las responsabilidades de común acuerdo, de exigir el cumplimiento de dichas responsabilidades con energía y rigor, etc. La participación del alumnado en su evaluación, la del currículum o la del centro, significa un mayor compromiso e implicación, una mayor capacidad de autocrítica y autorreflexión y una mejor comprensión de lo que aprende y cómo lo aprende. Pero eso sólo es posible si estamos realmente convencidos de que la educación sirve para desarrollar integralmente a las personas a partir de sus capacidades, y no para seleccionarlas según las necesidades que dictan los grupos hegemónicos que controlan la sociedad y, especialmente, las del sistema de producción imperante.

2.9. El proceso de construcción curricular

La calidad democrática de un currículum no sólo depende de su naturaleza, ya expresada en el apartado anterior, sino también de cómo se construya (Guarro, 2002; Martínez Rodríguez, 1999; Pozuelos y Romero, 2002). De hecho, creemos que es imposible desarrollar los procesos mencionados si no se construyen democráticamente, es decir, asumiendo su carácter **procesual,** entendido desde una perspectiva temporal y generadora de procesos. El proceso de construcción curricular, desde una perceptiva temporal, implica desterrar la idea de que el currículum se puede diseñar en un momento puntual que proporciona una versión definitiva y cerrada. Más bien, habría que pensar que es una tarea que se desarrolla en un período amplio de tiempo en el que las acciones de planificación y de puesta en práctica se suceden e interactúan constantemente. Sólo así es posible que se generen los procesos que conceden la calidad democrática que perseguimos, es decir, la motivación, implicación, participación, análisis y reflexión. Así, el proceso puede y debe ser **interactivo y participativo.** La interacción entre la planificación y la acción es esencial para nuestros propósitos porque permite que el currículum se vaya adaptando mejor a las condiciones de aprendizaje del alumnado, facilitando su motivación e implicación en el proceso, también que se ajuste a las circunstancias tal y como se van produciendo y, por último, que el propio proceso de planificación sea educativo y ayude a desarrollar las capacidades y habilidades correspondientes y previstas en el currículum obligatorio. Pero sobre todo, porque es el modo más natural de que el alumnado participe activa y directamente en la construcción del currículum. Cualquier previsión más acabada por el profesorado impedirá la participación efectiva y eficaz del alumnado, lo que no significa que el profesorado no tenga claro qué aprendizajes debe desarrollar y cómo los debe de desarrollar. También así se facilita el carácter **reflexivo** que debe tener la construcción del currículum. Esa interacción crea las condiciones idóneas para que tanto el profesorado como el alumnado valoren permanentemente la calidad del currículum que se está construyendo, sobre todo si se asume, y se disponen las condiciones organizativas correspondientes, el ciclo permanente de planificación-puesta en práctica-reflexión colaborativa sobre la puesta en práctica-reconstrucción de la práctica.

En resumen, podemos decir que un currículum democrático exige la coherencia de todos los procesos que lo constituyen y en su propio proceso de construcción, y asumir la proyección en la práctica de los valores que deben presidir una escuela democrática.

3. EL PROFESORADO Y SU DESARROLLO PROFESIONAL

Juan M. Escudero Muñoz

El reconocimiento de la educación como un derecho esencial de todas las personas que cualquier sociedad que presuma o aspire a ser democrática ha de garantizar a todos de modo efectivo, es el núcleo central de los propósitos, decisiones y prácticas que, en suma, han de vertebrar el sentido y los compromisos de una escuela y educación democrática, justa y equitativa en la sociedad de nuestro tiempo. En el contexto del Proyecto Atlántida se han ido desarrollando aportaciones diferentes en esa dirección sobre el currículo, los centros escolares, sus relaciones con las familias y municipios o el asesoramiento, así como también sobre el profesorado y su formación. Este último aspecto será el objeto del capítulo. A fin de cuentas, sin un modelo de profesorado, de su formación y desarrollo coherente con los valores y principios de una escuela democrática, ésta no pasaría de ser un conjunto de buenas intenciones con pocas posibilidades de impregnar la educación pensada y provista a los estudiantes y a la sociedad.

En el texto que sigue se abordan una serie de puntos. En primer lugar, un balance panorámico del estado de la formación, la continuada en particular, que será aquí el objeto preferente de atención; en segundo, la inscripción del profesorado y su formación en el marco conceptual de una escuela pública y democrática; en el tercero, que consta de varios apartados, los presupuestos, contenidos y metodologías de la formación, para terminar con una referencia genérica a las instituciones y agentes de formación del profesorado.

3.1. Algunos síntomas del estado de la formación del profesorado en nuestro contexto

Aunque no sólo, desde luego, la educación común y obligatoria es la etapa que reclama con mayor razón de ser y sentido de la urgencia la realización efectiva de los valores y compromisos de una educación democrática, justa y equitativa. En ella ha de proyectarse intrínsecamente el derecho esencial a la adquisición y consolidación de aprendizajes básicos y esenciales y, además, en ella residen las mayores o menores posibilidades de que nuestros niños y jóvenes puedan labrarse con relativa libertad su futuro de formación y desarrollo a lo largo de sus vidas (Escudero, 2006a).

En términos generales, cabe establecer un tipo de valoraciones similares sobre el estado de nuestra educación obligatoria y el de la formación continua del profesorado. De ese modo, podemos partir de un cierto reconocimiento del estado actual de cosas y lo que queda por hacer, justamente en aras de articular y entender una y otra como dos caras de una misma moneda.

Respecto a la educación obligatoria, contamos con datos suficientes para justificar un balance global en el sentido de que ahora es mucho mejor, es decir, más democrática y justa que hace algunas décadas. Es así, en concreto, si tomamos en consideración diversos indicadores que, sin necesidad de relatarlos aquí, muestran logros notables en materia de democratización del acceso y permanencia de todo el alumnado en nuestros centros desde edades más tempranas hasta la adolescencia e incluso transición a la vida adulta.

Esa parte positiva del balance queda ensombrecida, no obstante, si lo que tomamos en consideración no es sólo la cantidad de escolarización, sino la calidad de la misma, su provisión efectiva y sus resultados, el grado en que todo el alumnado que entra y permanece en nuestros centros logra las experiencias y aprendizajes considerados necesarios y esenciales, justamente por valores e imperativos democráticos. Tal como evidencian estadísticas consabidas sobre nuestros índices de idoneidad, titulación, absentismo, abandono y fracaso escolar en el tramo de nuestra educación obligatoria, la situación corriente no permite algún género de complacencia.

Algo parecido, como decía, cabe sostener respecto a nuestro sistema de formación del profesorado. Sus estructuras, instituciones y provisión experimentaron un avance y crecimiento notable desde mediados de los ochenta. El reconocimiento del papel central de la formación es bastante aceptable en lo que se refiere a la oferta y provisión de oportunidades de formación y desarrollo profesional. El sistema establecido, con todas las variantes que se quiera, satisface bien valores como la democratización, universalización y creación de facilidades, y hasta incentivos económicos, para que todos los docentes persistan a lo largo de su carrera en su crecimiento y desarrollo profesional, para que logren y sigan desarrollando aquellos aprendizajes profesionales que son precisos para facilitar el aprendizaje escolar de los estudiantes. No podría decirse lo mismo, sin embargo, de la calidad de la formación, de su relevancia y capacidad de estimular las cabezas y el corazón de nuestros docentes, su incidencia en la renovación pedagógica, sus efectos constatados sobre la mejora de los aprendizajes de nuestros profesores y, en lo que toca a ese factor, también de nuestros estudiantes. Generalmente, los problemas de la calidad justa y equitativa de la educación están muy asociados a la calidad de la preparación y del desarrollo personal y profesional de los docentes. Por ello, hablar de la educación democrática remite inexcusablemente a la formación del profesorado, además, naturalmente, de los otros aspectos que se abordan en este libro.

Por principio, la formación y el desarrollo del profesorado a lo largo de su carrera profesional tiene el propósito central de ofrecerles a los docentes un abanico de oportunidades, contenidos, relaciones y experiencias que les vayan permitiendo seguir aprendiendo una profesión como ésta con permanentes desafíos, muchos de ellos perennes y otros derivados de las nuevas condiciones sociales, culturales y políticas. Como sucede en cualquier proceso de aprendizaje, también el que se refiere al aprender a ser docentes, algunos aspectos críticos son: a) ¿cómo perciben, valoran y se involucran los sujetos (profesores) en su aprendizaje (desarrollo profesional)?; b) ¿qué contenidos (valores, creencias, capacidades y actitudes) les aportan las experiencias de formación y cuáles son las metodologías que las organizan y desarrollan?; c) ¿cuáles son, asimismo, los presupuestos teóricos y prácticos sobre los que se asienta y desarrolla la lógica de fondo que gobierna el sistema de formación? Consideremos por encima algunas cuestiones en relación con estas preguntas.

a) La primera de ellas se refiere a la **valoración, disposiciones e implicación del profesorado en su formación a lo largo de su carrera.** Es un asunto clave. Cualquier modalidad del aprendizaje humano, máxime si involucra conocimientos, capacidades y compromisos complejos, tiene raíces innegables en los sujetos implicados, en sus trayectorias, experiencias, valores y concepciones disponibles, así como en sus intereses, motivación y expectativas (Brandsford y otros, 2005).

Tomemos como pretexto una referencia empírica sobre el particular, por parcial y poco representativa que sea. En una investigación reciente sobre diversificación y la anterior garantía social en la región murciana (Martínez, Escudero, González, García y otros, 2004), nos acercamos al tema de la formación desde la perspectiva del profesorado, tanto el que trabaja en diversificación y en la actual iniciación profesional como el regular. Entre otros muchos datos y conclusiones, nos llamó mucho la atención un par de aspectos relacionados con el asunto que estamos considerando. El primero se refiere a la casi nula relevancia y escasa presencia de la formación antes o durante la implicación del profesorado en tales programas; el segundo, a la relegación de la misma a los últimos lugares por el profesorado, dentro de una lista de posibles medidas encaminadas a mejorar dichos programas. Se puso muy por delante la reclamación de una mayor implicación de las familias, cuidar la transición de primaria a secundaria y establecer filtros más rigurosos en la misma, rediseñar el currículo, mejorar el funcionamiento de los centros y departamentos, relegándose la importancia de la formación a los últimos lugares. La referencia, por aislada que sea, ofrece indicios sintomáticos de que, incluso para un desempeño docente tan singular y difícil como el de trabajar con alumnos que tienen serias dificultades escolares, no sólo sucede que la formación esté prácticamente ausente, sino que, además, no se la considera entre las prioridades a contemplar. El ejemplo citado, a pesar de no ser otra cosa que eso, puede entenderse como la punta de un iceberg en cuyas profundidades habita una falta de reconocimiento y valoración de la formación, al menos la más usual y conocida, por una parte importante del profesorado.

La formación permanente, que salió con bríos a mediados de los ochenta, ha ido sufriendo fuertes procesos y resultados de desgaste. Ha ido quedando muy afectado, y creo que no para bien, el conjunto de representaciones, percepciones, valoraciones y expectativas que una parte del profesorado alberga en relación con su formación continuada, con las aportaciones que pudiera tener para entender mejor y responder adecuadamente a tantos desafíos y problemas como los que se declaran y en relación con los cuales parece crecer el dichoso malestar docente. Está más extendida, quizás, una cultura generalizada del lamento, que otra asentada sobre el sentido de la posibilidad, la tendencia a colocar la pelota en otros tejados distintos al de la formación, o acaso una percepción de que el estado actual de cosas en esta materia no da para mucho más a estas alturas[15].

b) Si hay indicios de que la formación docente sufre de escasas adhesiones de buena parte del profesorado, también los hay de su **invisibilidad mediática y social.** Asunto éste que, a su modo, tiene una influencia no desdeñable en la creación de estados de opinión y la conformación de demandas y denuncias acerca del estado de nuestra educación. Son bien conocidas las polvaredas mediáticas a propósito de la LOGSE, LOCE, LOE, con una buena retahíla de cuestiones candentes, algunas bien recientes. Desde la preocupación catastrófica por los niveles, hasta las pugnas entre escuela pública y privada (mucho más vocingleros los defensores ardientes de la segunda, con sus libertades de elección, religión y objeciones de conciencia aconsejada contra la Educación para la Ciudadanía) y otros muchos asuntos de todos conocidos. ¿Qué lugar ocupa en ese concierto tan desafinado la inquietud por la formación y creación de buenos profesores? ¿Con qué valoración, respaldo y conciencia cuenta la importancia de la preparación de nuestros profesores y profesoras? Casi se trata de preguntas retóricas. Pero quizás apunten hacia algunos de los territorios donde habita una idea personal y social sobre la formación que no debiera pasarse por alto y que, desde luego, no cabe dentro de un proyecto de educación democrática, pues es posible que sea ahí donde residen algunas de las claves que permitirían explicar ciertos atascos de nuestra educación.

c) También llama la atención la **invisibilidad de la formación** en determinados espacios donde cabría esperar que tuviera una mayor presencia. Por ejemplo, en el debate más reciente que se promovió a propósito de lo que luego se convirtió en la LOE. En el Informe del Debate publicado por el MEC (2005), la formación, sorprendentemente, está poco menos que ausente. En relación con el profesorado,

---

15. Aunque nos estamos refiriendo aquí a la formación permanente, sería incorrecto no hacer alusión a la formación inicial. De ella, singularmente en el caso del profesorado de secundaria, no es preciso apelar a muchos argumentos para denunciar su situación de abandono y omisión. Ya que, entre otros factores, la formación inicial por acción y por omisiones también socializa a los futuros profesores, no sería de extrañar que esa pauta cultural y profesional que tanto minusvalora el desarrollo profesional, tenga alguna explicación en nuestra tradición en materia de preparación y selección docente.

priman otras cuestiones como las referidas a su protagonismo (una palabra altisonante), la reclamación de ser oídos al reformar, el malestar, falta de ilusión y la pérdida de prestigio de la profesión, la reclamación de una mayor valoración y dignificación, así como el establecimiento de la carrera docente. Ninguno de esos asuntos es impertinente. Pero la formación continuada no ocupa más de seis líneas, y eso para aludir expresamente al «reciclaje» (buena palabra) que es considerado necesario, los altos costes que tiene por los horarios extraescolares (pongámoslo en relación con la extensión de la jornada continuada en primaria), la reclamación de años sabáticos, licencias e intercambios… El marco de inquietudes y prioridades como ésas parece agotar los sentidos y la formas del desarrollo profesional.

Si alguna vez lo estuvo de otro modo, parecería que los tiempos corrientes hablan del desgaste de la representación y del valor de la formación como desarrollo del profesorado, de la falta de credibilidad del sistema, de la escasa resonancia social y administrativa que tiene algo de cuya importancia decisiva, por lo demás, nadie osa dudar.

3.2. La escuela y educación democrática como un marco de sentido y orientación de la formación docente

La formación docente incluye decisiones y actividades diversas. Pero, además, lo que es decisivo es el sentido, la orientación y los propósitos que necesita para contar con un marco y justificación de las actuaciones que se realicen. En caso contrario, las cosas que se hagan pueden carecer de sentido, estar desorientadas y huérfanas del conjunto de argumentos que requiere para no ser ni algo fortuito ni inconsistente. Darling Hammond y Brandsford (2005: 11) apuntan expresamente por dónde se inscribe y asienta la condición docente y su formación en una visión democrática y social de la escuela y la profesión:

«Es fundamental que los profesores entiendan sus roles y responsabilidades como profesionales que trabajan en instituciones educativas que han de preparar a todos los estudiantes para una participación equitativa en una sociedad democrática».

En esa afirmación hay más cuestiones implícitas que las que se dicen expresamente, así como diversas implicaciones que apuntan en la dirección que estamos comentando. Se sostiene una idea del profesorado y su formación como una profesión y actividad que ha de atenerse a una determinada concepción de la educación, estando a su servicio. Como he defendido en otro momento (Escudero, 2006a), tiene directamente que ver con una concepción de la educación como un derecho esencial de toda la ciudadanía. Un derecho que, además de exigir la concurrencia de factores y dinámicas sociales, políticas y hasta económicas, sólo puede garantizarse plenamente mediante la creación de una profesión que, primero, asuma sin reservas ese imperativo ético y social (integrándolo en las concepciones, valores y compromisos de la profesión) y, segundo, lo incorpore a sus decisiones, prácticas y relaciones con el alumnado, con los colegas, las familias y la comunidad.

Asumir ese criterio como un eje vertebral de la profesión y la formación docente, habría de traducirse en una visión de la enseñanza como una profesión de servicio social a la comunidad, nada menos que ejercido y realizado como una contribución a formar ciudadanos ilustrados, capaces, cívicos y preparados para conducir razonablemente bien sus proyectos personales de vida, así como su participación social y política en la vida democrática. La profesión y formación docente, lejos de cualquier visión burocrática y funcionarial, ha de inscribirse, entonces, bajo una determinada concepción del cambio y las transformaciones sociales que la democracia tomada en serio conlleva y exige. Cochram Smith (1998) ha expresado esa misma idea con una claridad y contundencia como la que aparece en la cita siguiente:

«(...) en orden a alterar un sistema educativo que es profundamente disfuncional, necesitamos profesores que entiendan la enseñanza como una actividad política, y asuman el cambio social como una parte del propio trabajo; que entren en la profesión y permanezcan en ello no como una forma de ganarse la vida, sino dispuestos a unirse a otros educadores, agentes sociales y familias, para acometer reformas sociales importantes. Hablaríamos, así, de los profesores como agentes críticos que actúan en un escenario social donde, al margen de su impotencia, centran su trabajo en la contribución que pueden hacer a una lucha activa y amplia por el cambio social y cultural. La enseñanza (y la formación del profesorado) no pueden ser vistas como actividades neutras ni conservadoras. Son, por el contrario, explícitamente políticas y radicales en sus propósitos, es decir, enseñar a los estudiantes y preparar a los profesores para una contribución cognitiva y ética a una sociedad crecientemente diversa; reconocer y luchar contra las desigualdades, pelear contra el racismo, y trabajar por una sociedad más democrática.»

El currículo escolar (los aprendizajes, contenidos, metodologías y relaciones que se diseñen), las oportunidades de enseñanza-aprendizaje en las que se embarquen profesores y estudiantes, así como el seguimiento, apoyo y evaluación de la educación, deben girar sobre esos valores, principios y procedimientos de actuación. También un proyecto educativo como el sugerido ha de incluir un modelo de centro en el que hay que tomar en consideración la condición colegiada, no sólo individual, de quienes trabajan en esa organización (profesorado), así como el hecho de que, como hoy está fuera de toda duda, una perspectiva garantista del derecho esencial a la educación ha de acometerse desde una óptica de responsabilidades compartidas entre las escuelas, la comunidad, los municipios y otros servicios y agentes sociales (Escudero, 2006b).

Tal como se desarrolla con más amplitud en otros capítulos de este mismo libro, ése es el marco de sentido y orientación en el que hay que inscribir la profesión docente y su formación, su razón de ser y sus referentes de destino. En definitiva, representa una invitación clara a entender la profesión y su desarrollo profesional en claves éticas y sociales, que son las que se precisan para sostener el carácter utópico y transformador que los centros escolares y la educación han de sostener para responder a los valores de la democracia y justicia social que han de desarrollar.

3.3. *Las dimensiones esenciales de la formación*

Si, como parece, muchos de nuestros docentes actuales han participado en actividades diversas y múltiples de formación, los contenidos que en las mismas se puedan haber trabajado y el tipo de metodologías (experiencias, implicación, continuidad, etc.) con las que se haya hecho, así como lo que realmente hayan aprendido, para qué les pueda haber servido y para qué lo hayan utilizado, puede que sean algunos factores, aunque parciales, de ese desgaste y devaluación de la formación al que nos acabamos de referir. También podrían ser aspectos a reconstruir y mejorar coherentemente.

Para empezar, aludiré también a un par de referencias anecdóticas que invitan a poner los pies en el suelo y marcar trayectorias que quedan por seguir. La primera se refiere a los contenidos de la formación y la segunda a las denominadas metodologías y actividades. Hace algunos años, en una visita a un CEP donde tuve la ocasión de sostener una conversación distendida con su director, me confesó lo siguiente: en el último cuatrimestre, dos talleres que estaban programados en nuestra oferta de actividades, uno relacionado con la enseñanza de la matemáticas en la ESO y el otro con el laboratorio de ciencias en la misma etapa, tuvieron que ser suspendidos, pues no llegaron a inscribirse más de diez profesores, en su mayor parte licenciados que estaban preparando oposiciones. Por el contrario, en las actividades de formación relacionadas con las TIC, me decía, tenemos que seleccionar al profesorado, pues se apuntan muchos más que las plazas disponibles.

A partir de la última década, me parece que está imperando una cierta filosofía de «acomodar» la formación según al criterio de la *satisfacción* de las necesidades de los clientes (profesores). En caso contrario (se dice) no asisten. Aún siendo anecdótico lo que estoy diciendo, lleva a levantar la sospecha de que pudieran estarse reduciendo los contenidos culturales de la formación, la representatividad en los que se ofrecen y demandan de algunos de los desafíos actuales (fracaso escolar, diversidad y personalización de la enseñanza y el aprendizaje, desenganche escolar de muchos estudiantes, riesgo escolar de exclusión, absentismo y abandono prematuro), el valor de los contenidos de la enseñanza, las metodologías transversales y específicas de las áreas del currículo, la evaluación efectivamente integrada en la enseñanza y facilitadota del aprendizaje, la participación y gestión democrática real no formal de los centros, ciclos y departamentos, etc. Todos ellos, por cierto, asuntos que son consustanciales de cualquier proyecto de escuela y educación democrática.

En lo que se refiere a metodologías, una mirada somera a los planes de formación de centros de profesores o similares permite apreciar que lo que padecemos, no es precisamente una falta de variedad de las actividades y modalidades de formación. En la totalidad de nuestras instituciones existe un menú bastante variopinto. Otra cosa bien distinta es la que se refiere a la apetencia de los comensales, quiénes son, por qué y para qué asisten (tema antes mencionado), qué valor nutritivo tienen los platos ofrecidos y cómo están aderezados (aspectos a los que aludiremos más abajo).

Al día de hoy, nuestras instituciones de formación del profesorado han dispuesto y ofrecido todas la opciones conocidas: cursos, grupos de trabajo, formación en centros, seminarios, proyectos de innovación y, más recientemente, redes virtuales o presenciales (éstas en menor medida y más individualizadas, quizás también por los tiempos corrientes) de centros y profesores. Hay algunos interrogantes, sin embargo, que debieran dirigir la atención hacia preguntas como las siguientes: ¿cuáles son las modalidades de formación más o menos concurridas y por qué?; ¿en qué medida resultan intelectual y personalmente estimulantes?; ¿en qué grado hay un seguimiento de lo que logran aprender los profesores, qué llega a incidir en sus prácticas y qué les llega a los estudiantes, particularmente en la creación de proyectos de renovación pedagógica que faciliten mejor los aprendizajes escolares?

Para ofrecer algunas pistas de reflexión sobre esos interrogantes, consideramos a continuación algunos aspectos relevantes: las lógicas subyacentes a la formación, los contenidos, las metodologías y los resultados, las instituciones y agentes de la formación continuada del profesorado.

3.3.1. Las lógicas y presupuestos que gobiernen la formación

La **formación continuada** del profesorado, de forma parecida al currículo pensado y diseñado para el alumnado, obedece, seguramente, a ciertas lógicas de fondo que la gobiernan y orientan. Aludiré a dos que, a pesar de ser esquemáticas, permiten contemplar algunos principios que tienen su importancia e implicaciones.

Una primera lógica gira sobre el supuesto de que la formación (contenidos y metodologías) que hay que ofrecer al profesorado:

1) Tiene que obedecer a las necesidades manifestadas y sentidas por el profesorado.

2) Ser algo eminentemente voluntario, por aquello de que a nadie se le puede obligar a aprender lo que no quiere.

3) Atenerse al principio de que el desarrollo profesional es, sobre todo, una opción de uso y consumo particular.

4) Ser funcional y práctica, desarrollar competencias de acción, disponer modos expeditivos de resolución de problemas, obviando la denostada teoría por ser especulativa.

5) En lugar de un itinerario bien trenzado, actividades aisladas y ocasionales.

6) La formación y los sistemas para ese propósito han de gestionarse con eficiencia y, si fuere posible, con rentabilidad...

Cabe caracterizar una segunda lógica con otros presupuestos alternativos o, en algunos aspectos, complementarios a los anteriores. De ese modo, la formación del profesorado:

1) No sólo ha de responder a las necesidades sentidas por el profesorado (bien sabemos que no existen en estado puro, sino que son construidas por un abanico amplio de factores e influencias), sino, esencialmente, para responder a las necesidades que plantea el compromiso de facilitar el aprendizaje de todos los estudiantes.

2) Debe considerarse como un derecho que asiste a todo el profesorado (han de garantizarse a todos oportunidades y condiciones idóneas), pero también como un deber ligado a la ética profesional.

3) No sólo algo personal, sino también un empeño colegiado e institucional.

4) No sólo ha de equipar con capacidades de resolución de problemas, sino también con el desarrollo de una comprensión profunda que permite definir y enmarcar los problemas como es debido (valores, teoría, conocimientos, comprensión y crítica).

5) En lugar de actividades aisladas y episódicas, estar bien integrada en proyectos de mejora de la enseñanza y el aprendizaje de los estudiantes, que habrían de contribuir a justificar tanto sus contenidos como las opciones de desarrollo más pertinentes.

6) No sólo es un tema a gestionar con racionalidad, sino un asunto sustantivo sobre el que reflexionar, indagar y justificar con rigor las decisiones que hayan de tomarse a través de procesos bien fundamentados y democráticos de participación.

Es la segunda de estas lógicas la que, a mi entender, resulta más coherente con las exigencias de una escuela y educación democrática, pues la formación tiene un sentido social mucho más claro y también es más explícita su relación con la mejora de la educación y de los aprendizajes de los estudiantes. De ese modo, pues, los distintos elementos de la formación y el desarrollo profesional de los docentes pueden quedar mejor anclados en concepciones del currículo y de los centros como las que en este libro se están planteando, así como más explícitamente comprometidas en no quedarse en la formación en sí, sino en una que lo que persiga no sea otra cosa que la garantía efectiva del derecho de todos a la educación.

3.3.2. Los contenidos culturales de la formación

Conectando estrechamente con la garantía efectiva del derecho de todos a la educación, nada sería más descabellado que no prestarles la atención necesaria a los contenidos de la formación inicial y continuada del profesorado. Con ser importantes las metodologías, la formación no puede focalizarse tan sólo ni preferentemente en procesos y actividades, en las cosas que se hagan y ni siquiera en las deseables capacidades que hay que desarrollar. Son esenciales los referentes valorativos y los fundamentos teóricos que son precisos para llenar de contenidos a las estrategias de preparación y desarrollo docente. En caso contrario, podrían quedar seriamente afectados los aprendizajes de los estudiantes, el currículo escolar, así como, en el mejor de los casos, lograr profesores que supieran hacer cosas, pero quizás no competentes en justificar y comprender lo que hacen, por qué y qué fundamentos sustentan sus decisiones y acciones pedagógicas. De manera que la justificada apelación del actual enfoque de competencias docentes, particularmente cuando apela al desarrollo de capacidades que vayan más allá de los contenidos fragmentados de los planes de estudio o de las actividades inconexas de aprendizaje a lo largo de la carrera, perdería su razón de ser si ello fuera en menoscabo del los contenidos, del desarrollo de la comprensión y la formación de capacidades críticas, la capacidad de situar en contexto la acción, como bien ha advertido R. Barnett (2001).

Una cosa, por lo tanto, sería entender la formación del profesorado como el desarrollo de capacidades que supongan la movilización de diversos recursos cognitivos, psicosociales y éticos, tal como sugiere Perrenoud (1999), por ejemplo, y otra, bien diferente, dejar de lado los contenidos de la formación, o incluso utilizarlos tan sólo como un recurso instrumental al servicio de supuestas competencias. Cualquier planteamiento mínimamente riguroso al respecto, por lo tanto, tiene que encarar el tema de los contenidos de la formación. Y es más, precisar debidamente qué tipo de contenidos, orientaciones teóricas e ideológicas que están en la base de aquellos que sean seleccionados. En el caso que nos ocupa, la apuesta por un modelo de escuela y educación democrática exige la presencia de un determinado tipo de contenidos que serían diferentes bajos otros presupuestos, por ejemplo, una concepción meritocrática y selectiva de la educación (Escudero, 2006a).

No vamos a entrar en una relación exhaustiva de los contenidos de la formación continuada del profesorado, pero sí destacaremos algunos que no debieran estar ausentes, precisamente por la implicaciones que sobre la formación ha de tener el tipo de escuela, centros y currículo del que estamos hablando. En ese sentido, contenidos de carácter social, ético y moral de la educación tienen que quedar bien representados, reconocidos y tratados, sean o no del gusto de los aspirantes a ser docentes o de quienes están ejerciendo la profesión. Sería poco probable que el profesorado asumiera compromisos efectivos con los ideales de una educación democrática, a menos que en su formación se sometan a consideración y sean pertinentemente trabajados los presupuestos abiertamente ideológicos que están en la base de un proyecto como ése. Desde luego, es insoslayable pretender un dominio profundo de los contenidos, áreas y materias del currículo, aquellas específicas de cada profesor cuando así proceda, y también aquellos conocimientos que contribuyan a que el profesorado desarrolle una visón curricular, pues es necesaria para captar el sentido y las finalidades de una determinada etapa educativa, y poder contribuir colegiadamente a su desarrollo integrador por parte de los estudiantes. Igualmente son imprescindibles aquellos conocimientos disponibles que permiten entender razonablemente bien quiénes son los estudiantes de ahora (tanto desde un punto de vista psicológico como sociológico y hasta antropológico), cómo y qué se puede hacer para que aprendan con sentido, así como qué exigencias comporta el hecho de la diversidad en capacidades, culturas de referencia y de clase, intereses y motivaciones, mayor o menor cercanía de su mundo en relación con la cultura y el mundo de la escuela y las aulas. La personalización de la enseñanza y el aprendizaje representa, por esa dirección, uno de los retos más importantes a asumir, trabajando para ello los conocimientos pertinentes y procurando desarrollar las capacidades necesarias. Ello está particularmente justificado desde una perspectiva que, como la propia de la educación democrática, ha de priorizar la lucha activa contra el fracaso y la exclusión educativa de los sectores sociales más desfavorecidos (*Department for Education and Skills,* 2006).

Si se pretende que el profesorado esté en condiciones de situar y amparar su profesión desde claves éticas, sociales y políticas, sería difícil esperarlo a menos que las experiencias formativas ofrezcan la ocasión de tratar y argumentar los contenidos relacionados con las mismas, a pesar de lo controvertidos que puedan resultar. No es posible formar docentes críticos sin abordar con ellos criterios, referentes de valor y principios de actuación que tengan directamente que ver con el valor y el sentido de la educación en la sociedad actual, su tensión permanente entre la reproducción o transformación social y humana, o el modo en que las fuerzas más poderosas procuran ponerla a su servicio a través de distintas decisiones y estrategias.

Ese tipo de contenidos de carácter más global, social y político si se prefiere, han de ir de la mano con aquellos otros que tocan de forma más directa los territorios de la práctica, de las tareas docentes fundamentales: planificación, desarrollo y gobierno de las clases, relaciones con los estudiantes y también con los colegas, conocimiento y utilización de repertorios variados de enseñanza, atención a la diversidad, utilización de materiales, incluidas las nuevas tecnologías, seguimiento y evaluación del aprendizaje, etc.. Pero, tal como estamos diciendo, la apuesta por un proyecto de educación democrática exige que un criterio rector como el de garantizar a todos el derecho esencial a la educación, debe ser aplicado expresamente para seleccionar qué referentes teóricos y qué procedimientos de actuación son los que pueden contribuir con más o menos posibilidades a realizarlo. Así, no basta con abordar contenidos relacionados con la planificación de la enseñanza, por citar un ejemplo, sino aquellos que mejor conecten la sustancia y los procedimientos de planificación con la justicia y equidad educativa. De ahí que al carácter y a la orientación de los contenidos seleccionados no sólo les corresponda desarrollar competencias operativas, sino al mismo tiempo competencias para comprender, situar y justificar las acciones correspondientes en claves éticas, sociales, humanas y políticas. Han de representar una ocasión para que los docentes desarrollen capacidades de enmarque y definición de tareas, de situaciones y problemas, así como, al mismo tiempo, capacidades y competencias necesarias para tomar las decisiones convenientes, trasladarlas a la acción y revisar su incidencia y efectos sobre los aprendizajes de los estudiantes. Y, desde luego, una profesión como la enseñanza, al igual que todas las más reconocidas, exige de sus miembros conocimientos y capacidades para reconstruir y mejorar las propias concepciones y prácticas a partir de fuentes diversas de conocimiento y experiencia profesional.

En relación con esta cuestión, el desarrollo docente debiera ser una oportunidad, asimismo, para tratar y aprender conocimientos, metodologías y compromisos relativos a la reflexión sobre la práctica individualmente y en contextos de colaboración, la creación y el sostenimiento de comunidades de profesionales donde sostener diálogo, análisis, crítica, indagación y experimentación sobre los procesos de enseñanza y aprendizaje (Bolívar, 2000). Si la idea de los centros como comunidades profesionales se extiende hasta definirlas como democráticas, eso requiere seguramente que en la formación del profesorado también haya de tener su propio lugar todos aquellos contenidos y valores que corresponden a la asunción de una perspectiva de responsabilidades compartidas (docentes, equipos directivos, estudiantes, familias, comunidad y administración), tal como hemos expuesto en otro momento (Escudero, 2006b). Ahora que está a la orden del día la recomposición de nuevas alianzas entre la escuela, otros agentes de socialización y diferentes servicios sociales a la infancia y juventud, es preciso que no sólo se apele a ello, sino que se creen las condiciones formativas pertinentes para que el profesorado contemple, analice y discuta ese tipo de contenidos y tareas, con los puntos a favor y en contra que pueda representar esta otra forma de ampliar los cometidos y responsabilidades de una ocupación ya recargada.

3.3.3. El aprendizaje de la profesión y la creación de oportunidades adecuadas para su desarrollo

Los principios y contenidos de la formación tienen que ser puestos en relación, desde luego, con el tipo de oportunidades y experiencias de aprendizaje que permitan a los docentes desarrollar los valores, las concepciones y las competencias necesarias. Las metodologías y actividades de formación están directamente concernidas.

Pero también, las condiciones, reglas de juego y las oportunidades efectivas que se creen para hacer posible el modelo de profesor que se vaya persiguiendo.

De esas condiciones, reglas de juego y oportunidades, la formación «explícita» tan sólo es una parte. Todo lo importante que se quiera, pero tan sólo uno de otros tantos factores y dinámicas que intervienen en la creación de la profesión docente. La socialización del profesorado es un fenómeno mucho más extenso y enrevesado que lo que solemos suponer. Está participada por elementos que se refieren a los motivos y pretensiones por los que los individuos optan por esta profesión, por su formación inicial, procesos y criterios de selección, por la influencia de dinámicas que ocurren dentro de sus lugares de trabajo, los centros, ciclos o departamentos, así como la cultura que enmarca, define y estructura sus roles y responsabilidades, además de los márgenes propiciados y consentidos para que cada sujeto los viva y construya personalmente.

Tan importante es dicho proceso general de socialización y las pautas sociales, institucionales y profesionales que lo estructuran, que terminan también por afectar a todo lo que pueda ser y llegue a significar la formación y el desarrollo del profesorado en sentido más restringido. A ello se debe, quizás, que la formación como tal, incluso en sus facetas metodológicas, resulte un asunto tan complejo como todos tenemos la oportunidad de apreciar con frecuencia.

Así y todo, la formación continuada a la que nos estamos refiriendo representa uno de los contextos y actividades más explícito e intencional sobre el que se proyectan las ideas y las políticas sobre el profesorado y las prácticas que se promueven para contribuir a *formarlo* de una determinada manera. En esta dirección es en la que se conocen algunos principios de procedimiento dignos de atención en lo que se refiere a las oportunidades de desarrollo de los docentes a lo largo de su trayectoria profesional. Me limitaré a enunciarlos en términos generales:

a) Las actividades y metodologías de la formación continuada habrían de ser una ocasión para reconstruir el conocimiento y las capacidades docentes, trabajando sobre sus conocimientos previos, experiencias vividas, situaciones y problemas, en lugar de reducirse a un contacto expositivo con los contenidos y las propuestas formativas. La observación, el análisis y la reflexión sobre temas relevantes y cuestiones prácticas parecen actividades más prometedoras que la mera escucha de principios e indicaciones sobre qué pensar y cómo hacer.

b) También parecen más fructíferas aquellas actividades que generen dinámicas de investigación, reflexión y experimentación en relación con la práctica y con los procesos de enseñanza y los resultados, satisfactorios o no, que están logrando los estudiantes con los que trabaja el profesorado.

c) La colaboración entre colegas, el procesamiento social del conocimiento, compartir y discutir ideas, planes de trabajo, métodos y materiales, el sentido de pertinencia y corresponsabilidad con la creación y el sostenimiento de comunidades de aprendizaje, parecen ser algunas de las facetas de la formación más idóneas para hacer posible que la formación conecte con proyectos pedagógicos en los que estén involucrados grupos de profesores y centros.

d) Las actividades, tareas y cronogramas dedicados al desarrollo profesional han de ser sostenidos en el tiempo, propiciar diversas experiencias formativas, permitir el acceso al conocimiento disponible, métodos y experiencias ejemplares de otros, así como estimular la reconstrucción de ideas y capacidades reflexionando y criticando en lo que proceda las concepciones y las prácticas corrientes.

e) Para que el desarrollo profesional sea posible, es preciso respaldarlo con un diseño congruente del tiempo y lugar de trabajo (tiempos, tareas, responsabilidades, presión y apoyo para desempeñarlas), así como, naturalmente, con una cultura profesional, institucional y de parte de la administración que coloque a la formación en el lugar y prioridad que le corresponde.

Como principios de procedimiento, los señalados no representan un salvoconducto que dicte qué metodologías y actividades a llevar a cabo. Suministran, más bien, algunos referentes posibles para el análisis y la reflexión por parte de las instituciones, políticas y responsables de la formación, así como los propios centros escolares, acerca de en qué debieran inspirarse a la hora de promover las actividades destinadas al desarrollo profesional de los docentes, así como a establecer conexiones explícitas del mismo con la mejora de los contenidos, experiencias y resultados de los aprendizajes de los estudiantes.

3.3.4. Los resultados y la incidencia de la formación

He aquí, en cuarto lugar, otra de las dimensiones de la formación sobre la que procede alguna consideración. Por diversas razones que no viene al caso analizar, hablar de los **resultados de la formación** no tiene buena prensa. Parecería como que, al hacerlo, se estuviera adoptando una perspectiva eficientista, preocupada por los productos, sospechosa por el afán de buscarle eficacia a todo lo que hacemos. Se puede, y creo que se debe, hablar de los resultados de la formación, sin asumir con ello ninguno de los planteamientos menos aceptables asociados a estos términos. Así lo ha hecho convincentemente, por ejemplo, Cochram Smith (2001).

Lo que quiero decir es que no es demasiado procedente centrarse sólo en la formación como algo que se hace en sí y para sí. La formación, más bien, requiere ser considerada como una actividad cuyos resultados e incidencia han de ser tratados y continuamente sometidos a consideración. El tema conecta hoy, a veces de forma provechosa y otras con reducciones indebidas, con las dichosas competencias que están tan de moda. No voy a entrar por ese terreno, y me limitaré a apuntar tres cuestiones sobre las que cabe discutir en relación con los resultados de la formación.

Una, en el sentido de interrogarnos acerca de la incidencia que los planes y actividades de formación llegan a tener. En concreto, respecto a aquello que los docentes llegan a aprender y desarrollar, su posible incidencia en el trabajo de las aulas, en los centros, ciclos y departamentos, así como, desde luego, en los aprendizajes de los estudiantes. Aunque sería pretencioso presuponer que todos y cada uno de estos aspectos vayan a depender tan sólo de la formación ofrecida y realizada, ésta debería tener alguna contribución, precisamente en esas direcciones apuntadas. La formación por sí misma, contrastada y validada tan sólo por el grado de mayor o menor satisfacción de los asistentes, resulta del todo insuficiente. Ha de conectarse con la pregunta de para qué está sirviendo, a qué contribuye, por qué las cosas discurren de unas u otras maneras.

Dos, si pensáramos que la formación ha de incidir en algo relevante y significativo, tanto para el profesorado como para los estudiantes, eso bien podría consistir en su conexión e integración en proyectos de mejora de la educación sostenidos en el tiempo, armados a partir del análisis de la realidad de la enseñanza y el aprendizaje, desarrollados en centros y aulas de forma que la renovación pedagógica y la formación vayan de la mano.

Tres, justamente porque apreciamos y valoramos la formación, todo lo anterior implica que sea una práctica sometida a escrutinio, seguimiento, evaluación, documentación e investigación. Quizás sólo de ese modo puede convertirse en un asunto que, al ser reflexionado y valorado, genere conocimiento profesional, al mismo tiempo que las decisiones que sobre la misma se adoptan estén sensatamente fundadas en el conocimiento disponible (Sparks, 2002).

3.3.5. Las instituciones y agentes de la formación

El sistema, las estructuras, los planes y los procesos de formación del profesorado no operan en el vacío. Están configurados por los temas tratados y otros a los que sólo nos hemos referido de soslayo (políticas educativas y sociales en relación con la educación y la profesión docente). También, desde luego, por la mediación ejercida por las instituciones de formación y por los profesionales que ejercen dentro de ellas. Adoptando una mirada amplia, puede decirse que la formación del profesorado es un fenómeno que ocurre en diversos espacios: tiempos y lugares personales de trabajo y reflexión, aulas u otros contextos donde los docentes se involucran en actividades de enseñanza y aprendizaje, centros escolares, ciclos, departamentos y otros espacios de socialización, instituciones específicas de apoyo y formación. Además, pues, de otros agentes potencialmente formadores e influyentes sobre las ideas, capacidades y prácticas (asesores, inspectores, etc.) los profesionales que trabajan en la formación continuada y las instituciones específicas dedicadas a este menester merecen una ligera atención antes de terminar. Veamos tan sólo un par de consideraciones al respecto.

En primer lugar, es obligado referirse al proyecto de formación docente que dentro de los centros de profesores (o como se denominen en cada Comunidad Autónoma) se llegue a discutir, fundamentar y articular. Con todas las limitaciones obvias, lo que se ha planteado en este segundo punto, quizás podría servir como tema de discusión sobre la orientación y el grado de elaboración de los mencionados proyectos de formación. Algunas preguntas orientativas para una posible discusión podrían ser: ¿a qué modelo de educación, de centros y de profesores están respondiendo los centros de formación continuada del profesorado? ¿Qué contenidos culturales se seleccionan y organizan, y con qué valores y criterios, para nutrir las actividades y oportunidades de desarrollo docente? ¿Qué grandes principios ordenan y gobiernan las actividades de formación que están ocurriendo? ¿Qué seguimiento y evaluación suele hacerse para autorregular, tanto por parte de las administraciones educativas como por las propias instituciones formativas, el sentido, la orientación, los planes y el desarrollo de la formación que se diseña y se está llevando a cabo?

En segundo término, no está de más decir que, en algún extremo, los proyectos de formación de las instituciones a ello dedicadas son en parte construidos, mediados y realizados por los asesores de la formación que trabajan dentro de ellas. Uno de los temas que tenemos pendiente en esta materia, a mi entender, es el referido a una aproximación rigurosa, tanto desde un punto de vista teórico como práctico, al rol del asesor de formación. Habría de considerarse, seguramente, lo que significan los centros de formación como lugares de trabajo de algunos docentes en particular, así como también el conjunto de tareas, conocimientos, capacidades y compromisos con los que debieran contar y desarrollar por su parte quienes en ellos desempeñan su labor. Nos llevaría lejos entrar ahora en asuntos como el diseño de estos puestos de trabajo, las condiciones del ejercicio del rol, los tiempos y la organización de las tareas. Tienen, no obstante, su importancia y, desde mi punto de vista, la manera más bien administrativa como se está respondiendo a estas cuestiones no es, quizás, la más pertinente. Entre la constitución de un cuerpo de asesores de formación de por vida y la realidad transitoria de una actividad, bastante compleja por cierto, quizás deberíamos pensar en algunas fórmulas intermedias que realmente permitieran la profesionalización bien entendida de este papel. En todo caso, la formación de los asesores, que a grandes rasgos podría atenerse a los mismos criterios enunciados para el desarrollo del profesorado, y la constitución dentro de los centros de formación de verdaderas comunidades de aprendizaje entre sus profesionales, son algunos de los temas que quizás debiera recabar más atención que la que hasta el momento ha recibido.

A fin de cuentas, la realización en el plano de las ideas y en el de las prácticas de un proyecto de educación y escuela democrática pasa ineludiblemente por la preparación y el desarrollo del profesorado. Para que esto sea posible, hay que prestarle la atención debida al conjunto de condiciones, contenidos, procesos y estrategias a través de las que se trata de hacer posible el modelo de profesor necesario.

4. CONDICIONES Y PROCESOS ORGANIZATIVOS PARA CONSTRUIR LA DEMOCRACIA ESCOLAR

M.ª Teresa González González y Julián López Yáñez

Un currículum democrático no se puede pensar al margen de las condiciones organizativas que lo hacen posible. Del mismo modo que aquél se asienta en valores, principios y criterios como los ya comentados en otros capítulos de este libro, también la organización escolar ha de ser pensada y *practicada* a la luz de valores democráticos que se traduzcan congruentemente en estructuras organizativas, relaciones, responsabilidades y participación.

Currículum y organización constituyen dimensiones escolares que no se pueden ni deben separar artificialmente. Las prácticas, las relaciones y los procesos a través de los que el currículum impregna la educación de los estudiantes están necesariamente imbricados con condiciones organizativas particulares. Estas últimas permiten –o impiden, si no se las toma suficientemente en cuenta– transformar en prácticas concretas los grandes principios y aspiraciones. Juegan pues un papel estratégico en la interiorización de lo que puede ser una **cultura democrática** que estimule un currículum y, por ende, una organización que internamente y en sus relaciones con el exterior desarrolla dinámicas congruentes entre las aspiraciones y los propósitos por los que apuesta y las prácticas y relaciones concretas que moviliza para ir lográndolos.

Sobre esta idea de base, a lo largo de las páginas que siguen se abordan distintas cuestiones ligadas aspectos organizativos del centro escolar. Se alude en primer lugar a la importancia de estructuras organizativas que posibiliten y desde las que se potencie la participación de los miembros de la comunidad escolar, así como a la necesidad de cultivar relaciones y dinámicas de colaboración y de resolución colegiada de los problemas en el seno de equipos, departamentos y del centro escolar en general. Seguidamente, se analizan las diferentes modalidades que reviste el poder en las organizaciones y cómo éstas pueden dificultar o favorecer un funcionamiento democrático y participativo de los centros escolares. Además se analizarán las características que deberá adoptar la cultura organizativa para propiciar dicho funcionamiento. El capítulo finaliza con algunas consideraciones sobre la dirección y el liderazgo en contextos organizativos democráticos, destacando, particularmente, la necesidad de un liderazgo compartido y distribuido en el centro escolar.

4.1. Estructuras organizativas y participación

El centro escolar ha de ser entendido como un espacio social y educativo para la educación democrática; simultáneamente, ha de ser vivido como una experiencia concreta de participación y desarrollo de actitudes y relaciones democráticas.

Es habitual sostener que, para que los centros sean organizaciones democráticas y se mantengan como tal, son necesarios mecanismos que hagan posible que los individuos y grupos que los constituyen (docentes, alumnos y demás miembros de la comunidad educativa) puedan acceder a las dinámicas de toma de decisión, es decir, participar en ellas.

El concepto de «participación» reviste un cierto grado de ambigüedad e indefinición; se presta a diferentes interpretaciones y utilizaciones, tanto en el ámbito de las políticas educativas, como en el de las organizaciones escolares concretas (Anderson, 1998), de modo que bajo este concepto genérico anidan prácticas organizativas variopintas (Paterman, 1979; Ferreira 1994; Goodman, 2002). Cabe precisar, pues, de entrada, que una escuela pública y democrática se asienta sobre la participación **plena,** en la que los individuos y grupos intervienen en todos los momentos de formulación y toma de decisiones acerca de qué hacer, por qué, cuándo y cómo. La toma de decisión participativa implica un proceso continuo de comunicación, diálogo y colaboración, en el cual el trabajo en equipo y entre equipos en fundamental. Ésta debe ser una característica crítica de cualquier escuela que quiera mejorar, aún más si pretende construir y enseñar una cultura democrática.

4.1.1. Estructuras organizativas

Si hablamos de escuelas democráticas, hemos de pensar, necesariamente, en estructuras organizativas que contribuyan a materializar los valores y principios de la misma y que posibiliten que los profesores y otros miembros de la comunidad escolar tengan poder para decidir y la información necesaria para hacerlo.

Estas estructuras constituyen un aspecto importante que no conviene dejar de lado, pues condicionan buena parte de las relaciones en el centro (entre profesores, con los directivos, entre profesorado y alumnado, con padres y madres), así como las posibilidades de que la organización funcione como un todo y lo haga en un determinado sentido. Cuando dichas estructuras están diseñadas para la participación, tornan posible que los grandes planteamientos organizativos, curriculares y pedagógicos del centro, así como las prácticas en él, se construyan democráticamente, con las voces de los miembros de la comunidad educativa.

Sin embargo, aún siendo importantes, las estructuras por sí solas no determinan el adecuado funcionamiento educativo del centro, ni son el único pilar y condición para la democracia en la escuela. Dicho en otros términos, su presencia en el centro escolar no garantiza de forma lineal y automática un funcionamiento democrático y participativo. Podemos contar formalmente con estructuras para la democracia (Consejo Escolar, Claustro, Equipos/ Departamentos, etc.) que, finalmente y en el día a día ni lo sean, ni generen las necesarias dinámicas de toma de decisión compartida, y terminen constituyendo un andamiaje vacío de contenido, una mera fachada ceremonial.

Como ejemplo, en nuestro contexto educativo, diversas aportaciones realizadas en lo últimos años sobre la participación en Consejos Escolares (Elejabeitia et alt., 1987; Fernández Enguita, 1993; Gil Villa, 1993; Santos Guerra, 1997) han puesto de manifiesto, justamente, el papel más bien formal de estos órganos, tanto en lo que respecta a los contenidos como a los procedimientos de la participación. Se ha señalado que con frecuencia las reuniones del Consejo Escolar se suelen realizar para tratar asuntos de trámite (calendarios, horarios, admisión de alumnos...), para aprobar proyectos de trabajo o actuaciones que ya están previa e implícitamente decididos, o para dar y recibir información. Menos habitual es que se aborden cuestiones más de fondo e importantes para la práctica y el funcionamiento del centro escolar. Los mencionados estudios indican, también, que tales órganos de gobierno no siempre se caracterizan por un funcionamiento interno participativo; y que es relativamente poco frecuente que en ellos se desarrollen procedimientos de trabajo que animen al diálogo y a la participación y lleven a asumirla responsablemente. Hasta tal punto gran parte de las decisiones ya están conformadas de antemano, que algunos (por ejemplo, los representantes de padres y de alumnos) con frecuencia no son más que *convidados de piedra*. Pero, desde luego, también hay experiencias que muestran ejemplos concretos de una participación auténtica y genuina.

La democracia *«se recrea en un régimen de participación sin el cual es puro simulacro»* (Beltrán y San Martín, 2000: 34). La participación, a su vez se quedará en un mero ritual cuando se asiste a las reuniones porque así está prescrito, y cuando éstas se dedican a abordar asuntos de trámite, *papeleos,* cumplir con la normativa o sancionar decisiones ya tomadas en la *trastienda.* Un escenario tal deja mucho que desear. Si se pretende que la participación se convierta en un referente clave que oriente todas las prácticas del centro escolar, es preciso que haya estructuras, pero también que en su seno se desarrollen prácticas participativas. Esas prácticas requieren sujetos comprometidos con las mismas y que se aborden los asuntos de gran calado en el funcionamiento organizativo. Que todo ello ocurra bajo la inspiración de dos referencias fundamentales, a saber, educar para la democracia y vivir la democracia. En definitiva, traspasar lo ritual y la mera participación ritualizada y superficial pasa por cultivar procesos de deliberación y decisión conjunta que permitan exponer opiniones, planteamientos e ideas, discutirlas, contrastarlas, analizarlas, deliberar y dialogar sobre ellas y decidir democráticamente acerca de aspectos importantes y significativos para el funcionamiento cotidiano del centro.

Es importante, en este sentido, activar en el centro escolar:

- Estructuras de gobierno en las que se desencadenen auténticos procesos participativos de reflexión, diálogo, clarificación y establecimiento conjunto de los grandes nortes pedagógicos y organizativos del mismo y de los compromisos que asume como organización educativa: qué centro escolar y educación pretendemos; qué valores y metas educativas queremos cultivar; en qué medida valores como la equidad, la no discriminación, la inclusión.... han de orientar e impregnar el funcionamiento del centro; qué procesos escolares promover para que ocurra realmente y de forma productiva la participación, la toma de decisiones conjunta, la coordinación pedagógica, la colaboración profesional; qué experiencias y situaciones de aprendizaje propiciar; qué principios y propósitos nos orientan a la hora de afrontar la atención a todas las alumnas y alumnos; qué relación mantenemos con nuestro entorno, etc.

Un centro escolar que trata de desarrollarse en el marco de los valores democráticos ha de cuidar el significado que transmiten a la comunidad sus estructuras y sus procedimientos de gobierno, y cuestionarse, si es preciso, qué papel están desempeñando en el centro, quién participa realmente en ellas y quién no y por qué, para qué se participa y cómo contribuyen a una mayor democracia organizativa. Este cuestionamiento permitirá establecer vías para profundizar en el gobierno democrático del centro.

- Estructuras para el trabajo del profesorado (equipos, departamentos, comisiones, etc.) que constituyan una verdadera ocasión para *distribuir* el poder de toma de decisión en el centro escolar, por tanto, para implicarse en dinámicas de compartir, reflexionar, decidir juntos y en colaboración.

En estas estructuras de trabajo colegiadas se materializará el universo de creencias compartidas por los profesores y, más concretamente, su concepción acerca de la atención que requieren los alumnos y las alumnas. En ellas se tomarán las decisiones oportunas para diseñar su formación, para seguir y evaluar sus efectos y para ir adoptando las medidas convenientes en orden a realizar los propósitos a los que obedece. En cualquier caso, se trata de estructuras cuyo sentido y razón de ser, sus responsabilidades, espacios y ámbitos de actuación, así como las conexiones e interrelaciones que mantengan entre ellas y con otras unidades organizativas (claustro, consejo escolar, juntas de delegados, etc.) han de estar incardinadas en el marco de los propósitos del centro. Sus dinámicas curriculares y sus aportaciones no deberían ocurrir al margen o independientemente, sino en el concierto de un proyecto global de toda la organización.

- Estructuras para el aprendizaje de los alumnos, que posibiliten la adecuada atención educativa a todos ellos. En lo que respecta a sus capacidades y posibilidades de aprender, no todos los estudiantes son iguales, ya sea por motivos psicológicos, sociales o culturales. Su progreso a través del currículum escolar no es lineal, y en tal sentido responder a las diferencias individuales y adecuarse al progreso diferenciado de cada uno de ellos constituye un requisito de una escuela para todos que tendrá que reflejarse, entre otras cosas, en los patrones de agrupamiento y las correspondientes estructuras para el aprendizaje.

Una escuela democrática habrá de interrogarse sobre los significados y efectos de la organización de su alumnado, y su grado de coherencia con los valores que la sustentan. Los modos de agrupar a los estudiantes no son asépticos ni neutrales; algunos pueden conducir, ya sea sutil o expresamente, hacia la segregación, a través de la que puede fraguarse la exclusión escolar (González, 2002). Si así fuese, se estaría renunciando a la exigencia ética de garantizar la equidad educativa y el más adecuado desarrollo social y personal para todos los estudiantes. Es preciso, pues, propiciar modalidades de agrupamiento que permitan responder a la heterogeneidad, a las diferencias individuales y facilitar el aprendizaje de todos. Es preciso, igualmente, acordar qué y cómo se les va a enseñar. Las estructuras para agrupar y trabajar con los alumnos crean una posibilidad, pero por sí solas no garantizan una adecuada atención y formación para todos; han de ir acompañadas de las correspondientes modificaciones –formas de organizar y secuenciar los contenidos, estilos de trabajo en el aula: metodologías, materiales y su utilización, etc.– en las dinámicas de trabajo con los alumnos (Hargreaves, Earl y Ryan, 1998). Como ya se apuntó anteriormente, las soluciones estructurales no tienen sentido si no se llenan de contenidos educativos.

4.1.2. Participación

En definitiva, un centro escolar participativo lo es no sólo por sus estructuras sino porque en su seno se ponen en juego y desarrollan valores, actitudes, creencias y modos de hacer democráticos. Posibilitar tales dinámicas y evitar que la participación quede reducida a un mero mecanismo de gestión formal pasa por atender y cuidar aspectos como los siguientes:

a) La circulación de información y comunicación en todas las direcciones, en lo que se refiere a los múltiples aspectos de la vida escolar. En la medida que la información es clave para los procesos de toma de decisión, no debería ser considerada como un bien escaso que ha de ser atesorado sólo por algunos (Ward, 1994), como tampoco utilizada para promover el secretismo y la sospecha. Para que la participación sea posible, es necesario que la información sea ampliamente compartida entre los miembros de la comunidad, entendiendo que ello conlleva compartirla de forma que sea comprensible para todos.

b) La existencia de un clima de respeto en el que se asuma que, dada la diversidad de las personas, todas las opiniones y experiencias son potencialmente valiosas y en el que se puedan plantear posturas, opciones e ideas, sin tener que defenderlas conflictivamente.

c) La existencia, asimismo, de un clima de confianza en la participación. Éste, como apuntan Allen y Glickman (1998), se construye con acciones, no sólo con palabras. Se va fraguando cuando se escuchan y respetan realmente las opiniones y pensamientos de las personas; cuando se exponen públicamente cuestiones importantes y controvertidas, en lugar de ocultarlas o soterrarlas; cuando las decisiones tomadas de forma democrática se llevan realmente a la acción; cuando los profesores trabajan y toman decisiones centradas en el interés formativo de todos los alumnos y alumnas; cuando quien ejerce la dirección del centro, en fin, no sólo defiende el que se tomen decisiones compartidas, sino que también apoya aquellas que personalmente puede no compartir, muestra y exige congruencia y vela por los intereses y propósitos de toda la comunidad escolar.

d) La capacidad para hacer de la participación un contexto de relaciones y responsabilidades personales y colegiadas, en el que se abordan contenidos revelantes para el centro escolar y en el que tenga cabida el cuestionamiento, el análisis crítico y la exploración de alternativas de mejora. Capacidad, pues, para cuestionar formas organizativas que tal vez sean poco democráticas, o acaso sólo beneficien a algunos, o en las que ciertas personas o sectores ejerzan poderes indebidos sobre otros. Capacidad para *poner sobre la mesa*, analizar y cuestionar prácticas educativas que se estén llevando a cabo en el centro que quizá sean injustas y desiguales, procesos y resultados educativos, dinámicas de relación con la comunidad, etc. Capacidad, igualmente, para explorar alternativas y tomar decisiones de mejora en base a los parámetros valorativos que definen al centro democrático: la igualdad, la equidad, el bien común, el diálogo, la no discriminación, la dignidad de las personas, la buena educación para todos.

e) La atención a las relaciones con el entorno del centro, particularmente con las familias y su participación en las dinámicas de funcionamiento del centro escolar. Una escuela democrática, más que erigir barreras que reduzcan la interacción con la comunidad escolar más amplia, tiende puentes hacia ella (Achinstein, 2002). No es una escuela que deja *fuera* a ciertos alumnos y familias, o que considere que la comunidad escolar ha de aceptar y ser *asimilada* por los valores, creencias, propósitos, en definitiva señas de identidad, definidas desde *dentro* del propio centro, por los que trabajan en él. La escuela democrática es inclusiva, construye puentes entre profesores, alumnos y familias y genera oportunidades para que éstos tomen parte en la vida organizativa.

La colaboración y participación de las familias es esencial, pero ésta no puede quedar reducida a los padres/madres que suelen asistir al Consejo Escolar, por ejemplo. Con frecuencia, quienes están más dispuestos a participar en un espacio como ése no son representativos del conjunto de los padres. Como ha señalado Anderson (1998): *«En escuelas con población socioeconómicamente diversa, los que tienen el tiempo, el interés y el capital cultural necesarios para participar suelen ser los padres de clase media cuya socialización es similar a la del personal de la escuela, muchos de los cuales son también padres. En estos casos a menudo encontramos directores, docentes y padres de clase media tomando decisiones que favorecen a los niños de clase media».* Ni la representación en el Consejo Escolar agota las posibilidades de potenciar la participación de padres y madres, ni las posibilidades y habilidades para implicarse en los asuntos escolares son iguales para todas las familias (Skau, 1990, Epstein, 1995). Cabe explorar y desarrollar, por lo tanto, otros cauces y vías de comunicación y colaboración en las que se preste una atención muy particular, precisamente, a las familias con menos capacidades, conciencia y prácticas de relación con el centro escolar.

4.2. Trabajo en equipo y colaboración

Como venimos diciendo, un centro escolar es democrático no sólo porque formal y estructuralmente lo sea, sino porque la participación y la democracia impregnan las dinámicas de trabajo en las aulas, las relaciones y la colaboración con las familias y con la comunidad educativa más amplia, así como el funcionamiento de los equipos de profesores (San Fabián, 1992, 1996). A estos nos referiremos a continuación.

Los equipos de profesores, sea cual sea su modalidad (departamentos, equipos docentes, comisiones, grupos de trabajo...), habrían de constituir contextos de trabajo en los que los grandes principios y propósitos del centro escolar, democráticamente acordados y clarificados, se concretan y materializan en decisiones específicas sobre el currículo y la enseñanza a desarrollar en las aulas (González, 2003). Su sentido, responsabilidades y ámbitos preferentes de actuación no son, no pueden ser, ajenos a los propósitos organizativos y educativos del centro, ni a la pretensión de desarrollar con los alumnos un currículo democrático.

No nos estamos refiriendo, desde luego, a equipos de docentes que se reúnen porque así está prescrito oficialmente y destinan ese espacio y tiempo de relación a comentar cuestiones anecdóticas, realizar tareas puramente burocráticas, intercambiar consejos puntuales, etc. Si así fuese, podríamos decir que el equipo existe formalmente, pero que en su seno se cultiva el individualismo profesional. Una escuela en la que se comparte el poder de decidir sobre asuntos organizativos y educativos requiere equipos que, más allá de ser una suma de individuos, trabajen en colaboración. La colaboración, señala acertadamente San Fabián (1996: 220), «*es un objetivo de la democracia escolar. De poco sirve que se tomen decisiones y se vote periódicamente en unos órganos de gestión si no se modifican las relaciones entre las personas y las condiciones de aislamiento personal y profesional. Es absurdo, educativamente hablando, la existencia de centros dotados de órganos de gestión democráticos pero donde se desconoce el trabajo en equipo y la colaboración profesional*».

Tal *colaboración profesional* ocurre cuando se trabaja y se abordan colegiadamente cuestiones curriculares y de enseñanza, a través de procesos sistemáticos de indagación y resolución de problemas (Pérez Gómez, 1998; González y Santana, 1999; Bolívar 2000). Conlleva que los profesores se impliquen en dinámicas de trabajo orientadas a analizar conjuntamente los planteamientos curriculares existentes y las consiguientes prácticas de la enseñanza; a cuestionar, si es preciso, la formación que se está ofreciendo a los alumnos, las actividades que se propician, las relaciones y clima relacional que se cultiva en el aula, el grado en que se está posibilitando una enseñanza adaptada a las características y peculiaridades de cada uno. Conlleva, asimismo, clarificar y fundamentar conjuntamente las metas que orientarán la actuación con los alumnos y decidir sobre los medios más adecuados para alcanzarlas. Cuando un equipo de profesores funciona en colaboración, se constituye, pues, en un contexto para indagar, reflexionar, debatir, revisar la práctica, qué funciona y por qué, qué elementos resultan problemáticos y cuestionables y qué posibilidades y vías alternativas de trabajo se podrían plantear para llevar a cabo actividades educativas amplias, flexibles, variadas, diversificadas, que favorezcan el desarrollo de un currículo democrático y adaptado a los diversos intereses y necesidades de los alumnos.

Es ésta una condición organizativa importante que es preciso cultivar y asentar en el centro escolar. Cómo se utilicen los equipos, departamentos o cualquier otra estructura para el trabajo y toma de decisión de los profesores, abre o cierra la posibilidad de que se ofrezca un currículum y una enseñanza coordinados, coherentes y valiosos, y de que exista un verdadero compromiso y una responsabilidad colectiva de los docentes con la mejora de la práctica y el aprendizaje de los estudiantes. La inexistencia de equipos de profesores que trabajen en colaboración representa una rémora a la hora de ofrecer un currículum coherente y equilibrado que promueva el desarrollo cultural, moral y social de sus estudiantes y les prepare para ser ciudadanos activos y responsables. Constituye asimismo una traba de cara a las relaciones que el centro escolar mantenga con la comunidad: «*Es muy dudoso que educadores que no están comprometidos en relaciones de colaboración entre sí se impliquen en relaciones de colaboración con los padres*» (Gareau y Sawatzky, 1996: 470).

Sin embargo, promover y cultivar la colaboración, la coordinación de los profesores, la toma de decisión compartida en torno a cuestiones curriculares y de enseñanza es más fácil de declarar que de hacer. Las personas que trabajan en las escuelas se encuentran inmersas en una realidad compleja, diversa y plagada de toda suerte de conflictos. Una realidad caracterizada por patrones individualistas de funcionamiento docente, pocas ocasiones adecuadas para reunirse y trabajar conjuntamente, excesiva fragmentación del tiempo escolar, etc. Desarrollar equipos que colaboren profesionalmente y compartan poder de decisión representa, pues, un reto importante y no siempre fácil de acometer. En el trayecto pesan las *regularidades culturales*, las tradiciones y las rutinas, como también los intereses de ciertos miembros por mantener el *statu quo,* por evitar entrar en procesos de reflexión crítica que conduzcan a cuestionar los supuestos *dados-por-sentado* sobre la práctica curricular y de la enseñanza y a plantear alternativas de mejora.

4.3. *Dinámica del poder y organización democrática*

Construir la democracia en la escuela implica ejercer el poder de una determinada manera. Pero el poder en las organizaciones está más diseminado y es un fenómeno más complejo de lo que parece. A menudo nos dejamos confundir por el hecho de que determinadas personas han sido designadas para ejercer el poder formal, es decir un cargo, y pensamos que es allí donde se localiza el poder. Sin embargo éstos no son los únicos que ejercen o pueden ejercer influencia sobre los demás miembros de la organización. Para ejercer esa influencia uno puede utilizar una inmensa variedad de recursos (Morgan, 1990), algunos de los cuales *funcionan* en ciertas organizaciones pero no en otras. Por ejemplo, uno puede usar la información de la que dispone (a menudo decimos "información es poder"), o el acceso –vetado para los demás– a ciertos recursos organizativos, o sus propias habilidades sociales para negociar o persuadir, o su prestigio social basado en la experiencia, el conocimiento de la organización, el estatus, etc., o bien su influencia sobre ciertos agentes con poder. Se podrá decir que algunas de estas *fuentes* de poder son **ilegítimas** o no reconocidas por la organización, y es cierto, pero en todo caso se usan y a veces incluso se usan para *buenas causas*, como por ejemplo favorecer la democracia, lo cual plantea el viejo problema ético de la relación entre fines y medios. El hecho de que esas fuentes informales de poder se incorporen a la dinámica organizativa sin llamar previamente a la puerta nos obliga a reconocerlas y a esforzarnos por comprender cómo funcionan.

Ésta es la razón por la que en este apartado, y en alguna medida también en el siguiente, vamos a cambiar el sentido del discurso. Si en los dos primeros apartados nos hemos centrado básicamente en **cómo deberían ser** las cosas, ahora nos vamos a ocupar de **cómo son** en la realidad, nos guste o no, deberíamos añadir. Ambos discursos son necesarios. El discurso prescriptivo trata de ponernos de acuerdo acerca de adónde queremos y debemos llegar, en este caso una organización democrática. El discurso analítico nos advierte que las metas no se consiguen solamente viéndolas con claridad y deseándolas. Se consiguen trabajando sobre prácticas que ya están consolidadas y que es preciso comprender para poder transformarlas. El discurso prescriptivo sin el analítico es ingenuo y temerario, el analítico sin el prescriptivo es ciego.

La cuestión principal que se tratará en este apartado es la idea de que en las organizaciones un gran número de agentes (profesores, equipo directivo, alumnos, personal no docente, padres, inspección, sindicatos, público en general, determinados grupos profesionales, autoridades educativas, gobierno local, equipos de apoyo externo, etc.) ejercen una gran variedad de modos de influir sobre los demás. Esta idea nos pone delante de los ojos un fenómeno, el del **poder**, bastante más complejo que si lo definimos como un asunto en manos de personas con autoridad (poder formal), que es como la perspectiva tradicional lo ha venido definiendo. La ventaja de aceptar esa complejidad es que seguramente así lo entenderemos mucho mejor y estaremos en mejores condiciones para influir sobre el fenómeno en cuestión. Esa visión compleja del poder nos lleva a pensar en sistemas o redes de influencia más que en agentes individuales. Eso significa asumir que en cada organización se forman complejas tramas de relaciones sociales –de influencia en definitiva– entre sus miembros. Esas tramas son en parte visibles y en parte invisibles, en parte formales y en parte informales y, en todo caso, son el resultado del recorrido histórico de cada organización. También significa que cada organización va desarrollando una *lógica* propia, un discurso acerca del poder particular e implícito, que legitima una serie de actos de poder y deslegitima otros, es decir, que **permite** unas formas de influencia y desautoriza otras.

A partir de esto ya podemos extraer una primera consecuencia: lo que caracteriza a una escuela democrática, no es que no se ejerza el poder en ella o que se ejerza lo menos posible. El poder es un fenómeno del que no se puede huir, una cualidad que marca **inevitablemente** las relaciones sociales. Lo que caracteriza al poder en una organización democrática es que éste adopta una lógica distributiva – el poder llega a muchos lugares– y que todas las instancias aceptan someterse al control de las demás. Por lo tanto, debemos ser conscientes de que la democracia es una configuración organizativa dinámica y compleja. Lo es porque requiere gestionar todo ese poder distribuido, esa participación, garantizando al mismo tiempo la gobernabilidad del conjunto. Dicho de otro modo: la democracia y la participación deben ser construidas y sostenidas (desarrolladas, fortalecidas, mimadas incluso, cuando parece que las tenemos). Deben incrustarse en el funcionamiento de la escuela, porque si surgen

244

como actos o etapas excepcionales o pasajeras, muy pronto se vendrán abajo como consecuencia del desgaste, la rutina o el traslado de aquellos que la impulsaron.

Pues bien, desarrollar de este modo profundo la democracia requiere un no menos profundo conocimiento de las modalidades o configuraciones que el poder adopta en las organizaciones y trabajar con ellas y a partir de ellas. Es decir, requiere un conocimiento de las tramas sociales de influencia de *esa* organización y de las lógicas mediante las cuales unos modos de influir aparecen como adecuados o apropiados y otros no. Sin ese conocimiento de la modalidad de poder que caracteriza a una organización dada, puede que nuestros intentos de promover en ella la democracia se tornen vanos, al encontrarnos con barreras invisibles y fuerzas ocultas que desmontarán por la noche lo que hayamos construido durante el día.

Por estas razones, vamos a describir a continuación cinco modalidades o configuraciones de poder elementales que podemos encontrar en una organización (López Yáñez y otros, 2003). Lo que define a cada una de ellas es la base o fuente de poder que predomina, aun reconociendo que esta fuente primaria de poder convivirá probablemente con una variedad de fuentes **secundarias**. La idea es que, aunque estas modalidades teóricas no se den de manera pura e inequívoca en la realidad, nos pueden ayudar a analizar la modalidad real de poder que caracteriza a un centro determinado. Ese conocimiento orientará nuestras estrategias para lograr un funcionamiento verdaderamente democrático y participativo, ayudándonos a identificar las posibles barreras que aparecerán en el camino, así como los posibles puntos de apoyo. Así pues, examinaremos las características básicas de estas cinco modalidades, sus ventajas e inconvenientes en la promoción de un funcionamiento participativo y democrático, y sugeriremos algunas vías para transformarlas y hacer que adopten dicha dirección. Finalmente analizaremos las características que tendría una configuración democrática del poder.

4.3.1. La autocracia

La modalidad autocrática se rige por una división ostensible entre dirigentes y dirigidos y por una lógica basada en el binomio autoridad/obediencia. Esto quiere decir que allí donde predomina una dinámica organizativa de este tipo se asume que unos tienen la capacidad de tomar decisiones y otros el deber de acatarlas. La fuente de poder que predomina es el poder formal, esto es, la autoridad. Por lo tanto, los agentes más poderosos son los que ocupan cargos en la cumbre de la pirámide organizativa. Estos agentes se apoyan en las normas establecidas pero, curiosamente, las normas no constituyen el principal argumento justificativo del poder. Los principales argumentos o bases sobre las que el poder se legitima a sí mismo, giran alrededor de los proyectos, las visiones, las ideas de los dirigentes. Es decir, las cosas se hacen en esa escuela para dar cumplimiento a los ideales encarnados en personas concretas que piden –o exigen– a los demás que les sigan para dar así cumplimiento a su *misión*.

Como puede suponerse, las modalidades de poder fuertemente autocráticas son a priori enemigas de la democracia y la participación, a menos que dicha participación signifique implicarse activamente en defensa del proyecto visionario de los líderes. La autocracia quiere seguidores, más que miembros críticos que saquen a relucir sus propias ideas, ya sea para apoyar o para cuestionar las de los dirigentes. Alcanzar una organización democrática a partir de una modalidad de poder autocrática requiere un trabajo sutil de reconstrucción desde abajo de la capacidad crítica y la confianza en sí mismos, para tomar decisiones y adoptar iniciativas, de los *seguidores* o *dirigidos*. A menudo son éstos los que más se resisten a abandonar una cómoda posición en la que quienes piensan y asumen las responsabilidades importantes son siempre otros.

Sin embargo, aunque pueda parecer a simple vista sorprendente, por paradójico, ciertas formas *suaves* de autocracia pueden ayudar a la escuela en su camino hacia la democracia. Por ejemplo, una escuela podría superar una etapa de funcionamiento caótico gracias a un proyecto impulsado por un equipo directivo *visionario* que establezca un conjunto de normas claras y pragmáticas. O bien ese proyecto levemente autocrático –cocinado por los dirigentes– podría devolver la ilusión a los miembros de la organización tras un periodo burocrático y apático; y esa ilusión podría constituir el germen de una participación más profunda. La condición para que una *bienintencionada* y sutil autocracia sirva realmente al desarrollo de una democracia es que los eventuales autócratas estén dispuestos a poner el poder en manos de los miembros de la organización tan pronto se den las condiciones adecuadas para ello.

Nos vamos a encontrar más adelante con nuevos ejemplos de este carácter ambivalente del poder. Ninguna modalidad es buena o mala en términos absolutos, aunque sea cierto que algunas tienden más que otras de modo natural a facilitar el desarrollo de la democracia. Pero incluso esas, como vamos a ver, se pueden convertir en su enemigo en determinados contextos.

4.3.2. La burocracia

La modalidad burocrática comparte algunos rasgos con la autocrática. Los agentes con poder coinciden, como en aquella, con los que ocupan los cargos jerárquicos. Sin embargo, la lógica que legitima su poder es diferente. En este caso no se basa en las visiones o proyectos de los líderes formales, sino en las normas establecidas: esto o aquello debe hacerse porque lo dice el reglamento. El resultado más frecuente es el de que, en una burocracia, cualquier atisbo de proyecto –y por extensión, de iniciativa innovadora– desaparece o es desalentado. El funcionamiento de la organización está regido por una tupida red de normas, reglamentaciones y procedimientos difícil de remover. Obviamente hay un espacio velado para el ejercicio real del poder por parte de los dirigentes: son ellos los encargados habitualmente de la interpretación de las normas, y por lo tanto pueden llegar a usarlas en su propio beneficio.

Por todas estas razones, la burocracia tampoco favorece, a priori, la democracia. El funcionamiento plano, sin iniciativas, que impone a la escuela, desalienta la crítica constructiva y la participación. Se asume que todo está en los reglamentos y que lo que hay que hacer, por tanto, es *dejarse llevar*. Sin embargo, como ocurría en la autocracia, bajo determinadas formas moderadas de burocracia podemos encontrar elementos positivos. Por ejemplo, esta configuración del poder puede proporcionar estabilidad y regularidad a una organización como contrapunto a periodos turbulentos o conflictivos. También puede frenar y moderar las consecuencias de una autocracia en descomposición que empieza a desestructurar el funcionamiento organizativo. A partir de ahí, una vez devuelto el respeto y la confianza en las normas comunes, la democracia podría encontrar su oportunidad bajo la iniciativa de sectores que deseen ir más allá.

Las dos modalidades que hemos visto hasta ahora tienen cierta afinidad entre sí, puesto que ambas se basan en el poder formal. Así que no es raro que en ocasiones las encontremos reforzándose mutuamente. Sin embargo, las dos tratarán de impedir el desarrollo de las que veremos a continuación, las cuales se basan todas ellas en fuentes informales de poder.

4.3.3. La meritocracia

Tenemos una modalidad meritocrática cuando el poder se concentra en un sector de la organización al que se le atribuye una capacidad mayor que la del resto para tomar decisiones, en razón de su experiencia en la organización o de un conocimiento mayor sobre la actividad básica de la misma. Concretamente, un centro educativo en donde el grupo de los profesores veteranos concentra todo el poder y, sin importar qué equipo ocupe la dirección, ellos controlan las decisiones importantes, o bien un centro en el que el profesorado en general impide la participación de los padres y neutraliza las *injerencias* de la administración, bajo argumentos del tipo de que son ellos, los expertos, quienes conocen mejor el centro y quienes deben tomar las decisiones, son buenos ejemplos de configuraciones meritocráticas del poder. En definitiva, en la meritocracia un grupo se hace *informalmente* (puede que no tenga el poder formal) con el poder, bajo la lógica de que ellos disponen del conocimiento crítico que necesita la organización. Los criterios *técnicos* o *profesionales* se convierten en el referente más común de las acciones y las decisiones organizativas. Por lo tanto, esta modalidad no alienta la democracia, en la medida en que restringe la capacidad de influencia de unos para reconocérsela a otros (los expertos). A su favor tiene el hecho de que garantiza la gobernabilidad que toda organización requiere para alcanzar sus objetivos, en este caso vinculando las decisiones a la experiencia y el conocimiento. Sin embargo, en su contra encontramos la tendencia a instalar en la organización un discurso único y a no admitir el debate con *otras* miradas. Y también la aparición de *castas* que acumulan demasiado poder a costa de hacer que otros colectivos sientan que la organización *no les pertenece.*

Para desarrollar una democracia desde una modalidad meritocrática puede que necesitemos equilibrar o compensar la fuente de poder predominante (la experiencia, el mérito) potenciando una autoridad independiente (la base de poder de la autocracia) o potenciando el *imperio de la ley* (la base de poder de la burocracia). Ésta será la manera de devolver poder a otros colectivos, algo necesario antes de crear estructuras participativas que, sin este equilibrio de poderes, serían barridas por el núcleo que dirige *en la sombra* o *desde detrás del trono.*

4.3.4. La modalidad ideológica o misionaria

La fuente de poder que predomina en la configuración ideológica o misionaria del poder es la cultura institucional. El poder se concentra en el grupo de personas que comparte las creencias y valores que con el paso del tiempo se han convertido en dominantes o hegemónicos en la organización. Es decir, las cosas se hacen o no se hacen allí porque así lo dicta la tradición o los valores mayoritariamente compartidos. Como en el caso de la meritocracia, el poder que más se usa es de carácter informal, pero ahora se basa en la afinidad al sistema de ideas con el que se identifica una mayoría de los miembros de la organización. Los líderes formales – es decir, los directivos– se supeditarán a los criterios y decisiones de los líderes informales reconocidos por el grupo que comparte la cultura hegemónica, aunque también pueden coincidir.

Una modalidad de poder moderadamente ideológica o misionaria sí es un buen fundamento para la democracia en la escuela. Lo es por el hecho de que al menos una mayoría importante de sus miembros comparte una visión de la organización y unas aspiraciones o ideales. Aunque, obviamente, no basta con que esos ideales estén extendidos; además deben ser congruentes con las aspiraciones e ideales de la democracia, los cuales trataremos de enumerar en el siguiente apartado. En todo caso, compartir una cultura facilita considerablemente la participación en un clima de confianza. Y además, proporciona cohesión a la organización y le infunde el *alma,* la riqueza de ideas, que la auténtica participación necesita. Al percibirse a sí mismos como partícipes de un proyecto colectivo, cualquiera de los miembros de la organización se encuentra capacitado y legitimado para adoptar iniciativas, tomar decisiones y exponer sus puntos de vista. El poder está diseminado a todo lo largo de esa red social que comparte el mismo universo de creencias y significados. Sobre esa base de poder ampliamente distribuido es más fácil instalar en la organización un funcionamiento democrático.

Sin embargo, una configuración ideológica del poder se puede deslizar con cierta facilidad hacia el sectarismo, el afán por guardar celosamente las esencias ideológicas y, consecuentemente, la exclusión de quienes no las comparten. De nuevo tenemos aquí una muestra de la ambivalencia de cualquier modalidad de poder en el sentido de facilitar o dificultar la democracia real. Sostener la democracia desde una cultura compartida exige una vigilancia y una autocrítica constantes por parte de los miembros comprometidos con dicha cultura. Y ello implica una actitud de diálogo con los miembros o colectivos disidentes o que permanecen en la periferia de ese sistema de ideas y de valores.

4.3.5. La micropolítica

La modalidad micropolítica es la más heterogénea de todas. En ella una variedad de agentes y grupos luchan por el poder sin que se pueda señalar a ninguno de ellos como claramente hegemónico. En esa confrontación, más o menos velada o explícita, usarán cualquiera de las fuentes de poder a su alcance, aunque predominarán las basadas en las habilidades sociales (capacidad de persuasión, de obtención de información sensible, perseverancia, resistencia a la incertidumbre, etc.) y en los juegos o estrategias políticas (negociación, mediación, resistencia, contrainsurgencia, cooptación, etc.).

Algunos de estos usos informales del poder son necesarios tanto para hacer gobernable un centro escolar como para conducirlo hacia la democracia. Sin embargo, las modalidades de poder marcadamente micropolíticas hacen inviable la verdadera participación y la democracia real, puesto que toda acción queda marcada por la confrontación y por la búsqueda del poder de unos sobre otros. Los continuos vaivenes en las alianzas, la dedicación de los líderes al juego político y el clima de desconfianza que se genera no facilitan el intercambio de ideas y la crítica constructiva que una democracia necesita.

Por lo tanto y curiosamente, la micropolítica, que es la fuente de poder habitualmente usada para contrarrestar los excesos de las otras fuentes de poder y para dar voz a los colectivos desposeídos de ella bajo las demás modalidades, puede convertirse –cuando todo el funcionamiento organizativo está dominado por ella– en la principal barrera de la participación. La razón es muy clara: allí todo queda sometido a la confrontación y a la consecución del poder como un fin en sí mismo. Una escuela con una configuración de poder micropolítica deberá ser estabilizada y pacificada antes de desplegar en ella un proyecto democrático. Para lograrlo será necesario recurrir a la política –la fuente de poder característica de esta modalidad– pero también será necesario contrarrestar el peso de ésta dando paso a las demás fuentes o bases de poder.

4.3.6. Y finalmente la democracia

Como hemos visto, a la democracia se llega por caminos intrincados que exigen conocimiento del terreno, es decir, de las condiciones de partida, así como una mezcla de paciencia y perseverancia. Al mismo tiempo es ingenuo pensar que la manera más directa de lograrla y mantenerla es usando exclusivamente estrategias asamblearias de gobierno. Por el contrario, todas las formas que reviste el poder (la autoridad, las normas, la experiencia, las ideas o las habilidades sociales y políticas) pueden convertirse en herramientas útiles para la construcción de la democracia, a condición de que ninguna de ellas se convierta en hegemónica, en un fin en sí mismo, o se ponga al servicio de intereses particulares.

Por lo tanto, para nosotros una organización democrática es una sabia síntesis de las modalidades de poder anteriormente expuestas. La palabra *sabia* alude aquí al conocimiento organizativo de cada escuela. Quiere decir que cada una de ellas debe encontrar la configuración de poder que resulte más adecuada para el desarrollo de una profunda democracia y una verdadera participación. Cada organización debería preguntarse por su propia dinámica de poder, analizarla y promover los cambios que la lleven hasta una configuración acorde con su identidad y sus aspiraciones. En todo caso sabemos que en una configuración democrática del poder no encontraremos el predominio absoluto de una cualquiera de las fuentes anulando a las demás. Por el contrario, diversas fuentes de poder serán desplegadas y tendrán legitimidad, al tiempo que se controlarán y limitarán mutuamente. Las acciones que más y mejor ayudarán a sostener el funcionamiento democrático se orientarán a equilibrar continuamente las consecuencias negativas de cada fuente de poder con el uso alternativo de las otras.

4.4. Participación y cultura democrática

El concepto de **cultura** define muchas cosas al mismo tiempo, de ahí su complejidad. Sin entrar aquí en una exploración exhaustiva de su significado, consideraremos que la cultura, en una organización, define el conjunto de atributos y características ideológicas en los que una mayoría de sus miembros se reconoce. Desde este punto de vista, *cultura* tiene que ver con *identidad*, ya que define en cierto modo las creencias, valores, normas implícitas y significados compartidos por una comunidad determinada, las cuales la distinguen de otras comunidades.

Sin embargo, el hecho de que asociemos cultura con identidad no debe llevarnos al error de identificar la identidad de una escuela dada con la cultura dominante en ella. Su identidad será más bien la resultante de todas las configuraciones culturales que se den en la organización, incluidas aquellas que no por minoritarias son ajenas al sistema social de la escuela.

En este sentido, configurar una cultura democrática en la escuela no sólo requiere que en ella estén presentes los valores reconocidos como democráticos. También requiere una especial sensibilidad a los modos de pensar que no se identifican plenamente o incluso se colocan en una posición de disidencia respecto a aquellos. Es decir, una escuela democrática no sólo se caracteriza porque el contenido de su cultura es democrático sino también por estar abierta al diálogo con las demás culturas y sensibilidades, las que definen a aquellos colectivos que no se identifican con la comunidad mayoritaria de sus miembros. Por tanto, en este apartado hablaremos de ambos aspectos. En primer lugar trataremos de establecer un conjunto de rasgos que definen el contenido de una cultura democrática. En segundo lugar identificaremos los espacios organizativos donde con más frecuencia se produce el choque entre las culturas. Nuestro propósito en este aspecto es sugerir una guía para que cualquier escuela pueda analizar sus prácticas en esos espacios de acoplamiento o ajuste entre las diferentes sensibilidades ideológicas. De este modo, conociéndose mejor a sí misma, podría convertir esos espacios en contextos facilitadores de la convivencia, creando así la condición indispensable para que una democracia florezca.

4.4.1. El contenido de una cultura democrática

No pretendemos ofrecer aquí una relación exhaustiva de los valores de una democracia, sino únicamente apuntar algunos de ellos particularmente relevantes en el funcionamiento democrático y la participación en una organización.

Responsabilidad. Significa que entre sus miembros, sus unidades, órganos de gestión y en la propia organización en su conjunto predomina la tendencia a *hacerse cargo* de los problemas. La actitud de hacerse cargo es diferente de la de reconocerse culpable o causante. Significa que, independientemente de cual sea la causa o el causante de un problema, si el mismo tiene algún vínculo significativo con la escuela o le afecta de manera sustancial, sus miembros se consideran en el deber moral de intervenir. Una escuela responsable es una escuela donde los profesores no trabajan con orejeras que les impidan ver aquellos asuntos que pese a no estar directamente relacionados con su enseñanza o con la disciplina que imparten, condicionan a ambas. Es también una escuela donde el equipo directivo no rechaza sistemáticamente determinados problemas que afectan a sus alumnos por el hecho de que suceden detrás de la verja o en el contexto familiar. Una escuela responsable es una escuela con una visión global de los fenómenos y con una visión informada del contexto social en el que opera. Como sugiere Morin (2001: 20): «*El debilitamiento de una percepción global conduce al debilitamiento del sentido de responsabilidad, ya que cada uno tiende a no ser responsable más que de sus tareas especializadas, así como al debilitamiento de la solidaridad, porque nadie percibe ya su lazo orgánico con su ciudad y sus conciudadanos* [en nuestro caso, con la organización y con los demás miembros]».

Solidaridad. Precisamente la solidaridad está estrechamente vinculada a la responsabilidad, de tal forma que resulta difícil distinguirlas. También en palabras de Morin (2001: 99), la solidaridad y la responsabilidad constituyen a la vez la causa y el efecto de un sentimiento profundo de afiliación (*affiliare*, de *filius*, hijo). Esto significa que una organización solidaria es aquella que trata de incluir a todos, de que todos se sientan parte de la misma, ya que uno puede ser miembro desde el punto de vista formal y, sin embargo, sentir que la organización no le pertenece o, lo que es lo mismo, que no se pertenece a ella.

Diversidad. Para que una escuela se perciba a sí misma como una comunidad y promueva en sus miembros el sentimiento de pertenencia o afiliación necesitamos que se instalen en su cultura no sólo la solidaridad, sino también la aceptación plena de la diversidad. Ello implica la consideración de las diferencias y, en consecuencia, la disponibilidad para cuestionar todo aquello que suponemos dado o asumido en la organización y, para modificar, si es preciso, los procedimientos y hasta los fines establecidos. Considerar las diferencias no significa aceptarlas sin más o soportarlas, sino dialogar con ellas, incluso para criticarlas. Pero ante todo significa darles visibilidad, considerarlas legítimas y dignas de ser atendidas, siempre que ellas, a su vez, muestren ese mismo respeto ante lo diferente. Cerrando un círculo sobre estos tres primeros valores, una escuela democrática se hace cargo de la diversidad que hay en su seno y la convierte en el principal motor de su funcionamiento.

Libertad. No nos extenderemos tanto en el significado de este concepto como en sus consecuencias organizativas. Una cultura democrática es la que ampara y acoge la práctica de la libertad (la libertad sólo existe como práctica) de todos los miembros. El resultado es una escuela que se ocupa del desarrollo de las personas y de sus proyectos y que trata de crear las condiciones para que todas las iniciativas puedan ser expresadas y consideradas. Es muy importante resaltar esto. No se trata de una cultura que *deja hacer*, sino que estimula la capacidad crítica de sus miembros y les proporciona un contexto libre de amenazas para que esa crítica pueda ser ejercitada.

Justicia. Una cultura democrática se vigila a sí misma para asegurar la justicia en todas sus decisiones. No sólo trata de ser justa, sino que toma la percepción de cualquiera de sus miembros de que se ha cometido sobre él una injusticia como una interpelación a sí misma y un motivo suficiente para revisar sus prácticas.

Control. Es cierto que este concepto no es tan *bonito* como los anteriores y quizás por eso pueda extrañar aquí su presencia. Sin embargo, el control, o si se quiere el rendimiento de cuentas, ocupa todos los resquicios de una configuración democrática del poder. Y es tan imprescindible como la libertad o la justicia. Significa que allí donde hay un acto de poder hay también la posibilidad de someter dicho acto al escrutinio de una o varias instancias, formales e informales. Significa también que nadie cuestiona la legitimidad de ese control, con independencia de que el modo de llevarlo a cabo sí pueda ser cuestionado. La extensión de esta práctica supervisora es la que asegura la ausencia de arbitrariedad, la participación y la implicación de la comunidad en la toma de decisiones. Igualmente garantiza que cualquier extralimitación en el ejercicio del poder será corregida.

Convivencia. La convivencia es el corolario, la síntesis, y al mismo tiempo la prueba de fuego de una cultura democrática. Sólo de una cultura que garantiza la convivencia puede decirse que es plenamente democrática. La *convivencialidad* o, de otro modo, la *habitabilidad* sería el valor principal, síntesis de todos los anteriores, que busca una cultura democrática. Y la convivencia sería el resultado: el desarrollo armónico y sostenible de todos los miembros y grupos que componen la comunidad educativa.

4.4.2. Los espacios de convivencia

Examinemos ahora los escenarios privilegiados donde estos valores se ponen en juego. Privilegiados quiere decir que constituyen contextos a la vez donde los valores son cuestionados y donde, por la misma razón, pueden ser desarrollados y profundizados. Una cultura democrática debe mantener una alerta permanente sobre cómo se leen y se interpretan las prácticas organizativas en esos contextos, cuál es el contenido simbólico que se desprende de esas prácticas.

El acceso de los nuevos miembros a la comunidad. ¿Se facilita la integración de los nuevos profesores, alumnos y de sus familias? ¿Se busca despertar en ellos el sentimiento de afiliación o de pertenencia al que antes nos referíamos? O por el contrario, ¿se asume que eso es algo que cada uno individualmente debe ganarse?

La integración de las minorías, de los diferentes, de los que no tienen éxito, de los que permanecen al margen. Toda cultura, por muy extendida y bien implantada que esté, crea una periferia, una zona de débil acoplamiento con respecto a determinadas minorías. Es crucial el tratamiento que se les da pero, sobre todo, es crucial el tratamiento que esas minorías creen recibir. Por lo tanto, esa zona de acoplamiento, de integración, debe ser continuamente revisada mediante una actitud de escucha activa y diálogo con esas minorías.

La definición de la identidad y de la *realidad* organizativa. La identidad organizativa es continuamente redefinida a través de los discursos y de las prácticas. Sugeriremos en primer lugar algunas preguntas para indagar sobre los discursos. ¿Qué significados culturales anuncian las expresiones colectivas en los lugares públicos (decoración, carteles, anuncios, señalización de los espacios, etc.)? ¿Cuál es el contenido de los discursos que se refieren, explícita o implícitamente, a *nosotros* como sujeto? (p.e.: *ésta siempre ha sido una escuela...*) ¿Quiénes están legitimados para producir tales discursos? ¿Cómo son enunciadas, tituladas, etiquetadas las actividades y los proyectos colectivos? ¿Se sienten todos identificados con esas denominaciones o responden a las ideas o creencias de determinadas minorías? ¿Quiénes ponen nombre a los sucesos organizativos? ¿Quiénes los relatan, qué discursos son legitimados por la comunidad?

Los actos colectivos. Las actividades colectivas representan el principal medio de expresión de una cultura. A medida que una actividad se repite o se ajusta a unas pautas determinadas (es decir, se ritualiza o protocoliza) va adquiriendo legitimidad y se convierte en una seña de identidad. En este caso es la práctica, más que los discursos, la que define una particular *realidad* organizativa. Algunas preguntas para la indagación: ¿Qué protocolo siguen las prácticas colectivas más visibles, tanto formales como informales (reuniones, fiestas, celebraciones, entradas y salidas de la escuela, visitas de los padres, de la inspección)? ¿Quiénes convocan, por qué procedimientos, cómo gestionan las actividades? ¿Qué significados se expresan a través de dichas prácticas? ¿Quiénes tienen potestad para modificarlas? ¿Cómo se gestionan los espacios públicos? ¿Quiénes tienen acceso a ellos: todos por igual o algunos colectivos no tienen acceso a determinados espacios? ¿Cómo se justifica esto? ¿Cómo se gestiona el tiempo colectivo? ¿Quién tiene capacidad para hacerlo? ¿Cómo se gestionan los proyectos? ¿Se puede deducir de esa gestión quién se percibe / es percibido como *propietario* de los mismos?

Como puede verse las culturas son definidas de manera simbólica y no quedan escritas en ningún libro o cuaderno. Permanecen inscritas en las mentes de los miembros de esa comunidad, en particular en los significados compartidos. El conocimiento de esa cultura sólo es accesible a través de nuestra interpretación, de nuestro análisis. Y este análisis es esencial para el desarrollo de la democracia en la escuela ya que lo que analizamos son las condiciones que permiten o dificultan dicho desarrollo.

4.5. Dirección y liderazgo

Construir la democracia en la escuela requiere el apoyo decidido de los equipos directivos y su capacidad de liderazgo puesta al servicio de dicha construcción. En este apartado realizaremos algunas consideraciones sobre este particular, refiriéndonos tanto al liderazgo en el centro escolar como, específicamente, al papel de los directivos en él.

Nos centramos aquí en el proceso de liderazgo más que en quien lo ejerce, ya que dicho ejercicio puede corresponder a muchos y variados agentes. Es más, en el funcionamiento democrático el liderazgo desplegado por diversos miembros de la organización es fundamental. Éste es un matiz importante cuando hablamos de escuelas democráticas: el liderazgo, entendido como el ejercicio intencional de la influencia sobre las creencias, los valores y las acciones de los otros, no es prerrogativa exclusiva del director y de su poder formal. También los demás miembros, pueden ejercer esa influencia, pueden apoyar, motivar y orientar a otras personas en torno a determinadas ideas, propuestas o proyectos (Bolivar, 1997; Portin et al., 2003; Leitwhood y Rielh, 2003). Pensemos por ejemplo en jefes de estudio, de departamento, coordinadores de ciclo, etc. a los que formalmente les corresponde la coordinación y dinamización de esas unidades organizativas. Estos agentes influyen directamente sobre la disponibilidad y capacidad de sus colegas para implementar cambios e innovaciones, mejorar procesos de toma de decisión escolar, etc. Pensemos también en otros líderes que *de facto* existen en todos los centros escolares, personas que independientemente de su posición formal contribuyen a la identificación de problemas que interfieren en el aprendizaje de los estudiantes o en el funcionamiento organizativo, crean un ambiente más participativo, apoyan a otros colegas en grupos o comisiones, etc. (o, al contrario, sabotean cambios y mejoras arrojando el peso de su influencia en contra de ellas).

Como vimos en el apartado anterior, muchos agentes ejercen variadas modalidades de influencia en toda organización. Sin embargo, sólo algunas de ellas pueden calificarse como liderazgo. Éste entraña un ejercicio del poder intencionado y orientado en una dirección determinada y, sobre todo, con algún grado de reconocimiento por el grupo. Pues bien, un liderazgo que aspire a construir una organización democrática ha de conocer, comprender y trabajar con las otras modalidades de influencia con las que ese liderazgo convive. La mayor parte de las veces esa comprensión le llevará a dialogar con los demás agentes con poder, a integrarlos en el proyecto democrático y a utilizar su influencia para desarrollarlo. En otras ocasiones, especialmente en las que esos agentes o esas acciones de poder sean contrarios a la construcción democrática, habrá que neutralizarlas o minimizar su influencia.

En todo caso, difícilmente se conseguirá y desarrollará una participación amplia en el centro escolar si se piensa en el liderazgo como una prerrogativa exclusiva de quienes ejercen el poder formal. Tampoco la democracia es compatible con una determinada concepción en la que uno o pocos líderes conducen a los demás miembros de acuerdo con *su* visión acerca de qué debe ser el centro, cuáles han de ser sus nortes y cuál su proyecto pedagógico. Las ideas del director coexisten con las que sostienen otros miembros de la comunidad escolar (González, 2001), y ni aquellas se pueden imponer ni éstas se pueden pasar por alto. El liderazgo en el centro, no puede desconsiderar al profesor como persona con capacidad profesional para tomar decisiones curriculares y de enseñanza, ni mermar el ejercicio de su iniciativa y responsabilidad en cuestiones pedagógicas y didácticas (Bolívar, 2000; Lambert, 2002).

En estas coordenadas, cabe pensar al director/a como alguien que ejerce el liderazgo en una red de relaciones interpersonales –*con* las personas, más que *a través de* ellas–, sin que sea el exclusivo *portavoz* de la visión de lo que haya de ser el centro, como tampoco el *propietario* de las iniciativas de mejora que se lleven a cabo en él. Pero no por ello su papel deja de ser crucial. Entre otras razones porque potenciar que el liderazgo esté *distribuido* no significa infravalorar la importancia de la cohesión organizativa y la unidad de propósito con la que ha de funcionar el centro escolar. Que otros miembros ejerzan liderazgo no puede significar que la organización quede fragmentada en parcelas aisladas unas de otras, cada una defendiendo sus propios intereses grupales o corporativos. Un liderazgo que logre mantener la unidad de la organización, debe organizarse alrededor de la idea de una empresa común y valores comunes –los que corresponden a una escuela y un currículo públicos, democráticos, equitativos y justos (Escudero Muñoz, 2005)–. Las características de tal tipo de liderazgo, desde nuestro punto de vista, son las siguientes:

4.5.1. El liderazgo democrático se basa en un ejercicio sistemático de análisis

Se trata de un liderazgo vigilante sobre las condiciones y prácticas organizativas injustas o no democráticas para tratar de transformarlas. Promueve la reflexión colectiva y el análisis de los valores y significados implícitos en dichas prácticas. Esto es fácil decirlo pero no es tan sencillo llevarlo a cabo. Por un lado exige conjuntar puntos de vista y planteamientos diversos, incluso grados diferentes de compromiso con el centro educativo. Para ello es preciso reconocer y sacar a la luz esa pluralidad de ideas, concepciones y modos de hacer diferentes. Aunque teniendo en cuenta que potenciar la pluralidad no significa consagrar un relativismo que diluya lo común, el sentido humano, social y ético de la escuela y la educación. Por el otro lado, *reflexión sistemática* implica la posibilidad de cuestionar aspectos concretos del trabajo de los docentes, de su relación con los alumnos, con sus familias y con la comunidad. Supone trabajar conjuntamente sobre el currículo, la enseñanza y el aprendizaje de todos los estudiantes, debatir y acordar contenidos, objetivos de enseñanza, cuestiones de metodologías y recursos, etc. y adoptar los compromisos y actuaciones concertadas que se requieren para desarrollarlos o transformarlos.

4.5.2. El liderazgo democrático promueve la colaboración docente

A veces el trabajo de autorrevisión crítica sobre la práctica de los docentes resulta particularmente complicado dado el arraigo de modos de pensar y actuar en las escuelas que sacralizan la autonomía y la discrecionalidad de los docentes. Pero el desarrollo de relaciones profesiones de colaboración, como ya se indicó, constituye una condición básica para que los valores democráticos no se queden en simples declaraciones de intenciones o en fórmulas decorativas de los proyectos de centro y se materialicen en actuaciones concretas en las aulas, en el centro y en su relación con la comunidad educativa. De ahí la importancia clave del un liderazgo que (a) potencie el trabajo en colaboración y los equipos de profesores que se reúnen regularmente para compartir su trabajo, (b) reconozca y apoye el trabajo y las contribuciones de los profesores, y (c) cultive el sentido de misión y de responsabilidad compartida.

4.5.3. El liderazgo democrático asume su autoridad y a la vez la distribuye

En primer lugar, los directivos que ejercen un liderazgo democrático no dudan en utilizar el poder formal del que disponen. Son lo opuesto a un liderazgo *laissez-faire*. Se saben legitimados e interpelados para usar el poder de manera justa y ética. Por tanto lo utilizan como un recurso para *hacer cosas*: proyectos, iniciativas, mejoras, etc. No se arredran en la toma de decisiones. Saben que en una organización democrática sus acciones serán controladas y sus decisiones serán examinadas por otras instancias que también están investidas de autoridad. Ellos se someten a dicho escrutinio y por tanto actúan con la relativa tranquilidad de quien sabe que no tiene la última palabra.

Pero, como es lógico, el control *a posteriori* no es el único al que se someten los directivos en una organización democrática. Las decisiones importantes son colocadas en el centro de un profundo debate –más profundo mientras más importantes– antes de que sean tomadas y para ello se busca el más amplio consenso posible. Además el director que ejerce un liderazgo democrático trata de delegar sistemáticamente poder y responsabilidad a otros agentes y órganos de gobierno. Esto es perfectamente compatible con la idea de que la organización democrática no se lleva bien con un liderazgo del tipo *laissez-faire*. En este caso se espera que los problemas y los asuntos se resuelvan o se diluyan por sí solos, con la mínima intervención posible y generalmente de orden administrativo. En el caso de la delegación de poder se invita a que sean otras instancias las que en el ejercicio de su autonomía y/o su profesionalidad ejerzan el poder de decisión, sometidas en esta ocasión al control del director. El resultado es una redistribución sistemática de una parte importante del poder atribuido a la dirección. Y la consecuencia de esto es el fortalecimiento de la idea de comunidad y el sentimiento de afiliación –de pertenencia a la organización– por parte de sus miembros. Es en este sentido que Senge y otros (2000) prefieren hablar de «ecología del liderazgo» y de «comunidades de liderazgo».

4.5.4. El liderazgo democrático garantiza la gobernabilidad

Como ya hemos dicho, el liderazgo democrático se asienta sobre una profunda comprensión de las dinámicas sociales de los grupos y del poder en la organización. Presta una atención privilegiada a los procesos micropolíticos y al modo en que se produce la construcción cultural de normas y valores (Southworth, 2002). Es decir, el liderazgo democrático trata de comprender el poder de que disponen los otros agentes y cómo ejercen su influencia. Eso servirá en unas ocasiones para integrar ese poder en la acción directiva y en otras para que la acción directiva no sea neutralizada por las fuerzas que se enfrentan al proceso de construcción democrática, el cual, no lo olvidemos, necesita no sólo ser promovido sino también defendido.

4.5.5. El liderazgo democrático se orienta preferentemente a los significados y los valores

El liderazgo democrático, es en buena medida un liderazgo ideológico. Alude a las ideas, los proyectos, las visiones y significados compartidos, en definitiva, a la *misión* de la organización (siempre que se dé un amplio consenso en torno a ésta, no es el caso si se trata de una *misión* que sólo está en la cabeza del director). Podemos decir también que se trata de un liderazgo **simbólico** o **cultural** (Wilson y Firestone, 1987; Bryman, 1996) **transformador,** en la medida en que crea compromisos (Hunt, 1999) y **facilitador** en tanto fomenta la acción de otros agentes (Conley y Goldman, 1994). En lugar de liderazgo democrático Smyth (2001) llama a esto sencillamente **liderazgo educativo** o **pedagógico,** en tanto que capacita a los profesores a moverse de una situación de dependencia y no-reflexividad a otra en la que se convierten en investigadores activos de sus propias prácticas y de las de sus compañeros.

4.5.6. El liderazgo democrático garantiza la sostenibilidad

El verdadero liderazgo democrático no sólo garantiza como dijimos antes la gobernabilidad sino también la sostenibilidad del desarrollo organizativo (Hargreaves y Fink, 2004; Hargreaves y Goodson, 2006). El concepto de sostenibilidad hace referencia a un desarrollo de la escuela compatible con su trayectoria y su identidad, un desarrollo que no hace tabla rasa con lo anterior, que respeta el trabajo realizado por los profesores y los directivos, con independencia de que éste pueda ser criticado y mejorado. Esta idea lleva aparejada una concepción del cambio y de la innovación que trata de evitar la ruptura del tejido social de la organización, así como una buena parte del sufrimiento institucional que acarrean habitualmente tales procesos. Implica que la calidad de las transformaciones no puede juzgarse independientemente del bienestar de la comunidad. Indica finalmente que la mejora de la escuela no puede hacerse *a prueba de los profesores*, sino con éstos y con la comunidad educativa.

En definitiva, el liderazgo no depende en exclusiva del director, si bien éste tiene el importante papel de facilitar aquellas condiciones y ocasiones que hagan posible la participación de todos en la mejora del centro escolar. El director, como elemento básico en las dinámicas de mejora educativa, ha de tratar de ligar a las personas, estructuras y recursos del centro en torno a un propósito común democráticamente acordado, y potenciar el liderazgo de otros en la organización, asegurando que tomen parte activa en ella y utilicen su conocimiento y experiencia en contextos de diálogo y toma de decisión compartida sobre cuestiones organizativas, educativas, curriculares y de enseñanza.

La construcción de condiciones organizativas como las comentadas en este capítulo constituye un proceso progresivo, que ha de estar ligado a la propia realidad y situación de cada centro. Las organizaciones escolares no son homogéneas en su funcionamiento y organización interna, no operan en un mismo entorno, ni trabajan con alumnos cuyas condiciones sean idénticas en todos los casos. Que en ellos se asuman y respeten los valores democráticos no significa que hayan de caminar por senderos similares. Las condiciones organizativas han de caracterizarse, también, por la flexibilidad. Flexibilidad a fin de adaptarse a las características, necesidades y peculiaridades de cada escuela, no al revés.

5. LAS RELACIONES CON LAS FAMILIAS Y CON EL ENTORNO

Rosa M.ª de la Guardia Romero y Florencio Luengo Horcajo

5.1. Introducción

> «La escuela que necesitamos considera que la idea de «educación pública» no sólo significa la educación del público dentro de la escuela, sino también su educación fuera de ella. El cuerpo docente de la escuela no podrá ir más lejos ni más rápido de lo que permita la comunidad. Nuestra tarea es, en parte, alimentar la conversación para crear una visión colectiva de la educación»
> (Eisner, 2002: 12).

El creciente interés por superar la propuesta curricular del aula y el centro por un nuevo compromiso de la propia escuela con la comunidad ha venido a reforzar la idea planteada en Atlántida por el currículo democrático (Guarro, 2002), y el nuevo currículo global (López, 2004), que suma a la propuesta educativa formal, la informal y no formal.

El profesorado hará bien en sumar sus fuerzas a las de la familia y otros agentes sociales, presentes en la comunidad a la hora de abordar planes de mejora educativos. Se trataría de poner en marcha el enorme potencial social en una tarea educativa co-responsable desde el eje escuela, familia y comunidad:

«Ni la escuela es el único contexto de educación, ni sus profesores y profesoras los únicos agentes educadores. Incrementar el capital social al servicio de la educación de los ciudadanos supone, en primer lugar, ponerla en conexión con la acción familiar, pero también extender sus escenarios y campos de actuación al municipio o ciudad, como modo de hacer frente a los nuevos retos sociales.» (Bolívar, 2006)

La tarea identificada certeramente por Juan Carlos Tedesco (1995), como la necesidad de un «nuevo pacto educativo», que articule la acción educativa escolar con la de otros agentes se producirá –y en ese sentido apuntan los tiempos–, tanto por la necesidad forzada ante la compleja situación presente, como por el convencimiento de que se trata de un fin en sí mismo que engrandece la tarea educativa y permite rentabilizar recursos complementarios.

Como sigue apuntando Bolívar (2006): *«Sólo reconstruyendo la comunidad (en el centro escolar en primer lugar, y más ampliamente en la comunidad educativa) cabe, con sentido, una educación para la ciudadanía, -añadimos-, como base de una educación democrática».* Trataremos de identificar algunas claves del nuevo compromiso entre la escuela, la familia y la comunidad, al hilo que describimos los procesos que estamos desarrollando en fases todavía iniciales.

Sería oportuno aprovechar algunas nuevas aportaciones que, en relación al trabajo conjunto entre los sectores educativos, describen artículos de la nueva ley educativa. La apuesta por la tarea colaborativa entre la escuela y la familia queda certificada en la LOE, que cabe repensar desde las posibilidades que abre, e ilustrar con experiencias que hacen posible, ya en la práctica, el enunciado de Ley:

«Los centros promoverán compromisos educativos entre las familias o tutores legales y el propio centro en los que se consignen las actividades que padres, profesores y alumnos se comprometen a desarrollar para mejorar el rendimiento académico del alumnado» (LOE, articulo 121)

5.2. Escuela y familia: las razones de la participación

En una educación democrática la **participación** en los procesos de toma de decisiones se convierte en el eje y razón de ser de la propia propuesta. Hablar de participación y certificar las condiciones en que esta puede y debe producirse, termina siendo el objetivo fundamental del debate teórico y de la propia práctica. Trataremos de descifrar algunas claves.

Con la participación es algo que, en principio, todo el mundo parece estar de acuerdo. Muchos son los autores que esgrimen razones de todo tipo que la justifica. Hemos analizado dichas razones agrupándolas según se traten de razones de carácter social o socio-político, de enriquecimiento personal o afectivo y educativas-pedagógicas (De la Guardia, 2004).

En el primer bloque de **razones sociales o sociopolíticas,** se incluyen todas aquellas que justifican el carácter de servicio público de la escuela y que por lo tanto es de todos, por ello existen vías para que podamos participar en su funcionamiento, razones de tipo legislativo dado que el derecho a la participación se ha ido reflejando en las sucesivas leyes educativas, su carácter de principio de organización interhumana ya que su aplicación favorecerá que se asegure la independencia y autonomía de los individuos, grupos e instituciones y que se asuma el carácter pluralista de la sociedad; también queda justificada pues sería una consecuencia de una sociedad en constantes cambios, lo que implica distintas concepciones del papel de las instituciones educativas ligadas al tipo de sociedad que se quiere conseguir y su carácter inherente al proceso de democratización (Pérez, 1993; y Santos Guerra, 1994).

En el segundo bloque de **razones de enriquecimiento personal y afectivo,** los motivos que justifican la participación de las familias en la escuela estriban en la capacidad de esta participación para favorecer el aprendizaje y desarrollo personal, así como incrementar el conocimiento mutuo, las relaciones y la coherencia entre las actuaciones de los distintos sectores; elevar la autoestima y confianza de familias y alumnado, al tiempo que constituye un ejemplo de comportamiento para el alumnado, por lo que la participación configura, en definitiva, el proceso personalizador de la educación (CEAPA, 1995; Pérez, 1993 y Santos Guerra, 1994).

Por último, con las **razones educativas-pedagógicas,** se consideran las ventajas educativas de la participación ya que constituye un valor en sí misma y como medio para clarificar los fines educativos (San Fabián, 1994); proporciona un espacio que posibilita el intercambio de información e iniciativas, necesario para llevar a cabo el proceso educativo (Alduán, 1996; Santos Guerra, 1994); mejora la competencia, dedicación y compromiso del profesorado en sus actividades profesionales (Becher, 1986); supone un enriquecimiento mutuo de las relaciones (Paulo Freire, 1994); implica un progreso académico significativo, se disminuyen los problemas de conducta y el absentismo escolar y aumentan los hábitos de estudio y actitudes positivas hacia la escuela (Epstein, 1985) y que además fortalece la institución escolar pues los alumnos la consideran como algo propio, según constata Sánchez de Horcajo (1979).

La importancia, de igual manera, viene prescrita al ser la participación de las familias uno de los indicadores de calidad esgrimidos en los informes del Instituto Nacional de Calidad y Evaluación (2000) dentro del Sistema Estatal de Indicadores de la Educación. Esto supone el reconocimiento del papel de las familias en el ámbito de la realidad cotidiana de los centros educativos lo que conlleva estructurar dinámicas en los centros educativos capaces de generar, como un criterio de calidad, la participación educativa de los padres y de las madres.

5.3. ¿Qué entendemos por participación educativa?

Es importante indagar sobre lo que cada miembro de la comunidad educativa entiende por participación. ¿Parten todos de la misma idea? ¿Por participación entienden todos lo mismo? Para comprender lo que está ocurriendo con la participación de las familias, es un buen punto de partida revisar las ideas y los conocimientos previos que sobre el concepto de participación tiene cada sector de la comunidad educativa (profesorado, familias, alumnado, personal no docente, miembros de la administración, profesionales que inciden sobre el centro,...) ya que esas ideas previas, en el caso de que sean erróneas (por ejemplo, entender la participación de las familias sólo como colaboración en casos puntuales, tales como ayuda en casa a las tareas escolares, asistir a reuniones cuando se les convoque, organizar actividades extraescolares...), pueden llevar a una actuación en las escuelas poco favorecedora de una participación plena.

Partimos de la idea de que el concepto que cada miembro de la comunidad educativa tenga sobre lo que significa la participación educativa va a influir decididamente en el grado en que las familias finalmente participen y en el grado en el que el profesorado potencie dicha participación.

Estamos ante un concepto ambivalente, impreciso y ambiguo que según quién o quiénes lo definan y en qué ámbito lo apliquen establecerán diferentes ejes conceptuales. Compartimos con Fernández Enguita (1992) que la participación se ha convertido en algo que nadie discute ni se pone en su contra pero su contenido y significado varía para cada cual.

La participación educativa es, en definitiva, que todos los integrantes tomen parte activa en cada una de las distintas fases que afectan al funcionamiento de las comunidades educativas (desde su constitución inicial, pasando por su estructuración, la toma de decisiones, la puesta en práctica de las mismas y la valoración de resultados), asumiendo parte del poder o del ejercicio del mismo y que implica, siguiendo a San Fabián Maroto (1994) la integración colectiva en un proceso de colaboración desde una doble dimensión, como medio (proceso de aprendizaje) y como fin (objetivo educativo). En definitiva, un concepto de participación que no sea confundido con la mera asistencia numérica, ni sea tan sólo el asentimiento o la oportunidad de responder a las propuestas de otros; que no signifique la mera movilización interesada para obtener el respaldo a determinadas posturas; que no pase siempre y necesariamente por la delegación en otros; que no se limite al control indirecto de las decisiones y que no se reduzca al ejercicio periódico del voto.

Podemos concluir que el significado de participación que asumimos implica intervención, real y directa: tomar parte, ser protagonista de la propia vida y no sólo espectador o destinatario de las iniciativas ajenas, influir en la toma de decisiones que le afectan a uno mismo y al colectivo del que formamos parte... En definitiva, nuestra idea es que no se participa en algo que han decidido otros o en otras instancias y no se puede pedir participación en algo que ya está hecho.

Se pueden dar diversos niveles de implicación en la toma de decisiones que van a tener los miembros de la comunidad educativa, y esos niveles de intervención van a ir de menos a más participación. Como es lógico cuanto menos participativo sea ese nivel de implicación, la decisión tomada será más directiva y autoritaria y viceversa. El papel que adopte el director o directora en el centro en cuanto a su actuación y liderazgo concretará el estilo de dirección en cada centro, potenciando en mayor o en menor grado los procesos participativos. Es un estilo democrático de dirección, el que propiciará, por sus características definitorias, un modelo de organización participativo y democrático. Así pues, una dirección participativa se caracterizará por tener un espíritu más abierto y crítico, por abrirse a la comunidad de padres y madres de alumnos quienes participan realmente en la dinámica de funcionamiento del centro, por permitir, en definitiva, un trabajo real en la escuela, con la participación de todos, teniendo en cuenta los problemas sociales y generales del marco educativo, posibilitando una gestión democrática.

El que los miembros de la comunidad educativa se limiten simplemente a dar o recibir información, a aceptar y dar opiniones, o participar tomando las decisiones conjuntamente y actuando en su puesta en práctica, va a estar relacionado con el grado de responsabilidad que cada uno asuma en el proceso educativo. Así, en la medida en que las personas (profesorado, alumnado, familias, profesionales, autoridades locales,...) se impliquen hasta el grado de co-decisión, cogestión o autogestión, esto querrá decir que han asumido la corresponsabilidad educativa. Quiere decir que todos los sectores implicados en la escuela, han asumido la concepción de la educación como responsabilidad compartida. Aunque lo ideal es llegar a un tipo de participación de cogestión, e incluso de autogestión, esto no significa que los primeros niveles haya que rechazarlos. No olvidemos que la participación no se puede improvisar y que nazca de la noche a la mañana, es un proceso. Y como tal puede haber una diversidad participativa, según los centros, que puede oscilar desde prácticas consultivas hasta formas de auténtica autogestión

5.4. La cultura participativa en un sistema de valores democráticos

Todos los aspectos que hemos visto hasta ahora son imprescindibles para que se pueda hablar de una verdadera participación, pero la clave del éxito en la participación radica en que una parte importante de los miembros de la comunidad educativa consiga una **cultura participativa**. El trabajo participativo empieza a dar resultados cuando sus miembros, independientemente del sector al que pertenece, dan cabida a esa cultura. Es muy importante entender que el comportamiento humano no es modificado por las leyes –aunque pueden favorecer o entorpecer– sino por el esfuerzo de superación, canalizado hacia el logro de la plena participación, que es el ideal de la democracia. La cultura participativa se adquiere cuando las personas comprometidas en tal proyecto común asuman los principios de respeto, tolerancia, pluralismo ideológico y libre expresión de ideas. Este clima actitudinal en conjunto se define como cultura participativa (Gento, 1994). Adquirir una cultura participativa significa que los miembros de una comunidad educativa comparten una forma de percibir los asuntos educativos y una forma semejante de entenderlos y de sentirlos.

Pero también es aprender a escuchar las razones de los demás, saber ceder y flexibilizar las posturas y, sobre todo, tener presente que es importante compartir proyectos y avanzar hacia la consecución de objetivos compartidos, aunque no estemos de acuerdo del todo con los puntos de vista y planteamientos que se han presentado (CEAPA, 1995).

La adquisición de una verdadera cultura participativa es el punto más esencial y delicado del fenómeno de la gestión participativa. El camino que tiene que seguir el grupo para llegar a ella es muy largo pero es inevitable que se haga.

Esta idea de participación entendida como cultura y no sólo como técnica o estructura organizativa en los centros, tiene que ver con el sustrato psicológico y social de las personas y los grupos, y tambien está relacionada con las percepciones, los sentimientos, las creencias y los valores de todas las personas implicadas. Como ya podemos advertir no basta con introducir una estructura participativa en los centros, para que ésta se dé, sino que también va a ser preciso cambios culturales que afectan a dimensiones muy básicas y profundas en las personas y los grupos. En definitiva, lo que se quiere decir, es que por el mero uso de la participación, ésta no es interiorizada por las personas que las practican y tampoco se tiene que dar vida participativa. Así pues, desde un punto de vista educativo, la participación es también un proceso de aprendizaje, un medio de formación, y no sólo un instrumento al servicio de la gestión educativa. Una idea importante es que la participación no es un instrumento para hacer la gestión de los centros más eficaz sino más educativo, es decir, está al servicio de la educación no de la gestión (San Fabián Maroto, 1994a).

¿Qué quiere decir esto? Pues que lo que hay que intentar conseguir, con el esfuerzo de todos/as, es preparar a jóvenes para participar activamente en la vida social y cultural; es educar a esos jóvenes en los principios, valores y prácticas de la democracia. Por lo que es imprescindible que los responsables educativos directos (profesorado, familia, psicopedagogos/as, otros profesionales...) e indirectos (administración, autoridades locales,...), asuman e interioricen esa cultura para así poderla transmitir de forma implícita y explícita. A participar se aprende participando, y difícilmente podremos hacer que el alumnado lo consiga, si entre el resto de los sectores (sobre todo entre los dos ambientes más cercanos a ellos, como son la escuela y la familia) no perciben sino distanciamiento y falta de colaboración y actitudes y comportamientos personales poco favorecedores de que se de ese clima actitudinal democrático que ya se mencionó antes.

La cultura participativa no es otra cosa que un sistema de valores más o menos compartidos por un grupo social, que en nuestro caso sería la comunidad educativa y que marca nuestras formas de actuar. Ya Rodríguez Rojo (1993) encontraba una serie de ideas comunes desde la Escuela Nueva hasta Paolo Freire relativas a la cultura de la participación:

1) Defensa de la **autonomía** como principio didáctico que defiende que el alumnado puede y debe aprender por sí mismo.

2) **Socialización** como método que favorece la dinámica de grupos y el compromiso con los objetivos a conseguir.

3) **Apertura al entorno** por parte de la escuela. Una comunicación escuela-vida que culturiza y auto-realiza al alumnado.

4) **Educación ecológica** como síntesis de las relaciones pluridimensionales.

Freire (1994) resume la cultura participativa como «pedagogía de la comunicación» en la que el diálogo entre educadores y educandos les hace madurar y perfeccionarse en la mutua relación consiguiendo hacerse co-partícipes de una misma realidad.

Así pues, aquellos programas que pretendan favorecer la cooperación familia-escuela deberían plantear como eje central de su actuación la búsqueda de la comunicación entre ambas instancias. Esta comunicación se convertiría en un medio para conseguir mejorar las relaciones interpersonales y propiciar un clima de diálogo en el que se favorezca la búsqueda de los objetivos educativos. Sin embargo, esta búsqueda de la comunicación no está exenta de dificultades y, a menudo, podemos presenciar como el profesorado y las familias, en aras de buscar salidas a ciertos conflictos que a veces surgen se desemboca en situaciones de confrontación y agresivas que llevan a la incomunicación (Tejón, San Fabián y Rodríguez, 2005).

Por tanto, cuando hablamos de cultura participativa, nos estamos refiriendo a un conjunto de valores, actitudes y competencias que constituyen la base de la educación integral de los ciudadanos. Así, no sólo estamos pensando en un listado de valores más o menos estructurados, sino también en el conjunto de aprendizajes que se derivan de ellos y en sus implicaciones para la enseñanza (Proyecto Atlántida, 2000).

Una comunidad educativa, cuyos integrantes asuman realmente una cultura participativa y democrática, se caracterizará por dar cabida al diálogo constructivo, en el que se tiene en cuenta lo que puede aportar cada uno y en el que todos tienen un lugar y una oportunidad para participar y asumir una responsabilidad en esa comunidad educativa (Pérez, 1993).

De igual manera, definido el sistema de valores democráticos que se quiere que interioricen los jóvenes en los centros educativos, habría que ir delimitando cada una de las actitudes que los conforman y que van a conducir a una cultura participativa para, una vez incluidas en el currículo se eduque a los jóvenes en esos valores concretos (González Lucini, 1990). En esta labor de inclusión de los valores democráticos en la dimensión curricular, se encuadraría los trabajos realizados por Guarro (2002) y los asesores teóricos del Proyecto Atlántida (2000). Para estos autores, el grupo de valores democráticos podrían establecerse sobre las bases de «*modelos de desarrollo socioeconómico, sociopolítico, sociocultural y socioafectivo*». Guarro (2002) propone que a partir de este esquema se organice el currículo básico y obligatorio (incluso en Educación Infantil), identificando los temas o ideas fuerza. Estos temas se presentarían al alumnado utilizando varias vías como pudieran ser: proyectos, centros de interés, temas transversales, etc.

Pero no sólo es formación en valores a través del currículo lo que se necesita para que se consolide una cultura participativa en los centros, también es imprescindible que se organicen tiempos y espacios para que se puedan arraigar actitudes de respeto, tolerancia y colaboración. Una escuela democrática se define por la participación basada en el diálogo y en la realización de acuerdos y proyectos. La participación uniría el entendimiento con la intervención. Y es evidente que esto no se improvisa y que va a necesitar tiempo para que se consolide y espacios de diálogo y de acción cooperativa (Puig, Martín, Escadíbul, y Novella, 2000):

a) **Espacios de diálogo.** La participación democrática en la escuela necesita un espacio para dejar paso a la palabra y al diálogo. Espacios en los que el alumnado y el profesorado, las familias y el profesorado, e incluso, el alumnado, las familias y el profesorado, debatan, reflexionen conjuntamente y lleguen a acuerdos sobre el trabajo en la vida escolar. El diálogo no sólo cumplirá una función de entendimiento sino también de compromiso pues hará que las personas que lleguen a acuerdos mediante ese diálogo, los acepten, los comprendan y los cumplan. El diálogo colectivo crea el sentimiento de responsabilidad ante los otros.

b) **Espacios de acción cooperativa.** La participación democrática en la escuela necesita un momento para la acción o la realización de los acuerdos y proyectos previstos. Se trata no sólo de que los componentes de la comunidad educativa puedan hablar sino que también puedan realizar las tareas concretas. La participación se consigue con la palabra y los hechos.

5.5. La propuesta teórico-práctica de educación democrática Atlántida, y el eje escuela-familia-comunidad

Sin tratar de extendernos en este apartado –ya se ha ido realizando en capítulos precedentes– la propuesta que realizamos hunde sus raíces teóricas en nuestra investigación y los referentes sobre Educación y Escuelas Democráticas (Dewey, 1995), su relación con el desarrollo comunitario, y la creación de un nuevo tejido social que lo favorezca. En el proceso descrito, los referentes de ciudadanía y valores democráticos por los que el proyecto Atlántida apuesta, otorgan el eje central de la mejora corresponsable a los órganos de gobierno de los centros, a las estructuras participativas de familia, y a las de los agentes sociales locales.

El encuentro común de los diferentes sectores en lo que hemos denominado «procesos de construcción de Comités de Ciudadanía», de barrio, distrito o municipio, nos está permitiendo contemplar las enormes posibilidades que un trabajo más coordinado tendría, tanto para abordar temas de urgencia, como el referido al clima escolar y su relación con los rendimientos del alumnado, junto a otros fenómenos de mayor complejidad que explican la dificultad creciente, más relacionada con los procesos de globalización que es necesario analizar (Guarro, 2005), y su relación con los Modelos de Desarrollo Económico, Social, y Humano, presentes, también, en la estructura escolar, familiar y social del propio entorno.

Hablamos de un **modelo referente** al que denominamos comunitario y democrático, rescatando la esencia de las escuelas como comunidades de aprendizaje: «Se demuestra, desde la teoría y la práctica, que el aprendizaje dialógico de los niños, las niñas y los y las adolescentes, no depende sólo de lo que ocurra dentro de las aulas, sino de la coordinación de todos aquellos espacios en los que realizan aprendizajes» (Flecha, 2002). Hacemos nuestras las aportaciones de Freire (1997) y Habermas (1987), en relación con las acciones dialógicas entre iguales, los actos comunicativos, el diálogo igualitario, como base para favorecer procesos de emancipación cultural y el desarrollo de la capacidad de autogestión.

Creemos en el trabajo compartido entre los distintos sectores implicados en la educación y en el eje de mejora escuela-familia-ámbito social/municipal, como lugar de encuentro entre los grandes problemas y las pequeñas soluciones cotidianas. Apuestas como las realizadas por el Informe Delors (1996) que basaban su aportación en el aprendizaje cooperativo, el «aprender a aprender», las referidas a la «democracia deliberativa», como eje transformador (Elster, 2001), unidas a las que estamos compartiendo con comunidades de aprendizaje, en relación a los procesos dialógicos cooperativos, que ya hemos avanzado (Elboj, 2002), nos han conducido a concretar la propuesta de Ciudadanía Atlántida que sustenta nuestro discurso comunitario y democrático (Bolívar y Luengo, 2005).

En realidad, este nuevo esquema ha surgido de una transferencia, adaptada del modelo de procesos, propio de ADEME, fundamentado en los movimientos internacionales del Desarrollo Basado en la Escuela y la Formación Centrada en la Escuela (Hopkins, 1997; Escudero, 1999), al campo socio-educativo y comunitario. De hecho, el eje de la respuesta a los problemas socioeducativos detectados se sitúa en la necesaria reconstrucción del currículum (Guarro, 2002), para afrontar con mayor éxito los recientes desafíos y demandas que plantea nuestro emergente y complejo sistema social, basado en la información y el aprendizaje holístico (López Ruiz, 2005).

La propuesta del Proyecto Atlántida trata de integrar sus reflexiones y las de otros grupos, avanzando unas ideas que forman parte de la cultura innovadora elaborada por numerosos profesionales y colectivos, ligados al debate de la nueva ciudadanía. Las Escuelas democráticas, Comunidades de aprendizaje, Ciudadanía democrática o comunitaria, Estatutos de Ciudadanía, Cartas de la educación democrática del ciudadano, Ciudadanía planetaria, etc., serán la base de nuevas propuestas educativas que en estos momentos resurgen, cuestionando el modelo de educación que sería preciso concretar entre todos, dentro de un nuevo modelo social, participativo (Fernández, 1991)

Ante el complejo panorama, el proyecto Atlántida ha apostado decididamente en los últimos años por abrir las puertas de los centros escolares a la comunidad, para implicar en la mejora educativa a todas aquellas personas y entidades sociales que están interesadas en la formación de la ciudadanía. Esto es a lo que hemos denominado *Ciudadanía Comunitaria, Democrática y Cívica*, como tarea co-responsable, sin duda cercanos a otras aportaciones (Pettit, 1997; Martínez, 1998; Gimeno, 2001; Martínez Bonafé, 2003), con el objetivo común de superar el campo estrictamente individual para alcanzar un plano colectivo y aunar el ámbito educativo y el social.

No estamos solos en el empeño, las instituciones educativas y políticas empiezan a reconocer la necesidad de repensar las funciones de la educación y de reflexionar sobre el modelo sociedad. El proceso descrito en el año 2005, denominado de la Ciudadanía por la propia Unión Europea, y su propuesta de reflexión sobre los aprendizajes básicos del nuevo tiempo, nos anima y obliga aún más. Queremos aprovechar también el desarrollo legislativo que nos acompaña en nuestro país, a partir de las recomendaciones de la Unión Europea –LOE y competencias básicas–, para poner el énfasis en la identificación de los nuevos aprendizajes básicos que la ciudadanía del siglo XXI debería desarrollar. Esta reflexión que podría ser densa y tediosa pretendemos realizarla a través de un Modelo de procesos descrito en fases, que nos permita aterrizar en los problemas cotidianos, para desde ahí levantar la vista hacia eje social y las causas del complejo momento que vivimos.

Presentados con mayor extensión en otros documentos los soportes teórico-prácticos que esta propuesta ha ido también elaborando, pasamos ahora a describir algunas líneas y claves del trabajo inicial que desarrollamos en zonas específicas.

5.6. *Una propuesta que surja desde órganos de participación co-responsables*

Posiblemente, si preguntáramos a cualquier miembro de un claustro inmerso en problemas cotidianos, a un directivo de un APA, o un familiar de un Consejo Escolar, a un miembro del ayuntamiento que asiste de vez en cuando a ese Consejo, etc. si le preocupa una alternativa a la educación actual, a la sociedad y al tipo de alumnado, de ciudadano, que nuestro modelo de desarrollo está favoreciendo, podría contestarnos que le preocupa globalmente pero que no quiere perderse en propuestas y reflexiones teóricas que no le conducen a nada; que en cualquier caso procura ir solucionando problemas poco a poco y como puede.

La inmensa e inagotable tarea de la educación impide, con demasiada facilidad, realizar una reflexión sosegada de las problemáticas cotidianas y sus causas, para después desarrollar un trabajo organizado que vaya al fondo de la cuestión. Pocos agentes educativos, implicados en la tarea obligada de mejora, están interesados en abordar en frío una cuestión global, dirán que ni es la hora ni se necesita; pero todos hablan, debaten, improvisan sobre la resolución de los problemas, y expresan sus angustias y añoranzas.

Sin tratar de variar sustancialmente el plan de trabajo que los centros educativos, las APAS, los servicios sociales, y los Comités que asesoramos y apoyamos tienen aprobado, Atlántida les propone, dentro de la fase de creación de condiciones para iniciar el trabajo, entrar en reflexiones que posibiliten levantar la vista de lo concreto, en un proceso que nos permita enlazar y relacionar los problemas cotidianos con la problemática global: el modelo de educación y sociedad que subyace a nuestra propia actuación profesional. Así, se dice, con cierto criterio, que cuando sólo y habitualmente hablamos de problemas educativos, cuando especialmente vemos deficiencias en nuestro entorno, cuando todo suena a crisis, lo que falla y se pone en cuestión es el modelo de sociedad y las funciones que cumple la educación, tarea inmensa que es preciso abordar globalmente si se pretende influir seriamente en la mejora. Como bien señala Fullan (2002), los auténticos cambios educativos han de contemplar obligatoriamente una perspectiva sistémica que ponga en juego todos los ámbitos, instancias y agentes potencialmente interesados y realmente implicados.

Si nuestro equipo de asesoramiento Atlántida expusiera en un claustro, APA, Ayuntamiento, que *«proponemos repensar el modelo de educación y para ello se requiere realizar un trabajo colaborativo, una investigación sobre los aprendizajes básicos que facilitan el desarrollo personal libre y crítico del ser humano; que demandamos un diseño de currículo diferente, o de Area transversal de valores presente en todas las asignaturas, que facilite el trabajo y enfatice los valores de ciudadanía, necesarios para conseguir un centro, un barrio y un mundo más confortable y feliz»*, podría sonar a hermoso discurso que tiene poco que ver con lo que se vive en patios, pasillos, aulas, salones de TV en el hogar, y calles o plazas. Será más oportuno favorecer el desarrollo de un proceso compartido, del que se deduzca algo similar, pero todo ello desde el análisis de las problemáticas cotidianas, y el desarrollo de diagnósticos que favorezcan un plan común. A la hora de iniciar un trabajo de reflexión que nos conduzca de forma natural a la necesidad de repensar la educación y los aprendizajes básicos de la ciudadanía, proponemos, de forma orientativa, un proceso que contemple las siguientes fases-tareas y principios de organización del trabajo, lo que denominamos **Modelo de Procesos.**

5.7. La creación de condiciones para el plan común y las estructuras que lo favorezcan

Nuestra propuesta empieza por indicar que es el contexto, la estructura creada o esbozada en cada lugar, la que debe reflexionar desde su propia experiencia. Atlántida, antes de iniciar el trabajo concreto de mejora, realizará una campaña organizada de información, de sensibilización y reflexión sobre las tareas que realiza en propio medio y el proceso de asesoramiento del proyecto; invitará a conocer y coordinar las posibilidades del entorno e identificar los medios ya presentes: los proyectos y programas que el propio contexto (centro, municipio, distrito, comarca) desarrolla. Se trata de analizar la tarea que realizan las estructuras que ya intentan coordinar los esfuerzos: Consejo Escolar Municipal, Plataformas, si las hubiera; para trabajar desde las ya existentes; o, en su caso, proponer la creación de estructuras que puedan favorecer la recreación de éstas, cuando su labor quede atenazada por los asuntos burocráticos. Por tanto, se trata de partida de diagnosticar e identificar las posibilidades que ya existen, y que posiblemente estén necesitadas de más reconocimiento e información compartida, y, en todo caso, de mejor coordinación. Nuestra primera tarea es, sin duda, conocernos y realizar una primera fase de diagnóstico que asegure que no añadimos nuevos proyectos y tareas a los que ya venimos desarrollando de manera más o menos compleja, pero a veces sin rumbo común.

Atlántida apuesta por ayudar a ordenar los recursos existentes y darles coherencia, de ahí que en este paso previo propongamos elaborar un Banco de Datos que describa lo que realizan y llevan a cabo los centros educativos, las APAS, los programas municipales y los agentes sociales del lugar. Merece capítulo aparte destacar la importancia que recobra tener en cuenta las relaciones de poder, la necesidad de aprender a compartir los liderazgos y estar atentos a la micropolítica (González T.,1998) de los centros educativos y las organizaciones socioeducativas del entorno, para evitar disfunciones, solapamiento o marginación de realidades, de personas, colectivos, y duplicidad de estructuras participativas, así como protagonismos que dificulten la creación de condiciones solidarias para el trabajo compartido.

Atlántida está dinamizando experiencias de *Consejos/Comités de Ciudadanía*, creados a la luz de la complejidad social creciente, que intentan dar vida a los antiguos y en general poco aprovechados Consejos Escolares Municipales cuando es posible, y en cualquier caso, una entidad con vida propia cuando así se requiere. En general, los citados Comités, como hemos dicho, se estructuran desde una Junta Coordinadora de cuatro o cinco miembros que los dinamiza, un Plenario donde se debate y decide, y una Asamblea abierta a colectivos donde se participa masivamente para desarrollar y motivar el plan socioeducativo.

5.8. Propuesta de Comité de Ciudadanía en un Municipio, barrio o distrito

Describimos algunos referentes de estructuras participativas que estamos ensayando en municipios, barrios o distritos de ciudades, y en su caso comarcas y la metodología para la gestión de la Educación Democrática en los comités de ciudadanía

El trabajo que estamos desarrollando ha elaborado, a partir de las experiencias vividas en ADEME, una contextualización de los habituales procesos de trabajo, de forma que las fases y las tareas integren la creación de condiciones, el diagnóstico, la elaboración y seguimiento/evaluación del plan integral en un proceso ordenado, en el que la participación de toda la comunidad educativa se convierte en objetivo compartido.

5.8.1. Diagnóstico sobre el modelo de sociedad: detección de problemas y delimitación de valores alternativos

Una vez que hemos identificado y valorado lo que tenemos y realizamos en la zona, pasamos a diagnosticar y formular las problemáticas, en relación con los valores que consideramos en crisis, y sus posibles causas, para relacionarlas y categorizarlas, tomando como base los cuatro ámbitos de desarrollo de nuestra sociedad, que Atlántida ha definido: **sociopolítico, socioeconómico, sociocultural** y **socioafectivo.** Atlántida propone su modelo referente, elaborado en los últimos años, pero no deja de ser una propuesta orientativa que podría servir de guía.

A partir de los problemas que se vayan describiendo, nos planteamos pensar en valores alternativos que sirvan para contrarrestar las problemáticas concretas detectadas. Así, se comentarán ejemplificaciones como: exceso de individualismo, el mayor apego al coste-beneficio pronto y fácil, el menor compromiso con el esfuerzo, la creciente agresividad y desigualdad (especialmente en el caso hombre-mujer), unido a los climas de disrupción y falta de atención, en aumento, etc.

A partir del análisis y verbalización de las angustias crecientes, propondremos realizar el esfuerzo por pensar en valores positivos que sirvan de antídoto a los valores deficitarios diagnosticados. Así, por ejemplo, ante la falta de identidad con el entorno, hablaremos del compromiso con el medioambiente; ante la pasividad, motivación; ante la agresividad, tolerancia y convivencia democrática. Al final, como resultado del debate, llegaremos a priorizar dos o tres valores de los señalados para ser abordados por la escuela, la familia y los agentes sociales. Nos referiremos a un plan común que incida en el modelo de sociedad /educación que vivimos en nuestro entorno inmediato.

5.8.2. Diagnóstico integral de problemas educativos relacionados con el aprendizaje en el aula

A continuación, y para que los valores y problemas no queden descolgados del cotidiano quehacer de las aulas, las casas y la calle, volvemos a vivir el proceso similar, pero en este caso señalando **problemáticas** que se encuentran en el **proceso de enseñanza-aprendizaje.** Nos centraremos en momentos concretos del mismo, relacionado, en primer lugar, con el currículo (Jackson, 1991): cómo seleccionamos el currículo y atendemos la diversidad creciente, cómo abordamos la gestión de aula y la preparación/desarrollo de las tareas escolares, cómo lo vive el alumnado. También será imprescindible, si se desea incidir en los rendimientos del alumnado, llegar a concretar qué aspectos se consideran débiles en el proceso de planificación de los ámbitos sobre conocimientos básicos: sociolingüístico, científico-técnico y artístico. Aparecerá la disrupción creciente, la falta de motivación, la falta de hábito lectoescritor, etc.; y al hablar de las causas que lo favorecen, comentaremos algunas externas que se deben al sistema, al papel de los medios de comunicación, pero posiblemente, también a la actividad profesional, a la metodología, sin duda revisable.

A partir del breve diagnóstico de lo que ocurre en las aulas, pasaremos al ámbito familiar (quizás, falta de tiempo real de dedicación familiar al proceso educativo), y a continuación al ámbito social, referido a nuestras calles y plazas (posible descoordinación de servicios). Aparecerán en cada sector diferentes problemáticas, que analizadas en relación con sus causas, servirán de base para el plan común co-responsable. Lo que nos ocupará, en resumen, en esta fase, es el repaso a las problemáticas que inciden en los ámbitos de mejora de la educación que Atlántida ha estudiado: el curricular sobre qué y cómo enseñamos, las estructuras y los niveles de participación/organización, el papel de las familias y el contexto, así como la formación y las infraestructuras/condiciones necesarias para llevar a cabo un plan de mejora. Realizar breves diagnósticos de los apartados descritos, analizar las causas de la situación y compartir las alternativas, es la mejor forma de hacer co-responsables a cada uno de su parte y a todos del conjunto resultante.

Con el doble trabajo esbozado (qué valores democráticos son deficitarios en la zona, y qué dificultades surgen en el proceso de enseñanza-aprendizaje), tendríamos un primer mapa de problemáticas que exigen una planificación integrada de valores generales, y de estrategias de gestión del aprendizaje, entre las que puede llegar a aparecer: la necesidad de convenir unos criterios mínimos de metodología y evaluación en cada centro y la zona, posibles campañas de animación a la lectoescritura desde la Escuela, la Familia y las entidades socioculturales; planes de formación en la zona para profesorado, familias y servicios sociales, etc.

No perdemos de vista un secreto a voces: se trata de disponer de un **plan sencillo y concreto** (más vale pocas tareas bien hechas, que un denso listado que no llega a abordarse), siendo esencial en ese momento establecer prioridades en procesos participativos, y contemplar tareas que representen el sentir de cada uno de los sectores implicados: profesorado, alumnado, familias y servicios sociales. La tarea de priorizar debe compatibilizar, dentro del proceso de diagnóstico, el proceso de participación real, lo que requiere en ocasiones lentos debates, con el necesario pragmatismo que permita entrar pronto a resolver cuestiones concretas. En ese sentido merece la pena partir de pequeños diagnósticos y priorizaciones iniciales que permitan iniciar también la resolución de aspectos muy visibles que agobian el día a día, antes que pretender largos y lentos procesos participativos en esta fase inicial, que alejan de la necesaria conexión con avances prácticos.

El trabajo descrito hasta aquí configuraría las bases del **plan común** a poner en marcha, para el que es necesario diseñar un proceso de seguimiento y evaluación, con indicadores concretos en cada uno de los ámbitos, garantía de los avances de cada experiencia. Con lo descrito ya dispondríamos de un representativo *Comité* abordando la mejora de una serie de aspectos, garantía, al menos, de una mayor coordinación en la zona entre los diferentes medios y recursos.

En un primer momento, Atlántida, como en el caso de Coria (Cáceres), ha trabajado a partir de estas dos primeras fases, dinamizando el Comité de Ciudadanía que favorece la estructura participativa plural, y provocando un plan de mejora común. El modelo de desarrollo del propio plan se basa en la configuración de subcomisiones formadas dentro del Plenario, que representan a los diferentes sectores y que planifican el plan concreto que aborda temas como: absentismo, plan de formación del profesorado y familias, coordinación 1.º ESO y Primaria, apoyo al asociacionismo juvenil/adolescentes, infraestructuras extraescolares…, para luego ponerlos en común en su reunión mensual, bimensual, etc.

Para favorecer el seguimiento del arduo trabajo de las subcomisiones, Atlántida propone desarrollar un proceso similar al esbozado en la etapa de diagnóstico, de manera que cada tema a desarrollar integre las problemáticas concretas del contexto, las causas que lo originan, las medidas actuales que se toman, y el plan alternativo o complementario que se pretende, sin olvidar el reparto de tareas y la temporalización, así como los indicadores de evaluación y valoración del plan, como ya hemos anunciado.

Pero intentamos un segundo plano de actuación. Movidos por algunas variables comunes en el diagnóstico que realizamos en diferentes contextos, y el análisis realizado por Atlántida en su Marco Teórico, enfatizamos la necesidad de profundizar por un lado en las claves democráticas perdidas en la comunidad, como lugar de encuentro, y por otro en el necesario aterrizaje de nuestras tareas en la vida del aula. En definitiva, lo que se intenta es confluir en una segunda tarea: la posible elaboración de un proyecto educativo que incida en el proceso de enseñanza-aprendizaje y su relación con la identidad de la zona en donde se desarrolla. Como hemos dicho, se trata de profundizar y llegar al foco del aprendizaje formal: el aula, lugar de desarrollo del proceso de enseñanza/aprendizaje escolar, y hacerlo en contacto con la realidad, a partir de pequeñas experiencias de dificultad baja (una semana/quincena de proyectos comunes), para intentar, desde las sencillas experiencias de éxito, objetivos mayores. Por ello, proponemos intentar abordar, cuando esto sea posible, la fase tercera del proceso.

5.8.3. Desde la vivencia de pequeños proyectos temporales hasta la posible construcción de un proyecto curricular global

Como hemos avanzado, si bien las dos fases enunciadas podrían surtir de trabajo a una Comisión que representa a toda la comunidad, y podría servir de referencia para un centro, un consejo escolar, un comité intercomunitario de varios centros y agentes familiares-sociales, estaríamos sin duda ante una tarea importante, pero puede que demasiado externa a la vida diaria del aula. Si tratamos de ahondar en la necesaria vivencia de experiencias que incidan en una identidad cada vez más confusa, y aterrizar en tareas que configuren y rescaten sentido de comunidad, es preciso disponer de proyectos comunes. En la medida de lo posible, proponemos intentar abordar gradualmente la fase tercera para analizar sucesos, semanas culturales, centros de interés, que nos conduzcan a favorecer pequeñas experiencias pedagógicas con carácter social que las integre en el medio, y de ahí hasta el posible proceso que inicie la construcción de un **proyecto curricular** de centro o, incluso, de zona.

El objetivo de favorecer la necesidad de articular proyectos curriculares de zona, que refuercen el debate de los aprendizajes básicos de cada una de las etapas educativas, infantil, primaria, secundaria, adultos, de una zona concreta, se encamina hacia el reto de conseguir cultura elaborada por la propia comunidad, y que el proceso pedagógico sirva para descifrar, desde la experiencia común, líneas de trabajo que diseñen criterios mínimos de metodología y evaluación. Para ello, es necesario aterrizar de forma natural en el eje central del proceso educativo: el aula, la metodología y las tareas, su relación con las familias y el contexto. Sin duda, hablamos de un paso complejo que debe ser bien presentado y motivado, cuando se considere oportuno.

Planteamos –como postulan Torres (1994) y Beane (2005)– la imprescindible y urgente tarea de integrar, siempre que sea posible, el currículo que enseñamos, para que éste ponga en interrelación las distintas áreas o asignaturas y conecte con los problemas básicos de la vida cotidiana. Necesitamos por tanto un motivo, un centro de interés o proyecto de trabajo de la zona/comarca, que una a los implicados en el proceso de mejora (Hernández y Ventura, 1992).

En Atlántida, estamos asistiendo a experiencias diferentes: en un lugar concreto es el APA quien propone al centro un tema general, como la interculturalidad; y el centro, junto al Comité de Ciudadanía, vive, investiga, como centro de interés, el conocimiento e intercambio enriquecedor de las culturas que integran el municipio. En otros casos, el equipo directivo promueve, animando a familias, ayuntamiento y APA, el rescate de un cultivo de la zona, una historia o leyenda… y se llega a vivir un proceso de participación que incide posteriormente en el desarrollo comunitario, haciendo aparecer como ejemplos, en coordinación y reivindicación junto al poder sociopolítico, nuevas propuestas de ocio, salidas laborales, etc.; en resumen, haciendo ganar a la propia zona en identidad cultural y favoreciendo pequeños focos de desarrollo social y económico.

La experiencia de Mala, Haría (Lanzarote) en que una escuela unitaria junto a su APA y FAPA, en coordinación con su comisión de ciudadanía, investigaba el rescate de un cultivo como el de la cochinilla, nos ha permitido poner en escena el proceso, organizar talleres y dar a conocer su proyecto final, en el que se ha llegado a implicar Consejerías, Ayuntamiento, Cabildo Insular, y por fin a modificar la propia realidad del contexto, que dispondrá de nuevos presupuestos, se abrirá a museos, itinerarios ecoturísticos y talleres con nueva creación de yacimientos de empleo. Sin duda, un ejemplo vivo de lo que proponemos: una escuela y educación activas, ligadas a los hechos sociales y culturales del entorno. Pequeños sueños, convertidos en sencillas realidades, como gusta recordar Ramón Flecha, y comunidades de aprendizaje.

El lugar ideal para llevar a cabo una puesta en común de lo que proponemos es sin duda el Consejo Escolar, y por extensión, el Consejo Escolar Municipal, cuando éste es dinámico, y desde nuestra experiencia, como refuerzo, el creado Comité de Ciudadanía que hemos diseñado. Si no fuera posible, sigue siendo urgente que el aula en solitario, el ciclo o el departamento lo intenten cuando no surja la propuesta global. La propuesta de iniciar pasos hacia un proyecto general de currículo desde algunos centros de interés común, podría facilitar un proceso para sentar las bases elementales que favorezcan la construcción de un Proyecto Educativo de Ciudad (Carbonell, 2001). En un lugar común, ya sea el ciclo, el Departamento, la Comisión Pedagógica, el Consejo Escolar antes mencionado, cabría debatir *qué valores echamos en falta, qué problemáticas nos agobian durante el proceso de enseñanza-aprendizaje, y en qué temática o investigación*, cabe poner en común el modelo de educación y de centro, aunque se trate de una experiencia temporal, en este caso, que supere las semanas culturales habituales y se centre en fenómenos sociales, económicos, medioambientales.

El proceso que estamos proponiendo tiene en cuenta la rigidez previa de la programación escolar, excesivamente ligada a la guía del libro de texto; de ahí que estemos sugiriendo pequeñas experiencias, a veces el mes sobre el tema/proyecto escogido, de manera que el claustro, junto al APA, y de cerca por las entidades sociales del comité, vivan sin zozobras y con acompañamiento la reformulación de su planificación sin alterar totalmente su modelo de trabajo cotidiano. Para favorecerlo estamos acompañando la experiencia con el asesoramiento básico para el desarrollo de proyectos y unidades didácticas integradas, de forma que se ponga en relación el tema del proyecto con los valores asignados a la zona, los objetivos y contenidos, la metodología y las fases del aprendizaje presentes en las actividades básicas. Es a partir de pequeñas experiencias guiadas (la semana o quincena de los ecosistemas de la comarca) en las que no se hace entrar en grave contradicción, el modo actual de planificación con la creación de pequeños remansos innovadores, cuando los claustros pueden animarse a realizar experiencias de mayor envergadura, motivados por el creciente clima de implicación del alumnado, del mundo social, municipal y familiar.

La diversidad de casos vividos en los Comités de Ciudadanía en marcha, nos está llevando en estos momentos a compartir experiencias muy enriquecedoras en su fase inicial. Así en Mala se animaban con el rescate por la cochinilla, en Breña Alta y Tías con la identidad de las culturas presentes en el municipio; en Tahiche, con la repercusión de César Manrique en el medioambiente de Lanzarote; en la comarca rural de Cijara nos comprometemos con la identidad sociocultural de la zona, etc. La novedad de la propuesta Atlántida quizás radique en que la apuesta de mejora no parta del excesivamente agobiado grupo docente habitual: una inspección, una jefatura de estudios, un asesoramiento del CEP, o incluso de un grupo externo de expertos, sino de la configuración de una estructura co-responsable que mueve nuevas sinergias, por la presencia de diferentes profesionales de la comunidad educativa, social y de ciudadanos y ciudadanas comprometidos con la mejora del propio entorno.

Es dentro de un proceso vivo como el que presentamos, o de otros similares que sin duda ya se desarrollan autónomamente, donde sería posible poner en común la necesidad que nos conduzca a iniciar procesos de elaboración del proyecto curricular de zona, de comarca, de municipio: la cultura común, los aprendizajes básicos que favorezcan la ciudadanía y mejoren los niveles actuales de éxito escolar y social. Nuestro pequeño sueño, que los centros abandonen lentamente su hábito excesivamente académico, que liga toda la actividad del proceso de enseñanza al libro de texto, y que a partir de las experiencias guiadas lleguen a vivir como hábito renovado la elaboración de proyectos ligados a la realidad, es lo que redundaría, como venimos anunciando, en la necesaria recuperación de experiencias de comunitarias, cultura elaborada por toda la comunidad educativa, con el alumnado como autor de primera línea. Ésta será una buena manera de que la escuela, junto al entorno, desde el trabajo por proyectos comunes, desarrolle las facultades del individuo y en el fondo motive para mejorar los niveles de éxito para todos (Dewey, 1995; Freire, 1997).

5.9. Algunas perspectivas y dudas de la experiencia: sobre la ciudadanía comunitaria/ democrática y los códigos éticos que favorezcan el proceso

Finalmente, como actividad globalizadora de las tres fases descritas, pretendemos, por un lado, reflexionar conjuntamente, acompañando el debate europeo y estatal, sobre la necesidad de actualizar la propuesta de aprendizajes básicos y el currículo común de la ciudadanía, y por otro, como complemento, el necesario compromiso o código ético compartido que proponemos debiera debatirse y asumirse, a modo de *Estatutos de Ciudadanía,* en contextos cercanos, vividos como resultado de un trabajo colaborativo.

Cuando la Unión Europea plantea como aprendizajes básicos para una Educación democrática en la Educación obligatoria el listado de competencias básicas que ya empezamos a desarrollar de forma práctica, cuando el MEC y las comunidades autónomas desarrollan la propuesta prescriptiva orientadora de la LOE –esperamos que acompañada de materiales guía tanto para la propuesta global como para la realización de pruebas de diagnóstico externo–, cuando alguna Institución o grupo específico, libros de textos incluidos, describan que serían tales o cuales las formas de entender la propuesta, habrán *diseñado* un enfoque propio sobre valores-competencias y aprendizajes básicos para todos. Es a ese conjunto de saberes, de aprendizaje común, obligatorio, al que Atlántida denominó en su día: «*Ciudadanía, mucho más que una asignatura*». Desde Atlántida invitamos a realizar este trabajo en paralelo al debate oficial y profesional, de forma conjunta, participativa, uniendo una vez más a profesorado, familia y comunidad en una tarea común. Nos disponemos a favorecer pequeñas experiencias de reflexión sobre las propuestas oficiales y las que se deducen de nuestro proceso guiado. El resultado, los aprendizajes obtenidos, funcionarían a modo de cultura participativa, de principios para el Proyecto Educativo del centro; serían la base de nuestros aprendizajes básicos, que deberán servir de referencia al desarrollo del Proyecto curricular del centro y del contexto, integrando el trabajo socioeducativo y avanzando, si fuera posible, hacia los posibles *Estatutos de Ciudadanía* co-responsables.

Es a partir de procesos como los esbozados, como entendemos que tiene sentido en una zona concreta, en un municipio, barrio o comarca, a la luz de los debates establecidos, de los compromisos adquiridos con los planes alternativos comunes, cuando podría concretarse, a modo de guías, las bases de los aprendizajes básicos, el proyecto curricular contextualizado, y en consonancia con ello, las tareas, las experiencias que es preciso desarrollar en el aula (tanto en el aula y materia de ciudadanía como en el resto de áreas/materias), en el ámbito familiar y en el social. Sin duda un trabajo ambicioso en el que deseamos seguir indagando. Las experiencias que vivimos en los comités en relación a planes de formación por sectores en cada zona, y las acciones que integran a los diferentes sectores en procesos compartidos, apuntan claves sobre las nuevas formas en las que es preciso profundizar para ahondar en los procesos de mejora compartida.

Desde el Proyecto Atlántida manifestamos nuestras dudas sobre el alcance de la propuesta que realizamos y los procesos necesarios para avanzar en la línea esbozada. Asumimos las limitaciones del alcance de nuestra experiencia inicial. Reconocemos la enorme dificultad que supone adentrarse en procesos de innovación como los que describimos. No ocultamos que se trata de una apuesta arriesgada, pero somos conscientes de que una vez que conocemos ciertas claves vividas en procesos de innovación en centros muy concretos, además de favorecer la propia innovación en ciertos grupos especiales, es la hora de comprometerse con la indagación sobre las claves necesarias para tratar de incidir en la mejora global del sistema educativo y el éxito para todo el alumnado. Una apuesta inmensa, pero necesaria, que debe contextualizarse en espacios concretos. Saltar del campo de la innovación, a veces elitista, con centros específicos, al discurso de la mejora social y educativa, nos supone un reto que asumimos con ganas y en donde nos comprometemos con reforzar las líneas de políticas educativas que por su atrevimiento y compromiso es necesario fortalecer.

La limitación que la mejora del centro en solitario tiene ya asignada, ante la dificultad creciente, nos obliga a investigar apuestas como la descrita. Propugnamos una apuesta política de la innovación participativa que, para huir del pesimismo y la frustración, debe realizarse cercana y en contacto con otros sectores educativos, sociales y políticos. Atlántida ha reforzado en los últimos años su organización con diez seminarios de reflexión en diferentes comunidades, la labor de colaboración con Consejerías de Educación (Canarias, prioritaria por nuestro origen; Extremadura, Andalucía, Castilla-La Mancha, Cantabria, Galicia, Aragón…), con el MEC, con las Confederaciones de APAS, con numerosos ayuntamientos y MRPS.). Las perspectivas, aún siendo realistas, apuntan nuevas formas: comenzamos a ver y a sentir en diferentes sectores, preocupaciones similares y propuestas paralelas. Es el momento de apoyar e integrar las nuevas Redes que lo favorezcan, como venimos sugiriendo desde nuestro *Manifiesto por la Innovación Democrática* (web Atlántida, 1998; *Cuadernos de Pedagogía*, noviembre, 2002).

Para terminar, querríamos adelantar nuevas perspectivas de futuro que el trabajo iniciado plantea. A partir de lo expuesto, comenzamos a desarrollar experiencias que nos permitan valorar los grados de implicación en la nueva tarea ciudadana. Se inician procesos para indagar en la elaboración de los llamados códigos éticos de los profesionales y entidades implicadas, que serían la base del *Estatuto de Ciudadanía* que perseguimos. Por tratarse de propuestas que sólo estamos llegando a diseñar en sus fases iniciales, indicamos algunas tareas que podrían favorecer el desarrollo de la nueva ciudadanía. Tomaríamos como referencias básicas: *los Derechos Humanos denominados de cuarta generación o ciudadanía compleja* (Cabrera, 2002; Jiménez, 2004) y caminaríamos, pues, hacia el *Nuevo reto del código ético profesional de los docentes* (Martínez, 1998), *del alumnado, de las familias, y de los responsables políticos*. Una tarea compleja, pero urgente, como hemos repetido, con la que cuestionar el modelo de sociedad actual, y debatir el nuevo papel que la Educación debería jugar para favorecer procesos de cambio democrático.

6. LOS PROCESOS DE MEJORA EN UNA ESCUELA DEMOCRÁTICA

Rodrigo Juan García Gómez

Este capítulo pretende dar respuesta a dos aspectos relevantes de la definición teórica y la actuación del Proyecto Atlántida. Uno de ellos, se refiere al concepto de **innovación y cambio educativo** y, el otro, al modelo de **capacitación docente** utilizado en el desarrollo e institucionalización de determinadas prácticas escolares *moralmente buenas* y *éticamente justas*.

Nos proponemos, por tanto, la tarea de acotar un *territorio,* definido por las acciones de colectivos profesionales que han construido sus referencias sobre la base del consenso y la práctica de una educación justa, y cuyas fronteras vienen delimitadas por una visión moral y ética de los procesos de cambio en educación.

Para alcanzar este propósito, en primer lugar, ilustramos el discurso teórico y práctico que nos ha servido de soporte, conocido como «mejora de la escuela», y su evolución más reciente, la «mejora democrática de la educación». En segundo lugar, facilitamos algunas propuestas de capacitación y desarrollo profesional, valorando su potencial para promover la reflexión, la planificación, el desarrollo y la evaluación colectiva de mejoras relevantes en la cultura escolar, así como, la construcción de comunidades profesionales que comparten una visión ética de la tarea educativa.

En definitiva, lo que este capítulo aporta es una determinada representación de la innovación y el cambio en educación, que integra un conjunto de acciones colegiadas de desarrollo profesional con la pretensión de transformar las organizaciones escolares en *comunidades éticas de aprendizaje.*

6.1. La mejora de la escuela

Las reflexiones generadas en los últimos años por algunos enfoques de investigación teórico-prácticos sobre lo que significa la promoción de reformas en los sistemas escolares y el desarrollo de iniciativas de cambio en las escuelas, han puesto en circulación ideas, experiencias, hallazgos y materiales de gran utilidad a la hora de fundamentar las prácticas de apoyo y asesoramiento de algunos colectivos de innovación educativa, como ha sido el caso del Proyecto Atlántida. En este apartado nos referimos a uno de ellos, conocido en la literatura especializada como **«mejora de la escuela»**.

6.1.1. El comienzo de una andadura

Los principios y las primeras guías de desarrollo del referido enfoque comienzan a estar presentes de manera organizada en las propuestas de la *school improvement research* (*investigación sobre la mejora de la escuela* de Clark, Lotto y Astuto, en 1984), en los trabajos del profesor David Hopkins, en 1985, *school based review* (*revisión basada en la escuela*); y en las secuencias de actuación asesora descritas por Susan Loucks-Horsley y Lelie F. Hergert, también en el 1985. Esta concepción acerca del cambio en educación supuso una profunda reconceptualización de una orientación específica de investigación de origen empresarial denominada «*Organization development*» (Desarrollo Organizativo*)*.

Estos orígenes explican una manera de entender los procesos internos de transformación de la cultura escolar, considerando, entre otros aspectos, que sólo una tarea sistemáticamente planificada aseguraría, tanto el progreso de un cambio relevante en educación como su apropiación por parte de los profesionales implicados. Este modo de concebir el cambio educativo obligaba a la construcción y despliegue de un conjunto de secuencias **estratégicas** de análisis de la realidad escolar, así como, de planificación, desarrollo y evaluación colegiada de la mejora alcanzada en los aprendizajes escolares. El diseño estratégico de los procesos de mejora que incorpora este enfoque, ha sido considerado uno de sus puntos fuertes; aunque, el uso que se ha hecho de él, en algunas ocasiones, haya sido calificado de «gerencialista», poniendo de manifiesto un mimetismo poco fundamentado de determinados conceptos del sector empresarial.

Profundizaremos un poco más, en este enfoque, señalando brevemente las referencias utilizadas para la promoción del cambio en educación. Desde el movimiento de mejora de la escuela se ha considerado que cualquier modificación relevante de la enseñanza y el aprendizaje debe facilitar un cambio en algunas concepciones, actitudes y rutinas del profesorado: **repensar la escuela.** Es decir, una transformación significativa de determinados aspectos de la cultura profesional de los docentes y de las instituciones educativas. La transformación de las ideas es algo muy complejo que se encuentra relacionado con el desarrollo organizativo de los centros. De ahí que la escuela en su globalidad se establezca como foco del cambio. La elaboración, planificación y desarrollo de determinadas secuencias estratégicas son necesarios para asegurar el aprendizaje organizativo y para iniciar, desarrollar, mantener e institucionalizar las iniciativas de cambio[16].

---

16. Estas estrategias de apoyo y de acompañamiento a los cambios en las organizaciones escolares han adoptado el nombre de «metodología de procesos». La secuencia de trabajo asesor que implica esta metodología pretende institucionalizar en las escuelas un conjunto de recursos estructurales y, en los profesionales, un conjunto de herramientas cognitivas, actitudinales y de relación que posibiliten la reflexión, planificación, desarrollo y evaluación de las prácticas escolares (Escudero, 1991a; García, Moreno y Torrego, 1996…).

Estas reglas de juego obligarían a los centros escolares a desarrollar fórmulas colegiadas para el análisis de las culturas docentes presentes en cada organización y para el desarrollo de procesos internos de reflexión y acción acerca de las prácticas de enseñanza. Cualquier propuesta de formación, capacitación, desarrollo y evaluación de lo considerado mejora de la escuela, exigiría la reflexión colectiva y el aprendizaje entre *colegas*.

Los requisitos establecidos para el desarrollo de un proceso de mejora han dejado una impronta en el trabajo de asesoramiento desplegado por los profesionales del Proyecto Atlántida. La ilustración de algunas de las actividades de capacitación del profesorado, coherentes con este enfoque, conformará el contenido del apartado 2 de este capítulo.

La descrita representación del cambio y la mejora de la educación centrada en la propia escuela, considerada *nicho ecológico* de cualquier innovación, supone la adopción de un conjunto de posiciones diferentes a otros enfoques, surgidos de manera paralela, más preocupados por la obtención de buenos resultados que por suscitar e institucionalizar buenos procesos internos de reflexión-acción. La mejora de la escuela como movimiento de investigación y de desarrollo de prácticas innovadoras se mantuvo, durante algún tiempo, alejada de esos otros planteamientos más racionalistas, como el movimiento de *accountability* o de *rendimiento de cuentas* de Nuttall (1981), o el de *effective schools research* (*investigación sobre las escuelas eficaces*) descritas, entre otros[17], por Edmonds, en 1982. Mientras estos últimos mantenían su interés por el rendimiento de cuentas docente e institucional, el enfoque de mejora de la escuela se mostraba en principio ajeno a esta idea y más preocupado por la acción de *empowerment* (dotar de poder o, traducida más libremente, capacitación) del profesorado y de la organización, para la identificación de las características internas y de contexto que, sometidas a revisión, planificación, desarrollo y evaluación, permitan la mejora efectiva de la escuela. Hoy día, sin embargo, se aboga por avanzar hacia una cierta confluencia (Fullan, 2002).

6.1.2. Un concepto evolucionado de mejora de la escuela

Antes de seguir adelante, conviene hacer una pausa y definir el concepto de innovación educativa que estamos utilizando. Desde el movimiento de investigación y desarrollo denominado «mejora de la escuela» se concibe como... *un proceso de desarrollo profesional esencialmente interno, que puede y debe ser ayudado desde*

---

17.   Purkey y Smith, 1983; Clark, Lotto y Astuto, 1984; Rosenholtz, 1985; Ferrer y Nieto, 1989; Nieto, 1993; Hopkins, 1990.

el exterior con la elección y puesta en marcha de una estrategia adecuada, el despliegue de determinadas habilidades por asesores con capacidad y experiencia, la dinamización de líderes internos y la incorporación de conocimiento valioso procedente de investigación contrastada.

Esta definición constituye sólo un punto de partida, debido a que las ideas y las prácticas asociadas al movimiento de mejora de la escuela han ido evolucionando. En la actualidad se acepta, por ejemplo, que el análisis y la promoción de los procesos internos de mejora no deben referirse exclusivamente a lo que ocurre dentro de los muros de las escuelas, sino que deben incorporar elementos significativos del contexto social, político y administrativo (García, 2006a). De la misma manera, las condiciones estructurales del sistema escolar se juzgan prioritarias para el estudio, valoración y promoción del cambio.

De esta preocupación por los elementos macro-estructurales del aparato escolar surge la inquietud en Atlántida por los niveles macro y meso-estructurales del sistema educativo. De hecho, muchos de los profesionales que participan en este colectivo han realizado aportaciones significativas al respecto (Escudero, 1990a, 1997, 1999, 2001a; Guarro, 1997; Moya, 2005, 2006; García, 2006a…).

Producto de esta evolución ha sido, también, la revisión de algunos conceptos previos sobre el aprendizaje organizativo de las instituciones escolares. Se ha pretendido superar, entre otros usos, algunos de los desarrollos más reduccionistas del concepto de cambio planificado que pudo haber liderado, durante algún tiempo, el modelo de «revisión basada en la escuela». Como hemos apuntado anteriormente, esta práctica arrastraba, en ocasiones, la idea equivocada de que la innovación era el resultado de la fiel aplicación de un determinado conocimiento estratégico experto (López Yáñez, 2001a), marcando las propuestas de cambio y su asesoramiento con un sesgo «procedimental» y confinándolas a una especie de «tecnología de gestión disfrazada» (Escudero, 2001b). Hoy, sin embargo, consideramos las escuelas como construcciones complejas, que necesitan un importante margen de autonomía y un profundo respeto por el ritmo y sentido que van adoptando su aprendizaje y su desarrollo como organizaciones.

6.1.3. Nuevos compromisos para la reflexión y la acción. La mejora democrática de la educación

Una vez delimitado el concepto de innovación educativa asociado a la tradición de la mejora de la escuela y comentados algunos aspectos de su evolución, nos detendremos en otras ideas que, reconfigurando aspectos sustanciales de este enfoque, suponen un avance y nuevos compromisos para los profesionales que participamos en el Proyecto Atlántida.

En estos momentos, en la red de centros colaboradores de Atlántida, se está iniciando un debate que, superando en parte la concepción habitual de mejora de la escuela, los sitúa en la construcción de un concepto y unas prácticas más relevantes y mucho más complejas. La intención es ir construyendo una determinada plataforma de ideas y actuaciones acerca de lo que Escudero (2006) denomina como «la mejora democrática de la educación». Esta concepción busca, entre otras cuestiones, comprometerse con una práctica educativa de calidad para *todos* los estudiantes, a lo largo y ancho de *todo* el sistema escolar y en *todos* los centros, sean cuales fueren sus contextos sociales y realidades personales.

Siguiendo las referencias que facilita el profesor Escudero, las posiciones con las que se sentiría más identificando el movimiento de promoción y desarrollo de *Escuelas y Culturas democráticas*[18] del que participa el Proyecto Atlántida responderían a las siguientes afirmaciones[19]:

- Toda iniciativa de mejora escolar debe ser esencialmente **ética,** es decir ligada al desarrollo de prácticas educativas de calidad, justas e inclusivas, manteniendo y reforzando una fuerte responsabilidad con la mejora de los aprendizajes en *todos* y con *todos.* Un recurso de desarrollo social, como es la educación, necesita encontrar su sentido en el ejercicio de análisis y transformación de lo cotidiano, así como, en la revisión de su evolución dentro de un modelo crítico de *escuela para todos.*

- La mejora democrática de la educación debe estar **centrada en el estudiante,** en su singularidad. Cualquier iniciativa de mejora democrática será valorada como tal, en la medida que contribuya al desarrollo de acciones precisas para que los estudiantes dispongan de aquellas competencias básicas que les permitan adoptar decisiones repletas de posibilidades en un futuro complejo y cargado de incertidumbres.

- La mejora de la escuela debe incorporar la **denuncia** de las prácticas profesionales y administrativas insolidarias. La tarea de los profesionales de la enseñanza que planifican y desarrollan mejoras escolares debe considerar la elaboración de referencias para la denuncia de aquellas decisiones y rutinas que impiden el desarrollo de la mejora de la calidad de las escuelas, entendidas como instituciones que ponen práctica decisiones justas.

---

18.   Descritas, entre otros, por Apple y Beane, 1999; López Ruiz, 2005, CREA [http://innova.usal. es/courses/ CL3790/ index.php].

19.   Estas referencias necesarias y posibles cuentan, además, con testimonios y prácticas de escuelas, como es el caso de las experiencias descritas por Apple y Beane en 1999, CREA, 1998, la recogida en el trabajo de Pumares, 2001; en el libro de Lara, 2005; en la revista *Cuadernos de Pedagogía,* 2002. n.º 317: «Proyecto Atlántida. Escuelas Democráticas»; o en la investigación etnográfica de Feito, 2006.

- El progreso en la **mejora democrática** de la escuela podemos detectarlo en su grado de contribución a la reconstrucción de las instituciones educativas como **comunidades educativas solidarias.**

- El desarrollo de un **sólido tejido social** con redes cívicas y profesionales, ancladas en espacios reales o virtuales, centrados en la promoción de una buena educación para todos, debe ser una forma concreta de desarrollo democrático de la mejora escolar.

6.1.4. Unas buenas prácticas consensuadas y justas

Para terminar con este apartado facilitamos algunas acotaciones sobre las llamadas *buenas prácticas* asociadas al concepto evolucionado de mejora de la escuela, con el propósito de diferenciarlas de otras que, utilizando la misma denominación, no responden a las referencias conceptuales expuestas. El movimiento de escuelas democráticas Proyecto Atlántida considera buenas prácticas aquellas cuyo objetivo es afianzar la presencia y relevancia en las escuelas de experiencias docentes de calidad consensuadas y justas, en donde se dan los siguientes requisitos:

- El **profesorado** se preocupa por que el alumnado use la información de manera crítica y creativa, concibiendo el diálogo profesional con el resto de agentes de la comunidad escolar, con el alumnado y entre el alumnado, como herramienta básica para el uso productivo de la inteligencia y la afectividad, contrastando continuamente la acción y la reflexión.

- La **comunidad escolar** considera relevante que cada estudiante tome conciencia de su situación personal y social, de sus limitaciones y sus posibilidades, buscando la emancipación individual y colectiva.

- Los **profesionales de la enseñanza** adquieren un fuerte compromiso con la institución educativa y con todos y cada uno de los estudiantes, asumiendo las tareas que sean precisas, para lograr la personalización del aprendizaje, participando de una visión generalista de la tarea profesional alejada de la excesiva especialización disciplinaria.

- Las **prácticas de enseñanza** impulsan el aprendizaje en profundidad, promoviendo el uso de las capacidades básicas en diferentes contextos, de tal manera que el alumnado desarrolla su aprendizaje sobre la base de la indagación en temas relevantes.

- Los **contenidos curriculares** se construyen a partir de las demandas e intereses de los estudiantes y en relación con los problemas propios de su entorno. El alumnado recibe apoyo intensivo cuando tienen dificultades en el dominio de las capacidades básicas. Los planes y programas de enseñanza, en los que caben todos, ofrecen la oportunidad de la cooperación entre iguales y de su adaptación en medios y actividades, sin renunciar a los objetivos de una educación universal igual para todos.

- Las **organizaciones y contextos escolares** en los que los estudiantes desarrollan sus aprendizajes facilitan ocasiones de éxito. Cada alumno es escuchado y dispone de una orientación personal construida con el profesorado. La confianza, el respeto, la ayuda y la cooperación caracterizan el clima relacional del centro.

- Se utilizan **modos de organización heterogéneos,** trabajando la aceptación de principios comunes de convivencia y de respeto a la diversidad cultural. La institución educativa ofrece testimonios de participación y de lucha contra cualquier práctica escolar, social, política y económica discriminatoria[20].

Una vez descrito y caracterizado el *territorio,* ha llegado el momento de ilustrar el estilo de capacitación profesional que, coherente con esta caracterización, ha promovido, apoyado y potenciado el Proyecto Atlántida.

6.2. Estrategias para la mejora de la escuela. Las comunidades éticas de profesionales

La investigación sobre los procesos internos de mejora de la escuela y desarrollo profesional de los docentes, junto con las aportaciones procedentes de algunos estudios sobre el asesoramiento de escuelas[21], aportan suficientes argumentos y experiencias sobre la relevancia de que los centros educativos se organicen en comunidades éticas de profesionales. Nos referimos a la importancia de que el profesorado trabaje colegiadamente para alcanzar metas discutidas y consensuadas, aprendiendo de su propia historia, sintiéndose parte de los contextos sociales en los que despliegan su tarea y colaborando con el resto de agentes educativos para lograr el máximo desarrollo personal y social de todos y cada uno de sus estudiantes.

6.2.1. El docente como profesional de la enseñanza

El anterior concepto de capacitación profesional supera cualquier perspectiva de actualización técnica basada en la resolución más o menos inmediata de determinados problemas escolares *engañosamente* apremiantes. En esta ocasión y ligado

---

20. Una versión más amplia y fundamentada puede encontrase en López Ruiz, (2005).
21. Fullan, 2001, 2002; Lieberman y Miller, 2003; Bolívar, 1999, 2000a; Stoll, Fink y Earl, 2004; Escudero, 1991a; García, Moreno y Torrego, 1996; Arencibia y Guarro, 1999, entre otros.

a la caracterización que hemos hecho de «la mejora democrática de la educación», nos ocupamos de otra cuestión. Entramos en la exigencia ética de que cada docente haga frente al compromiso profesional que tiene consigo mismo, derivado de la pre-existencia de una moral cívica, que obliga al profesorado como **profesional**[22] de la enseñanza a realizar el mejor desempeño de su tarea y a garantizar el más excelente de los aprendizajes en *todos* y *cada uno* de los estudiantes.

Para cumplir con esta exigencia –necesaria en justicia– es preciso capacitarse de manera relevante para el mejor desempeño laboral. Esta formación, que no es habitual, precisa una serie de referencias acerca de la imprescindible reflexión individual y colectiva sobre la práctica profesional y la elaboración y desarrollo de planes de mejora de los aprendizajes, insertados en contextos vitalmente significativos.

6.2.2. Condiciones para el desarrollo de la mejora escolar

El proceso de **transformación colectiva** de las instituciones educativas en organizaciones promotoras de mejoras éticamente significativas supone dos momentos de especial significado. Uno de ellos, se relaciona con la preparación de las condiciones necesarias para la ejecución de una **acción planificada de mejora,** en donde es preciso tener en cuenta una serie de precauciones; y, el otro, con la capacitación profesional del profesorado para el desarrollo y seguimiento de esa acción de mejora.

Comenzamos apuntando, brevemente, algunas ideas sobre lo que supone la **preparación de condiciones** para una mejora de la escuela. Tomar conciencia de la necesidad de mejorar la práctica profesional, siendo necesario, no es suficiente. Es preciso, además, tener ilusión y sentir la presión de los iguales por reformar la enseñanza, y aún así, siendo esto un buen capital de partida, tampoco garantiza la energía necesaria para proceder a lo largo del tiempo, ni asegura la llegada a buen puerto. Es preciso, algo más. Se necesita contar con la cobertura de un **contexto** que propicie el desarrollo de la mejora.

Este contexto y las condiciones que debe incorporar, según nuestra experiencia, están relacionados con un agregado de elementos teóricos, estructurales y de funcionamiento que resumimos en la siguiente tabla.

---

22. «(...) frente a la progresiva conciencia de proletarización del empleo puramente asalariado y a una funcionarización de la labor docente que lleva a una implicación cada vez menor en las tareas no lectivas y a un desarraigo creciente (...) sería necesaria una nueva caracterización de los docentes, diferente a la de trabajador de la enseñanza, más coherente con el modelo de Escuela Pública que defendemos hoy, ya que el calificativo de trabajador frente al de profesional no deja de estar situado donde el poder quiere que se sitúe, dentro de la concepción del mercado que es donde quiere ubicar a todo el servicio público de educación» (Rogero, 2001).

Condiciones para el desarrollo de la mejora de la escuela

1. La calidad del significado de la mejora y de la formación que requiere.

Al respecto convendría reflexionar colectivamente sobre:

- El fundamento teórico y las ideas que sugiere sobre la promoción y el desarrollo de una sociedad más justa. El concepto de educación que incorpora, si es o no coherente con el derecho de todos a una buena educación, si defiende un currículo, una organización, una práctica docente y una relación con el entorno inclusivos y comprometidos con la participación colectiva de todos en su transformación...

- La disponibilidad de experiencias similares en otras escuelas que avalan su desarrollo.

- Los contenidos que considera y su implicación en la selección y/o en la organización curricular, las metodologías de aula, la organización de los aprendizajes, la evaluación...

- La incorporación, y hasta que nivel, de las ideas previas de los profesionales del centro, de las preocupaciones manifestadas por los docentes, las familias..., así como, el análisis de los niveles de logro de una serie de contenidos, capacidades y competencias considerados básicos para todo el alumnado.

- Los recursos estructurales y funcionales que genera, el grado de madurez, de apropiación y cualificación con el que parte el grupo promotor de la mejora y el resto de profesionales implicados en su desarrollo e implantación en las aulas y en el centro, etc.

2. Las condiciones organizativas con las que cuenta o, en otro caso, sería preciso facilitar:

- Tiempos suficientes de desarrollo.

- Espacios adecuados.

- Suficiente dominio competencial en el profesorado para el desarrollo de procedimientos de debate grupal para la toma de decisiones.

- Modalidades de acuerdo (consenso, mayoría, delegación...) establecidas.

- Posibilidades en el centro para la revisión y modificación de la mejora y la formación que incorpora (si se dispone, o no, por ejemplo, de protocolos de análisis grupal, si se cuenta con un acuerdo previo para valorar los procesos de mejora y su formación, si se parte de la experiencia profesional necesaria y la cualificación pedagógica precisa...).

- Participación de las estructuras orgánicas del centro, tanto de decisión como de coordinación y participación.

- Cobertura básica necesaria por parte de la Administración o de la Titularidad del centro, las familias, los representantes del barrio o del distrito municipal, las instituciones educativas y sociales de la zona o distrito escolar...

Estas condiciones para desarrollar una buena práctica dentro de un proceso de mejora, no constituyen una tarea lograda plenamente y de una sola vez al comienzo de la puesta en marcha de una acción de mejora. Es algo que cualquier grupo promotor de innovación debería ir trabajando paulatinamente, intentado contar, además, poco a poco pero insistentemente, con la mayor participación posible del profesorado y agentes educativos a lo largo de todo el proceso de desarrollo e institucionalización del cambio propuesto.

Iniciar un camino hacia una mejora democrática de la escuela sin contar con unas mínimas condiciones puede constituir una **acción imprudente** que puede llevarnos al deterioro de cualquier iniciativa y a su posible fracaso. Este mal resultado puede contribuir, además, a que los profesionales participantes se muestren, en el futuro, mucho menos proclives a embarcarse en experiencias similares de innovación. De ahí el riesgo que se asume cuando no aseguramos suficientemente las condiciones que, valoradas colectivamente por todos los participantes como imprescindibles, permitan desarrollar y hacer el seguimiento del proceso de mejora escolar.

Otras consideraciones son igualmente fundamentales a la hora de asegurar un buen desarrollo del plan de mejora, así como, la formación necesaria del profesorado para su desarrollo:

a) El liderazgo interno con el que cuenta el grupo de innovación (promotor de la mejora). La calidad de las interacciones que mantiene y promueve con el resto de profesionales del centro y de la comunidad educativa.

b) El grado de rechazo o de aceptación que haya conseguido el grupo promotor por parte de otros grupos que cuentan también con liderazgo.

c) La pertinencia del momento elegido para su desarrollo.

d) El grado de conocimiento y de participación que ha impulsado y ha alcanzado entre las personas implicadas.

e) El éxito que en la reciente historia de la institución haya conseguido este tipo de iniciativas.

f) El apoyo real prestado por los órganos de dirección.

g) El desafío generado en las rutinas tradicionales y la reacción manifestada desde las distintas «lógicas de acción» imperantes en la institución educativa (Bacharach y Mundell, 1993).

Una vez esbozadas algunas referencias sobre las condiciones requeridas para hacer viable el desarrollo de un proceso de mejora, es preciso adentrarse en los procedimientos y actividades de capacitación en los que sustentar su desarrollo.

6.2.3. *La capacitación para el desarrollo de la mejora de la escuela y la construcción de comunidades éticas de profesionales que aprenden juntos*

Después de haber delimitado el contenido objeto de mejora y la correspondiente capacitación del profesorado, llega un momento en el que el grupo de profesionales implicados en la innovación deben adoptar una primera decisión:

1) Demandar una formación puntual a cargo de un **especialista externo**, que facilite un marco conceptual para la búsqueda de soluciones al contenido del problema planteado.

2) Poner en juego una serie de actividades para la **movilización de los recursos internos** del centro encaminados a la búsqueda de respuestas propias a la situación que se desea mejorar.

Suele ser habitual recurrir, más por inercia que por convencimiento, a un especialista externo, cuando se buscan alternativas estructuradas al problema escolar que en cada momento nos ocupa, cuestión que debe justificarse en profundidad, entre otras razones, por la dependencia que puede generar en los profesionales del centro. No obstante si, a pesar de estas limitaciones, queremos seguir adelante debemos prestar atención a una serie de precauciones para abordar esta tarea.

La formación puntual a cargo de un especialista externo

Cuando una escuela inicia un plan de capacitación para el desarrollo de una mejora, suele disponer de pocas referencias para definir de antemano –y por tanto negociar– los contenidos, los procedimientos, los materiales, la metodología de formación… que, en función de sus necesidades, debe utilizar el especialista externo. De ahí que nos parezca imprescindible contemplar una serie de requisitos para conseguir que la formación puntual a cargo de un especialista externo tenga todo el sentido que venimos demandando.

Formulamos a continuación una serie de condiciones a tener en cuenta en la determinación del contenido y el formato de desarrollo de una actividad de formación puntual a cargo de un especialista externo.

Aspectos a tener en cuenta a la hora de negociar la formación puntual a cargo de un especialista externo

• Concretar y caracterizar la demanda de formación que el grupo de mejora plantea y necesita.

Es habitual que el especialista externo presente de manera cerrada su propia propuesta de formación al grupo de profesores, no siendo fácil para dicho especialista modificarla según las necesidades declaradas por el centro y/o por el grupo de innovación.

Esto suele ocurrir cuando en el formador existe una mayor preocupación por argumentar y validar un diseño previo, que por situarse al servicio de las demandas planteadas. Se utiliza, en este caso, la posición jerárquica para decidir sobre la base de esa supuesta mayor competencia que se le suele atribuir a los especialistas.

Si el grupo no tiene experiencia en estos procesos de análisis y toma de decisión colectiva terminará asumiendo la propuesta del especialista. De hecho, esta suele ser la posición más habitual en la que desarrolla el profesorado en general su tarea, instalándose más como un experto en el contenido de la materia que en la disponibilidad del conocimiento según las necesidades del alumnado.

Pues bien, este tipo de situaciones, si no se resuelven bien, pueden crear un auténtico escollo para el desarrollo de cualquier mejora, para la capacitación profesional de los docentes y, en consecuencia, para la conformación de comunidades éticas de profesores que aprenden juntos.

• Quiénes podrían dar respuesta a este tipo de aportación especializada.

En ocasiones especialistas externos, pero en otras, otros profesores del centro, o de otros centros, que conociendo y/o disponiendo de algunas prácticas relacionadas con las demandas planteadas, se encuentran en mejores condiciones para sintonizar con las dificultades del profesorado.

• Cuándo y cómo se desarrollará la formación.

Deberíamos tener en cuenta los tiempos disponibles, la metodología que debería utilizarse (simulación, demostración de buenas prácticas, análisis de materiales, análisis de posibles dificultades en el desarrollo de las propuestas, foro, mesa redonda…), la *disponibilidad* manifestada por el formador para la *supervisión*, en su caso, del desarrollo de las prácticas de aula que se acuerden…

• Cómo valorar las aportaciones y adoptar algunas de las ideas facilitadas.

Después del desarrollo de toda la actividad de formación debe habilitarse un tiempo de reflexión para, en primer lugar, elaborar algunos criterios sobre el diseño de futuras aportaciones externas. En segundo lugar fijar, desde el análisis colectivo, las ideas tratadas, una vez que hayan sido tamizadas por las características, expectativas, prácticas y posibilidades del centro, contribuyendo, de esta manera, a su apropiación por parte del grupo de profesores y profesoras.

Facilitar contenidos valiosos por parte de profesionales externos exige contemplar toda una serie de cautelas para asegurar la calidad de la actividad de formación e impedir que el grupo pierda las riendas del cambio y de su capacitación. En este sentido, señalamos dos, que consideramos básicas: (i) estamos valorando, no sólo, una determinada capacitación para su asunción por unos cuantos profesores, sino que, además, estamos tratando de sentar las bases de la construcción de verdaderas comunidades de aprendizaje; y, (ii) nuestro centro de interés debe ser la mejora de los procesos de aprendizaje para el mejor desarrollo de las competencias básicas en *todo* el alumnado.

Actividades para la movilización de recursos internos de formación

En el proceso de planificación y desarrollo de soluciones a los problemas de enseñanza y de aprendizaje que hemos definido como objeto de la mejora y la capacitación que lleva consigo, podemos optar por otra de las decisiones apuntadas: poner en juego una serie de actividades para la movilización de los recursos internos del centro.

Esta decisión requiere tener clara conciencia de la complejidad que supone el trabajo colectivo y en colaboración de un determinado grupo de profesores dentro de una institución educativa. En estas organizaciones es habitual, entre otras particularidades, la presencia de distintas *lógicas de acción* enfrentadas, además, de la presencia de determinados juegos de alianzas, coaliciones y otras estrategias (ironías, declaraciones interesadas…) que desean mantener intactas las estructuras de poder y su capacidad de influir en la vida de las instituciones educativas. Sabemos que la incorporación de cualquier práctica innovadora, desencadena el despliegue de un conjunto de ideas y acciones en defensa de los distintos intereses en litigio[23], lo que sucede además en el seno de una tradicional cultura docente *balcanizada,* característica del funcionamiento de los centros escolares (Fullan, 1994).

De la misma manera que cuando recurrimos a un profesional externo al centro, la movilización de recursos internos exige la puesta en marcha de un conjunto de medidas para asegurar la solidez, la madurez y la operatividad en el aprendizaje de los grupos de innovación. Por tanto, sin obviar lo expresado en el párrafo anterior, una vez distribuidos y asumidos determinados roles y funciones grupales (coordinación, secretaría…), es preciso velar sistemáticamente por la incorporación de todos a las tareas del grupo. Para ello, además, de la identificación y apropiación de los

---

23.   Pueden consultarse al respecto los trabajos y las investigaciones de Hoyle, 1986 y 1988; Apple, 1987; Ball 1987, 1994 y 1997; Barquín, 1990; Bates, 1989 y 1994; Benson, 1983; Hargreaves, 1993; Blase 1991; Anderson y Blase, 1994; Blase y Anderson, 1995; González, 1989, 1990, 1994a, 1994b, 1994c, 1998a y 1998b; Wallace, 2000; entre otros.

objetivos y contenidos de la mejora, sería preciso tener en cuenta una serie de fases y consideraciones.

Sugerimos algunas orientaciones generales[24] que, en cada caso particular (incluso en cada sesión) deben adaptarse en su desarrollo a las necesidades de cada grupo. Podemos considerar que una sesión de trabajo grupal debe incorporar tres fases: *iniciación, desarrollo* y *finalización-evaluación*.

Fases y consideraciones a tener en cuenta en el desarrollo de una sesión de grupo
Iniciación
Es muy importante que el profesorado que haya asumido las funciones de coordinación de la sesión, en su inicio, lleve cabo las siguientes funciones:
a. Precisar, recordar y clarificar el orden del día.
b. Crear una disposición personal y grupal positiva para el desarrollo de la sesión, presentando los materiales que se van a utilizar, comprobando que todo el grupo dispone de la documentación necesaria, cerciorándose de que la documentación se ha leído previamente y, si es preciso, facilitando un tiempo para la lectura, reflexión… de tal manera que cualquier contribución no sea absolutamente improvisada.
c. Exponer o clarificar el procedimiento que se va a seguir en el desarrollo de la sesión para abordar el contenido de la tarea y adoptar decisiones (*bola de nieve*, categorización, priorización, mediante alguna técnica como la del *diamante* o la utilización de una matriz de valoración de propuestas…).
Desarrollo
a. Tratar sucesivamente los puntos del orden del día.
b. No mezclar las fases en cualquier secuencia expositiva, respetando los tiempos dedicados a la descripción, al análisis, la valoración y la toma de decisiones[25].
c. Respetar los turnos de participación.
d. Animar a la escucha activa (escuchar, no sólo oír).
e. Respetar opiniones diversas.
f. Fomentar la crítica centrada en la tarea y no en las personas.
g. Ir acotando temas.

---

24. Adaptando el procedimiento facilitado por Escudero, 1991a: Módulo 4. «El trabajo en grupos de profesores. Un camino hacia la escuela colaborativa».

25. Se puede consultar la tabla facilitada más adelante bajo del epígrafe: *Secuencia y consideraciones a tener en cuenta en el análisis de las prácticas de aula.*

Finalización y Evaluación

No conviene que una sesión termine en desbandada. Si el tiempo de que disponemos está llegando a su término, en vez de agotarlo, trabajando sobre los contenidos de la reunión (discusión, intercambio...) es bueno detenerse antes de que el grupo se disuelva y exponer las conclusiones más importantes, acordar la implicación de cada persona, distribuir algunas tareas y determinar qué deberíamos hacer de preparación para la próxima reunión.

En lo que se refiere a la *evaluación* conviene que el grupo dedique un tiempo a revisar aspectos y cuestiones como las siguientes:

a. ¿Se han realizado las tareas y objetivos previstos?

b. ¿Se ha desarrollado de manera adecuada el inicio de la sesión, y el desarrollo, teniendo en cuenta los distintos indicadores y criterios que hemos acordado?

c. ¿Está asumiendo cada cual sus responsabilidades y compromisos con el grupo?

d. ¿Tendríamos que mejorar algo en la próxima sesión de trabajo?

Una vez llegado a este momento necesitamos decidir qué procedimiento utilizaremos para seguir avanzando en nuestro camino de capacitación profesional. En los epígrafes siguientes vamos a describir brevemente algunos de ellos, como una forma de concretar esta acción encaminada a movilizar recursos internos del centro escolar. Mencionamos, a este respecto, los siguientes:

a) El **diálogo grupal.** Compartir conocimiento y experiencias hablando de la enseñanza.

b) El **análisis conjunto** de materiales de enseñanza.

c) La **observación mutua** como preparación para la mejora democrática de la escuela.

Debemos tener en cuenta que estas actividades encierran cierta complejidad, llevan consigo una serie de exigencias y disposiciones personales que hay que activar para que sean realizables y útiles. En realidad, cuando un grupo de profesores decide embarcarse en actuaciones como las que estamos refiriendo, estaría entrando en la esfera de la enseñanza como actividad íntima y personal. Hablar con sinceridad, sin miedo, con espontaneidad y con respeto a las diferencias, supone desvelar algo íntimo, y se entiende así porque no suele ser habitual, cada cual se encuentra más cómodo en su ensimismamiento, evitando el cuestionamiento público de lo que hace. Además, exige una actitud de receptividad, de apertura, de cierto compromiso con el beneficio que puede suponer cambiar, y de admisión de nuevas maneras de ver y de hacer las cosas que puedan ser más adecuadas que las de costumbre.

El diálogo grupal: compartir conocimiento y experiencias hablando de la enseñanza

Se trata de una actividad en la que el grupo de profesores se centra en el intercambio de impresiones sobre distintos aspectos de la enseñanza. Esta actividad puede obedecer, entre otros, a algunos de estos propósitos:

a) Revisar los contenidos, capacidades y competencias que realmente se están poniendo en juego en un determinado nivel o ciclo.

b) Establecer determinados aspectos del currículum del centro, de manera razonable y ajustada a las necesidades del alumnado de un ciclo o de un determinado departamento didáctico.

c) Analizar la metodología que se está utilizando, las formas de evaluación, el rendimiento alcanzado por nuestros escolares, las actividades de apoyo y refuerzo, los procedimientos utilizados en el desarrollo de las juntas de evaluación, los protocolos que utilizamos para abordar, por ejemplo, el absentismo de determinados estudiantes, la posible relación entre las metodología de aula y la falta de motivación del alumnado o incluso algunas manifestaciones de indisciplina, etc.

Sea cual sea el tema concreto en el que se esté trabajando, conviene tener muy claras, al menos, tres cuestiones:

1) La **tarea** que se desea realizar.

2) El **objetivo** que como grupo se desea conseguir.

3) El **procedimiento** de trabajo para que el intercambio de informaciones, de puntos de vistas, de posiciones, sea ordenado y conduzca al resultado que buscamos. En el caso que facilitamos a continuación, a modo de ejemplo, se tomaron como referencia los niveles básicos establecidos en el proyecto curricular del centro.

Qué hacemos / Con respecto a...	¿Qué estamos consiguiendo con cierta facilidad?	¿Qué es más difícil?	¿Por qué?	¿Qué deberíamos hacer?
Niveles básicos de referencia	Este sería el espacio que cumplimentaríamos con el contenido del diálogo colectivo, con el análisis y, también, con las decisiones adoptadas para lograr la mejora relevante de la práctica docente.			
Unidades temáticas correspondientes al área...				

Siguiendo las cuestiones planteadas en la tabla anterior, tenemos la oportunidad de revisar: qué es lo que estamos consiguiendo con cierta facilidad en nuestro trabajo con el alumnado; qué resulta asequible para la mayoría; qué resulta más difícil; por qué pensamos que sucede de esta manera[26]; y, por último, qué deberíamos hacer.

Lo importante de este procedimiento de trabajo es su capacidad para ordenar un debate sobre el contenido objeto de preocupación, pudiendo facilitar la revisión de la práctica y el proceso de toma de decisiones para su mejora. En el ejemplo mencionado, esta actividad permitió identificar y reconocer cuestiones relevantes sobre la práctica de enseñanza como:

a) Si partíamos de los niveles de aprendizaje de nuestro alumnado, sus experiencias y habilidades previas, sus intereses; sí estábamos insistiendo en contenidos que no procedían, o, incluso, que era necesario revisarlos y adecuarlos; quizá, debemos examinar a fondo nuestros modos de trabajo en el aula y su relación con los aprendizajes de los estudiantes, por ejemplo, en el paso de un curso a otro, de un ciclo al siguiente.

b) ¿Cuáles eran las razones de que determinados objetivos no llegaran a conseguirse? Algunas de las explicaciones manifestadas se asociaban a que posiblemente no les dedicábamos la atención que precisaban, o al modo de trabajarlos en clase…

c) Tomábamos conciencia de que las actividades de enseñanza-aprendizaje que realizaban algunos colegas podrían resultar sugerentes para nuestra aula y tal vez existieran ciertos materiales que deberíamos estudiar más a fondo.

d) Podrían concurrir nuevos modos de pensar y de enseñar a partir de la comunicación con los propios compañeros.

e) Aunque no tuviésemos interés en prescindir de las orientaciones y conocimientos provenientes de los especialistas, nos dábamos cuenta que no eran los únicos valedores de ciertas actividades y decisiones que podíamos tomar en nuestros centros y aulas para ir mejorando paulatinamente la calidad de la enseñanza y de los aprendizajes del alumnado.

f) Existían una serie de competencias que formaban esa base común que era preciso asegurar en todo el alumnado para posibilitar un adecuado desarrollo personal y profesional.

---

26. Aquí podrían surgir explicaciones relacionadas con el nivel de desarrollo cognitivo y emocional alcanzado por algunos alumnos, con el entorno familiar y social del que formaban parte, con nuestra metodología de trabajo, con los materiales utilizados, con la atención que le dedicamos a determinados contenidos, objetivos y habilidades en nuestras clases…

Para mayor ilustración de las posibilidades que ofrece la acción de compartir conocimientos y experiencias entre *colegas*, presentamos otro procedimiento (una secuencia de reflexión y toma de decisiones) utilizado en el desarrollo de una tarea asesora con el departamento de lenguas extranjeras de un instituto. Los profesionales de esta unidad de coordinación docente deseaban revisar la programación del Área de Lengua Inglesa, tratando de mejorar, al mismo tiempo, las relaciones entre el alumnado de distintas culturas que asistía a sus clases.

Programación Didáctica del Departamento de Lenguas Extranjeras Adecuación de los Objetivos de la ESO				
Objetivos del Área (Inglés) recogidos en el PCE	**Autorrevisión** ¿Qué nos gustaría cambiar partiendo de lo que hacemos?	**Primeras decisiones de adecuación curricular**	**Implicaciones organizativas, formativas y de gestión del aula**	**Adecuación curricular acordada** ¿A qué estamos dispuestos...?
☑ Utilizar la lectura de textos con fines diversos, valorando su importancia como fuente de informa-ción, de disfrute y ocio; y como me-dio de acceso a las distintas visiones del mundo. ☑ Mantener una actitud receptiva y crítica hacia la información de la cultura que las lenguas extran-jeras transmiten, utilizando dicha información para reflexionar sobre la propia cultura.	☑ Impulsar el intercambio entre el alumnado, sobre las ideas presentes en otros contextos cultura-les, haciendo hincapié en la tolerancia y la no discriminación. ☑ Fomentar la búsqueda de información. ☑ Estimular el uso y disfrute por la corrección lec-tora y escritora. ☑ El profesorado manifiesta su de-seo de colaborar en la construcción de una sociedad más justa.	☑ Utilizar la lectura de tex-tos en lengua inglesa para despertar el apre-cio por el acceso que esta lengua ofrece a otras informaciones y usos culturales. ☑ Trasladar las reflexiones ob-tenidas sobre la lengua inglesa a nuestra cultura, valorándola desde la óptica de las distintas culturas.	☑ Utilización del método de trabajo por proyectos: *Proyecto Pen friends* ☑ Entrena-miento del profesorado en la secuencia-ción de un proyecto: *La comunicación educativa con adolescentes estudiantes de inglés*. ☑ Formación del alumnado en técnicas de búsqueda de información, técnicas de grupo, juegos de relación...	☑ Facilitar el análisis y la reflexión entre el alumna-do, sobre las aportaciones culturales de la lengua inglesa a nuestro modo cotidiano de vida, así como, sobre las aportaciones procedentes de otras culturas presentes en el aula...

Esta matriz de reflexión grupal nos permitió ordenar y categorizar los ámbitos de discusión en torno a cuestiones relevantes y relacionadas entre sí, como:

1) Cuáles son los **Objetivos del Área de Inglés** recogidos en la programación del departamento de lengua extranjera y presentes en el proyecto curricular.

2) Qué nos **gustaría cambiar,** partiendo del análisis grupal realizado en el seno de la Comisión de coordinación pedagógica sobre los aspectos que se consideraban más débiles en los aprendizajes del alumnado (*Autorrevisión. ¿Qué nos gustaría cambiar a partir de lo que ya hacemos?*).

3) Cuales serían las **primeras decisiones de adecuación curricular** adoptadas en ese intento por adaptar los objetivos y los contenidos a las necesidades planteadas en el seno de la comisión de coordinación pedagógica.

4) Qué **implicaciones organizativas, formativas y de gestión del aula** supondría la puesta en práctica de las citadas decisiones. Esta reflexión nos permitió anticipar las exigencias estructurales mínimas que requeriría el desarrollo de las primeras decisiones; suponía prever de manera realista los imperativos organizativos, de formación y de gestión de aula que asegurasen el desarrollo de las decisiones adoptadas para adecuar los objetivos y contenidos del Área de Inglés a los compromisos de mejora que nos habíamos propuesto.

5) Qué **adecuación curricular** será la finalmente acordada. ¿A qué estamos dispuestos?... Esta fase de reflexión colectiva nos permitió adoptar las decisiones basadas en las necesidades planteadas por el centro y filtradas por un principio de realidad y posibilidad gracias a las observaciones más concretas, realizadas desde el departamento didáctico. De esta forma estábamos en condiciones de concretar un compromiso de mejora más ajustado. En esta fase las decisiones se encontraban abaladas por el estudio previo de la posibilidad real de desarrollo de la mejora, asegurándonos su traslado al aula, objetivo básico de cualquier acción de mejora.

Es evidente que en cada caso y siempre que cuidemos una serie condiciones básicas para el desarrollo de una reflexión colectiva, deben elaborarse procedimientos específicos de análisis y toma de decisiones; en cada caso, ajustados a las características del contenido de la mejora y a la historia profesional del grupo de profesores.

Análisis conjunto de materiales de enseñanza

Esta actividad de formación significa un paso más en la concreción de la tarea del grupo de profesores para la mejora de los aprendizajes escolares, centrando el contenido del debate en los materiales; considerados, en este caso, un recurso a través del cual iniciar y consolidar una innovación.

Su aplicación supone un cierto avance con respecto a la actividad anterior. En este caso, el contenido del debate profesional se concreta en un soporte observable, que forma parte de la cultura docente con larga tradición de uso. La reflexión colectiva que lleva consigo puede servir, además, para situar los materiales en su justo lugar, desmitificando el excesivo valor que en ocasiones se le otorga.

Para que el desarrollo de esta actividad tenga sentido y aporte conocimiento, a todos y cada uno de los participantes, se requiere una cierta experiencia previa en la elaboración de acuerdos, en el uso de procedimientos pautados de diálogo colectivo y en el análisis de evidencias sobre determinados aspectos del aprendizaje de nuestro alumnado.

Son múltiples las cuestiones desde las que podemos interpelar la viabilidad de uso de un determinado material que acompañe a una mejora metodológica como soporte del cambio curricular que nos planteamos. Recogemos a continuación, a modo de ejemplo, algunas posibles cuestiones utilizadas en las ocasiones que hemos tenido la oportunidad de compartir, analizar y tomar decisiones sobre el uso de determinados materiales.

Cuestiones para el análisis grupal de materiales

- ¿Propician la adquisición de contenidos de distinto tipo (hechos, conceptos y principios; procedimientos; actitudes, valores y normas) y de competencias básicas de aprendizaje para todos.
- ¿Desarrollan propuestas de aprendizaje significativo y funcional para todos?
- ¿Permiten un ajuste fácil a las habilidades de todos nuestros estudiantes?
- ¿Favorecen el trabajo grupal y cooperativo?
- ¿Incentivan en el alumnado la utilización de diversas fuentes de conocimiento y de variados recursos y materiales procedentes del centro y del entorno?
- ¿Potencian la iniciativa, la creatividad y el juicio crítico en el alumnado?
- ¿Facilitan la evaluación del proceso de aprendizaje y de los logros en nuestros alumnos y alumnas?
- ¿Se ajustan a la definición de área curricular que hemos hecho en el grupo de profesores, incorporando las distintas visiones de las disciplinas que la conforman?
- ¿Proporcionan información con rigor y actualizada, utilizando diferentes lenguajes y no sólo el escrito?
- ¿Qué dificultades y problemas plantea su utilización?
- ¿Deberíamos usar otros materiales alternativos para promover un ritmo y tipo de aprendizaje más adecuado?
- ¿Qué podríamos hacer para localizar materiales alternativos y más acordes con los criterios y principios que están surgiendo de nuestra discusión?
- En el supuesto de encontrar y adquirir nuevos materiales, o de haber definido nuevos modos de trabajar con los existentes ¿sería pertinente que organizásemos algunas sesiones de trabajo grupal para descubrir y ejercitar los nuevos usos pedagógicos?

Observación mutua como preparación para el desarrollo de la mejora democrática de la educación.

La actividad de formación que presentamos a continuación, significa realmente un paso de gigantes en este proceso de capacitación de un grupo de profesores que colaboran estrechamente para poner en práctica una mejora y para avanzar en ese camino que venimos dibujando de capacitación y desarrollo profesional.

La observación mutua es una actividad en la que un *colega*, un compañero con el que mantenemos una buena relación y compartimos considerables dosis de confianza, nos acompaña en el desarrollo de una determinada práctica de aula, observa su desarrollo conforme a unos criterios pactados y unos procedimientos acordados entre ambos y validados colectivamente, pretendiendo objetivar la descripción de una tarea, sus posibilidades, dificultades y resultados. Trabajar sobre evidencias, datos y observaciones que, por el modo en que se han obtenido, aseguran un cierto grado de objetividad, se convierte en una magnífica oportunidad para el desarrollo de comunidades éticas de profesores que aprenden juntos.

Esta actividad supone un avance significativo en esa decisión de hacer público, de todos, la tarea de enseñar, contribuyendo a profundizar en su análisis y mejora.

No obstante, debemos ser conscientes de que el desarrollo de la presente actividad sólo es recomendable cuando la afinidad grupal es fuerte y la confianza relevante, ya que requiere que otra persona tenga acceso y valore aspectos tradicionalmente considerados privados por cualquier enseñante. Es necesario actuar con mucha sensatez y valorar previamente la conveniencia de esta actividad.

Teniendo en cuenta estas consideraciones presentamos a continuación una posible secuencia de desarrollo.

Pasos para el desarrollo de la observación mutua [27]
1°. Elegir un compañero para la observación o el apoyo mutuo
El criterio fundamental es que exista confianza mutua, de modo que la relación sea lo más cordial, amistosa, colaborativa y menos amenazante posible.
2°. Establecer criterios compartidos para la observación mutua
Determinar conjuntamente entre los dos compañeros los aspectos, las dimensiones, los comportamientos… que habrían de ser observados por cada uno de ellos, mientras el otro desarrolla la práctica. Esta acción podría desarrollarse del modo siguiente:

---

27. Adaptación de la secuencia recogida en Escudero, 1991a: Módulo 7. «Búsqueda de soluciones y preparación para la elaboración de un plan»

Pasos para el desarrollo de la observación mutua

- Cada uno de los dos *colegas*, una vez acordado el tema general, podría identificar y hacer una lista de los aspectos que deberían observarse de modo particular.

- Posteriormente, se pactan los aspectos concretos que podrían ser objeto de atención específica.

- A continuación, los dos compañeros tienen que dedicar algún tiempo a definir criterios de observación precisos y constatables. El objeto de una observación mutua no es hacer una descripción exhaustiva de lo que ocurre en una clase, sino facilitar datos observables y significativos para ambos a efectos de una posible mejora de la enseñanza.

- Por último, concretar los tiempos, la forma en que tendrá lugar la observación por el compañero, el tipo de información que habrá de aportar a la sesión de análisis grupal, etc.

3°. Autoevaluación por parte de cada compañero de observación

Cada uno de los dos compañeros deberá llevar a cabo una autoevaluación en la que trate de describirse a sí mismo en el desarrollo de la tarea y valorar su propia práctica, haciendo referencia a los criterios establecidos.

4°. Recogida de valoraciones de los alumnos

A partir de los criterios que se han establecido para la observación, o tal vez sólo en relación con otros que se estimen pertinentes, podría elaborarse algún instrumento, por ejemplo un breve cuestionario, con el objeto de poder recabar la opinión y la valoración del alumnado respecto al desarrollo de la práctica.

5°. La observación por el compañero

Pueden existir distintas formas concretas para la realización de una observación de aula. Vamos a mencionar dos posibles procedimientos: a) la observación con un sistema de categorías que han de servir de referencia para computar la ocurrencia de ciertos hechos durante el desarrollo de la práctica en el tiempo de la observación, y b) la observación mediante la escritura de un relato, una narración… de lo que va ocurriendo en el tiempo de la observación. Teniendo siempre, como referencia, criterios previamente establecidos.

6°. Sesión de análisis

Si se han llevado a cabo los pasos anteriores, en estos momentos se podría disponer de tres fuentes de datos: datos provenientes de la autoevaluación que cada uno de ellos haya realizado sobre su enseñanza, datos de los alumnos y datos derivados de la observación de cada uno de ellos con respecto al otro.

Pasos para el desarrollo de la observación mutua

7º. Planificar acciones sucesivas de mejora

Una vez que ambos observadores han conseguido poner en práctica este proceso, se desciende al diseño de planificación de acciones posteriores.

8º. Compartir el proceso y los resultados con los otros compañeros del grupo

Si la actividad de observación mutua se ha realizado en el contexto de ese camino en el que un grupo de profesores está preparándose colaborativamente para realizar un plan pedagógico de mejora, será conveniente que, en el momento y en la forma que se haya establecido en el grupo, cada una de las parejas implicadas en este tipo de actividad informe de su práctica y de sus valoraciones al resto de compañeros.

6.2.4. La capacitación para el seguimiento de una mejora. La adopción de un «modelo de aprendizaje experiencial»

La tarea que hemos ido abordando a lo largo de este capítulo tenía, entre otros, el propósito de establecer un modelo de desarrollo profesional basado en:

1) La construcción colectiva de conocimiento sobre la enseñanza.

2) El intercambio de experiencias y prácticas escolares.

3) La elaboración de teoría a partir de la reflexión individual y colectiva sobre logros y dificultades encontrados en la mejora planificada de los aprendizajes escolares.

4) El análisis, la reflexión crítica y la adopción de decisiones para asegurar una enseñanza justa para todos.

Para hacer posible esta concepción utilizamos como soporte privilegiado el que facilita una determinada secuencia de reflexión colectiva, denominada en la literatura especializada como «aprendizaje experiencial» (Sharan y Sharan, 1987). Para guiarnos en el desarrollo de esta secuencia disponemos en la actualidad de algunas concreciones[28] de las que extraemos un tipo de propuesta como la que se ofrece en el cuadro siguiente.

---

28. Pueden consultarse los trabajos de Escudero, 1991a; García, Moreno y Torrego, 1996; Bolívar, 1999, 2000a; Lieberman y Miller, 2003.

Secuencia y consideraciones en el análisis colectivo de las prácticas de aula

Descripción de una práctica

Esta actividad conlleva la preparación individual y el relato posterior en el grupo, de la tarea realizada por un profesional. De esta manera el grupo puede pensar a partir del análisis de evidencias (McLaughin y Zarrow, 2003). Estas reflexiones individuales y colectivas permiten la creación de pensamiento y acción conjunta.

En el momento de la exposición, el profesor que da a conocer su práctica debe incluir la enumeración de las características específicas de lo que está haciendo en el aula, el alumnado, los niveles de aprendizaje alcanzados en los contenidos, áreas, materias o asignaturas relacionadas con la mejora que se había propuesto, las modificaciones introducidas en su desarrollo, etc. Esta descripción permite al grupo de profesionales construir una *imagen* del contexto en el que se desarrolla la tarea, de ahí la necesidad de que cada informante prepare cuidadosa y ordenadamente su exposición. En estas condiciones, el grupo podrá elaborar un cuadro resumen, recogiendo lo que está pasando, en relación con los distintos componentes que conforman la práctica analizada (propósitos, contenidos, metodología, evaluación...) además de los *sentimientos* positivos o negativos que generan en cada docente; el deseo o no de continuar, los logros y las dificultades encontradas...

Análisis individual y posteriormente grupal de la práctica

Supone la explicación, previamente individual y posteriormente colectiva, de las razones que llevaron a cada informante a realizar la práctica de la manera que lo hizo. Exige la explicación de aquellos argumentos que dan cuenta de las decisiones adoptadas y de las reacciones encontradas en el alumnado, en el resto del profesorado, las familias...

Valoración

Se refiere al proceso de evaluación individual y colectiva de las prácticas descritas, de las actuaciones realizadas, de las reacciones del alumnado, del profesorado, de las familias...

Se trataría de hacer una valoración de los logros alcanzados por el alumnado, las dificultades encontradas, así como los efectos no deseados que se hayan detectado. Esta valoración se realiza en relación con la concepción educativa que subyace a la mejora que se haya formulado (modelo de escuela, de profesorado, de currículo, de organización, de relación...). De este modo podemos apreciar cómo lo que hacemos no es independiente de lo que pensamos y cómo lo que pensamos no puede ser considerado de manera aislada respecto de lo que estamos haciendo.

Secuencia y consideraciones en el análisis colectivo de las prácticas de aula

De esta forma se favorece que la teoría pueda impregnar la práctica y que ésta pueda validar e ilustrar la teoría, engarzándose con las actividades diarias. De esta manera hacemos el seguimiento de nuestro plan para la mejora, como hipótesis de trabajo, comprobando si está funcionando o no y por qué lo está haciendo en un sentido o en otro.

Elaboración teórica

Constituye un momento privilegiado de construcción colectiva de conocimiento teórico y práctico acerca de la enseñanza y el aprendizaje, la selección y organización del currículo, las metodologías de aulas, los criterios y procedimientos de evaluación, las relaciones de respeto y cuidado con el alumnado y las familias, los modos de promover y mejorar el aprendizaje profesional entre *colegas*...

En esta fase el profesorado puede encontrarse en condiciones de formular algunos enunciados teóricos y proponer la modificación de determinados componentes curriculares, organizativos y relacionales de la actividad profesional. En este momento, estamos en condiciones de elaborar una cierta síntesis teórica que puede dar cuenta de lo que está sucediendo en el grupo de aula, en el grupo de profesores, que participa en la innovación, en el centro en su totalidad... así como algunas claves macro y micropolíticas que explican lo que está sucediendo.

En estas conclusiones teóricas el grupo puede encontrar algunas características de los centros, del modo de trabajar el profesorado, etc. que están incidiendo en unos términos u otros en el funcionamiento de las actividades de enseñanza. Todo esto, permite elaborar un tipo de teoría quizá menos estructurada que la construida de un modo más formalizado por la investigación pedagógica, pero que, sin embargo, describe de manera más significativa las razones acerca de lo analizado, permitiendo la elaboración de algunas conclusiones. La ventaja de esta forma de teorización construida por el grupo es su vinculación con la práctica y su obtención sobre la base de una acción previamente planificada, desarrollada y evaluada.

Implicaciones para la acción posterior

Se trataría de elaborar un conjunto de propuestas concretas, primero individuales y posteriormente colectivas y consensuadas, con el fin de mantener, por una parte, lo que está funcionando, de acuerdo con los principios de justicia equitativa y con otros criterios establecidos grupalmente y, por otra, de plantear cambios en todo aquello que no termina de marchar bien. Consistiría, pues, en ir reformulando personal y colectivamente la práctica y el plan para su mejora.

Hasta este momento hemos descrito algunos procesos y procedimientos de revisión y mejora de la labor docente en un contexto de colaboración escolar. Sin embargo, no debemos olvidar que, siendo los procedimientos elementos importantes, constituyen sólo un apoyo instrumental, cuya efectividad está en función del clima grupal y de las actitudes de colaboración necesarias para hacer posible que el cambio sea una tarea colectiva.

Debe recordarse, a este respecto, la importancia de un conjunto de cuestiones previas relacionadas con las actitudes de apertura, respeto, crítica constructiva... que han de ser trabajadas y promovidas de modo sustantivo a lo largo del desarrollo e implantación de este modelo de aprendizaje profesional.

6.3. Las comunidades sociales de aprendizaje y desarrollo cívico

Antes de dar por concluida esta contribución, queremos compartir alguna reflexión añadida en relación con dos aspectos importantes. Uno de ellos tiene que ver con la convicción de que cualquier mejora de la enseñanza es resultado de la acción conjunta, interprofesional y, a ser posible, soportada en redes de escuelas. El otro, hace referencia a la trascendencia que deben asumir las acciones de mejora de las escuelas; la preocupación por el cambio debe ir más allá de la imprescindible innovación didáctica y organizativa.

Transformar el sentimiento de soledad, que suele invadir al profesorado, en una paulatina y conquistada sensación de seguridad, exige el apoyo de otros profesionales y de otras escuelas, a través de redes de innovación locales y, en un mundo globalizado, también virtuales. La pertenencia a colectivos de escuelas, organizados como soportes de apoyo a la innovación, alivia la falta casi absoluta de referencias profesionales y éticas disponibles en los niveles «macroestructurales» (políticas nacionales y regionales) y aportan, en muchas ocasiones, la fundamentación y seguridad necesarias para abordar las mejoras en los niveles «micro» (centros y escuelas).

Por otra parte, deseamos poner de manifiesto la ventaja que supone reflexionar en torno a la práctica docente desde una óptica con cierta transcendencia, dirigiendo nuestra mirada hacia un horizonte de transformación social. Es relevante pensar en el sentido que alcanzaría la tarea de los profesionales de la enseñanza si su mirada estuviese orientada hacia la construcción de una nueva realidad escolar, entendida como una «comunidad social de aprendizaje y desarrollo cívico». Estamos imaginando una institución asentada en un modelo de proximidad y de compromiso ético con el entorno social del que se siente formando parte.

Los profesionales del Proyecto Atlántida nos servimos de las actividades de desarrollo profesional (algunas de ellas descritas en este capítulo) para promover la implantación de proyectos socio-educativos en barrios, distritos, comarcas... mutando, en algunos casos, la construcción de «comunidades éticas de profesionales que aprenden juntos» por la de «comunidades sociales de aprendizaje y desarrollo cívico».

Atlántida, como movimiento de innovación y cambio educativo, en estos momentos asesora experiencias colectivas, con escuelas que asumen un papel relevante en la construcción de prácticas ciudadanas justas. Estamos convencidos de que escuela, familia y ámbito local pueden desarrollar acciones conjuntas de análisis de los valores hegemónicos y de elaboración de propuestas curriculares contrahegemónicas y democráticas, convirtiendo sus consideraciones en auténticos soportes naturales para el desarrollo de la enseñanza, el aprendizaje y la convivencia en los centros escolares.

La reconstrucción de esta nueva conciencia de ciudadanía activa se apoya en la comunicación dialógica mantenida en el seno de Comités de Ciudadanía, que se configuran como auténticos espacios de diálogo, en donde los distintos colectivos que forman el entramado de la vida social de las localidades, barrios o distritos, adoptan decisiones sobre los asuntos que conciernen a la vida en común, proporcionando así parte del contenido curricular de referencia utilizado por las instituciones escolares implicadas.

Asesorar y apoyar la construcción de **comunidades sociales de aprendizaje y desarrollo cívico,** siendo parte de un *sueño,* aporta mucho sentido a las iniciativas actuales del Proyecto de Atlántida.

Nuestra ilusión sería contribuir al desarrollo de una espiral de progreso de la que formarían parte las comunidades de profesionales asentadas en el consenso y la práctica de una educación justa y las comunidades sociales de aprendizaje y desarrollo cívico, alimentándose mutuamente y haciendo visible una sociedad más igualitaria.

Referencias bibliográficas

• **AA.VV.** (2002): «Proyecto Atlántida, Escuela y Cultura Democrática», *Cuadernos de Pedagogía*, n.º 317. Barcelona: Cisspraxis.

• **AA.VV.** *Volver a pensar la educación*, Vol. II. Madrid: Morata, 153-171.

• **Achinstein, B.** (2002): *Conflict amid Community. The micropolitic of teacher collaboration.* New York: Teacher College Press.

• **AICE** (2004): *Carta de ciudades educadoras.* Genova: VIII Congreso Internacional de Ciudades Educadoras.

• **Ainscow, M.** (2001): *Desarrollo de escuelas inclusivas.* Madrid: Narcea.

• **Alduán, M.** (1996): *Razones para la participación.* Ponencia inaugural de las Jornadas sobre «Relación Escuela-Familia» celebradas en Tenerife.

• **Allen, L. y Glickman, C.D.** (1998): «Restructuring and Renewal: Capturing the Power of democracy», en A. Hargreaves et al. (Eds.): *International Handbook of Educational Change.* Londres: Kluwer, pp. 505-528.

• **AMANI** (Colectivo) (1994): *Educación intercultural. Análisis y resolución de conflictos.* Madrid: Popular.

• **Anderson G.L.** (1998): «Towards authentic participation: Deconstructing the Discourses of Participatory Reforms in Education», *American Educational Research Journal* 35 (4), pp. 571-603.

• **Anderson, G.L.** (2002): «Hacia una participación auténtica: Deconstrucción de los discursos de las reformas participativas en educación», en M. Naradowiski et alt. (Comp.): *Nuevas tendencias en las políticas educativas*. Buenos Aires: Granica, pp. 145-200.

- **Anderson, G.L. y Blase, J.** (1994): «El contexto micropolítico del trabajo de los profesores», en J.M. Escudero y Mª.T. González: *Profesores y escuela: ¿Hacia una reconversión de los centros y la función docente?* Madrid: Ediciones Pedagógicas, pp. 97-115.

- **Apple, M.** (1987): *Educación y poder*. Barcelona: Paidós/MEC.

- **Apple, M.** (1995): «La política del saber oficial: ¿Tiene sentido un currículum nacional?», en, Araujo, J. (1990): *La muerte silenciosa. España hacia el desastre ecológico*. Madrid: Temas de Hoy.

- **Apple, M. y Beane, J.A.** (1999): *Escuelas democráticas*. Madrid: Morata.

- **Araujo, J.** (1996): *XXI: Siglo de la ecología*. Madrid: Espasa.

- **Area, M.** (2001): «La alfabetización en la cultura y tecnología digital: La tensión entre mercado y democracia», en Area, M. (Coord.): *Educar en la sociedad de la información*. Bilbao: Descleé de Brouwer.

- **Area, M.** (2005): *La educación en el laberinto tecnológico. De la escritura a las máquinas digitales*. Barcelona: Octaedro.

- **Arenas Fernández, G.** (2006): *Triunfantes perdedoras: la vida de las niñas en la escuela*. Barcelona: Graó.

- **Arencibia, J.S. y Guarro, A.** (1999): *Mejorar la Escuela Pública. Una experiencia de asesoramiento a un centro con problemas de disciplina*. Tenerife: Consejería de Educación, Cultura y Deportes. Gobierno de Canarias.

- **Arendt, H.** (1995): *De la historia a la acción*. Barcelona: Paidós.

- **Aronson, E.** (1978): *The jigsaw classroom*. Beverly Hills: Sage.

- **Ashenden, D. y otros** (1988): «Manifesto for a democratic currículum», en Kemmis S. y Stake, R. (1988): *Evaluating currículum*. Victoria: Deakin Univ.

- **Auger, L.** (1992): *Ayudarse a sí mismo aún más*. Bilbao: Ed. Sal Terrae.

- **Bacharach, S.B. y Mundell, B.L.** (1993): «Organizational Politic in Schools: Micro, Macro, and Logics of Action», *Educational Administration Quarterly,* 4 (29), november, pp. 423-452.

- **Ball, S.J.** (1987): *La micropolítica de la escuela. Hacia una teoría de la organización escolar*. Barcelona: Paidós/MEC.

• **Ball, S.J.** (1994): Entrevista realizada a Stephen J. Ball, *Cuadernos de Pedagogía*, 229.

• **Ball, S.J.** (comp.) (1997): *Foucault y la educación. Disciplinas y saber*. Madrid: Morata-Paideia.

• **Banks, J.A.** (2001): *Cultural diversity and education: foundations, curriculum and teaching*. Boston: Allyn and Bacon.

• **Barnett, R.** (2001): *Los límites de la competencia*. Barcelona: Gedisa.

• **Barquín, J.** (1990): «Factores personales que afectan el pensamiento pedagógico del profesor», en Grupo de Investigación en la Escuela (Comp.): *Cambio educativo y desarrollo profesional*. Sevilla: Grupo de Investigación en la Escuela, pp. 61-68.

• **Barrón, A.** (1997): *Aprendizaje por descubrimiento*. Salamanca: Amarú.

• **Bateman, W.** (1999): *Alumnos curiosos. Preguntas para aprender y preguntas para enseñar*. Barcelona: Gedisa.

• **Bates, R.** (1989): «Burocracia, Educación y Democracia: hacia una Política de la Participación», en Bates, R. et alt: *Práctica crítica de la administración educativa*, Valencia: Universitat de Valencia.

• **Bates, R.** (1994): «Teoría crítica y administración educativa», en Escudero Muñoz J.M. y González, M.T., *Profesores y escuela*. Madrid: Ediciones Pedagógicas, pp. 61-75.

• **Bautista, A.** (Coord.) (2004): *Las nuevas tecnologías en la enseñanza*. Madrid: Akal/UIA.

• **Bawden, D.** (2002): Revisión de los conceptos de alfabetización informacional y alfabetización digital. *Anales de Documentación*, 5, pp. 361-408.

• **Beane, J.** (2005): *La integración del currículum*. Madrid: Morata.

• **Becher, R.M.** (1986): Parent involvement: A review of research and principles of successful practice, en Katz L.G. (ed.): *Current topics in early childhood education*, vol. 6. Norwood, NJ: Ablex.

• **Beltrán, F. y San Martín, A.** (2000): *Diseñar la coherencia escolar*. Madrid: Morata.

• **Beltrán, J., Hernández, J. y Souto, X.M.** (2003): *Reinventar la escuela. La calidad educativa vista desde las familias*. Valencia: Nau Llibres.

- **Benavides, O.** (2002): *Competencias y competitividad*. Colombia: McGraw-Hill.

- **Benson, J.K.** (1983): «Organizations: A Dialectical View», en Foster, W.: *Loose coupling Revisited: A Critical view of Weich's Contribution to Educational Administration*. Victoria: Deakin Univ. Press, pp. 95-119.

- **Bertalanfy, L.** (1976): *Tendencias en la Teoría General de los Sistemas*. México: Fondo de Cultura Económica

- **Bertran, R.** (2006): *Los Proyectos Educativos de Ciudad: gestión estratégica de las políticas educativas locales*. Centro Iberoamericano de Desarrollo Estratégico Urbano (CIDEU): http://www.cideu.org/

- **Bettelheim, B.** (1973): *Con el amor no basta*. Barcelona: Nova Terra/

- **Biesta, G.J.J. y Lawy, R.S.** (2006): From teaching citizenship to learning democracy. Overcoming individualism in research policy and practice. *Cambridge Journal of Education*, 36 (1), pp. 63-79.

- **Bifani.** (1984): *Desarrollo y Medio Ambiente*. Madrid: DGMA, MOPU.

- **Blanco, M.** (2001): *El alumnado extranjero: un reto educativo*. Madrid: EOS.

- **Blase J.** (ed.) (1991): *The Politic of Life in Schools*. Newbury Park, CA: Sage.

- **Blase J. y Anderson G.** (1995): *The Micropolitic of Educational Leadership. From Control to Empowerment*. New York: Teachers College Press.

- **Bolívar, A.** (1997): «Liderazgo, mejora y centros educativos», en Medina R. (Coord.): *El liderazgo en educación*. Actas de la VIII reunión de ADEME. Madrid: UNED, pp. 25-46.

- **Bolívar, A.** (1998): *Educar en valores. Una educación de la ciudadanía*. Sevilla: Consejería de Educación y Ciencia de la Junta de Andalucía.

- **Bolívar, A.** (1999): *Cómo mejorar los centros educativos*. Madrid: Síntesis.

- **Bolívar, A.** (1999): *La escuela pública al final del milenio*. Murcia: Encuentro de ADEME

- **Bolívar, A.** (2000): *Los centros educativos como organizaciones que aprenden. Promesas y realidades*. Madrid: La Muralla.

- **Bolívar, A.** (2005): «Equidad educativa y Teorías de la Justicia». *Revista Electrónica Iberoamericana de Calidad, Eficacia y Cambio en Educación (REICE)*, 3 (2), pp. 42-69.

- **Bolívar, A.** (2006): «Familia y escuela: dos mundos llamados a trabajar en común». *Revista de Educación*, n.º 339, 119-146.

- **Bolivar, A.** (2007): *Educación para la ciudadanía. Algo más que una asignatura*. Barcelona: Graó.

- **Bolívar, A. y Luengo, F.** (2005): «Aprender a ser y a convivir desde el proyecto conjunto del centro y el área de Educación para la Ciudadanía», En *Debate Educativo: Una calidad entre todos y para todos*: Documentos institucionales (14 Marzo), pp. 18-47. Disponible en: http://debateeducativo.mec.es/documentos/ciudad_atlantida.pdf .

- **Branden, N.** (2006): *Cómo mejorar la autoestima*. Barcelona: Paidós.

- **Brandsford, J. et alt.** (2005): «Theories of Learning and Their Roles in Teaching», en Darling Hammond, L y Bransford, J. (Eds.) (2005): *Preparing Teachers for a Changing World: What Teacher Should Learn and Be Able to Do*. New Jersey: Jossey Bass

- **Bruner, J.** (1997): *La educación, puerta de la cultura*. Madrid: Visor.

- **Bryman, A.** (1996) Leadership in organizations. En Clegg, S.T., Hardy, C. y Nord, W.R. *Handbook of organization studies*. Londres: Sage, pp. 276-292.

- **Buckingham, D.** (2002): *Crecer en la era de los medios electrónicos*. Madrid: Morata.

- **Burbules, N.C. y Callister, T.A** (2001): *Educación: Riegos y promesas de las nuevas tecnologías de la información*. Barcelona: Granica.

- **Burke, J. W.** (1988): *Desarrollo organizacional*. México: Addison- Wesley.

- **CEAPA** (1995): Educación, participación y democracia. *Temas de Escuela de Padres y Madres*, 8.

- **Cabrera F.** (2002): *Qué educación para qué ciudadanía: Interculturalidad: Fundamentos, programas, evaluación*. Madrid: Morata.

- **Campbell, B.** (1996): *Ecología humana*. Barcelona: Salvat.

- **Campiglio, A. y Rizzi, R.** (1997): *Cooperar en clase*. Sevilla: MCEP.

- **Camps, V.** (1994): *Los valores de la educación*. Madrid: Anaya.

- **Camps, V.** (1998): «El valor del civismo», en Camps V. y otros: *Educar en valores: un reto educativo actual*. Bilbao: Universidad de Deusto (Cuadernos monográficos del ICE), pp. 13-21.

- **Camps, V. y Giner, S.** (1998): *Manual de civismo*. Barcelona: Ariel.

- **Cañas, A. y Cañas, P.** (1992): Los hijos de inmigrantes y su desarrollo entre dos culturas. *Revista de Educación* (de la Universidad de Granada), 6, pp. 217-224.

- **Capella, I. R.** (1993): *Los ciudadanos siervos*. Madrid: Trotta.

- **Capra, F.** (1998): *La trama de la vida*. Barcelona: Anagrama.

- **Carbonell, J.** (2001): *La aventura de innovar*. Madrid: Morata.

- **Carr, W.** (1995): Educación y democracia: ante el desafío postmoderno, en AA.VV: *Volver a pensar la educación*. Vol. 1. Madrid: Morata, pp. 96-111.

- **Castell, M.** (2001): *La era de la información*.Vol. I. La Sociedad red. Madrid: Alianza.

- **Cavanagh, J.; Wysham, D. y Arruda, M.** (1994): *Alternativas al orden económico global. Más allá de Bretton Woods*. Barcelona: Icaria.

- **Cazden, C.B.** (1991): *El discurso en el aula*. Barcelona: Paidós.

- **Chomsky, N.** (1995): *Las intenciones del Tío Sam*. Tafalla (Navarra): Txalapata.

- **Chomsky, N. y Dietrich, S.H.** (1997): *La aldea global*. Tafalla (Navarra): Txalapata.

- **CILIP** Chartered Institute of Library and Information Professionals (2004): Alfabetización en información: la definición de CILIP. *Boletín de la Asociación Andaluza de Bibliotecarios,* 77, pp. 79-84.

- **Clark, D.L., Lotto, L.S. y Astuto, T.A.** (1984): «Effective schools and school improvement: a comparative analysis of two lines of inquiry», en *Educational Administration Quarterly,* 20 (3), pp. 41-68.

- **Claxton, G.** (1994): *Educar mentes curiosas*. Madrid: Aprendizaje/Visor.

- **Cochram Smyth, M.** (1998): «Teacher Development and Educational Reform», en Hargresaves, A., Lieberman, A., Fullan, M. y Hopkins, D. (1998): *International Handbook of Educational Change*. Kluwer Academic Plub: AH Dordrecht.

- **Cochram-Smith, M.** (2001): «Constructing Outcomes in Teacher Education: Policy, Practice and Pitfalls», en *Education Policy Analysis Archives*, 9 (11), pp. 1-51.

- **Coleman, D.** (1996): *Inteligencia emocional*. Barcelona: Kairós.

- **Coleman, D.** (2000): *La práctica de la inteligencia emocional*. Barcelona: Kairós.

- **Colom, A.J.** (1990): «La pedagogía urbana, marco conceptual de la ciudad educadora». En Trilla, J. *La ciudad educadora*. Barcelona: Ajuntament de Barcelona.

- **Colom, A.J. y Rincón, J.C.** (2007): *Educación, República y Nueva Ciudadanía*. Valencia: Tirant lo Blanch.

- **Coll, C.** (1984): «Estructura grupal, interacción entre alumnos y aprendizaje», en *Infancia y Aprendizaje* (27/28), pp. 119-138.

- **COMUNIDAD EUROPEA** (1997): *Teaching and Learning. Towards the Learning Society*. White Paper on Education and Training. Bruselas.

- **Conley, D. y Goldman, P.** (Eds.((1994): *Ten Propositions for Facilitative Leadership*. Reshaping the Principalship: Insights from Transformational Reform Efforts. California: Corwin Press.

- **Connell, R.W.** (1997): *Escuelas y justicia social*. Madrid: Morata.

- **Corraliza, J.A.** (1994): *Educación Ambiental. Conceptos y propuestas*. Madrid: CCS.

- **Cortina, A.** (1993): *Ética aplicada y democracia radical*. Madrid: Tecnos.

- **Cortina, A.** (1994): *Ética de la sociedad civil*. Madrid: Anaya/Alauda.

- **Cortina, A.** (2003): *Ciudadanos del mundo: hacia una teoría de la ciudadanía*. Madrid: Alianza.

- **CREA** (1998): Experiencias de Estados Unidos, en http://innova.usal.es/courses/CL3790/ document/wikidocs/Te%F3ricos/Programas_educativos_de_exito_en_la_superacion_de_desigualdades.pdf?cidReq=CL809b.

- **Cremades, R.** (1999): *Nadie olvida a un buen maestro*. Madrid: Espasa Calpe.

- **Cuadrado, I.** (1986): «Incidencia de la escuela en la inadaptación escolar», *Campo Abierto*, 6, pp. 35-50.

- **Cyrulnik, N.** (2002): *Los patitos feos.* Barcelona: Gedisa.

- **Darling Hammond, L.** (2001): *El derecho de aprender. Crear buenas escuelas para todos.* Barcelona: Ariel

- **Darling Hammond, L. y Bransford, J.** (Eds.) (2005): «Introduction», *Preparing Teachers for a Changing World: What Teacher Should Learn and Be Able to Do.* New Jersey: Jossey Bass

- **Darling-Hammond, L. y Bullmaster, M.** (1997): «The Changing Social Context of Teaching in the United States», en B. Bilddle, T. Good y I. Goodson (Eds.): *International Handbook of Teachers and Teaching.* Dordrecht: Kluwer Academic Publishers, pp. 153-179.

- **De la Guardia, R.M.** (2004): *Variables que mediatizan la participación educativa de las familias.* Universidad de La Laguna: Servicio de Publicaciones.

- **Decroly, O. y Boon, G.** (1968): *Iniciación general al método Decroly*, Buenos Aires: Losada (8.ª edición).

- **Delors, J**. (1996): *La educación encierra un tesoro.* Madrid: Santillana/ UNESCO.

- **Delval, J.** (1993): *Los fines de la educación.* Madrid. Siglo XXI.

- **Department of Education and Skills** (2006): 2020 Vision. Report of Teaching and Learning in 2020 Review Group. (www.teacher.gov.uk/publications) (Consultado 15-03-2007).

- **Dewey, J.** (1995): *Democracia y educación. Una introducción a la filosofía de la educación.* Madrid: Morata.

- **Díez Navarro, M.C.** (2004): *El píso de abajo de la escuela. Los afectos y las emociones en el día a día de la esdfuela infantil.* Barcelona: Graó.

- **Dubet, F.** (2005): *La escuela de la igualdad de oportunidades. ¿Qué es una escuela justa?* Barcelona: Gedisa.

- **Durkheim, E.** (1922): *Educación y sociología.* Barcelona: Península (1975).

- **Edmonds, R.E.** (1982): Programs of school improvement: An overview, *Educational Leadership,* 40, pp. 4-11.

- **EDUCAMADRID** (2004): *Las tecnologías de la información y la comunicación en Educación Infantil y primer ciclo de Educación Primaria: reflexiones y propuestas.* Madrid: Comunidad de Madrid, Consejería de Educación.

• **Efland, A.** (1997): «El currículum en red: una alternativa para organizar los contenidos de aprendizaje», *Cooperación Educativa Kikirikí*, 42/43, pp. 96-109.

• **Eisner, E.W.** (2002): *La escuela que necesitamos. Ensayos personales*, Buenos Aires: Amorrortu

• **Elboj, C., Puigdellívol, I., Soler, M. y Valls, R.** (2002): *Comunidades de aprendizaje. Transformar la educación.* Barcelona: Graó.

• **Elejabeitia, C. y otros** (1987): *La comunidad escolar y los centros docentes.* Madrid: CIDE.

• **Elliot, J.** (1998): *The Currículum Experiment.* Buckingham: Open University Press.

• **Elliott, J.** (1990): *El cambio educativo desde la investigación-acción.* Madrid: Morata.

• **Ellis, A.** (2003): *Ser feliz y vencer las preocupaciones.* Barcelona: Obelisco.

• **Elster, J.** (2001): *La democracia deliberativa.* Barcelona: Gedisa.

• **Epstein, J.** (1995): «School- family partnerships: Caring for the children we share», *Phi Delta Kappan, 76*(9), pp. 701-712.

• **Epstein, J.L.** (1985): «Home and school connections in schools of the future: Implications of research on parent involvement», *Peabody Journal of Education*, 62, pp. 18-41.

• **Epstein, J.L. y Sanders, M.G.** (2000): «Connecting home, school, and community: New directions for social research», en M. Hallinan (Ed.): *Handbook of sociology of education* (pp. 285-306). New York: Plenum.

• **Escudero, J.M.** (1990): «¿Dispone la Reforma de un modelo teórico?», *Cuadernos de Pedagogía*, n.º 181.

• **Escudero, J.M.** (1991): *Plan experimental de formación y modelo de actuación de Equipos psicopedagógicos y responsables del programa de orientación, material del curso de formación.* Madrid: Comunidad de Madrid (documento policopiado).

• **Escudero, J.M.** (1997): «Aproximadamente un lustro de formación en centros: balance crítico y constructivo», *Primer Encuentro Estatal de Formación en Centros* (libro de actas). Linares, Jaén: CEP de Linares, pp. 17-47.

• **Escudero, J.M.** (1999): «El cambio en educación, las reformas y la renovación pedagógica», en J.M. Escudero (coord.): *Diseño, Desarrollo e Innovación del Currículum*. Madrid: Síntesis.

• **Escudero, J.M.** (1999): «El desarrollo del currículum por los centros», en J.M. Escudero (Ed.): *Diseño, desarrollo e innovación del currículum*. Madrid: Síntesis, pp. 291-319.

• **Escudero Muñoz, J.M.** (2005): «Valores institucionales de la escuela pública: ideales que hay que precisar y políticas a realizar», en Escudero, J.M y otros: *Sistema Educativo y Democracia. Alternativas para un sistema escolar democrático*. Barcelona: Octaedro.

• **Escudero, J.M. y otros** (2005): *Sistema educativo y democracia*. Barcelona: Octaedro/FIES/MEC.

• **Escudero, J.M.** (2006): «Compartir propósitos y responsabilidades para una mejora democrática de la educación», *Revista de Educación*, n.° 339, pp. 19-41.

• **Escudero, J.M.** (2006a): «La construcción de un currículo democrático y la cultura de colaboración del profesorado», *Participación Educativa*, 3, pp. 12-17.

• **Escudero, J.M.** (2006b): «La formación del profesorado y la garantía del derecho a una buena educación para todos», en Escudero, J.M y Luis, A. (eds.): *La formación del profesorado y la mejora de la educación*. Barcelona: Octaedro.

• **Escudero, J.M.** (2006c): Educación para la ciudadanía democrática. Currículo, organización de centros y profesorado, en F. Revilla (Coord.): *Educación y ciudadanía: valores para una sociedad democrática*. Madrid: Biblioteca Nueva, 19-53.

• **Etxeberría, F.** (1992): Educación intercultural, racismo y europeismo, en *Congreso Internacional de Educación Multicultural e Intercultural de Ceuta-UNED*. Granada: Impredisur.

• **EUROPEAN COMMISION** (2006): *Benchmarking Access and Use of ICT in European Schools 2006. Final Report from Head Teacher and Classroom Teacher Surveys in 27 European Countries* Disponible en: http://ec.europa.eu/ information_society (Consulta realizada 20/3/2007).

• **EURYDICE** (2002): *Las competencias claves. Un concepto en expansión dentro de la educación general obligatoria*. Disponible en la dirección electrónica: http://www.mec.cide/eurydice.

• **Feito, R.** (2006): *Otra escuela es posible*. Madrid: Siglo XXI

• **Feito, R.** (2007): Balance de la participación de los padres en los Consejos Escolares de Centro. *Participación Educativa* (Revista del Consejo Escolar del Estado), n.º 4 (marzo), pp. 4-15.

• **Feldmam, J.R.** (2002): *Autoestima. ¿Cómo desarrollarla?* Madrid: Narcea.

• **Fernández de Castro, I. y Rogero, J.** (2001): *Escuela pública. Democracia y poder*, Buenos Aires: Miño y Dávila.

• **Fernández Enguita, M.** (1991): *El aprendizaje de lo social. Educación y Sociedad*, n.º 8, pp. 7-24. Recogido en su libro: *Poder y participación en el sistema educativo.* Barcelona: Paidós.

• **Fernández Enguita, M.** (1992): *Poder y participación en el Sistema Educativo. Sobre las contradicciones de la organización escolar en un sistema democrático.* Barcelona: Paidós.

• **Fernández Enguita, M.** (1993): *La profesión docente y la comunidad escolar. Crónica de un desencuentro.* Madrid: Morata.

• **Fernández Enguita, M.** (2000): *Una profesión democrática para la docencia*, en Proyecto Atlántida: Escuela democrática, www.proyecto-atlántida.org.

• **Fernández Enguita, M.** (2001): «A la busca de un modelo profesional para la docencia: ¿liberal, burocrático o democrático?», *Revista Iberoamericana de Educación*, 25, enero-abril, 2001. On-line: http://www.campus-oei.org/revista/rie25f.htm

• **Ferreira C.H.** (1994): «A escola, de organizaçao participativa a organizaçao participada- será un projecto possivel?», en AA.VV.: *A escola. Un objecto de estudio.* Universidade de Lisboa, pp. 275-300

• **Ferrer, C. y Nieto, J. M.** (1989): «La investigación sobre escuelas eficaces: algunas reflexiones. La calidad de los centros educativos II», *Sociedad Española de Pedagogía*. Madrid, pp. 221- 230.

• **Ferrer, G.** (2005): «Hacia la excelencia educativa en las comunidades de aprendizaje: participación, interactividad y aprendizaje», *Educar*, 35, pp. 61-70.

• **Filliozat, I.** (2003): *El corazón tiene sus razones.* Barcelona: Urano.

• **Flecha R.** (2007): *Compartiendo palabras: El aprendizaje de las personas adultas a través del diálogo.* Barcelona: Paidós.

• **Folch, R.** (1993): *Cambiar para vivir.* Barcelona: Integral.

- **Forner, R.** (2004): *La reina que dio calabazas al caballero de la armadura oxidada. Un curso práctico para recuperar la autoestima y descubrir el verdadero sentido del amor.* Barcelona: Integral.

- **Francisco, A. de** (2007): *Ciudadanía y democracia: un enfoque republicano.* Madrid: Catarata.

- **Frankl, V.** (2005): *El hombre en busca de sentido.* Barcelona: Herder.

- **Freire, P.** (1970): *Pedagogía de la autonomía.* Madrid: Siglo XXI.

- **Freire, P.** (1975): *La pedagogía del oprimido.* Madrid: Siglo XXI.

- **Freire, P.** (1990): *La naturaleza política de la educación. Cultura, poder y liberación.* Madrid: Paidós/MEC.

- **Freire, P.** (1994): *Educación y participación comunitaria.* Ponencia presentada en el Congreso Internacional de "Nuevas perspectivas críticas en educación", Barcelona. En *Pmadres de alumnoas*, 39, pp. 12-15.

- **Freire, P.** (1997): *A la sombra de este árbol.* Barcelona: El Roure.

- **Freire, P. y Macedo, S.** (1989): *Alfabetización. Lectura de la palabra y lectura de la realidad.* Madrid: Paidós/MEC.

- **Fullan, M.** (1994): «La gestión basada en el centro; el olvido de lo fundamental», *Revista de Educación,* 304, pp. 147-161.

- **Fullan, M.** (2001): *Liderar en una cultura de cambio.* Barcelona: Octaedro.

- **Fullan, M.** (2002): *Los nuevos significados del cambio en la educación.* Barcelona, Octaedro.

- **Gaona, J.M.** (2001): *El síndrome de Eva. Manual práctico para mejorar la autoestima.* Madrid: Ed. La esfera.

- **García, R.J.** (2006): *Innovación, cultura y poder en las escuelas.* Madrid: CIDE-MEC.

- **García, R.J., Moreno, J.M. y Torrego, J.C.** (1996): *Orientación y Tutoría en la Educación Secundaria: estrategias de planificación y cambio.* Zaragoza: Edelvives.

- **Gardner, H., Feldman, D.H. y Krechevsky, M.** (2000): *El Proyecto Spectrum. Tomo I: Construir sobre las capacidades infantiles.* Madrid: Morata.

• **Gareau, M. y Sawatzky, D.** (1996): «Parents and Schools Working Together. A Qualitative Study of Parent-School Colaboration», *The Alberta Journal of Educational research,* 41(4), pp. 462-473.

• **Gelpi, E.** (1992): «Pedagogía intercultural y problemas socio-educativos de las minorías», en *Congreso Internacional de Educación Multicultural e Intercultural de Ceuta-UNED.* Granada: Impredisur.

• **Gento, S.** (1994): *Participación en la gestión educativa.* Madrid: Santillana, Aula XXI.

• **Giddens, A.** (1999): *La tercera vía. La renovación de la Socialdemocracia.* Madrid: Taurus

• **Gil Villa, F.** (1993): *La participación democrática en los centros de enseñanza no universitarios.* Madrid: MEC, CIDE

• **Gimeno, J.** (1991): *El currículum: una reflexión sobre la práctica.* Madrid: Morata.

• **Gimeno, J.** (1998): «¿Qué es una escuela para la democracia?», *Cuadernos de Pedagogía,* 275, pp. 19-26.

• **Gimeno, J.** (2001): *Educar y convivir en la cultura global.* Madrid: Morata.

• **Giner, S.** (2007): Dignidad cívica, *Claves de la Razón Práctica,* 173 (junio), pp. 4-14.

• **Giroux, H.A.** (1990): *Los profesores como intelectuales,* Barcelona: Paidós/ MEC.

• **Giroux, H.A.** (1993): *La escuela y la lucha por la ciudadanía: pedagogía crítica de la época moderna.* Madrid: Siglo XXI.

• **González Lucini, F.** (1990): *Educación en valores y diseño curricular.* Documentos para la reforma. Madrid: Alambra Longman.

• **González, M. T.** (1989): «La perspectiva interpretativa y la perspectiva crítica en la organización escolar», en Martín-Moreno, Q.: *Organizaciones educativas.* Madrid. UNED, pp. 105-132.

• **González, M. T.** (1990): *La función del liderazgo instructivo como apoyo al desarrollo de la escuela.* Jornadas de estudio sobre el centro educativo. La Rábida: Huelva.

- **González, M. T.** (1992): «Centros escolares y cambio educativo», en Escudero, J.M. y López, J. (Coords.): *Los desafíos de las reformas escolares. Cambio educativo y formación para el cambio.* Sevilla: Arquetipo, pp. 71-95.

- **González, M. T.** (1994a): «El Proyecto de centro: ¿Qué pasa con la dimensión organizativa de la escuela?», *Comunidad educativa*, 215, 15-19.

- **González, M. T.** (1994b): «¿La cultura del centro escolar o el centro escolar como cultura?», en Escudero, J.M. y González, M.T.: *Profesores y escuela.* Madrid: Ediciones pedagógicas, pp. 77-95.

- **González, M. T.** (1994c): «Perspectivas teóricas recientes en organización escolar: una panorámica general», en J.M. y González, M.T.: *Profesores y escuela: ¿Hacia una reconversión de los centros y la función docente?* Madrid: Ediciones Pedagógicas, pp. 35-60.

- **González, M. T.** (1998a): «La micropolítica escolar: Algunas acotaciones», en *Curso de formación a Directores.* OIE- UNED (documento policopiado).

- **González, M.T.** (1998b): «La micropolítica de las organizaciones escolares», *Revista de Educación*, 316, pp. 215-239.

- **González, M. T.** (2001): «Dirección y cultura escolar», en De Vicente, P. (coord): *Viaje al centro de la dirección de instituciones educativas.* Bilbao: Universidad de Deusto. pp. 155-178.

- **González, M. T.** (2003): «Estructuras para el trabajo y coordinación de los profesores en los centros», en González, M.T.; Nieto, J.M. y Portela, A.: *Organización y Gestión de centros escolares. Dimensiones y procesos.* Madrid: Pearson, pp. 57-74.

- **González, M. T. y Santana, P.** (1999): «La cultura de los centros, el desarrollo del currículum y las reformas», en Escudero, J.M. (Ed.): *Diseño, desarrollo e innovación del currículum.* Madrid: Síntesis.

- **González, M. T.** (2002): «El Agrupamiento de alumnos por itinerarios: cuando las apariencias engañan», *Educar,* 29, pp. 167-182.

- **González, M. T. y Escudero, J.M.** (2000): *Por una escuela pública y democrática: Valores constitutivos, estructuras y procesos de desarrollo,* Proyecto Atlántida, www.proyecto-atlántida.org.

- **Good, R. y Prakash,** M.S. (1999): «Global Education», en D.A. Gabbard (Ed.): *Knowledge and Power in the Global Economy.* London: Lawrence Erlbaum Associates.

• **Goodlad, J.** (1994): *Educational Renewal. Better Teachers, Better Schools*. San Francisco: Jossey-Bass.

• **Goodman, J.** (1992): *Elementary Schooling for Critical Democracy*. Albany: State University of New York Press.

• **Goodman, J.** (2001): *La educación democrática en la escuela*, Sevilla: MCEP.

• **Guarro, A.** (1999): «El currículum como propuesta cultural democrática», en Escudero, J.M. (Ed.): *Diseño, desarrollo e innovación del currículum*. Madrid: Síntesis, pp. 45-66.

• **Guarro, A.** (2002): *Currículum y democracia. Por un cambio de la cultura escolar*. Barcelona: Octaedro.

• **Guarro, A.** (2005): *Los procesos de cambio educativo en una sociedad compleja*. Madrid: Pirámide.

• **Guarro, A. y otros** (1997): «La Ley Orgánica de La Participación, La Evaluación y El Gobierno De Los Centros Docentes (LOPEGCE): Análisis de la situación y de las propuestas que hace la ley», en Medina, A. (Coord.): *El Liderazgo en educación*. Madrid: UNED, pp. 73-98.

• **Gutiérrez Martín, A.** (2003): *Alfabetización digital. Algo más que ratones y teclas*. Barcelona: Gedisa.

• **Guttman, A.** (2001): *La educación democrática. Una teoría política de la educación*, Barcelona: Paidós.

• **Habermas, J.** (1987): *Teoría de la acción comunicativa*. Madrid: Taurus.

• **Hargreaves, A.** (1993): «La reforma curricular y el maestro», *Cuadernos de Pedagogía*, n.º 211.

• **Hargreaves, A.** (1996): *Profesorado, cultura y postmodernidad. Cambian los tiempos, cambia el profesorado*. Madrid: Morata.

• **Hargreaves, A. y Fink, D.** (2004): «The seven principles of sustainable leadership», en *Educational Leadership*.

• **Hargreaves, A. y Fullan, M.** (1998): *Por qué vale la pena trabajar por la escuela*. Sevilla: MECEP.

• **Hargreaves, A. y Goodson, I.** (2006): «Educational change over time? The sustainability and non-sustainability of three decades of secondary school change and continuity», *Educational Administration Quarterly, 42* (1), pp. 3-41.

• **Hargreaves, A. y Hopkins, D.** (1994): *Development Planning for School Improvement*. London: Cassell.

• **Hargreaves, A; Earl, L. y Ryan, J.** (1998): *Una Educación para el cambio. Reinventar la educación de los adolescentes*. Barcelona: Octaedro.

• **Heimlich, J.E. y Pittelman, S.D.** (1990): *Los mapas semánticos. Estrategias de aplicación en el aula*. Madrid: Aprendizaje Visor/MEC.

• **Henry, J.** (1994): *Teaching through projects*. Londres: Kogan Page.

• **Hernández, A.J.** (1987): *Temas ecológicos de incidencia social*. Madrid: Narcea-Universidad de Alcalá de Henares. (1989): *Metodología sistemática en la enseñanza universitaria. Un proyecto de interpretación ecológica y pedagógica*. Madrid: Narcea.

• **Hernández, F.** (1988): «La globalización mediante proyectos de trabajo», *Cuadernos de Pedagogía*, 185, pp. 12-14.

• **Hernández, F. y Ventura, M.** (1992): *La organización del currículum por Proyectos de Trabajo. El conocimiento es un caleidoscopio*. Barcelona: Graó.

• **Herrera, F.; Mateos, F.; Ramírez Fernández, S.; Ramírez Salguero, M.I. y Roa, J.M.** (Coords.) (2002): *Inmigración, Interculturalidad y Convivencia I*. Ceuta: Instituto de Estudios Ceutíes.

• **Herrera, F.; Mateos, F.; Ramírez Fernández, S.; Ramírez Salguero, M.I. y Roa, J.M.** (Coords.) (2003): *Inmigración, Interculturalidad y Convivencia II*. Ceuta: Instituto de Estudios Ceutíes.

• **Herrera, F.; Mateos, F.; Ramírez Fernández, S.; Ramírez Salguero, M.I. y Roa, J.M.** (Coords.) (2004): *Inmigración, Interculturalidad y Convivencia III*. Ceuta: Instituto de Estudios Ceutíes.

• **Herrera, F.; Ramírez, M.I.; Roa, J.M. y Gervilla, M.** (Coords.) (2005): *Inmigración, Interculturalidad y Convivencia IV*. Ceuta: Instituto de Estudios Ceutíes.

• **Herrera, F.; Ramírez, M.I.; Roa, J.M. y Herrera, M.I.** (2006): *Programa de Desarrollo Personal (PDP)*. Madrid: Anaya.

• **Hopkins, D.** (1985a): *School based review for school improvement. A preliminary state of the art*. Leuven: ACCO.

• **Hopkins, D.** (1985b): «School based review: an international survey», *Compare*, 15 (1), pp. 79-93.

- **Hopkins, D.** (1990): «The International School Improvement Project (ISIP): and effective schooling: Towards a synthesis», *School Organization*, 10 (2-3), pp. 179-194.

- **Hopkins, D. y Lagerweij, N.** (1997): *La base de conocimientos de mejora de la escuela*, en D. Reynolds et alt. *Las escuelas eficaces. Claves para mejorar la enseñanza*. Madrid, Aula XXI, pp. 71-101.

- **Horno Goicoechea, P.** (2004): *Educando el afecto*. Barcelona: Graó.

- **Hoyle, E.** (1986): *The Politic of School Management*. London: Hodder y Stoughton.

- **Hoyle, E.** (1988): Micropolitic of educational organizations, en A. Westoby (ed.), *Culture and Power in Educational Organizations*. Philadelphia, PA: Keynes.

- **Hunt, J.G.** (1999): «Transformational/charismatic leadership's transformation of the field: An historical essay», *Leadership Quarterly*, 10: pp. 129-144.

- **Instituto Nacional de Calidad y Evaluación** (2000): *Sistema estatal de indicadores de la educación*. Madrid: Centro de Publicaciones del Ministerio de Educación y Cultura.

- **Jackson, Ph.** (1991): *La vida en las aulas*. Madrid: Morata.

- **Jares, X.R.** (2001): *Educación y conflicto*. Madrid: Popular.

- **Jiménez, J.** (2004): Inmigración, interculturalidad y currículo. Sevilla, MCEP.

- **Johnson, D.W. y Johnson, R.** (1987): *Joining together: Group theory and group skills*, Eglewood Cliffs, NJ: Prentice-Hall (3.ª ed.)

- **Johnson, DW, Johnson, R. y Maruyama, G.** (1983): «Interdependence and interpersonal attraction among heterogeneous and homogeneous individuals: A theoretical and a meta-analysis of the research», *Review of Educational Research* (53), pp. 5-54.

- **Johnson, D.W., Maruyama, G. y cols.** (1981): «Effects of cooperative, competitive and individualistic goal structures on achievement: A meta-analysis», *Psychological Bulletin* (89), pp. 47-62.

- **Kegan, R.** (2004): «Las competencias que funcionan como epistemologías: cómo queremos que los adultos aprendan», en D.S. Rychen y L.H. Salganick (eds.) *Definir y seleccionar las competencias fundamentales para la vida*. México: FCE, pp. 327-347.

• **Keith, N.Z.** (1999): «Whose community schools? New discourses, old patterns», *Theory into Practice,* 38 (4), pp. 225-234.

• **Kelly. J.** (1992): *Entrenamiento de las habilidades sociales.* Bilbao: Desclée de Brouwer.

• **Kemmis, S. y McTaggart, R.** (1992): *Cómo planificar la investigación-acción.* Barcelona: Alertes.

• **Kilpatrick, W.H.** (1918): «The Proyect Method», en *Teacher's College Records*, 19, pp. 319-335.

• **Kilpatrick, W.H.** (1926): *Foundations of Method*, New York: Macmillan.

• **Kilpatrick, W.H.** (1967): «La teoría pedagógica en la que se basa el programa escolar», en W. Kilpatrick, H., Rugg, H., Washburne, C. y Bonner, FG: *El nuevo programa escolar.* Buenos Aires: Losada.

• **Kolb, DA.** (1984): *Experiential learning: Experience as the source of learning and development*, Englewood Cliffs, NJ: Prentice Hall.

• **Kress, G.** (2005): *El alfabetismo en la era de los nuevos medios de comunicación.* Málaga: Aljibe.

• **Ladish, L.C.** (1999): *Aprender a querer. Hacia la superación de la codependencia.* Madrid: Pirámide.

• **Lambert, L.** (2002): «A framework for shared leadership», *Educational Leadership, 59* (8), pp. 37-40.

• **Lara, F.** (2005): *La escuela como compromiso*, Madrid: Popular.

• **Latorre, A.** (2004): Intervención educativa en ámbitos pluriculturales: pautas prácticas de intervención, en F. Herrera; M.I. Ramírez Salguero; J.M. Roa; S. Ramírez Fernández y F. Mateos (Coords.): *Inmigración, Interculturalidad y Convivencia III*. Ceuta: Instituto de Estudios Ceutíes.

• **Lawton, D.** (1983): *Currículum Studies and Educational Planning.* London: Hodder and Stoughton.

• **Lawy, R. y Biesta, G.J.J.** (2006): Citizenship as practice: the educational implications of an inclusive and relational understanding of citizenship. *British Journal of Educational Studies*, 54 (1), pp. 34-50.

• **Leff, E.** (1994): *Ecología y Capital: racionalidad Ambiental, Democracia participativa y Desarrollo Sustentable.* México: Siglo XXI/UNAM.

• **Leff, E.** (1998): *Saber Ambiental.* Madrid: Siglo XXI.

• **Leithwood, K.A. y Riehl, C.** (2003): What do we already know about successful school leadership? http://www.cepa.gse.rutgers.edu.pdf (consultado el 15 de febrero de 2005).

• **Lévy-Leboyer, C.** (2003): *Gestión de las competencias.* Barcelona: Gestión 2000.

• **Lieberman, A. y Miller, L.** (2003): *La indagación como base de la formación del profesorado y la mejora de la educación.* Barcelona: Octaedro.

• **Limón, D.** (2000) *Pedagogía Ambiental: Propuestas de Cambio para una sociedad comprometida.* Barcelona: PPU.

• **Limón, D.** (2002): *Ecociudadanía. Participar para construir una sociedad sustentable.* Sevilla: Ed. Diputación Provincial de Sevilla.

• **Lomas, C.** (2004): *Los chicos también lloran. Identidades masculinas. Igualdad entre los sexos y coeducación.* Barcelona: Paidós.

• **López Escribano, C.** (2005): *Educación infantil y ordenador: Guía de actividades* Madrid: Ediciones San Pío X.

• **López Ruíz, J.I.** (1999): *Conocimiento docente y práctica educativa: el cambio hacia una enseñanza centrada en el aprendizaje.* Málaga: Aljibe.

• **López Ruiz, J.I.** (2000): *Aprendizaje docente e innovación curricular. Dos estudios de caso sobre el constructivismo en la escuela.* Málaga: Aljibe.

• **López Ruiz, J.I.** (2005): «Nacimiento y crecimiento de las escuelas democráticas. Cartografía de la aldea planetaria», en *Proyecto Atlántida, Ciudadanía, mucho más que una asignatura.* Madrid, pp. 195-207.

• **López Ruiz, J.I.** (2005): *Construir el currículum global. Otra enseñanza en la sociedad del conocimiento.* Málaga: Aljibe.

• **López Yáñez, J.** (2001a): «Aprendizaje organizativo: un paisaje de luces y sombras». Universidad de Sevilla. *Revista de Educación.* Núm. 332, 2003, 75-95.

• **López Yáñez, J.** (2001b): *Hacia una nueva teoría de los sistemas organizativos.* Universidad de Sevilla [texto facilitado por el autor].

• **López Yáñez, J. y otros** (2003): *Dirección de centros educativos. Un enfoque basado en el análisis del sistema organizativo.* Madrid: Síntesis.

• **Loucks-Horsley, S. y Hergert, L. F.** (1985): *An action guide to school improvement*. Alexandria, Virginia: ASCD/The NETWORK.

• **Lyotard, J.F.** (1989): *La condición postmoderna*. Madrid: Cátedra.

• **Manzini, E. y Bigues, J.** (2000): *Ecología y democracia: de la injusticia ecológica a la democracia ambiental*. Barcelona: Icaria.

• **Marina, J.A.** (1995): *Ética para náufragos*. Barcelona: Anagrama.

• **Marina, J.A.** (1996): *El laberinto sentimental*. Barcelona: Anagrama.

• **Marina, J. A.** (2003): De los sentimientos a la ética. En M.A. Santos Guerra: *Aprender a convivir en la escuela*. Madrid: Akal.

• **Marina, J.A.** (2006): *Anatomía del miedo. Un tratado sobre la valentía*. Barcelona: Anagrama.

• **Marina, J.A. y López Penas, M.** (1999): *Diccionario de los sentimientos*. Barcelona: Anagrama.

• **Martinello, M.L. y Cook, G.E.** (2000): *Indagación interdisciplinaria en la enseñanza y el aprendizaje*. Barcelona: Gedisa.

• **Martínez Bonafé J.** (1994): Los olvidados: memoria de una pedagogía. *Cuadernos de pedagogía,* 230, pp 58-65.

• **Martínez Bonafé, J.** (Coord.) (2003): *Ciudadanía, poder y educación*. Barcelona: Graó.

• **Martínez Rodríguez, J.B.** (1999): *Negociación del currículum*. Madrid: La Muralla.

• **Martínez Rodríguez, J.B.** (2005): *Educación para la ciudadanía*. Madrid: Morata.

• **Martínez, M.** (1998): *El contrato moral del profesorado. Condiciones para una nueva escuela*. Bilbao: Desclée de Brouwer.

• **Martínez, M. y Puig, J.M.** (Coord.)(1991): *La Educación Moral. Perspectivas de futuro y técnicas de trabajo*. Barcelona: ICE-Graó.

• **Manzini, E. y Bigues, J.** (2000): *Ecología y democracia: de la injusticia ecológica a la democracia ambiental*. Barcelona: Icaria

• **McCormick, R. y James, M.** (1995): *Evaluación del currículum en los centros escolares*. Madrid: Morata.

- **McFarlane, A.** (2001): *El aprendizaje y las tecnologías de la información. Experiencias, promesas y posibilidades.* Madrid: Aula XXI, Santillana.

- **McLaughin, M y Zarrow, J.** (2003): Profesores comprometidos con la reforma basada en las evidencias: trayectorias de indagación, análisis y acción docente», en Lieberman, A. y Miller, L. (2003): *La indagación como base de la formación del profesorado y la mejora de la educación.* Barcelona: Octaedro.

- **MEC** (2005): *Una educación de calidad para todos y entre todos. Informe del Debate.* Madrid

- **Meira, P. A.** (1995): «Educació Ambiental: desenvoluptament sustentable i racionalitat ecológica», *Temps d'Educació*, 13, pp. 85-96.

- **Monereo, C.** (1991): *Enseñar a pensar a través del currículum escolar.* Barcelona: Canals.

- **Monereo, C.** (Coord.) y otros (2005): *Internet y competencias básicas. Aprender a colaborar, a comunicarse, a participar, a aprender.* Barcelona: Graó.

- **Morduchowicz, R.** (2003): *Comunicación, medios y educación. Un debate para la educación en democracia.* Barcelona: Octaedro.

- **Moreno, J.M.** (1992): *La mejora de la escuela: una primera demarcación del territorio.* Madrid: UNED. [IV Reunión de ADEME]. Una reformulación de dicho trabajo ha sido publicada en: García, R. J., Moreno, J. M. y Torrego, J. C. (1996): *Orientación y Tutoría en la Educación Secundaria: estrategias de planificación y cambio.* Zaragoza: Edelvives.

- **Morgan, G.** (1990): *Imágenes de la organización.* Madrid: RA-MA.

- **Morin, E.** (1995): *Introducción al pensamiento complejo.* Barcelona: Gedisa.

- **Morin, E.** (1999): *Los siete saberes necesarios para la educación del futuro.* París: UNESCO. (Nueva edición en Paidós, 2001).

- **Morin, E.** (2001): *La mente bien ordenada. Repensar la reforma. Reformar el pensamiento.* Madrid: Seix Barral.

- **Mouffe, Ch.** (1999): *El retorno de lo político. Comunidad, ciudadanía, pluralismo, democracia radical.* Barcelona: Paidós.

- **Moursund, D.** (1999): *Project-based learning using information technology.* Eugene, OR: ISTE.

• **Moya Otero, J.** (2005): La Ley Orgánica De Educación: Una Ley Superadora. Propuestas de cambio en el anteproyecto de Ley Orgánica de Educación. Departamento de Educación de la Universidad de Las Palmas de Gran Canaria [documento de uso en la Red de Escuelas Atlantida].

• **Moya Otero, J.** (2006): Bases para una estrategia de asesoramiento para el desarrollo del currículo centrado en las competencias básicas. Departamento de Educación de la Universidad de Las Palmas de Gran Canaria [borrador de trabajo en la Red de Escuelas Atlantida]

• **Mugny, G. y Doise, W.** (1983): *La construcción social de la inteligencia*, México: Trillas.

• **Navio, A.** (2005): *Las competencias profesionales del formador*. Barcelona: Octaedro.

• **Neill, A.** (1978): *Corazones, no sólo cabezas en la escuela.* Mexico: Editores Mexicanos Unidos.

• **Nieto, J. M.** (1993): *El asesoramiento pedagógico a centros escolares. Revisión teórica y estudio de casos.* Murcia: Facultad de Educación. Departamento de Currículum e Investigación Educativa. Universidad de Murcia (tesis doctoral inédita).

• **Novak, J.D. y Gowin, D.B.** (1988): *Aprendiendo a aprender.* Barcelona: Martínez Roca.

• **Nuthall, G.** (1997): Understanding student thinking and learning in the classroom, en B. Biddle, T. Good, T. y I. Goodson (Eds.): *International Handbook of Teachers and Teaching*. Dordrecht: Kluwer Academic Publishers, pp. 681-768.

• **Nuttall, D. L.** (1981): *School self-evaluation. Accountability with a human face?* London: School Council.

• **OCDE-DeSeCo** (2002): *Definition and selection of competences (DeSeCo): theoretical and conceptual foundations.* Strategy Paper.

• **Oliveira Malvar, M.** (1988): *La educación sentimental.* Barcelona: Icaria.

• **Ovejero, A.** (1990): *El aprendizaje cooperativo.* Barcelona: PPU.

• **Pate, P.E.; Homestead, E.R. y Mcginnis, K.L.** (1997): *Making integrated currículum work.* New York: Teachers College Press.

• **Paterman, C.** (1979): *Participation and democratic Theory.* Londres: Cambridge University Press.

- **Peñalver Gómez, C., Limón, D. et alt.** (1994): Educación cívica y multiculturalismo, en *Rev. Didac.* Universidad Iberoamericana. México, n.º 24, otoño, pp. 37-43.

- **Pérez Gómez, A.I.** (1998): *La cultura escolar en la sociedad neoliberal.* Madrid: Morata.

- **Pérez Gómez, A.** (2001): La función educativa de la escuela pública actual, en J. Gimeno (Coord.): *Los retos de la enseñanza pública.* Madrid: Universidad Internacional de Andalucía/Akal.

- **Pérez, R.** (1993): *Participación social en las instituciones educativas. Una perspectiva integradora.* Tesis doctoral inédita. Departamento de Teoría de la Educación y Pedagogía Social. UNED, Oviedo.

- **Perrenoud, Ph.** (1999): *Dix nouvelles compéteces pour enseigner. Invitation au voyage.* Paris: ESF (Hay versión en castellano, Barcelona: Graó, 2004).

- **Perrenoud, Ph.** (2004): La clave de los campos sociales: competencias del autor autónomo, en D.S. Rychen y L.H. Salganick (eds.): *Definir y seleccionar las competencias fundamentales para la vida.* México: FCE, pp. 216-261.

- **Perrenoud, Ph.** (2004): *Diez nuevas competencias para enseñar.* Barcelona: Graó.

- **Pettit, P.** (1997): *Republicanismo. Una teoría sobre la libertad y el gobierno.* Barcelona: Paidós.

- **Pike, G. y Selby, D.** (1999): *In the global classroom 1.* London: Pippin Publishing Corporation.

- **Portin, B., Schneider, P., DeArmond, M, y Gundlach, L.** (2003): *Making Sense of leading Schools. A study of the School Principalship,* en http://www.crpe. org/pdf/ Makingsense_PortinWeb.pdf (consultado el 17-03-2004).

- **Pose, H.** (2006): *La cultura en las ciudades. Un quehacer cívico-social.* Barcelona: Graó.

- **Postman, N.** (1999): *El fin de la educación. Una nueva definición del valor de la escuela.* Barcelona: Eumo-Octaedro.

- **Pozuelos, F.J. y Romero, A.** (2002): *Decidir sobre el currículum: distribución de competencias y responsabilidades,* Sevilla: MCEP.

- **Pring, R.** (1976): *Knowledge and Schooling,* Open Books Publishing Ltd.

- **Proyecto Atlántida** (2000): *Educación y cultura democrática.* Plan de formación de la Federación de Enseñanza de CC.OO. Disponible en página web http//www.proyecto-atlantida.org/.

- **Puig Rovira, J.M.** (2000): ¿Cómo hacer escuelas democráticas?, *Educação e Pesquisa*, 26 (2), pp. 55-69.

- **Puig, J.M., Martín, X., Escadibul, S. y Novella, A.M.** (2000): *Cómo fomentar la participación en la escuela. Propuestas de actividades.* Barcelona: Graó.

- **Pumares, L.** (2001): *Estudio de los factores que posibilitan la continuidad de un proyecto curricular global en un medio social determinado: Trabenco. 25 años de innovación educativa.* Universidad Complutense de Madrid. Tesis Doctoral.

- **Purkey, S.C. y Smith M.S.** (1983): «Effective schools: a review», *Elementary School Journal,* 4 (83), pp. 427-452.

- **Putnam, R.D.** (2002): *Solo en la bolera: colapso y resurgimiento de la comunidad norteamericana.* Barcelona: Galaxia.

- **Quintana, J.M.** (1992): Características de la educación multicultural. Líneas de investigación. En *Congreso Internacional de Educación Multicultural e Intercultural de Ceuta -UNED.* Granada: Impredisur.

- **Ramírez, M.I.** (1997): *La adaptación como factor de rendimiento en la población escolar de la comunidad musulmana ceutí.* Granada: UNED-Método Ediciones.

- **Riechmann, J. y Fernández Buey, F.** (1994): *Redes que dan libertad. Introducción a los nuevos movimientos sociales.* Barcelona: Paidós.

- **Rizzi, R.** (1997): «El aula-clase como espacio de relación», en A. Campiglio y R. Rizzi: *Cooperar en clase*, Sevilla: MCEP., pp. 55-60.

- **Rodríguez Rojo, M.** (1993): «Asociación de padres y participación comunitaria», en Manuel Lorenzo y Oscar Sáenz (Dir.): *Organización escolar: una perspectiva ecológica.* Alcoy: Editorial Marfil S.A., Capítulo 6.

- **Rogero, J.** (2001b): *El profesor en la nueva sociedad* (texto inédito).

- **Romañá, T.** (1991): «La perspectiva moral en la educación ecológica». En Martínez, M. y Puig, J. *La educación moral. Perspectivas de futuro y técnicas de trabajo.* Barcelona: Graó.

- **Rosenholtz, S.** (1985): «Effective schools: Interpreting the evidence», *American Journal of education*, mayo, pp. 352-388.

• **Rosenthal, R. y Jacobson, L.** (1980): *Pygmalion en la escuela*. Madrid: Marova.

• **Ross Epp, J. y Watkinson, A.M.** (1999): *La violencia en el sistema educativo. Del daño que las escuelas hacen a los niños*. Madrid: La Muralla.

• **Rubio Carracedo, J.** (2000): «Ciudadanía compleja y democracia», en J. Rubio Carracedo, J.M. Rosales y M. Toscano: *Ciudadanía, nacionalismo y derechos humanos*. Madrid: Trotta, pp. 21-46.

• **Rudduck, J. y Flutter, J.** (2007): *Cómo mejorar tu centro escolar. Dar la voz al alumnado*. Madrid: Morata.

• **Rychen, D.S. y Salganik, L.H.** (eds.) (2004): *Definir y seleccionar las competencias fundamentales para la vida*. México: FCE.

• **San Fabián, J.L.** (1992): «Gobierno y participación en los centros escolares: sus aspectos culturales», en *Cultura escolar y desarrollo organizativo*. II Congreso Interuniversitario de organización Escolar. Sevilla.

• **San Fabián, J.L.** (1994a): «La participación», *Cuadernos de Pedagogía*, 222, 18-21.

• **San Fabián, J.L.** (1994b): «La participación de las madres y padres: participar más y mejor», *Cuadernos de Pedagogía*, 224, pp. 70-71.

• **San Fabián, J.L.** (1996): «El centro escolar y la comunidad educativa, ¿Un juego de metáforas?», *Revista de Educación*, 309, pp. 195-215.

• **San Martin, A.** (2004): La innovación educativa, a merced de los medios, en A. Bautista (Coord): *Las nuevas tecnologías en la enseñanza*. Madrid: Universidad Internacional de Andalucía/Akal.

• **San Martin, A.** (2006): La organización escolar a la luz del tamiz digital, en Sancho, J.M. (Coord.): *Tecnologías para transformar la educación*. Madrid: Akal.

• **Sánchez de Horcajo, J.J.** (1979): *La gestión participativa en la enseñanza*. Madrid: Narcea.

• **Sancho, J.M.** (2002): En busca de respuestas para las necesidades educativas de la sociedad actual. Una perspectiva transdisciplinar de la tecnología, *Fuentes*, nº 4, Universidad de Sevilla.

• **Sancho, J.M.** (Coord.) (2006): *Tecnologías para transformar la educación*. Madrid: Akal.

- **Sanders, M.G. y Epstein, J.L.** (1998): School-Family-Community Partnerships and Educational Change: International Perspectives, en A.Hargreaves, A.Lieberman, M. Fullan y D.Hopkins (Eds): *International Handbook of Educational Change.* Dordrecht, Kluwer Academic Publisher, pp. 482-502.

- **Santos Guerra, M.A.** (1980): La cárcel de los sentimientos. *Revista Española de Pedagogía*, 148, pp. 43-60,

- **Santos Guerra, M.A.** (1994): «La participación de madres y padres: El estado de la cuestión». *Cuadernos de Pedagogía, 224,* pp. 66-67.

- **Santos Guerra, M.A.** (1997): *El crisol de la participación.* Madrid: Escuela Española.

- **Santos Guerra, M.A.** (2000): *La escuela que aprende*, Madrid: Morata.

- **Santos Guera, M.A.** (2001): *Una tarea contradictoria. Educar para los valores y preparar para la vida.* Buenos Aires: Magisterio del Río de la Plata.

- **Santos Guerra, M.A.** (2004): «Invitación al optimismo», *Cuadernos de Pedagogía.*, 334 (abril), pp. 86-90.

- **Santos Guerra, M.A. y otros** (2003): *Aprender a convivir en la escuela.* Madrid: Akal.

- **Selby, D.** (1996): «Educación global: hacia una irreductible perspectiva global en la escuela», *Aula de Innovación Educativa*, 51, pp. 25-30.

- **Senge, P.M. y otros** (2000): *Schools that learn.* New York: Doubleday.

- **Sharan, Y. y Sharan, Sh.** (1987): Training Teachers for Cooperative Learning, *Educational Leadership*, 45 (3), Alexandria. USA: ASCD.

- **Sharan, Y. y Sharan, Sh.** (2004): *El desarrollo del aprendizaje cooperativo a través de la investigación en grupo.* Sevilla: Publicaciones del MECEP.

- **Short, K. et al.** (1999): *El aprendizaje a través de la indagación. Docentes y alumnos diseñan juntos el currículo.* Barcelona: Gedisa.

- **Simón Rodríguez, E.** (1999): *Democracia vital. Mujeres y hombres hacia la plena ciudadanía.* Madrid: Narcea.

- **Siraj-Blatchford, J.** (Comp.) (2005): *Nuevas tecnologías para la educación infantil y primaria.* Madrid: Morata-Ministerio de Educación y Ciencia

• **Sirotnik, K.** (1994): «La escuela como centro del cambio», *Revista de Educación*, 304, pp. 7-30.

• **Skau, K.G.** (1990): Parental involvement: Issues and Concerns. *The Alberta Journal of Educational Research*, 42 (1), pp. 34-48.

• **Skilbeck, M.** (1982): *A core currículum for the common school*. London: Institute of Education: University of London.

• **Slavin, R.E.** (1985): *La enseñanza y el método cooperativo*, México: Edamex.

• **Slavin, R.E.** (1995): *Cooperative learning: Theory, research and practice*, Needham Heights, MA: Allyn y Bacon (2ª ed.).

• **Smyth, J.** (1994): «Una concepción 'pedagógica' y 'educativa' del liderazgo escolar», en J.M. Escudero y M T. González (Eds.): *Profesores y escuela. Hacia una reconversión de los centros y la función docente,* Madrid: Ediciones Pedagógicas, pp. 221-250.

• **Smyth, J.** (2001) *Critical politic of teachers' work: An Australian perspective.* New York: Peter lang.

• **Snyder, I.** (Comp.) (2004): *Alfabetismos digitales. Comunicación, Innovación y Educación en la era electrónica.* Málaga: Ediciones Aljibe.

• **Southworth, G.** (2002): «Instructional leadership in schools: Reflections and empirical evidence», *School Leadership & Management*, 22 (1), pp. 73-91.

• **Sparks, D.** (2002*): Designing Powerful Professional Development for Teachers and Principals,* Oxford: National Staff Development Council.

• **Spillane, J.P.** (2006): *Distributed leadership.* San Francisco: Jossey-Bass.

• **Stainback, S. y W.** (1999): *Aulas inclusivas*, Madrid: Narcea.

• **Stoll, L. y Fink, D.** (1999): *Para cambiar nuestras escuelas. Reunir la eficacia y la mejora.* Barcelona: Octaedro.

• **Subirats, J.** (2003): Participación y responsabilidades de la comunidad en la educación. *Revista de Educación*, 330, pp. 217-236.

• **Subirats, J.** (2005): Escuela y municipio. ¿Hacia unas nuevas políticas educativas locales? En J. Gairín (coord.), *La descentralización educativa*. Barcelona: Praxis, pp. 177-207.

- **Subirats, J.** (coord.) (2002): *Redes, territorios y gobierno: nuevas respuestas locales a los retos de la globalización*. Barcelona: Diputación Provincial de Barcelona.

- **Tann, S.C.** (1990): *Diseño y desarrollo de unidades didácticas en la escuela primaria*. Madrid: Morata.

- **Tedesco, J.C.** (1995): *El nuevo pacto educativo. Educación, competitividad y ciudadanía en la sociedad moderna*. Madrid. Anaya.

- **Tedesco, J.C.** (2000): *Educar en la sociedad del conocimiento*, Buenos Aires/ México: F.C.E.

- **Tejón, San Fabián y Rodríguez**, (2005): The communication between family and school. En *COSPRAS: Cooperation between Schools and Parents in Relation to Autonomy of Schools*. Disponible en http://www.uniovi.es/COSPRAS/

- **Terradas, J.** (1983): «Concepte y objetius de la Educació Ambiental». En *Educació Ambiental: Quaderns d'Ecologia Aplicada,* 6, 11-29. Diputació de Barcelona.

- **Tezanos, J.** (1995): *La explicación sociológica: Introducción a la Sociología*. Madrid: UNED.

- **Torrego, J.C.** (2004): El modelo integrado: un nuevo mrco educativo para la gestión de los conflictos de convivencia desde una perspectiva de centro, en *Revista Digital Milenio*. http://www.gh.profes.net/especiales2.

- **Torres, J.** (1994): *Globalización e interdisciplinariedad: el currículum integrado*. Madrid: Morata.

- **Torres, J.** (2001): *Educación en tiempos de neoliberalismo*. Madrid: Morata.

- **Touraine, A.** (1997): *¿Podremos vivir juntos? Iguales y diferentes*. Buenos Aires: Fondo de Cultura Económica.

- **Trilla, J.** (1990): *Introducció*. En VV.AA. *La ciutat educadora*. Barcelona: Regidoria d´Edicions i Publicacions de l'Ajuntament de Barcelona.

- **Velasco, J.C.** (2006): La noción republicana de ciudadania y la diversidad cultural. *Isegoría*, 33, pp. 191-206.

- **Vigotsky, L.S.** (1979): *El desarrollo de los procesos psicológicos superiores*, Barcelona: Grijalbo.

- **Villa, A. y Poblete, M.** (2007): *Aprendizaje basado en competencias*. Bilbao: Mensajero.

- **Villasante, T.R., Montañés, M. y Martí, J.** (2000): *La investigación social participativa. Construyendo ciudadanía 1*. Barcelona. Viejo Topo.

- **Viñao, A.** (2002): *Sistemas educativos, culturas escolares y reformas,* Madrid: Morata.

- **Vonk, J.** (1997): «The changing social context of teaching in Western Europe», en B. Biddle; T.L. Good y I.F. Goodson (Eds.): *International Handbook of Teachers and Teaching*. Dordrecht: Kluwer Academic Publishers, pp. 985-1051.

- **Wallace, M.** (2000): «Integrating Cultural and Political Perspectives: The Case of School Restructuring in England», *Educational Administration Quarterly*, 4 (36), pp. 608-632.

- **Ward, J.G.** (1994): «Reconciling Educational Administration and Democracy», en N.A. Prestine y P.W.Thurston (Eds.): *Advances in Educational Administration. New Directions in Educational Administration: Policy, Preparation and practice*. Vol. 3. Greenwich: JAI Press, pp. 1-28

- **Weick, K.E.** (1983): Letter to the editor. *Fortune*, 27 (october).

- **Wilson, B.L. y Firestone, W.A.** (1987): «The principal and instruction: Combining bureaucratic and cultural linkages», *Educational Leadership*, 45 (1): pp. 18-23.

- **Yanes, J. y Area, M.** (1998): El final de las certezas. El profesorado ante la cultura digital. *Pixel-Bit. Revista de Medios y Educación*, n.º 10, pp. 25-36.

- **Yus Ramos, R.** (2001): *Educación integral* (Tomos I y II). Bilbao: Desclée de Brouwer.

- **Zabala, A.** (1999): *Enfoque globalizador y pensamiento complejo: una respuesta para la comprensión e intervención en la realidad*. Barcelona: Graó.

- **Zolo, D.** (2000): *Cosmópolis. Perspectiva y riesgos de un gobierno mundial*. Barcelona: Paidós.